"十三五"国家重点出版物出版规划项目

中国现当代地域文学研究丛书 | 朱晓进 丁帆 主编

文化视域中的现代丝路文学

李继凯 荀羽琨 王爱红 等◎著

科学出版社
北京

内 容 简 介

本书在"一带一路"的文化语境和时代背景下,从文化视域(尤其是丝路文化论域)对中国现代丝路文学(指近现代以来的"大现代"丝路文学)进行了整体考察和个案分析,既注重丝路文学研究体系的建构,又通过作家作品及文本分析深入其内部多元共生的文学形态,揭示其丰富的文化意涵。同时本书通过对"丝路文学"概念的界定,厘清中国现代丝路文学的研究范畴,梳理了丝路文学的书写历史及其发展脉络,建构丝路文学现当代书写的谱系,旨在为深化和拓展中国现当代文学研究做出新的努力。

本书内容丰富,视野开阔,主要面向科研机构和高校的科研工作人员。

图书在版编目(CIP)数据

文化视域中的现代丝路文学/李继凯,荀羽琨,王爱红等著. —北京:科学出版社,2020.11

(中国现当代地域文学研究丛书/朱晓进,丁帆主编)

ISBN 978-7-03-063640-9

Ⅰ.①文… Ⅱ.①李… ②荀… ③王… Ⅲ.①中国文学–现代文学–文学研究 Ⅳ.①I206.6

中国版本图书馆 CIP 数据核字(2019)第 272911 号

责任编辑:杨 英 赵 洁 / 责任校对:王晓茜
责任印制:李 彤 / 封面设计:蓝正设计

科学出版社 出版
北京东黄城根北街 16 号
邮政编码:100717
http://www.sciencep.com

北京虎彩文化传播有限公司 印刷
科学出版社发行 各地新华书店经销

*

2020 年 11 月第 一 版 开本:720×1000 B5
2021 年 1 月第二次印刷 印张:22 1/4
字数:450 000

定价:118.00 元
(如有印装质量问题,我社负责调换)

本书为西安市社会科学规划基金项目（编号：18L53）的结项成果
本书获 2018 年陕西师范大学优秀著作出版基金及陕西师范大学人文社会科学高等研究院上林学术专项基金资助

目 录

绪论 ·· 1
 一、丝路精神与创业文学范式的建构 ····························· 2
 二、丝路文学的概念及其内涵 ·· 6
 三、创业文学与丝路文学的内在关联 ····························· 9
 四、陆丝文学与海丝文学的交相辉映 ··························· 12

上篇　陆丝文化与陆丝文学

第一章　概念与范畴：丝路文化和丝路文学 ················· 17
 第一节　发生学意义上的丝绸之路 ································ 17
 第二节　从物质走向精神：丝路文艺 ··························· 27
 第三节　西游东来的古代丝路文学 ································ 37

第二章　现代丝路文学 ·· 57
 第一节　丝路本土文学的发展 ·· 57
 第二节　陈忠实：关中文化的书写者 ··························· 64
 第三节　现代丝路西行文学 ·· 72
 第四节　文化传播：鲁迅"西游"新疆 ························· 87

第三章　文化融合背景下的丝路文学 ····························· 95
 第一节　丝路文学的文化内涵 ·· 95
 第二节　丝路文化语境中的西北丝路文学 ················· 100
 第三节　路遥：丝路古道上的文学苦行僧 ················· 108
 第四节　红柯：驰骋在丝路古道上的文学骑手 ········· 118

第四章　文化西部视域中的丝路文学 ··························· 140
 第一节　文化习语与丝路文学 ······································ 140
 第二节　向西行走：茅盾与中国大西北 ····················· 145
 第三节　丝路起点作家群的文化心态 ························· 154

第四节　西安著名作家与西安城市文化发展……………………161
　　第五节　命题文本：《丝路摇滚》和《丝路之父》…………………174

下篇　海丝文化与海丝文学

第五章　海上丝绸之路与海丝文学……………………………………187
　　第一节　海上丝绸之路及其历史……………………………………188
　　第二节　海丝文学的概念与范畴……………………………………199
　　第三节　多维视角下的海丝文学……………………………………210

第六章　蓝色畅想：海洋题材与海丝文学……………………………222
　　第一节　海洋精神与大海赞歌………………………………………223
　　第二节　大海儿女："海味"叙事与生命诗学………………………234
　　第三节　海洋题材与海战叙事………………………………………245
　　第四节　海丝文学的新范式："徐福东渡"叙事……………………254

第七章　海丝寻梦：留学体验与海丝成就……………………………268
　　第一节　留学体验与域外镜像………………………………………269
　　第二节　海丝成就之"中学西传"……………………………………279
　　第三节　海外寻梦：从现代留学作家群到当代海外华文…………289

结语………………………………………………………………………302
参考文献…………………………………………………………………305
附录　现代中国丝路文学部分作家作品表……………………………319
　　附录一　陆丝文学……………………………………………………319
　　附录二　海丝文学……………………………………………………327
索引………………………………………………………………………343
后记………………………………………………………………………349

绪　　论

在当今开创"一带一路"伟业、构建人类命运共同体的新时代背景下，我们于重构的丝路文化语境中来言说"丝路学"、"丝路文学"和"创业文学"等话题可谓恰逢其时，丝路与创业的关联及意义也很耐人寻味。尽管我们进入了一个经济新常态同时也是一个充满创业精神的新时代，却仍然难忘中华民族曾经漫长的艰难探索之路。在笔者看来，历史上的丝绸之路（主要包括陆上丝绸之路和海上丝绸之路），本质上也是以广义的交通（探路铺路、交流交心和通商通达等）为前提的创业之路。而丝路文学[①]（主要包括"陆丝文学"和"海丝文学"）就产生于人类交流探索的历史语境之中，也相应地体现了一种开拓创新的丝路精神。显然，当代创业文学和方兴未艾的当代丝路文学之间确实存在着密切的关联性，其异同之处也蕴含着有意味的启示。

在笔者看来，所谓"丝路学"，其实就是丝绸之路研究，英文翻译就是"Study of the Silk Road"，或者也可以视为"丝绸之路研究"的升级版。从学理上讲，"丝路学"与"敦煌学"一样有着相当明确的研究对象和范畴，且"敦煌学"还只是"丝路学"的一个分支。"敦煌学"已成为一门具有国际影响力的学问，而随着"一带一路"倡议的提出，具有丰富意义的"丝路学"也必将成为一门真正的具有国际影响力的大学问。事实上，近些年来，在此前国内外学人精心研究丝绸之路的基础上，"丝路学"的学理性探讨和个案研究以及资料搜集整理的工作，已经在很多高校及研究机构中展开，且目前不少学者包括笔者在内都积极提倡和建构体系化的"丝路学"，认为"丝路学"应成为一门交叉的、新兴的某种特殊学科，它作为一门专门学问的必要性和重要性确实是存在的，其可能性、可行性也是存在的。学者甚至还进一步主张文理科结合、多种方法并用，从而建构一门具有系统性、学理性和国际性的交叉学科、新兴学科。只是迄今学术界对此确实还存在诸多不同的看法或论争，其实无论哪一门学科或

[①]　"丝路文学"是"丝绸之路文学"的缩略语。学术界习惯将"丝绸之路"简称为"丝路"。

学问的诞生都有一个艰难的过程，其间伴随着各种不同观点和论争也是很正常的。笔者真诚期望"一带一路"倡议伟业更加兴旺发达，丝路文化和文学不断发展，相关的各类研究包括丝路学建构与丝路文学研究也能取得更多新的成果。

历史上的丝绸之路本质上恰是广义的"交通之路"和"创业之路"[如鲁迅所说的"一要生存，二要温饱，三要发展"（鲁迅，1981：45）之路]。交流、交通、交心作为人类行为，其实也是一种宝贵的精神和追求，从经济到文化，从政治到教育，都需要交流和交通，通到心灵层面也许更为重要，这就需要催生和发展丝路文艺了。进入经济新常态，跨进创业新时代（即"创时代"），国人当今的创业使命较之前人，其实是更加沉重和艰难的。对个人而言，成家立业是最切要、最基本的人生重大命题；对国家而言，国富民强是最重要、最基本的建国战略目标。其中都绝对少不了真正的创业，其间也绝对需要求实创新、真抓实干，而在贴近时代、深入生活的过程中关切创业、书写创业，也便成为积极入世的作家们高度自觉的一种文学选择。有鉴于此，笔者认为，从主导方面看，从古至今的丝路文学也与创业密切相关：历史上的"丝绸之路"，本质上正是一条披上丝绸、摇响驼铃，或者漂洋过海、走向世界的"创业之路"；应运而生的丝路文学，承载着丰富的与之相关的文化信息、生活信息和历史信息，也相应地体现了在开拓探索中艰苦奋斗、勇于创业的丝路精神，并在物欲与爱欲之间激荡出更具传奇色彩的诗情画意和丝路故事。

一、丝路精神与创业文学范式的建构

笔者曾重新审视现当代文学史上以史诗之笔书写创业的"柳青现象"，在《文艺报》上发表了短文《柳青的"创业文学"》（李继凯，2014），认为在任何时代，创业都应该是个人和国家重要的使命；创业文学都应该是家国文学中最主要的一种文学形态，且应受到广泛的关注和理解。

创业，无疑是现当代中国语境中传播最广的关键词之一，无论是普通民众，还是富豪巨贾，无论是叱咤风云的政治家，还是秉笔直书的史学家，都对此充满了期待。然而在社会动荡不已、人们流离失所、战争频仍的年代，人们从事创业的热切期待却经常落空。在 20 世纪上半叶，多少仁人志士曾怀抱科技救国、实业救国的理想，但都很难获得大的成功。即使到了 20 世纪 30 年代的上海和延安，无论是《子夜》中描述的民族工业，还是延安文学展示的生产运动，也仅仅都是困境中有限的创业尝试而已。直至后来，中华人民共和国宣告成立重新唤起了全民创业的热情和希望，社会主义社会的建设思路方得到更为积极的大胆实践。这种社会实验与自然科学领域在实验室里进行的实验明显不同，社会化程度越高，风险就越大。虽然建构理想社会的过程绝对不会是一帆风顺的，但是有志者也不会因噎废食。延安时期尝试的生产互助、20世纪50年代尝试的合作化道路，以及80年代尝试的家庭联产承包责任制，或者由于时代条件的限制，多少都带有"应急实验"的特征。直至90年代，国人才进入了比较从容的建设阶段。在神州大地普遍兴起新农村建设热潮的同时，新时代或现代化背景下的合作性集约生产又成为非常重要的一次改革或新的实验。从数千年农民不纳皇粮梦想的真正实现到新农村和城镇建设的空前加速，历史业已证明，无论是侧重于集体创业，还是侧重于个体创业，抑或二者并重，都要经历艰苦的创业，这是中国人必须面对的严峻挑战。正是在这个意义上，具有现代性的创业文学便应运而生并大放异彩了。

提起创业文学，人们自然就会想起柳青的《创业史》和周立波的《山乡巨变》。这两部长篇小说，无论经过多少争议，迄今都仍然享有较高的赞誉，在我国当代文学史上有着重要的地位，并被视为中华人民共和国成立初期的经典作品或红色经典代表作。正是基于对合作化事业和文学使命的深入思考，20世纪80年代以来，许多学者从不同角度对柳青、周立波作品所代表的乡土文学书写进行了相当广泛的讨论。仅就《创业史》研究而言，学界就出现了一系列观点鲜明而又有所争议的论文，如刘思谦的《对建国以来农村题材小说的再认识》、宋炳辉的《柳青现象的启示——重评长篇小说〈创业史〉》、罗守让的《为柳青和〈创业史〉一辩》、周艳芬的《〈创业史〉：复杂、深厚的文本》、刘纳的《写得怎样：关于作品的文学评价——重读〈创业史〉并以其为例》、萨支山的《当代文学中的柳青》以及秦良杰、吴进、段建军等学者的论文。其中观点各异，甚至针锋相对，但学术性探索的价值足以证明《创业史》绝非一部简单的文学著作，它为创业和文学的双重审视与探索留下了足够广阔的思维空间。现在和将来都仍会有一些学者从文学、审美、人性、历史、文化乃至政治、心理、性别等不同角度对柳青的《创业史》进行更加细致、深入的研究。《山乡巨变》的研究也存在着非常类似的情形，尽管争议依然存在，但在笔者看来，以

《创业史》《山乡巨变》等为代表的创业文学,主要有三个方面值得格外关注。

其一,创业文学范式的积极建构。事实上,"创业"的确是人类创造的最伟大且使用频率最高的词语之一,也是中国人自近代以来最为热衷探讨的一个关键词,但自觉地对其大书特书并直接以之为小说名称的作品却是柳青的《创业史》。它显示了一种高度的文学自觉,那就是作家能够充分书写创业经历的成败得失和喜怒哀乐。如前所说,无论是侧重集体创业,还是侧重个体创业,抑或二者兼容并重"合体"发力创业,人们都要从事艰苦创业,这是中国人必须面对的严峻挑战。正是在这个意义上,与艰苦创业同在的创业文学便应运而生了。由此,作为当代中国创业文学的代表作,《创业史》和《山乡巨变》等杰出小说都在积极建构创业文学范式方面做出了重要的贡献。这种文学的基本范式与集体创业、社会主义、现实主义、史诗等时代话语密切相关。作为书写农业合作化这种巨大社会实验的创业小说,其书写行为本身也是一种实验、实践或创业。柳青和周立波在面对史无前例的土地改革及合作化这种破天荒的历史巨变时,都能够深入生活本身去努力创构反映农村叙事的"创业"范式,在家国叙事、爱情描写及风俗、方言的文学叙事中,也都体现出了巨大的使命感、责任心和艺术功力。历史也许会证明:巨型的集体创业因基础薄弱、条件甚差(思想基础和物质条件等远未准备充分)而遭遇了实验的失败,其创业之路也遭遇严重挫折,但是,创业,就会有不可避免的风险性。失败是成功之母,一次创业实验的失败抑或探索的挫折显然并不一定会彻底否定探索的命题本身。值得欣慰的是,创业文学其实也是后继有人的,仅在陕西,柳青身后就有"陕军"或"白杨树派"在延续着创业文学的血脉,尽管有新探和新变,但书写创业中的精神追求、苦难考验、改革历程乃至创业失败的笔触,依然在《平凡的世界》(路遥)、《浮躁》(贾平凹)、《白鹿原》(陈忠实)、《村子》(冯积岐)、《丝路摇滚》(文兰)以及《青木川》(叶广芩)等名作中继续存在。而在湖南,著名的文学"湘军"(沈文,2008)也是创业文学的一支主力军,周立波、康濯等作家之后,还有张扬、莫应丰、古华、叶蔚林、韩少功、唐浩明等接踵而来,聚散之间,他们探索不止,产出了一批又一批优秀的文学作品。其中大量的作品,包括历史小说,也大都关涉改革创业的时代主题。

其二,创业文学母题的时代书写。从文学主题学的角度看,笔者曾在拙著《秦地小说与三秦文化》(李继凯,1997)中重点分析了秦地小说的创业主题,并认定柳青是用毕生心血投注于创业主题文学表达的最具有代表性的作家。其实，创业与爱情一样都是永恒的文学母题。爱情不死，创业不止。迄今创业也仍是中国文学的一个中心主题。著名诗人贺敬之曾倾心赞美柳青的创业文学，云："杜甫诗怀黎元难，柳青史铸创业艰"（贺敬之，2016：85）。作为"人民作家"的柳青自然会格外关注人民日思夜想的创业兴家的愿景。这样的创作取向在周立波的《山乡巨变》中甚至还得到了近乎浪漫的书写。这里有对故乡自然风光的赞美，更有对志在改变故乡贫穷面貌的乡村干部的倾心赞美，秉持人民本位的深切关怀和密切关注民生问题的创作取向，至今仍能给读者留下难忘的印象。跨入21世纪，人民群众对山乡、家乡的新变仍然寄予了无限的希望，从文学创作来讲，回应这种希望的则是呼唤更加辉煌的"新创业史"和更加生动的"山乡巨变"。在人类漫长的进化过程中，"变则通"的思维逻辑在追求创业的社会实践以及作家的"文学创业"中，都得到了比较充分的体现。

其三，创业文学形象的精心塑造。从文学形象学的角度审视《创业史》和《山乡巨变》，我们也会发现小说中的人物不仅活在那个红色的创业时代，也活在文学世界和不向苦难屈服的人们心中。《创业史》和《山乡巨变》都认真书写了人物的过去以及曾经的苦难。《创业史》开篇便描写梁三老汉与逃难的苦命人的相遇使他有了妻子和继子，并由此开始了他们的艰难创业之路。《山乡巨变》也用力塑造了贫农陈先晋老汉和家人曾经遭遇的各种苦难，提起过去的苦难尤其是开荒留下的几亩土地，他心中就会充满了苦涩并更加珍惜已经拥有的土地，对是否加入合作社他反而更加疑虑和纠结起来。而这疑虑和纠结是如此真实地化为生动叙事并穿越了时空，令人生出无限的感慨。无论所有制及生产方式如何，从梁老汉、陈老汉及他们的后代梁生宝、陈大春等身上，读者都能够看到最朴素的中国农民对创业兴家的持续追求及由此引起的各种纷争。难能可贵的是，柳青、周立波都能够通过满含生活气息的农村叙事和人物形象塑造，将一系列心系创业、勇于创业的农村人物包括乡村干部形象，如梁生宝、徐改霞、邓秀梅、李月辉等，生动地展示在读者面前，也将传统型自发创业、心意复杂的人物，如梁三老汉、王二直杠、盛佑亭等，塑造得栩栩如生。柳青和周立波都是那种自觉融入农民群众的作家，他们不仅能够为了神圣的文学事业在农村深入生活，而且能够抓住"创业"这样的时代关键词进行文学创作，创造性地书写中国农民，尤其是能够在各类农民形象的塑造上取得突出的业绩，从而为后人留下了难以磨灭的时代光影以及深远影响。究其原因，他们都受过延安文艺精神的洗礼，都能够自觉抑制习以为常的知识分子表达习惯，全身心地深入生活，努力熟悉农民的声腔口吻，从而能更好地塑造农民群体形象。其实，这个"深入生活"的全方位转型对作家来说绝对是一种极为严峻的考验，深入之后且能成功地写出生活、写活人物的作家并不多见。从创作实践的角度看，这也不妨被视为一种探索文艺生产机制或规律的文化实验，其经验和教训都很值得认真总结。

二、丝路文学的概念及其内涵

时代发生巨变常常会出乎常人的意料。比如常人就很难预料历史上早已形成的某些固定概念会如此变化或被置换。人们原来熟悉的特指概念"丝绸之路"即被当今大时代重新建构、拓展或整合为"丝绸之路经济带"和"21世纪海上丝绸之路"了。这便是著名的"一带一路"，体现了新的国家战略和国际经济战略。在"一带"中，最初起自汉唐长安（今西安）的陆路丝绸之路，到了今天却只能化作"一带"（经济带）的定语；在"一路"中，古代有限的海上商路将被重建或开拓为四通八达的"21世纪海上丝绸之路"，这个"丝绸之路"已成为中心词，并可以作为主语或宾语来使用，昭示着中华民族复兴之路能够畅达五湖四海。然而，传统的"丝绸之路"概念也由此被彻底泛化或升级、升华了。但就在这种泛化或延展过程中，它却昭示了不断开拓和发展的丝路精神和根深蒂固的创业精神，恰是这些精神文化的契合滋养了丝路文艺，包括一直默默耕耘，不太显山露水、凸显张扬的丝路文学。自然，被收入世界文化遗产名录的仅是古代的丝绸之路，而被视为中国丝路文学的作品，大抵也被纳入了中国西部文学的范畴，迄今尚未拥有"合法"的独立身份。如今关于丝路文学的广义、狭义的概念、范畴的理解已经出现不同的声音，笔者以为在文艺领域的概念大多具有"人文模糊"的特征，类似于人生"难得糊涂"的境界，难以给出绝对正确或明晰的定论。所以在这里依照惯例，在比较严格的意义上从三个方面讨论一下笔者心目中的丝路文学。

首先，丝路文学是丝路开拓精神的衍生和升华。贫富与道路之间有着密切的关联，这是生活在地理环境条件严酷的西部人民也深刻了解的常识。道路，往往就是人的生存之道和创业之路。所谓"要想富，先修路"似乎也并不是今人的专利。正是出于这样的基本认知，同时也是为了"西安"（或"长安"，地名寓意"西部安定""长久安定"的愿望）、"定西"（地名寓意"西部安定"的希冀），才有了强烈的向西、再向西进行探索的行动。丝绸之路是我国历史上辉煌的经济命脉和文化大道，它的开拓和延续既促进了商品的交换和经济的发展，也加强了中原文化与西域文化艺术的交流和相互借鉴。其中，历来人们关注较多的是赫赫有名的敦煌艺术，却有意无意地忽视了丝路文学。其实自古以来，丝路文学"就在那里"客观地存在着，生生不息且相当丰富。那些行走在丝绸之路上的历史人物，在探索、交流、开放中创业，在创业过程中不断开辟广阔的国际化交易市场，同时也丰富了精神文化的样式及内涵。如果说丝绸之路是包含丰富社会内涵的历史事实，那么丝路文学则是相伴而生的重要文化现象。它伴随着丝绸之路的兴盛而兴盛，如兴盛于汉唐的丝绸之路，催生了丝路行旅文学并促进了边塞诗的兴盛，也进一步激活了丝路民间文学和宗教文学；丝路上传播的敦煌变文、民间史诗和宗教话本都成了珍贵的民族文化遗产。随后，丝路文学也伴随着丝绸之路的绵延而绵延，如今也伴随着丝绸之路的进一步开拓而有了新的飞跃和发展。而人们提起丝路精神，就很容易将它与"开创"、"开拓"、"开明"和"开放"等语词或概念联系起来，这些都昭示了丝路文化的某种理想状态，体现了生生不息的正能量。笔者以为，在此还可以追加一个语词即"开心"——西部人生性放达豪爽，即使生活贫困也会努力寻求"穷开心"——多数的少数民族都是那样能歌善舞便是证明。而这些以"开"字打头组成的语词概念，便是对敦煌精神、丝路精神或西部精神的一种提炼，且在丝路文学中都有相当充分的体现。

其次，当代丝路文学创作的基本状况及其存在的问题。大致而言，丝路文学也分为前丝绸之路（汉唐以前）与丝绸之路（汉唐以来），或者古代与现代这样两个大的历史阶段，在文学形态上也呈现出丰富复杂的样态，与通常所说的文学并没有品类上的明显不同。尤其是在中华人民共和国成立之后，古丝绸之路从长期的沉寂中苏醒，伴随着新时代的建设步伐，迎来了全面的复兴和发展。特别是实行西部大开发战略以来，真正国际化的丝绸之路又重新热闹起来。由此，丝路文学也迎来了新的发展契机。在这条古老的丝路上，既有许多长期生活在丝路及其周边的文人作家，也有一些外来观光或暂住的文人作家，他们都为书写丝路及西部的历史和现实做出了自己的贡献。而当代丝路文学也继承了古代丝路文学的传统，有着相当鲜明的区域文化特色，"丝路风情"所关涉的多民族文化呈现，就成了丝路文学的主要特色。相应的，豪放粗犷的叙事和抒情也便成了当代丝路文学的主要风格，其文学意象依然有大漠落日、沙海驼铃、飞天壁画、白杨红柳、草原奔马、冰川激流和帐篷炊烟，也会有雪山红旗、戈壁车队、高原电站和沙漠绿洲等。例如，《敦煌纪事诗》（于右任）、《西北行吟》（罗家伦）、《塞上行》（范长江）、《白杨礼赞》（茅盾）、《奇曼古丽》（黎·穆塔里甫）、《玉门诗抄》（李季）、《天山牧歌》（闻捷）、《阳光灿烂照天山》（碧野）、《平凡的世界》（路遥）、《黑骏马》（张承志）、《丝路摇滚》（文兰）、《瞻对》（阿来）、《穆罕默德》（艾克拜尔·米吉提）、《土司和他的子孙们》（王国虎）等难以尽数的丝路作品，都重现了西部丝路自然景观和文化景观，也各有侧重地书写了创业的艰难、创业的乐观，乃至创业兴家与人性情感的种种纠结及冲突。而丝路沿线地域如关中、河套、陇右、河湟、河西、敦煌、新疆等区域的各民族，如维吾尔族、回族、藏族、蒙古族、哈萨克族、柯尔克孜族等的文学作品，更是奇崛多变，值得细致研究。来自丝路的深切生活体验是丝路文学创作永不枯竭的源泉，民族生活、历史地理和人文传统深刻地影响了丝路文学，因此丝路作家尤其是大西北作家的文学作品里有着不一样的情怀。他们的文字大多豪放粗犷，少有温婉细腻，比如，有些作品即使是描写爱情来临时的花前月下，也没有清新而又细腻的小桥流水和江南丝竹的陪伴。

最后，丝路文学的古今中外视野和相关研究的逐步拓展。总体来看，古今丝路文学创作堪称蔚为大观，文学视野也堪称辽阔。比如，作为丝路文学的一部总集，"敦煌文学丛书"（甘肃人民出版社）在进一步彰显特定历史时期"敦煌文学"的同时，也显示了今人重新编集和研究的广阔的文化视野。其实，历史上的所谓"敦煌文学"只是丝路文学的一种集结或一个亮点，有其明显的时空限制，特指在1900年从敦煌莫高窟藏经洞（第17窟）发现的诗歌、曲子词、变文、俗曲等，形式多样，内容丰富而庞杂。但在今天看来，我们还可以从"新丝路文学"的意义上，将书写敦煌或敦煌作家创作的丝路文学都视为"敦煌文学"，如冯玉雷的《敦煌百年祭》《敦煌·六千大地或者更远》《敦煌佚书》等系列作品。而这种新敦煌文学势必要体现出古今中外会通的广阔文化视野，也提示着相应的学术研究所应具有的宏通的学术眼光①。刘维钧在《振兴丝绸之路艺术论纲》中认为，"在中国古代有两大恢宏的实体具有举世皆知的象征性，一是万里长城，一是丝绸之路。前者是保守主义的象征，后者是开放主义的象征。二者相反相成结构出辉煌灿烂的中华文化"（刘维钧，1987）。由此看来，丝路研究确实需要进一步拓展。而目前的丝路文学研究整体看还相当薄弱，除了传统的敦煌学中的艺术研究比较充分之外，其他方面的研究都很不充分，特别是当代丝路文学研究还处于初期建构阶段，研究对象及范畴、概念等，都还处于较为模糊的阶段。在这样一个阶段里，努力彰显丝路文学的切实存在是非常切要的研究工作，从古今最基本的相关文献资料的搜集整理和研究入手，不失为一个必要的研究方向。

三、创业文学与丝路文学的内在关联

通过上述对创业文学和丝路文学的初步讨论我们即可看出，在创业文学与丝路文学之间确实存在着内在的密切关联，二者存在着明显的不同，亦蕴含着诸多有意味的有益启示，宏观上主要表现在以下几个方面。

（1）在创业中追求长安的价值取向，这在两种文学形态中都有充分的体现。在中国，无论古今，"西安"或"长安"的含义都不仅仅是一个无足轻重的地名，它蕴含着追求国家尤其是西部的长治久安乃是古今相通的政治文化诉求，而勇于开创新事业的丝路精神业已演化为振兴中华的"一带一路"倡议和实现中国梦的一种精神支柱。无论是书写征战，还是书写建设，如古丝路上诞生的"边声四起唱大风"的边塞诗，或"春风亦度玉门关"背景下的李季高声吟唱的"石油诗"，都表达了对和平与幸福的强烈希冀，表达了对家国安全、建树功业的深切关注。而《创业史》描写的也正是中国农业的再次创业，体现了对长期以农立国、农为国本的高度关注。作品还对亘古以来带有革命性的、积极的合

---

① 任晶晶文指出，冯玉雷的多部作品都集中描写丝路上的敦煌及与之相关的丝路生活景观，虚实相生，既忠实于历史，也忠实于自己的想象。该文充分肯定作为丝路文学代表作家之一的冯玉雷所持守的积极、文明的文艺观。冯玉雷一直认为文学作品应该温暖人的心灵，小说虽不能立即解除人类贫困、疾病等现实问题，但能给阅读者以关怀，唤醒被尘俗世俗蒙蔽的心灵，所以文学在本质上是神圣、高尚、纯洁、和谐的。他希望他的小说不仅仅是讲了一个故事，也应和绘画、音乐一样有很强的艺术性，可以欣赏，可以唯美，可以从生活的泥土里钻出，升向光明的空中，并且开出艳丽的花。参见任晶晶. 2007-09-01. 追寻敦煌文化，还原丝路文明. 文艺报，1.

作化探索或社会主义实验，进行了空前的艺术化书写，体现了作家跟进时代，努力把握战略与文学（基本国策与文学建构）的创作取向。恰恰在把握战略与文学方面，当代丝路文学也走在了时代的前面，无论是对陆地丝路的书写，还是对海上丝绸之路的书写，都充分体现了与国家战略及中国梦的深切契合。而我们要从国家战略、国家安全角度来看待创业文学和丝路文学，就必然会看重其间蕴含的强烈的创业精神和求安意识，以及对英雄主义和乐观主义的大力弘扬。在极为酷烈的环境中维系生命本身已经成为难题，而要发展经济、优化环境，实现国富民安，就更需要大开发、大无畏的气概，需要某种义无反顾的冒险和奉献的精神。由此创业文学和丝路文学也带上了神圣乃至悲壮的色彩，回荡着激浊扬清而又慷慨悲凉的旋律。

（2）创业文学与丝路文学具有交叉互补性，在丰富当代中国文学版图方面做出了重要贡献。在当代中国文学版图中，无论人性化的书写、魔幻化的表达、荒诞性的聚焦多么受人青睐，都难以遮蔽创业文学和丝路文学的光辉。因为以柳青的《创业史》、周立波的《山乡巨变》为代表的创业文学在现实主义小说艺术探索方面推陈出新，其创造性的书写已经造就了其作为红色经典的辉煌；而丝路文学也拥有这样的使命意识和艺术精神，以更具地域特色的文学世界表达了对创业的无限追求。这也是丝路文学对创业主题的积极呼应。当年柳青积极地深入生活，不仅改造了自己，也创化了文学，其创业文学是"化"出来的，丝路文学则是上下求索"走"出来的。从冲破关山万重的自然封闭，到冲破各种利益的藩篱与限制，从古至今，以丝绸之路为代表的创业之路都是艰难坎坷、险象环生的，但同时这条路又充满了极其诱人的魅力，带有浓厚的传奇色彩。世代国人跋涉其间，在勇往直前的探索、交流、开放中创业，兴国利家，并积极开辟广阔的国际化交易市场和大力推进市场经济发展。各种创业文学，包括成功人士传记报告、大学生创业故事等作品的兴起，都在较大程度上肯定了中华民族的创业精神，在较大范围中传播了创业经验，并丰富了精神文化包括文艺的样式和内涵。

（3）丝路文学作为与时俱进的创业文学，是更加具有发展潜力的文学形态。从传统丝路的开创到"一带一路"的倡议发端，其间的商业创业，以及兴国战略的实施，都需要勇敢的追求或探险。其中伴随着的不仅有行旅的艰辛和危险，也常常有与外国人的交往和交易，由此也揭示了外交与文学的关联，具有"走出去"的世界化意义。在丝路文学中，必然会呈现出更多的商贾形象、朝圣心态、神圣体验以及浪漫主义的传奇色彩，这从当代的新型创业文学也是新型丝路文学，如文兰的《丝路摇滚》、李春平的《盐道》、王妹英的《山川记》等作品中即可看到。这些作品中的人物和故事较好地体现了汉唐雄风的包容气度和中华民族艰苦创业的精神，从中我们自然也可以看到当代国人颇具汉唐雄风的包容气度和中华民族艰苦创业的精神，这也正是我们这个时代应该大力彰显的灵魂或文心。这样的文心自然也要契合"文学是人学"的原理，也要恰当地描写人的欲望，而人的欲望最主要的就是人性中的物欲和爱欲。从总体来看，中国的创业文学与丝路文学都主要是描写或呈现物欲的文学。其实，成功书写人类物欲的难度并不比书写爱欲更小。而能同时适度把握两者并艺术地呈现两者结合形态的作家更是极为少见。可贵的是，柳青、周立波及其他丝路作家在从事创业文学、丝路文学创作时，业已付出了他们最大的努力，在把握民众集体创业、丝路创业人生的过程中，也能竭力真实而又复杂地揭示人物的物欲和爱欲（这与那些一味迎合低级趣味的丝路通俗文学或丝路网络文学不同）。如今，在我们努力实现中华民族伟大复兴的时代背景下，创业的欲望和激情是如此强烈，当代作家也当竭力追求，潜心经营，为大时代留下更加雄浑和辉煌的新创业史。

（4）从创业文学和丝路文学中我们可以看到，中国人的创业和守业同等重要。总体来看，人类从物的崇拜进至神的崇拜，再到以人为本，进而以命（广义和狭义的生命生态）为本，其思想演变的发展史也充满了上下求索的困惑和豁然开朗的欣悦（李继凯，2015）。但其间总是会伴随着人们对各种创业的渴望与努力。只是在某些特定的历史时期，创业会被某种特定的社会变动所遮蔽、所遏制。柳青、周立波们就经历过这样的历史时期，社会变动遮蔽着创业，创业体现为民众的强烈愿望和自发行为，而以柳青、周立波为代表的创业作家又总是能够通过生活化的书写和意味深长的创业叙事及相应的劳动叙事，揭示历史愿景与人民意愿的深深契合，而且总是能够在更具有热情和理想的年轻人身上看到未来的希望，使其创业小说出人意料地带上了励志的意味。他们的创业文学，不仅曾经激励了一代读者，而且至今依然能够感动读者，因为无比的真诚和创业的精神总是会具有超越时代的神奇力量。丝路文学在当代的发展进程，必然要求丝路作家具有更加强烈的创业精神和包容意识，将创业与守业融汇在国际化、多民族的多元文化交流中，使文学具有更多的开拓创业的正能量抒发，强调开放改革、脚踏实地、勇往直前的丝路精神对文学的影响，但同时也能使文学具有更多的护生惜命、养心怡神、反思超脱的人类学意味。如此，丝路文学将会展示出更为多姿多彩、生机无限的美好未来。

四、陆丝文学与海丝文学的交相辉映

在人类创造文明的漫长历史中，人对概念的发明、命名以及对相关事物的认识都能够体现人的智慧，而人的出行以及借助工具的行走、穿越、畅游乃至飞翔，都会伴随着这样的认识过程和命名智慧。这里所说的海丝文化与海丝文学，也是这种认识过程和命名智慧的产物。当人们对实际意指的陆上丝绸之路津津乐道之时，肯定会多少忽视海上丝绸之路的存在。其实，地球上的海洋较之大陆更加辽阔，过海跨洋可以通向世界各地。如果说开拓创新的丝路文化孕育了丝路文学，那么充满了冒险探求精神的海丝文化同样滋养了海丝文学。人们所习惯言说的古丝绸之路绵亘万里，延续千年，这种探路行为同样会更早地发生在茫茫大海上。政治家和商界领袖以及文化教育工作者所认同的丝路文化精神显然也包含着追求和平合作、互利共赢的愿景，彰显着主张开放包容、互学互鉴的胸襟。从当年的丝绸之路到如今的"一带一路"，总体看都是文明人对文化交通、文化磨合的积极探索。

要想富，先修路，这种最为朴素而又古老的创业经验确实非常宝贵；要有福须接触（相遇、磨合与交融），丝路也就是一条通向心路的幸福之路。事实上，由丝路历史、丝路文化、丝路文学所彰显的丝路精神，已成为中国人以及异国朋友为人类文明所做出的重大贡献。这样的历史和现实一再证明，地球上的人类命运是相通的，山水阻隔也山水相连，无论曾经有过多少隔膜、误解乃至争斗，只要人类不断探索现实的和心中的"丝路"，就会相遇相知，逐渐发生文化磨合，就会渐渐生成命运共同体的体验和共识，从而携手并进，相向而行，一起走向幸福安宁、和谐美好的境界。无论是陆丝还是海丝，丝丝入扣，命运相连，都和这种民族的也是人类的美好梦境相关。丝路之韵通古今，无问西东陆海丝。我们致力于探路、修路，拓展了陆路和海路，空中丝路更是四通八达，如果心路也能与天地之路一样开放包容、开通广阔，那该多好啊！更高境界的丝路精神当是真正的共生、共荣、共享的人类精神！也许这种人类命运共同体的"共命主义"恰是共产主义的一种体现或升华吧。

而本书所言说的海丝文学，则是与西部陆丝文学相对而言且有互补关系的文学现象，主要是中国东、南部海上丝绸之路文学，是"海丝"沿途各民族、各地区文化交往和生活的文学创作和文学现象，主要包括与海上丝绸之路相关的海洋诗文、海外题材、留学移民文学等。在具体考察海丝文化、海丝文学的过程中，我们既要考察海上丝绸之路及其漫长的历史，又要从多方面讨论海丝文学的概念与范畴，为相应的研究奠定基础；既要努力彰显海丝文化视域中海丝文学的无穷魅力，又要注意到海丝文化与海丝文学的多样性特点。当我们尝试从多维视角来审视海丝文学时，我们不仅会发现作家围绕海洋、海事所生发的"蓝色畅想"以及相关的海洋题材书写，而且还会顾及由海洋与海港、异国的关联所产生的连带性的海丝文学，因此海丝文学所涉及的书写范围更加广泛。本书将关注和讨论诸如海洋精神与大海赞歌、海味叙事与生命诗学、海洋题材与海战叙事、海丝文学的新范式、留学体验与域外镜像、海丝成就之"中学西传"、从现代留学作家群到当代海外华文等一系列论题，初步展示海丝文学的基本面貌。

陆海相连，丝路同辉。本书既有对狭义"丝路文学"的观照，也有对广义"丝路文学"的关切，还有对丝路文化发展的回顾和前瞻。或宏观或微观，在广义和狭义之间，本书对陆丝文学和海丝文学进行了比较系统的初探，同时希望能够为建构现代"丝路学"有所贡献。

上篇　陆丝文化与陆丝文学

第一章　概念与范畴：丝路文化和丝路文学

第一节　发生学意义上的丝绸之路

丝绸是我国古代劳动人民智慧的结晶，也是丝绸之路上重要的文化使者，它把中华文化传播到西方，为世界文明的发展做出了巨大的贡献。唐代诗人张籍的《凉州词》就形象地描绘了丝绸被运往西域的盛况："无数铃声遥过碛，应驮白练到安西。"（彭定求等，2008：1974）公元前2世纪前后中国的丝绸开始传到西方，其因精美华丽被西方人誉为天堂里才有的东西，古希腊人和古罗马人因此称中国为Serice（丝国）。在西汉开通丝绸之路后2000余年的历史中，这条以丝绸为主要贸易商品的商道就成为古代中国与西域各国、地区、民族之间在政治、军事、经济方面交流的桥梁，同时它也成为连接世界四大古代文明的交通大动脉。

采桑养蚕图

连接中国与西方的这条陆上交通要道自19世纪末便被命名为"丝绸之路"，但是实际上在张骞通西域之前这条道路就已经存在。考古发现证明，在丝绸之路开通之前，西域出产的玉石就被运送到内地[与边疆地区（如西藏、新疆）对应]，成为统治者用来制作祭祀用品和装饰品的主要原料。我国考古工作者在河南殷墟发掘的墓葬中，就发现了 700 多件玉器，"（出土的）大量玉器经鉴定与今新疆和阗玉接近，大概是从遥远的西北运来的。这些贝、玉，可能是通过交换或纳贡等途径获得的"（中国社会科学院考古研究所，1980：234）。"玉石之路"的存在说明中原和西域之间早在公元前 13 世纪左右就有交通往来。先秦时期的文献对中原和西域之间的交往也有多处记载，《庄子·天地》中记载了"黄帝游乎赤水之北，登乎昆仑之丘"（王先谦，2009：116），贾谊《新书·修政语上》也记载了尧"身涉流沙地"会见西王母的故事，《荀子·大略》中也有关于"禹学于西王国"的记载。约成书于战国时期的《穆天子传》（又名《周穆王游行记》）中详细地描述了西周第五代国君周穆王（姬满）在位第十三年（约公元前 989 年）的"西游"，其游历西域各地，远至昆仑及西王母国，在瑶池之上会见其国君西王母。我国古代第一部地理著作《山海经》中也有大量关于西王母国和西域地理的记载，书中多次提到昆仑、流沙、敦薨之水、泑泽等地名，如"西海之南，流沙之滨……有大山名曰昆仑之丘"（郭璞，2015：432），这里的昆仑一般被认为是指新疆之南的昆仑山脉，流沙即塔克拉玛干沙漠。尽管这些古籍对西域的记载并未得到地理考证的认同，而且还掺杂了怪诞奇幻的神话因素，但却反映了中原与西域之间早有交往的基本事实。

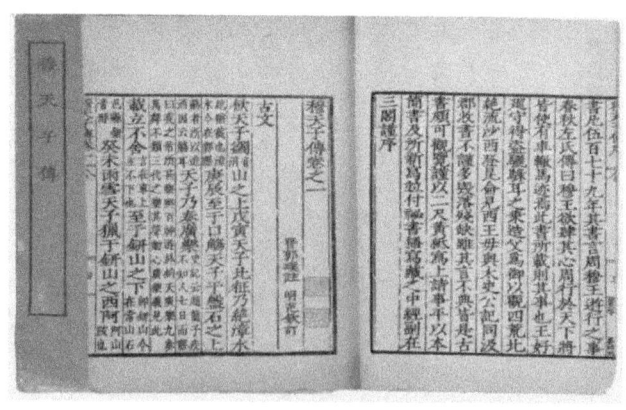

《穆天子传》

第一章　概念与范畴：丝路文化和丝路文学 | 19

李希霍芬和他的名著《中国》

丝绸之路虽然在先秦时期就已存在，但是在最初阶段由于政治、地理的原因并未得以繁荣和畅通，直到汉代张骞"凿空西域"之后，汉朝国力的强盛和朝廷有力的举措才使得这条横贯亚欧的通道发展和繁荣起来，创造了经济和文化的辉煌。但是这一连接亚欧地区的交通大动脉却一直没有形成通用的专属名称，有学者将其称为"玉石之路""香料之路""彩陶之路""茶马之路"等，直到19世纪70年代德国地理学家李希霍芬（Ferdinand Freiherr von Richthofen）在他的《中国——根据自己的亲身旅行和在此基础上进行研究的结果》（*China: Ergebnisse Eigener Reisen und Darauf Gegründeter Studien*）第一卷中把公元前114年到公元127年，中国与中亚河中地区以及中国与印度之间，以丝绸贸易为媒介的这条西域交通路线称为"丝绸之路"，这一概念才逐渐得到广泛的认同和接受。1910年德国历史学家赫尔曼（A. Herrmann）根据新发现的文物考古资料，在他的《中国和叙利亚之间的古代丝绸之路》一书中主张把丝绸之路的内涵进一步延伸到地中海西岸和小亚细亚地区，这一主张得到西欧一些汉学家的支持。1900年前后，一些来自西方的地质学家和考古工作者，如斯文·赫定（Sven Anders Hedin）、斯坦因（Marc Aurel Stein）、伯希和（Paul Pelliot）等人到丝绸之路沿途进行探险考察，他们在当地发现了许多古代中国与西方之间进行贸易交往的文物和遗址。他们在自己的著作中介绍这些历史时，广泛地使用了"丝绸之路"这个名称，把古代丝绸贸易所达到的地区都包括在丝绸之路的范围之内。这些西方学者实地考察所掌握的第一手资料，再加上他们及其著作在西方学术界的影响力，使得"丝绸之路"的概念得到了广泛的认同，成为从中国出发，横贯亚洲，进而连接非洲、欧洲这条陆路通道的总称。而且，伴随着中西关系史研究的深入，"丝绸之路"在历史上对人类文明及其社会发展的作用和意义进一步得以彰显和放大，人们对它的研究早已超越了中西商道的认知框架，它进一步被认为是东西方之间在政治、经济、文化交流方面的重要"桥梁"。

丝绸之路是古代中国和西方之间陆上交通的主要通道。古代中国在几千年的历史发展中和其他国家的交往，主要集中在中亚、北亚、西亚、小亚细亚、欧洲等地。从地理位置上来说，我国位于亚欧大陆东南部、太平洋西岸，是一个海陆兼备的国家，东面临海便于从海上与西方各国交往，西北地区深入亚欧大陆中心腹地，便于从陆路和亚欧各国交往。由于我国古代的政治经济中心集中在黄河流域和关中地区，再加上受到造船技术和航海技术的限制，我国古代的海路交通一直不够发达，所以在明代之前，我国与西方各国之间的交通往来仍是以陆上丝绸之路为主。丝绸之路全长6000多公里，分为三段：东段从长安出发，经陇西高原、河西走廊到玉门关和阳关；中段从玉门关和阳关往西到帕米尔高原和巴尔喀什湖以东、以南地区；由此往西，南到印度、北到欧洲是西段，丝绸之路的东段和中段大部分在我国境内。这条横亘亚欧大陆的陆上交通大动脉，高原、盆地、沙漠交错分布，其间布满了崇山峻岭，有帕米尔高原，以及喜马拉雅山、昆仑山、天山、阿尔泰山等山脉，山与山之间天然生成平原和盆地，平原由戈壁、绿洲、流沙组成，这样的地貌极易产生风蚀沙化等自然现象。虽然丝绸之路沿途布满了戈壁沙漠，环境异常艰险，但总体来看，沿途都有道路可以通行，这是丝绸之路得以开辟的自然地理基础。"丝绸之路经过的地区处在亚欧大陆的腹地，大部分为高原山地，大陆性气候特征十分显著，基本上属于温带或亚热带草原和沙漠气候、冬夏寒暑变化剧烈，昼夜温差很大；降水稀少，蒸发强盛，因而戈壁、沙丘、荒漠广布。河流大部分为内流河，水源多靠山地降水及高山雪水补给。高寒山地冰峰雪岭上终年积雪，冰川发育，形成天然水库。山麓地带水源充足，地下水资源丰富。沙漠边缘、河湖沿岸形成了干旱地区的沃野绿洲，水草丰美，灌溉农业历史悠久。丝绸之路上的艰苦跋涉者可以获得充足的食物和饮水补给。"（徐勤，1987：90-91）由雪水养育的绿洲和可供游牧的干旱草原相连贯通，使丝绸之路上千里跋涉的旅人的物质给养得到了保障。

从发生学①的角度来看，开辟丝绸之路的动力首先源于军事外交力量的推动。任何地理通道，尤其是跨区域、跨文化通道的开辟，都一定隐含着强劲的内驱力。丝绸之路作为一条贯通亚欧大陆的交通要道，沿途分布着众多的民族、国家，维系着错综复杂的国际关系，它从兴起到发展始终被纳入历代王朝"勤远略、宣德化、柔远人"的政治外交体系之中。历代中原王朝开拓和经营丝绸之路的动力首先是出于对游牧民族劫掠行为的一种军事防御。我国西北地区生活着许多的游牧民族，生产方式的单一、落后造成生活资料严重缺乏，他们经常越过边界深入内地袭击农民和抢夺财富，"虏其民众畜产"（班固，2006：744），中原王朝被迫以战争和羁縻等方式进行防御。

先秦时期，受到地理交通和经济的限制，中国与外部世界的交往需要通过众多的中间环节才能得以进行，而且这种交往本身也不一定是有意识的和持续的，交往的内容基本上囿于民间往来。

周穆王时期，国家不断向西北地区拓展疆域，但其向西北发展的政策却始终受到戎狄部落的牵制。为加强西北边陲与中亚各民族的往来，公元前10世纪，周穆王西征犬戎，打通了通向西北的道路。西域道路畅通之后，周穆王约于公元前989年开始西游，每到一处以丝绢、黄金等赠予各地部落首领，各部落首领也以马、牛、羊等回赠周穆王，初步与西域各国建立了友好交往的关系。从书中记载的周穆王西游经历来看，周穆王西游的动机绝不仅仅是出于"好巡狩"的个人兴趣，而是有着明确的政治意图，"穆王的西巡祭水，寻求'帝'的庇护与'河宗氏'的支持，重述自黄帝、夏禹以来以水神信仰为文化特征、权力传承有序的话语体系，确实体现着现实政治的需要"（方艳，2016：40-41）。《穆天子传》中所记载周穆王西游是在西征犬戎取得胜利之后，通过西游巡狩、封禅等一系列活动确认自己的政治版图。

汉唐时期国力的强盛和对西域的有力经营使丝绸之路迎来了历史上的繁荣和辉煌时期，"祈望四海一家，化被天下，是中国人早在先秦即已形成的一种诉求。而秦汉大一统帝国的建立，形成'御胡'与'拓疆'战略，至汉武帝时，'勤远略'得以大规模实施，汉民族的活动空间从黄河—长江流域扩展到中亚广

---

① 发生学作为一种研究方法与范式，最早产生于自然科学领域，用于研究生物种系的发生与发展，后来运用到人文社会科学领域，研究一种现象或观念发生与发展的动态变化。

衰的草原、沙漠和雪山之间"（冯天瑜，2013：253）。汉武帝时期，匈奴占据河西等地，并与西羌联合，不断侵扰汉边，构成对汉朝在西北边界最大的威胁。汉武帝为了解除西北边患，"决定沟通西域，这样既可破坏西域与匈奴的联合，使匈奴无法取得西域的支援，又可造成匈奴的后顾之忧"（杨建新和马曼丽，1990：73）。为了实现自己开拓疆土的雄心远略，汉武帝一方面通过军事力量正面反击匈奴，从公元前127年到前119年，先后部署了三次对匈奴的关键性战役；另一方面争取联合西域其他民族共同抗击匈奴，先后两次派遣张骞出使西域。公元前139年，张骞从陇西郡出发，经河西走廊前往大月氏，希望能联合大月氏打击和削弱匈奴势力，实现"断匈奴右臂"的目的，打通中原和西域之间的陆上通道，虽然张骞未能说服大月氏联合抗击匈奴，但却亲自考察了中原通往西域的交通情况及其沿途各国的风土人情，掌握了第一手的资料，了解了西域各国希望和汉朝友好往来的愿望，加强和拓展了汉朝和西域各国之间的关系。公元前119年，汉武帝在对匈奴展开第三次反击的同时，派张骞携带大量的物资再次出使西域，希望能联合乌孙共同作战，此时汉朝已控制了河西走廊。张骞一行顺利到达了乌孙所在的赤谷城，虽然受到了乌孙王的热情接待，但还是未能实现联合作战的预期。虽然张骞两次出使西域最后都未能实现结盟作战的政治目的，但是他却通过亲自实践考察了丝绸之路的路线和西域各国的自然、地理、政治、经济概况，使中原对西域的认识不再是根据神话、传说中的想象和零散的记载，而有了实证的基础。司马迁的《史记·大宛列传》和班固的《汉书·西域传》就是根据张骞的报告撰写的，详细记载了丝绸之路的具体路线和行经地点，此后丝绸之路路线虽然多有变动，但是基本是在张骞所开拓的主要交通干线上发展变化的。张骞的"凿空西域"之举打通了长期以来被中断的交通路线，加强了中原对西域的认识和二者的联系，开辟和拓展了中原和西域间在经济文化上的交流和沟通。同时，汉朝国力的强盛为解决西北边境匈奴的侵犯提供了有力的保障，丝绸之路的畅通和发展得力于汉朝打击匈奴的彻底胜利。在张骞出使西域的同时，西汉王朝对匈奴展开一系列的正面打击，先后派出卫青和霍去病进行了三次大规模的军事反击，匈奴单于最终大败远遁至漠北。经过这三次战役，西汉王朝在对匈奴的斗争中已占据主动地位，前往西域的道路也基本畅通，为丝绸之路的开通创造了必要的条件。东汉时，车骑将军窦宪率汉军大破北匈奴，追至燕然山，匈奴西迁，长达300多年的汉匈之战结束，西域统一于汉朝中央政府，直接受西域都护管辖，从而在政治和军事上保证了丝绸之路的畅通和繁荣。自此之后来往于中西之间的使者和商人"一辈大者数百，少者百余人"，"远者八九岁，近者数岁而返"（班固，2006：485）。西汉王朝不但通过军事上对匈奴的遏制保证了丝绸之路的畅通，而且从政治制度上不断推进和完善对西域的管理。首先是和西域各民族建立友好关系，公元前121年，匈奴昆邪王率四万人归附汉朝后，汉武帝为了鼓励后继，不顾大臣反对，对昆邪王和其他归附人员封侯、封食邑，并设陇西（今甘肃临洮县之南）、上郡（今陕西榆林市东南）、北地（今甘肃环县东南）、朔方（今内蒙古乌拉特前旗）、云中（今内蒙古托克托县东北）五个"属国"进行安置，促使民族征战转向和解交融。其次在河西走廊设立河西四郡，割断匈奴与羌族之间的联系，保证了丝绸之路咽喉地带的畅通。汉武帝于公元前121年设立酒泉郡、武威郡，公元前111年设立张掖郡，公元前88年设立敦煌郡。河西四郡最后都成为丝绸之路上的商业重镇和中西贸易的重要节点。同时，西汉政府为了加强对西域的管理，汉宣帝于公元前60年任命郑吉为西域都护，标志着西域正式加入汉朝版图，西域都护府作为管理西域的最高行政军事机构，其主要职责是统领西域诸国共同保护西域南北两道的安全与畅通，对丝绸之路的繁荣和畅通具有重要意义。除了政治上的一系列措施，汉朝还在西域地区驻军屯田，大力发展生产，在河西地区实行移民戍边的政策。兴屯田使得中原的代田法和牛耕铁犁技术也传入河西走廊，这些发展生产的措施不但促进了当地农业经济的发展，而且也使河西地区由落后的游牧区发展为农业区，极大地提高了生产力水平，从物质上保证了驻防部队的供给和中西使者的往来之需。同时汉朝还把秦长城从令居（今甘肃永登县）延伸到阳关、玉门关，"于是酒泉列亭鄣至玉门"（司马迁，2006：515），令居到酒泉至阳关的亭障（鄣）连成长城，这些亭障（鄣）构成了汉朝与西域之间的防御线，也成为交通线。汉朝的军事力量逐步西渐，这条长城的南面就是汉朝移民屯垦的地区。这一系列政策有力地切断了匈奴和青海一带羌族的联系，促进了汉朝统一西域，从客观上保障了丝绸之路的畅通和繁荣。

丝绸之路开辟的另一个基础动力是来自商业的诉求。尽管政治军事力量在丝绸之路的开辟过程中发挥了重要作用，但是推动和影响丝绸之路形成的却是以生存为目的的经济文化交流活动，即商道是它最基本的属性，通过物质上的

敦煌莫高窟第 323 窟中的壁画——张骞出使西域图

交换推动经济发展是丝绸之路在早期形成和发展过程中的基础动力源,因此,物质交换、商业贸易构成了这条横贯亚欧大陆的陆路通道最重要的历史内容。丝绸之路连接的是农耕社会和游牧社会,这两种不同的社会生产方式造成了物质和文化生活的差异,丝绸之路就成为两种社会经济产品互补的主要途径。张骞通西域之前,沿河西走廊、天山南北路的这条贸易通道就已存在。周穆王西游时曾以"锦组百纯,□组三百纯"(郭璞,1989:10)赠予西王母,"锦组"即带花纹的丝织品。周穆王西游期间每到一处就以丝绸、铜器、贝带赠予各部落首领,部落首领也以马、牛、羊等回赠周穆王。这不仅说明我国在西周时期就和中亚建立了交通上的联系,而且最初的这种物质交换成为丝绸之路贸易的早期形式。《史记·大宛列传》中记载张骞出使西域时,就描述其曾在西域的大夏见到"邛竹杖、蜀布",经过询问得知这是大夏的商人从身毒国(今印度、巴基斯坦一带)买来的,说明在此之前产于中原的竹杖和布匹就已通过商品贸易的方式流通到西域。由于丝绸之路在中西社会经济中的重要性,草原游牧民族和中原展开了对丝路控制权的长期争夺,事实上丝路贸易中这些华丽纤薄的丝绸对于游牧民族来说,并不适合他们放牧和骑射的生活习惯,"其得汉缯絮,以驰草棘中,衣袴皆裂敝"(司马迁,2006:458),他们获取丝绸的主要目的是将其运送和贩卖至其他西域国家赚取高额的利润,所以游牧民族对丝绸之路的争夺和控制,除了政治军事因素之外,这条商道所蕴含的巨大商业利益也是重要的原因。"草原游牧民族处于东西文明交流的中介地位,必然希望控制这条贸易路,以汲收农业文明高度发展的中国和重商的东罗马、中西亚的财富,弥补由于落后的生产方式所形成的社会后进状态。丝绸之路不仅是他们与文明社会相联系的唯一纽带,也是其社会财富增殖的生财之道、生命线。"(李明伟，1997：239）长久以来中原和匈奴之间对西域的争夺问题到汉武帝时期得到了彻底的解决，汉朝通过有力的军事反击迫使匈奴最终退出西域，从而取得了对丝绸之路的控制权和经营权。张骞出使西域除了肩负政治使命以外，还积极开展和西域之间的贸易往来，他第二次出使西域时携牛羊万头、马六百匹，以及价值数千万的币帛，并分遣副使奔赴西域诸国开展外交活动，他先后派副使到达大宛、康居、大月氏、大夏、安息、身毒、于阗等国，企图与这些国家进行贸易，西域的乌孙也以数十匹骏马作为回报。张骞的这一活动对中西贸易具有重要的意义，促成了西汉王朝对丝绸之路的开辟和经营，"其后岁余，骞所遣使通大夏之属者皆颇与其人俱来，于是西北国始通于汉矣"（司马迁，2006：515）。汉朝政府与西域诸国之间此后便开始了频繁的贸易往来，同时汉朝政府还通过设立河西四郡等方式从军事上有力地保障了丝绸之路的畅通，与西域各国建立起友好的外交关系。自此赴西域的使者相望于道，商旅不绝于途，大批的西域使者和商人来中原谋求通商，其中有些外国使臣实际上是以贸易为目的的商贾，但名义上却说是朝贡，《汉书·西域传》中有言："奉献者皆行贾贱人，欲通货市买，以献为名。"（班固，2006：782）这些商人通过交换把丝绸运往西域，同时也把西域的蔬菜、瓜果、毛织品等货物相继传入中原，丝绸之路上的贸易开始从最初自发的、偶然的民间活动发展为持续的、大规模的官方行为，大批的西域商人往返于丝路沿途。《后汉书·西域传》（范晔，2006：

位于今甘肃瓜州县的汉代长城遗迹

688）是这样记载的："驰命走驿，不绝于时月；商胡贩客，日款于塞下。"由中原前往西域的商人也很多，据《后汉书·班梁列传》记载，班超所率攻打焉耆的队伍中就有中原"吏士贾客千四百人"（范晔，2006：348）。

到了唐朝，中央政府通过对西北的积极经营，使西域各国家、各民族认识到丝路贸易的畅通对促进其社会经济发展的重要性，从而共同维护和拓展丝路商道的运行，使丝绸之路的发展和繁荣达到了历史的顶峰。

丝绸之路可以分为三条路线：西北丝绸之路（经由中国西北方出境的陆道的总称）、海上丝绸之路（自中国南部沿海，通往东南亚乃至西亚、北非等地的南方水路，以及自东部沿海通往日本的东方水路）、西南丝绸之路（始发于今中国西南地区的陆上交通道路，贯穿四川、云南等地，经由缅甸，再连接印度等地）。本书中虽然采用"丝路文学"这一名称，但由于语言和资料的客观条件所限，所涉及的地域主要指西北丝绸之路中国段，下面从空间、时间方面对本书中的"丝路文学"做一界定。

第一，就空间而言，本书所谈论的丝路文学，主要集中在西北丝绸之路中国段，即以陕西为起点，途经甘肃、宁夏、青海、新疆，出境后经过亚洲，通向非洲和欧洲这条商道的中国段部分，这一地区以"西北五省"为核心地带，在历史上曾是民族融合交流的"十字路口"。陕西位于丝绸之路的起点，甘肃是丝绸之路的咽喉要塞，宁夏和青海更是民族融合的重镇，新疆是连接中原和西域的核心地带，这条道路所构成的版图不仅占据了中国约三分之一的国土面积，而且这条道路也是丝绸之路三条路线中最活跃的主干道，它的经济意义和文化影响力最为重大，对中华文明的发展与传播起到了重要的作用。它所途经的地域有关中平原、渭河谷地、祁连山东北麓、河西走廊、吐鲁番盆地、天山南麓、塔里木盆地北缘，所经过的城市有西安、咸阳、宝鸡、天水、兰州、武威、张掖、酒泉、哈密、乌鲁木齐、库尔勒、喀什、伊犁、阿拉山口等。这条道路是历史上民族迁徙和融合的十字路口，也是东西方文化与文学交流的荟萃之地。

第二，就时间而言，本书所谈论的丝路文学是指先秦以来的文学创作和文学活动，论述的重点则放在现当代丝路文学上。古代丝绸之路不仅在中西交通和文化交流方面具有十分重要的地位，而且也留下了大量描写丝路风光和文化的文学作品，如边塞诗、历代的西行记，同时也涌现出了一批活跃在这个特定地域中的本土作家,以及一些流传很广的民间讲唱文学和民族史诗。进入现代以来,中西交通和文化交流的途径和方式更加多元,丝绸之路的历史文化吸引了大量中外学者、探险家踏上丝路的朝圣之旅,李希霍芬、斯文·赫定、斯坦因都留下了大量的关于丝路的记录,鲁迅、茅盾、张恨水、闻捷、王蒙等人的丝路之行,不但把现代文学、现代文化传播到丝路,而且通过对丝路风光和人文历史的书写,重建了丝路精神与丝路文化。这些创作构成了丝路文学不可或缺的部分,延伸和拓展了丝路题材,在对丝路的书写中体现了强烈的现代意识和文化观念。

第二节 从物质走向精神:丝路文艺

丝绸之路不但是一条物质交流的通道,也是中西之间文化交流的大动脉,丝路沿途各民族的文化随着商队传播到世界各地,它们共同创造了丝路文艺的繁荣。人类在发展过程中形成的具有源头性质的四大文明区域——以中国为中心、以儒道文化为传统的东亚文化圈,以印度为中心、以印度教和佛教为传统的南亚文化圈,以阿拉伯国家为中心、以伊斯兰教为传统的西亚北非文化圈,以欧洲为中心、以基督教为传统的欧美文化圈,其中三大文明都在中国的西部,所以丝绸之路建立起了中西四大文明陆上交通的渠道,中国文化沿着丝绸之路传播到西方各国家、各民族,西方文化也随着这条交通大动脉源源不断地传播到中国,促进了文化的自我更新,中国和西方文化是在一种双向互动的过程中发展起来的。"物质文明是精神文明的载体,精神文明是物质文明的灵魂。所以,物质文明交流中,必然包含着精神文明交流的内容。"(李明伟,1997:2)中国的丝绸等商品沿着丝绸之路运往西方,同时中原先进的生产技术如铸铁、冶炼、凿井等随之西传,西方的良马、骆驼、毛织毡毯、葡萄、苜蓿、石榴、胡桃、芝麻及各种音乐舞蹈也接踵而来,共同创造和丰富了中西各民族的物质文化和精神文化。

随着丝绸之路贸易的繁荣和人员流动的频繁,中西之间逐渐从最初的物质文化交流走向精神文化交流,中国古代先进的文化源源不断地传到西方,在很大程度上推动了世界文明的历史进程。《穆天子传》记载,周穆王西游时携带"锦组百纯"、黄金、贝带等物品,每到一处即以礼物相赠,除此之外,所带使团还包括了一支乐队，每到一处便与当地部落首领互赠礼物，集会欢娱。"天子五日休于口山之下，乃奏广乐。""天子休于玄池之上，乃奏广乐，三日而终，是曰乐池。"（郭璞，1989：215）周穆王西游带去的还有中原八音乐器，如丝、匏、竹、革、金等，其中丝、匏类乐器在西域逐渐传播。唐朝初年玄奘赴印时，印度戒日王曾向玄奘询问《秦王破阵乐》的相关内容，此乐是唐朝风格雄浑的大型宫廷乐，主题是歌颂唐太宗的历史功绩，其中融入了龟兹乐律，是中外文化交流的产物。玄奘在《大唐西域记（卷十）》中还记载了印度拘摩罗王的询问："今印度诸国多有歌颂摩诃至那国《秦王破阵乐》者，闻之久矣，岂大德之乡国耶？"（玄奘，1977：233）这说明《秦王破阵乐》不仅在唐朝流行，而且已经传播到了印度。中国的四大发明也是通过丝绸之路传播到世界各地的，尤其是造纸术和印刷术的西传，对欧洲文化思想的发展具有重要意义。造纸术和印刷术的传入改变了古代欧洲只有僧侣才能接受高等教育的状况，使学术和教育从基督教修道院中解放出来，欧洲的学术中心开始从修道院转移到各地的大学，从而为欧洲的宗教改革和反封建运动提供了有力的武器，推动了西方社会向现代文明的迈进，对世界的历史进程起到了推动的作用。

中国和西方之间文化传播的一个重要途径是民族迁徙，民族迁徙所形成的人员流动是文化交流的一种重要形式，空间上的迁徙造成拥有不同生活方式和文化理念的人群持续的、大规模的接触和交流，从而影响和推动了双方文化的传播与变迁，即文化的涵化现象，这种双向交流往往给各民族文化的发展和繁荣带来新的生机和动力。自古以来活跃在大漠南北的游牧民族，如塞种、月氏、乌孙等民族由于自然条件的改变和影响，或由于民族之间拓展领地的军事战争，在被迫迁徙之时，因为北上受到西伯利亚大森林，东去受到大小兴安岭和长白山的阻隔，南下无法与强大的中原王朝相抗衡，所以大多选择了西去的方向，经过中亚北部地区，沿里海、高加索、黑海北岸进入欧洲平原，并在一定程度上改变了欧洲的历史。也正是这一些自东向西迁徙的游牧民族，联系起了亚欧大陆两端的中西文明，使中国文化传播到了世界各地（纪宗安，1994）。汉代开始实行移民戍边的政策后，大量中原人口迁入西域，其中包括历代官吏及其随从、屯田的官兵、躲避战乱的移民等，汉代的文化通过他们广泛地传入西域。汉武帝元朔二年（前127年）建朔方城，移中原居民10万人入河套地区，河套即今阴山以南的黄河冲积平原一带，这一区域之前是游牧民族的居住地，之后成为最早的农牧民族杂居区之一。公元前 121 年，匈奴昆邪王归汉，汉朝将数万匈奴安置于五属国，同时将一部分中原人迁入河西一带。张骞"凿空西域"之后，打破了中国西北方向的壁垒，汉朝和西域诸国的经济文化交往在官方的推动下，获得了空前的发展。汉武帝先后向陇西和河西移民数十万，使中原农耕文明先进的生产技术大量传入河西走廊一带。甘肃静宁出土的西汉时期的玉磐、华亭县出土的东汉编钟，还有在新疆发现的大量汉锦、中原形制的铜镜、汉文木简等考古发现，证实和重现了中原文化沿丝路西渐的历史情境。

唐朝统一西域后，在西域各地大力推行汉文化教育，设立州学、县学、乡学等教育机构，教授《礼记》《尚书》《论语》等儒家经典，推动了儒家文化在西域的传播。在吐鲁番，研究人员考古发现唐玄宗诗残本，这是中原诗歌在西域传播的历史记载。唐朝著名的边塞诗人岑参在《与独孤渐道别长句，兼呈严八侍御》中写道"花门将军善胡歌，叶河蕃王能汉语"（彭定求等，2008：951），"花门将军"指节度使幕府中的少数民族将领，"叶河蕃王"指西域少数民族首领，诗中描写了他们参加军营酒宴时，唱胡歌又说汉语的情景，说明当时很多少数民族将领能讲汉语，懂汉文。考古发掘的吐鲁番文书和楼兰出土的简牍文书中也有不少少数民族的书法作品。不少蕃将入唐后，经过学习不但能精通汉典，而且能写诗，突骑施人哥舒翰好读《左氏春秋传》《汉书》，铁勒人契苾何力吟诵出"白杨多悲风，萧萧愁杀人"（欧阳修和宋祁，1975：4120）。同时，唐朝开放活跃的文化氛围吸引了大量的西域人来到长安，各国的使臣、商人、僧侣等汇聚长安，来往频繁，给长安人民的生活和文化注入了新鲜的异域风情。长安上至贵族下至平民开始穿胡服、学胡舞、吃胡饼、听胡乐、跳胡舞。西域乐舞本身节奏明快，舞姿优美，和唐朝开放积极的时代精神相符合，所以一经传入就受到各个阶层人民的欢迎，唐朝著名的"十部乐"中，西域乐就占三部，即《龟兹乐》《疏勒乐》。唐玄宗爱好胡旋舞，一时引为风尚，上至宫廷贵族下至平民百姓皆练习此舞，杨贵妃和宠臣安禄山都擅长此舞。元稹在《法曲》中描写了长安胡化的现象："自从胡骑起烟尘，毛毳腥膻满咸洛。女为胡妇学胡妆，伎进胡音务胡乐。火凤声沉多咽绝，春莺啭罢长萧索。胡音胡骑与胡妆，五十年来竞纷泊。"（元稹，2002：117）胡风对长安物质和文化生活的影响由此可见一斑。

民族迁徙的另一种情况是战争造成的人员迁徙，这种迁徙虽然是被迫的，但在客观上却促进了文化之间的交流和传播。公元751年，安西四镇节度使高仙芝应中亚地方王公的请求，出兵怛罗斯，后因战败，不下万余士兵作为俘虏被送往大食，其中许多人是熟练的手工业者，如画匠京兆人樊淑、刘泚，织匠河东人乐䥽、吕礼等人，这些人客居大食，甚至娶妻生子，成为一种特殊形式的强迫移民。通过他们，先进的中原文化传播到当地，对当地的经济文化发展起到了重要的推动作用。杜环就是其中被俘的一员，他是唐朝著名学者杜佑的族子（祖父的亲兄弟的曾孙）。被俘后的杜环流落海外多年，游历了中亚、西亚、北非地区，回乡后撰写了一部《经行记》，其中部分内容经杜佑编入《通典》之中，成为古代中国人亲历中亚、西亚、北非的重要资料。13世纪时成吉思汗及其子孙三次西征，征服了亚洲和欧洲的大部分地区，打破了丝绸之路上的交通障碍，并实行驿站制度，建立了严密庞大的亚欧交通网络体系，为这一时期丝绸之路的发展提供了有利的社会环境。在蒙古西征的过程中，出现了古代历史上一次规模较大的中西人口双向流动和迁徙。随着蒙古大军的西征，大批的汉人、蒙古人及西北地区的其他民族的人们从东向西迁徙，进入中亚、西亚、欧洲各地，这些人群大多在当地定居了下来，把中亚文明传播到该地区。随着蒙古远征军的东归，亚欧地区出现了向中原地区大规模的民族迁徙，这些移民很多是技艺精湛的工匠和技师，他们把精湛的技艺传到中原地区，为蒙古军事和生产的发展做出了重要贡献。同时，这些西域移民在中原长期居住，受到中国文化的教育和熏陶，产生了很多著名的学者、文学家、艺术家，成为汉化的西域人。

中西文化交流的另一种方式是文化使者的自觉引介。第一种文化使者是像张骞这样经官方派出的外交使臣，在完成政治使命的同时，又起到了传播和引介文化的作用。张骞第二次出使西域到达乌孙，实际上并未达成联合抗击匈奴的政治目的，但乌孙王昆莫派出大批向导陪同汉朝副使到大宛、康居、大夏等地沟通交流，宣传汉朝的国威与中原文化，表达了愿与他们友好往来的愿望。张骞返回时，乌孙王昆莫派出数十位使臣和数十匹马作为答谢。此后汉武帝派遣大量的使节出使西域各国，甚至是一些为了升官发财的平民百姓也上书"言外国奇怪利害，求使"（司马迁，2006，515），汉武帝都给予财帛赏赐，准予出使，这些数目庞大的外交使臣在客观上起到了宣传和传播中西文化的作用。据《晋书·乐志》记载，"张博望入西域，传其法于西京（长安——笔者注），惟得摩诃兜勒一曲。李延年因胡曲更造新声二十八解，乘舆以为武乐"（丘琼荪，1999：8）。这段文字记载了张骞出使西域在完成政治使命之外，还从西域带回了《摩诃兜勒》曲，这原是一首流行甚广的赞颂菩萨的佛曲，后来它成为宫廷乐师李延年在借鉴、改编胡曲的基础上创造出的新音乐类型，而且被用作宫廷武乐，这一事件标志着西域音乐开始传入中原，并与中国的文化相结合。

西域各国派往中原的人员中，还有各国的质子，这是出于政治目的而产生的一种特殊的人质，这种现象普遍存在于我国古代各民族的交往过程中，他们对中西文化传播也起到了重要的作用。自汉朝开辟丝绸之路后，汉语作为官方语言的重要性得到体现，西域各国派遣质子和官员学习中原文化，东汉就曾在洛阳建立南北两处质馆，专门接待各国入朝的质子。这些质子中有返回本土主持国政的首领，他们把学到的中原文化在他们本国进行推行，如《廿二史劄记》中记载，扜弥太子赖丹，昭帝时到长安，后率兵到轮台一带，实行屯田计划。《后汉书·西域传》记载，莎车王延，元帝时入汉为质子，"长于京师，慕乐中国，亦复参其典法。常敕诸子，当世奉汉家，不可负也"（范晔，2006：684）。唐朝时，自幼就以质子身份入朝的突骑施奉德可汗王子光绪，"少自绝域质于京师"，"缅慕华风遂袭冠带"（西安市文物保护考古研究院，2013：18）。据《旧唐书》记载，唐朝时于阗质子尉迟胜，在长安修建园林，招待宾客。向达在谈到西域各国质子在唐朝中西文化传播中的作用时说："贞观以来，边裔诸国率以子弟入质于唐，诸国人流寓长安者亦不一而足，西域文明及于长安，此辈盖预有力焉。"（向达，1957：4）从客观上来说，质子现象加强了中原和西域各族的联系，促进了各民族之间经济、文化的交流。

在向西域迁徙的人群中，还有一些文人学士，他们把中原的儒学和诸多典籍也带到了西域。汉末中原战乱，河西一带则相对安定，成为不少中原人士的避乱之地，汉代的乐舞文化流入河西一带得以保存，这些乐舞与当地民族艺术融合，成为西凉乐，形成一种宫廷乐舞。东晋十六国时期，丝绸之路河西一带建立若干小国，河西六国中的前凉，国力强盛，中亚诸国向其朝贡，贡物中就有各种乐器和艺人。这些民族融合和文化传播，对文化的多元化发展和自我更新起到了重要作用。

第二种文化使者的交流方式是和亲，这是中原王朝和边疆民族处理关系的一种外交方式。虽然和亲在性质上属于中国和西域少数民族之间的政治交易，但在客观上起到了保障丝路畅通、传播文化的积极作用。历代派出的和亲队伍，往往会携带大量的丝绸、器物，随从中有大量的工匠和乐舞艺人，这些人员随同陪嫁的公主长期生活在西域，把中原先进的生产技术和文化也带到了当地。《汉书·西域传》中记载，汉武帝派细君公主和乌孙进行联姻，厚赠器物及随从数百人，细君公主因思乡心切，常与同行乐人抚琴高歌，并作《黄鹄歌》以表达思乡之情："吾家嫁我兮天一方，远托异国兮乌孙王。穹庐为室兮旃为墙，以肉为食兮酪为浆。居常土思兮心内伤，愿为黄鹄兮归故乡。"（班固，2006：786）这首思乡曲可谓汉文学传到西域的滥觞。汉武帝念其可怜，"间岁遣使者持帷帐锦绣给遗焉"（班固，2006：786），并派遣工匠前往乌孙按照汉朝建筑风格为细君公主"置宫室"，将汉族的建筑技艺传到西域。细君公主去世后，汉朝又把解忧公主嫁与乌孙王，解忧公主性格开朗，常裹衣革履，头戴孔雀翎羽帽，身穿貂狐裘，肩披狼尾，跟随乌孙王昆莫巡视部落。她在乌孙和汉朝的关系中扮演着重要的角色，她经常派遣自己的子女到长安学习汉文化，公元前71年，她派长女弟史到长安学习鼓琴，学了三年返回乌孙途经龟兹，龟兹王绛宾对其心生爱慕，经公主同意与其结为夫妻。后解忧公主上书汉朝，希望允许弟史以宗室的身份来往汉朝。汉宣帝同意后，龟兹王绛宾和弟史来长安朝贺，"王及夫人皆赐印绶。夫人号称公主，赐以车骑旗鼓，歌吹数十人……留且一年，厚赠送之"（班固，2006：791）。随后龟兹王多次带随从来朝贺，他们喜欢并学习汉朝的服饰、制度、礼仪，"后数来朝贺。乐汉衣服制度，归其国，治宫室，作徼道周卫，出入传呼，撞钟鼓，如汉家仪"（班固，2006：791）。解忧公主为加强乌孙和汉朝之间的政治文化交流，还派次子万年到长安生活过一段时间，并派出自己的侍女冯嫽在西域进行外交活动。冯嫽熟悉汉文史书，积极宣传汉朝文化，对推动乌孙和汉朝的文化交流起到重要作用。

同时，由于和汉朝的和亲，少数民族首领在多次的觐见和朝贺活动中，也遵从和学习汉族礼仪。《汉书·西域传》中记载，汉宣帝在宴请招待前来和亲的西域使臣的过程中，"会匈奴使者、外国君长大角抵，设乐而遣之"（班固，2006：787）。汉宣帝甘露三年（公元前51年），处于内外交困中的匈奴首领呼韩邪单于，到长安"赞谒称臣"，汉"宠以殊礼，位在诸侯王上"，并赐以冠带衣裳、玺绶、弓矢、车马以及大量的"锦绣绮谷"，并将王昭君嫁与他为妻。呼韩邪单于和汉朝保持了长期的友好关系，并受到中原文化的影响，在

明妃出塞图

其去世后，雕陶莫皋被立为单于，称为复株累若鞮单于，《后汉书·南匈奴列传》中记载，"匈奴谓孝为若鞮，自呼韩邪单于降后，与汉亲密，见汉帝谥常为孝，慕之。至其子复珠累单于以下皆称若鞮"（范晔，2006：688-689）。

629 年，松赞干布继位，并派使者入朝请婚。641 年，唐太宗送文成公主到吐蕃和亲，公主沿丝绸之路到青海，松赞干布率部下到河源迎亲，并"遣酋豪子弟，请入国学以习《诗》《书》，又请中国识文之人典其表疏"（刘昫，1975：3553）。文成公主入藏时带去大量的谷物种子、珍宝、书籍和能工巧匠。唐中宗神龙三年（707 年），弃隶蹜赞（即赤德祖赞）继位，他的祖母派大臣到长安为其请婚，中宗嫁与其金城公主，"帝念主幼，赐锦缯别数十万，杂伎诸工悉从，给龟兹乐"（欧阳修和宋祁，1975：4628）。西域在和中原的交往中受到中原文化的影响，对自己本民族文化进行主动的改革，《隋书·高昌传》中记载，与中原和亲的高昌王曾下令对本族的服饰进行改革，"既沐浴和风，庶均大化，其庶人以上皆宜解辫削衽"（魏征，1973：1848）。隋炀帝得知后又赐以衣冠，给予支持。

和亲所带来的中原和西域之间频繁的外交往来，使得西域的语言和乐舞艺术也开始进入中原传播。元康二年（公元前 64 年），乌孙到中原请求和亲，《汉书·西域传》中记载"昆弥及太子、左右大将、都尉皆遣使，凡三百余人，入汉迎娶少主。上乃以乌孙主解忧弟子相夫为公主，置官属侍御百余人，舍上林中，学乌孙言。"（班固，2006：787）这段文献记载了汉朝为了和乌孙联姻，把随同的侍御聚集到上林苑学习乌孙语言的历史。东汉灵帝时，胡风舞成为宫廷内外广泛流行的舞蹈。《旧唐书》中记载，周武帝与突厥和亲，娶突厥女为皇后，之后"西域诸国来媵，于是龟兹、疏勒、安国、康国之乐，大聚长安"（刘昫，1975：1069）。中国历史上的和亲虽然使很多女性失去了幸福和自由，但是在客观上加强了中原和西域各国的政治经济交往，对中西文化的传播也起到了积极的作用。

第三种文化使者是活跃在丝绸之路上传道弘法的宗教信徒和以知识考古为主的学者、探险家。宗教是丝路文化传播的重要方面，丝绸之路也被称为"宗教之路"，在中国影响巨大的佛教、伊斯兰教等都是经丝绸之路传入我国的，也正是借助丝绸之路，这些宗教最终发展成为世界性宗教。来往于丝绸之路的人员中不仅有商队，还有大量为弘扬佛法而奔走的僧侣，他们翻译宗教典籍，讲法弘道，把宗教文化传播到世界各地。生于龟兹国的佛教高僧鸠摩罗什曾被后凉太祖吕光劫掠到凉州（今甘肃武威市），在这里学习汉语和中原文化，后凉亡国后他沿丝路长途跋涉到长安传经，翻译佛教典籍，与真谛、玄奘并称为中国佛教三大翻译家，为佛教在中国的传播做出了重要的贡献。禅宗的创始人菩提达摩也是经丝绸之路辗转来到中国，后到嵩山少林寺面壁九年创立禅宗的。宗教作为人类对"终极关怀"的向往和追求，往往能够激发信徒坚强的意志和坚韧不拔的求法精神。随着佛教在中国的传播，这些佛教信徒为"整肃佛律"，以超强的意志亲往西方求法，他们往往会把途中的艰险看作是自己宗教生涯中的一个必要考验，这些跋涉在求法途中的苦行僧成为丝绸之路上的一个重要群体。东晋高僧法显，是中国第一位到海外取经求法的大师，他自小礼佛，志诚行笃，65岁时为"弘法扬道，整肃佛律"，到天竺（今印度）寻求经律，历经13年，穿越了"上无飞鸟，下无走兽，遍望极目，欲求度处，则莫知所拟，唯以死人枯骨为标帜"（法显，1995：5）的沙漠瀚海，历经艰险，到印度潜心礼拜佛迹，携经而返，翻译了大量的佛教典籍，对中国佛学的发展做出了重要的贡献。同时他还根据自己的亲身经历撰写了《佛国记》，详细地记录了古代中亚及印度等地的佛教盛况和风土人情，实现了中国佛教文化从"送进来"到"拿进来"的阶段转变。唐代僧人玄奘从长安出发，沿着丝路古道，经过敦煌玉门关，"冒越宪章，私往天竺。践流沙之浩浩，陟雪岭之巍巍，铁门巉崄之涂，热海波涛之路，始自长安神邑，终于王舍新城。中间所经五万余里"（朱一玄和刘毓忱，2002：10），辗转到达印度跟随高僧学习佛教典籍和梵文，历时 17 年，带回大量佛教典籍，回国后在长安专心译经，并把《老子》和《大乘起信论》译成梵文，传入印度，对中印宗教文化的交流起到重要作用。在翻译佛经的同时，玄奘根据自己的沿途见闻撰写了《大唐西域记》，详细地记述了沿路国家的历史、地理、宗教、习俗，这本书成为人们研究佛教历史和中外文化交流最为重要和可靠的文献资料之一。

佛教传入中国，构成了中国传统文化的重要内容。佛教所蕴含的生命智慧对中国文艺的发展产生了重要影响。首先，丝路沿途产生了一系列的佛教建筑——寺庙、佛塔、石窟。寺庙在古印度的最初形式是一种经人工开凿的石窟，自汉代传入我国，东汉明帝崇奉佛教，"梦金神长丈六，项背日月光明。金神号曰佛。遣使向西域求之"（杨衒之，1991：153），遣使蔡愔赴天竺邀请摄摩腾、竺法兰二僧到中国宣讲佛法，这就是所谓的"永平求法"。为安置佛像和佛经，摄摩腾、竺法兰仿照天竺佛寺规制，设计并建造了我国最早的佛教寺院——白马寺，标志着国家正式承认佛教的合法地位，自此之后，来华的西域僧侣逐渐增多，这里成为重要的传教和译经场所。两晋南北朝时期，社会动荡，战乱频繁，佛教所宣扬的救世慈悲思想符合身处动乱中的民众的社会心理需求，佛教开始得到广泛的传播，各地建造了大量的寺庙，当时东西两京就有 100 多座寺庙。到了隋唐时期，随着佛教的广泛传播，寺庙数量变得更多，著名的有大慈恩寺、荐福寺等。佛寺传入中国之后，与中国的建筑形式相结合，形成了宫塔式、楼塔式、廊院式的结构。随着佛教的传入，丝绸之路沿途形成了开山凿窟、雕塑佛像的风气，产生了风格独特的石窟艺术，比较著名的有新疆克孜尔石窟、甘肃敦煌石窟等，这些石窟较多受到古希腊、古罗马雕刻艺术的影响。位于河西走廊西端的敦煌莫高窟，修建在 1600 多米长的崖壁上，洞窟内的壁画、雕塑造型生动，内容丰富，技术精湛，是世界佛教艺术的宝库。佛像的外貌和服饰的造型体现了犍陀罗艺术风格。莫高窟是集建筑、雕塑、壁画于一体的宗教艺术宝库，是印度佛教文化和中国文化交流的艺术结晶。佛教在宣讲过程中，往往要借

玄奘法师像

用音乐、舞蹈等形式,"梵呗"是佛教音乐传入中国的开始,它最早由僧人采用民间乐曲和宫廷乐曲改编而成,用来歌颂佛祖、宣讲佛法。佛教音乐影响了中国艺术的发展,很多僧侣本身也是优秀的艺术家。唐代长安庄严寺著名的艺僧段善本琵琶演奏技艺高超,他所使用的琵琶采用西域曲项琵琶用兽皮作弦的方法,与来自西域康国(今乌兹别克斯坦共和国撒马尔罕一带)的康昆仑同城竞技,传为佳话。段善本不但能演奏还能作曲,西凉府都督郭知运向唐玄宗进献了《凉州曲》,段善本以此改编创作了《西凉曲》。

佛教的传入对中国文学思想和文学创作也产生了深刻的影响。宗教都需要传教布道,佛典语言的文学性既有吸引信徒的作用,又有利于佛法的宣讲,中国文人大多是通过佛典的研习而受到佛教的影响。很多佛教经典除了教义的论说,还包含丰富的社会、哲学、美学、文学等内容。从梵文翻译的《法句经》《维摩诘经》《法华经》《华严经》等佛典,语言精美、想象奇特,本身就是一部部瑰丽的文学作品,被历代文人所喜爱,甚至被作为纯粹的文学作品来研读。一些研究佛教的中原文士也开始研究梵文,唐代的诗人苑咸不仅能书梵字,还能通梵音,"楚词共许胜扬马,梵字何人辨鲁鱼"(彭定求等,2008:598);李白也略通月氏文,"鲁缟如玉霜,笔题月氏书"(彭定求等,2008:872);唐代王维的诗歌《鹿柴》中充满了禅宗的佛理意趣,唐代变文就是在佛经的影响下产生的。

中国本土道教也由经丝绸之路到西域的汉人渐次向外传播,新疆吐鲁番地区阿斯塔那出土的吐鲁番文书中有不少有关道教的内容,高昌墓葬发掘的《韩渠妻随葬衣物疏》,文书后面就有"朱雀""玄武"的字样,衣物疏中的道教用语内容是希望死者的灵魂能得到神灵的护佑,这表明道教已在高昌地区广泛传播了。莫高窟曾出土《老子化胡经》残卷,说老子西出阳关,到达西域,教化胡人,虽然书中内容有所争议,但说明产生于春秋时期的道家思想已在西域开始传播。《旧唐书》卷198《天竺国传》中记载,唐太宗时,天竺所属伽没路国国王"发使贡以奇珍异物及地图,因请老子像及《道德经》"(刘昫,1975:3612)。古代文化的传播最终是靠人的交往来实现的,丝绸之路的畅通与繁荣促进了中原和西域之间人员的往来,正是那些跋涉在丝路上的大量西域商人、使者、僧侣的迁徙交流活动直接推动了中西文化的传播与发展。所以说,丝绸之路不仅是中西之间的一条商路,更是中华民族走出自我中心的地理空间,以一种兼收并蓄的开明态度,通过和西方在政治、经济、文化上的对话交流,从而走向文化融合、民族共存的精神实践之路。

第三节 西游东来的古代丝路文学

从广义的交通或丝路文化视域中我们可以看到,文学作为文化交流的重要载体,在丝路文化的交流和传播中确实发挥着重要作用,由此也证明,丝绸之路不仅是一条丝绸贸易的通道,更是一条丰富多彩的语言文化之路。文化的发展具有多样性和不平衡性,不同民族由于人文和地理等原因会造成民族文化在一定程度上存在差异性及阶段性特征,比如,从远古到郑和下西洋的 15 世纪前期,中国在经济、政治、文学艺术甚至科技方面就有自己的鲜明特色并长期领先于西方,在对外文化交往中体现出开阔的胸襟和自信的气度,处于比较主动和向外输送的历史地位,尤其是汉唐丝绸之路的开辟创造了中西文化交流繁荣的局面,在这样的背景下产生的古代丝路文学也表现出开阔雄浑的风格。丝路文学与丝路文化之间构成一种互相建构与互相显现的关系:一方面,丝路文学作为丝路文化的载体之一,反映着丝路文化的内在精神,具体体现为一种开放性的文学观念和开拓创新的文学精神,以及具有异域浪漫色彩的审美形态;另一方面,作为丝路文学创作的重要依托,丝路文化的特性影响着丝路文学的表达方式,形成了文学创作独特的文化语境,丝路沿途严酷的自然环境决定了丝路文学在内容上更专注于对人与自然关系的思考,以及对地域风貌和民俗风情的描写,展现了人类超越自然的苦难意识和英雄精神,并借此形成了独特的美学风貌。

丝路文学最早可以追溯到先秦时期的神话、传说,《穆天子传》和《山海经》是有文字以来最早记录中原和西域交往的文献典籍,以一种神话历史的叙事方式建构起丝绸之路的"史前史"。《穆天子传》是西晋初年从战国魏王墓中所发现的竹简书,此书共有六卷,从内容上来说分为两部分:前五卷详细地记载了周穆王驾八骏率六师,万里长驱,北绝流沙,西登昆仑,周历四荒,游历名山绝境,会见西王母,狩猎大旷原;第六卷铺叙周穆王宠幸之美人盛姬途感风寒而死,及其葬礼仪式。周穆王西游所走路线是从"西安附近出发,经河南、入山西、出雁门关,到达内蒙古。再沿黄河溯流而上,经宁夏、甘肃、过青海，入新疆，沿塔里木南缘，登昆仑山，跨过帕米尔到达中亚。然后，由塔里木盆地北缘入甘肃，经原路返回"（白振声，1984：41）。这条路线基本是沿着今天西北丝绸之路的轨迹行进的，所到达的区域大多是以游牧民族居住地为主的西域地区。然而历史上对周穆王西游所涉及的地理考证尚存争议，但其大致的方位和路线在历史地理文献中还是可以得到确定的，这些说明了在先秦时期中原和西域之间就存在交往的基本史实。

此外，《穆天子传》还详细地记载了周穆王和各部落之间在物质和文化方面的交往，周穆王西游时携带了大量的物品，主要有丝绸、黄金、贝带等物，每到一处便把这些物品赏赐给当地部落，除此之外还在玄池演奏广乐，种植竹子，品尝苦菜，把雕官等乐器赏赐给部落首领，中原的物质和文化通过周穆王的西游传播到西域各地。周穆王不但有意识地传播中原文化，而且在登上春山后，感叹于"孳木华不畏雪，天子于是取孳木华之实，持归种之"（郭璞，1989：7）。到达赤乌后，"取嘉禾以归，树于中国"（郭璞，1989：7），把西域粟米的良种带回到中原种植，可以说，周穆王这种"送去"和"拿来"的外交形象就是古代使者的原型。与此同时，部落首领也大多以西域特产的玉器和骏马等贡品回赠周穆王，这种物品交换的方式是丝绸之路上中原政权和西域民族之间贡赐贸易的早期萌芽，到汉朝这种贡赐贸易发展成为丝绸之路上具有重要地位且被长期延续下来的贸易模式。古代中国在外交政策上追求一种文化上的认同和臣服，对西域各民族来说，只要在观念上接受和承认华夏文化的统治地位，就可以被纳入入朝进贡的行列，否则就有可能发生矛盾和战争，文化和价值观念是决定国家外交关系的关键因素，经济贸易也要服从于国家的政治需求。在这种政治理念之下产生的丝路贸易，不但具有商品交换的经济性质，而且是中原政权在处理民族问题时的一种政治外交策略，这种建立在不对等基础上的经济交往是显示大国威德的一种方式。《穆天子传》反映了周穆王以贡赐方式和西域各民族和平交往的史实，其在所到之处都受到了热情友好的接待，体现了古代人民对和平交往的向往和追求。

《山海经》被认为是大禹、伯益所作的一部充满奇幻色彩的神话著作，在古代丝路文学中的重要性不亚于《穆天子传》，它在先秦交通尚不发达的情况下，详细地记录了古代的天文地理、动植物、宗教、历史等知识，被认为是一部"神话地理书"。它结构上分为两部分——《山经》和《海经》，《山经》记录的是山川地理、矿产、奇禽异兽、奇花异草等内容，《海经》描写的是海内外奇异的民族和神话历史。叶舒宪等学者运用人类学的跨文化视野，对《山海经》的地理、物产等方面进行了深入的辨析和阐释，揭示出其中描写与中亚、西亚、南亚等地文化的相似之处，说明远古时期中原和西域之间文化交流的史实和可能性。《山海经》中有不少关于西域地理的描写，《北山经》中记载，"敦薨之山，其上多棕、枏，其下多茈草。敦薨之水出焉，而西流注于泑泽"（郭璞，2015：94）。研究表明，"敦薨"即敦煌，是早期吐火罗（Tochari）文的一种译写形式，是指活动在敦煌一带的吐火罗人，后来这一名称由最初的族名发展为地名。《大荒西经》中有一段记载西王母所生活部落的情况，"西海之南，流沙之滨，赤水之后，黑水之前，有大山名曰昆仑之丘……其下有弱水之渊环之，其外有炎火之山，投物辄然"（郭璞，2015：364）。这里所说的昆仑，一般认为是西域南山，即今之昆仑山，流沙即塔克拉玛干大沙漠，有人认为炎火之山即吐鲁番火焰山。有学者还考证了《西次三经》中23座山的位置，认为"《西次三经》中的通道，确实是我国古代的丝绸之路之一"（翁经方，1981：69）。此外，《西次三经》中还多次描写了生活于西北昆仑的西王母形象，"玉山是西王母所居也，西王母其状如人，豹尾虎齿而善啸，蓬发戴胜，是司天之厉及五残"（郭璞，2015：62）。《大荒西经》中"有人，戴胜虎齿，有豹尾，穴处，名曰西王母，此山万物尽有"（郭璞，2015：364），《海内北经》中"西王母梯几而戴胜杖，其南有三青鸟，为西王母取食。在昆仑虚北"（郭璞，2015：300），这是先秦典籍中对西王母的最早描写。文中所记载的西王母被看作是一个半人半兽掌管祭祀"厉鬼"和"五残"的司祭者；这一形象到《穆天子传》中已演变为雍容尊贵、熟知华夏礼仪、能赋诗词的西部女王；到汉代随着丝绸之路的开辟，在西域"胡巫"文化的传入和影响下，西王母神话发展成为当时大规模的文化崇拜现象；到《西游记》中西王母成为能与玉皇大帝分庭抗礼的王母娘娘。西王母神话的演变体现了人类对西域认识和观念的变化，同时西王母形象对之后的文学创作产生了重要的影响，其成了丝路文学女性书写的重要原型。

先秦时期的丝路神话不但是一种神话地理，而且是一种神话历史，它记录了原始先民突破交通的阻隔和西域交往的经历，反映了人类沟通交流的朴素而强烈的愿望。世界四大文明体系是在不同的历史条件和地理环境下产生的，形成了具有各自精神特质的文化系统，文化一经形成就产生了向外交流的意向，文化进步的动力也来自异质文化之间的交流和融合，"没有文化交流，就没有人类文化史。文化交流是人类文化发展的动力"（季羡林，2010：397）。古代中国文明之外的三大域外文明，即古印度文明、古埃及文明、古巴比伦文明，由于空间距离较近，地理交通方便，彼此之间很早就存在和平交流乃至战争之极端方式的接触和交往。而古代中国文明由于受到地理环境的阻隔，与域外文明的交往显得异常的艰难，但是生命本身探索外部世界的内在欲求推动人类不断冲破阻碍，寻求交流与沟通。古代由于交通的限制和有限的信息沟通，这种和域外世界进行交流的愿望通常以充满魔幻色彩的神话想象的方式表现出来，神话因其较少受到传统文化和现代文明的熏染，因此更为真实地表现了人类在童年时期对宇宙奥秘的理解和人性中更本质的东西，构成了各种文化表象之"元"。《穆天子传》中所描写的周穆王英姿潇洒，目光远大，为宣扬威德、增进与西北各民族的交往，他率六师西游，河宗、柏夭自愿为其做向导，"乘渠黄之乘，为天子先，以极西土"（郭璞，1989：5）。这种走尽西方土地的豪迈之情反映了远古人类探索域外世界的心理动因和文化自信。正如日本学者池田大作所指出的，"印度、中国与罗马之间，虽然是出于贸易的经济欲求而打通了连接的道路，但是深层的原因，还是人具有了解异国他乡的本性和意愿。意愿也好，人心也好，其要素是无形的，也就是历史文献无法记载的，它是东西方交流的原动力"（池田大作，1996：34）。这种无形的心理动因在由文学建构起的形象和情感世界中被生动地呈现出来，《穆天子传》中除了客观地记载西游行程和自然地理之外，还书写了周穆王的所感所思、他在登上天下最高的舂山时的自豪和对美景的赞叹，以及在旷原大野狩猎时的尽情欢畅，尤其是和西王母在瑶池相会的描写，早已超越了首领会晤的外交性质，含蓄而细腻地表现出两人之间的爱慕、留恋与不舍。西王母为周穆王唱道："白云在天，山陵自出。道里悠远，山川间之。将子无死，尚能复来？"（郭璞，1989：10）周穆王答曰："予归东土，和治诸夏。万民平均，吾顾见汝。比及三年，将复而野。"（郭璞，1989：10）西王母带着惆怅和伤感答道："比徂西土，爰居其野。虎豹为群，于鹊与处。嘉命不迁，我惟帝。……吹笙鼓簧，中心翔翔，世民之子，唯天之望。"（郭璞，1989：10）和西王母分别之后，周穆王驱马登上弇山，在岩石上记载他的行迹，种上槐树并题上"西王母之山"。这一段充满异域传奇色彩的故事是《穆天子传》中最富情趣的描写,被后人反复渲染和书写,成为文学史上历久不衰的动人题材。此书中关于周穆王与西王母的描写对后世的小说、诗文产生了重要影响,魏晋时期的志怪小说《汉武故事》《神仙传》,以至元明时期的戏曲,都以此为原型。

《穆天子传》和《山海经》不但是丝路神话的源头,而且开创了西行记的文学叙事范式。西行记即记述古人西域游历见闻的作品,是古今行记文学的重要组成部分。历代文人沿着丝绸之路西行游历、求法、建功立业,留下大量的神话、诗歌、散文、游记等文学作品,体现了丝绸之路沿途独特的自然地理和民情风俗。《穆天子传》又名《周穆王游行记》,以干支纪日,择日为记,是历史上最早的记叙古人西行游历的文学作品。《山海经》按照地理方位记录了远古时期的中西交通、山川地理,这两种纪行的方式开创了历代西行记的两种基本结构范式。另外,这两部神话体现了早期游记的经验与记忆,这一时期的西域纪行属于形神合一的"天国之游"。在远古时代的人类意识世界中,天地、神人之间是相通的,《山海经》中的神巫都具有沟通天地、神人关系的特殊能力。"《穆天子传》中周穆王骑着非凡的骏马得以西游昆仑山,谒见西王母,彼此以诗酬答,蕴藉风流,像这样非凡的神人相会,当是早期天国之游的一种变形,并对后代的宗教旅行记、边塞游记产生了深远的影响。"(梅新林和俞樟华,2004:4-5)同时《穆天子传》和《山海经》也折射了人类原始的中原-西域、中心-边缘的思维模式,在与中原的对照中把西域想象和建构为一个远离文化中心的荒野之地,《山海经》中,"无草木"在描写自然地貌中出现的频率最多。《大荒经》描写的就完全是一个充满奇幻色彩的荒原意象,这种叙事传统深刻地影响了历代西行文学对西域的想象与建构。《穆天子传》中周穆王西游需借助八匹骏马的神力才能到达遥远的昆仑山,西王母描述自己所居住的地方"比徂西土,爰居其野。虎豹为群,于鹊与处"(郭璞,1989:10)。身处这大荒之野的西王母是何等的孤寂和惆怅,风度翩翩的周穆王给她带来了心灵上的相知和慰藉,但这短暂的欢愉还是因为空间的遥远而被中断,距离带来了审美上的吸引,同时也造成了文化观念上的差异,这是一种因空间和文化的阻隔而产生的爱情悲剧,成了历代丝路文学爱情悲剧的一种重要类型。

汉唐时期随着丝绸之路的畅通和繁荣,中国文化自身的发展和中西文化交流都进入一个新的历史阶段。汉唐王朝以发达的文明和强盛的国力为基础,以

"有容乃大"的汉唐气魄为内在精神基质,不仅兼收并蓄地吸收西域各民族文化,而且慷慨地向外输出自己的文化理念,积极参与到世界文化的建构之中,推动了人类文明的发展。这一时期丝绸之路的繁荣所形成的开放性胸怀和世界性视野对文学发展的影响是深刻而广泛的,特别是对西行记、边塞诗、敦煌词、变文的繁荣起到过决定性的作用,作家在积极吸收外来文化的基础之上创造了本土文学的辉煌,题材得到进一步的拓展,风格更加雄浑和博大,体现了积极进取和蓬勃向上的时代精神。

魏晋南北朝时期民族间的征战与融合比较频繁,产生了一些广为传唱的少数民族诗歌,或歌唱自在平静的草原生活,或哀叹丧失家园的悲愤。这一时期影响最大的是由敕勒族[①]创作的北方民歌《敕勒歌》:敕勒川,阴山下,天似穹庐,笼盖四野。天苍苍,野茫茫,风吹草低见牛羊。敕勒族是北方少数民族的一支,秦汉时称丁零,南北朝时期称敕勒,因他们造的车"车轮高大,辐数至多"(魏收,1995:1410),所以又被称为高车,主要生活在大漠南北,逐水草而居。这首诗描写了敕勒族在阴山的生活状态,诗中选择了"阴山""穹庐""四野""牛羊"这些典型的边塞意象,生动地描绘出天高地阔、水草丰茂、牛羊肥壮的塞外风光。这首诗中描绘的边塞面貌与中原诗人、僧侣所塑造的苦寒孤寂的边塞形象迥然不同,凸显了游牧民族对生活的热爱和粗犷遒劲的精神风格。金代诗人元好问评价它:"慷慨歌谣绝不传,穹庐一曲本天然。中州万古英雄气,也到阴山敕勒川。"(吴世常,1984:57)《南北朝文学史》中也充分肯定了这首诗的艺术价值:"全诗短短二十七字,语言浑朴自然,气象苍莽辽阔,如同画家大笔挥洒,顷刻之间,便在笔底出现一幅粗线条的塞外风情画。"(曹道衡和沈玉成,1991:466)在几千年的中国历史中,民族间除了交流融合也有征战,《汉书·霍去病传》记载:"元狩二年春为票骑将军,将万骑出陇西……转战六日,过焉支山千有余里。"(班固,2006:441)这场征战在匈奴创作的北朝民歌《胭脂歌》中得到反映:"失我焉支山,令我妇女无颜色。失我祁连山,使我六畜不蕃息。"(郭茂倩,1998:899)诗中表达了失去家园的无奈和愤恨。还有歌颂拓跋民族女英雄的《木兰诗》,这些民歌语言质朴、风

[①] 敕勒族,魏晋南北朝时期活动在中国北方的一支游牧民族,匈奴后裔,又称赤勒、高车、铁勒等,南北朝时已经鲜卑化,居住在朔州(今山西西北部)和内蒙古南部一带。

格刚健，反映了北方少数民族的生活状态和丰富的情感世界。

汉唐时期大量的文人、僧侣沿着丝绸之路长途跋涉，亲历西域，用文字记录下所见所闻，形成了以僧侣为创作主体的西游纪行。尽管汉唐时期丝绸之路保持了长期的畅通和繁荣，但这条道路还是因为地理环境的险峻和道路的漫长，使得跋涉在其上的人员除了各国使臣和追逐经济利益的商人以外，其他人并不多见。随着佛教传入中原，这条道路上为弘扬佛法而西行求取佛经的僧侣逐渐增多，这些僧侣不但从西域带回大量的佛教典籍，而且在历经长途跋涉后，用文字把沿途的见闻和经历记录下来，形成了丝绸之路上一种重要的文学类型——宗教旅行记，如《佛国记》（又名《法显传》《佛游天竺记》等）、《宋云行记》《大唐西域记》、《悟空入竺记》、《大唐西域求法高僧传》等由僧侣撰写的西域行记，这些作品比笔记和正史叙述更为详细，材料更为可信。因为丝路道途艰险，所以能亲赴西域的人特别稀少，很多历史典籍和文献对西域的记载，都属于转述，涉及数量大多是概数，缺乏实地考证的科学性，所以难免掺杂了想象的成分。而僧侣却能因对佛法的虔诚而激发出巨大的受难精神，战胜西行途中的生死考验，所以僧侣这一群体创作的游记都建立在亲身经历的基础之上，对西域地理风俗的描写大多比较具体切实，所记载的数字比较精确，作品在叙事的真实性和准确性方面都得到了提高。

同时由于僧侣都是西行的亲历者，他们的叙述往往能结合个人的所见所闻，从而更为生动形象，不但具有重要的史地文献价值，而且具有很高的文学价值，成了中国文学史上行记文学的鼻祖。这一时期随着丝绸之路的畅通和中西交流的深入，人们对西域的认识和描写超越了远古时期神话式的想象，西域不再是只有帝王才能到达的充满神秘色彩的天国之地，而是可以被普通人所亲历、所体验的实在之地，这一时期西行记形成的一个重要文体特点就是"言辄依实"，强调如实记录，排斥想象和夸张，一般由记行程、述见闻的叙事性语句组成，很少有议论和抒情。《穆天子传》中虽然也有纪实，但因其对西域知识的有限认知和神话的想象色彩，所记距离、方位大多比较含糊和有所夸大。玄奘在《大唐西域记》卷末中说道："推表山川、考采境壤，详国俗之刚柔，系水土之风气，动静无常，取舍不同，事难穷验，非可仰说。随所游至，略书梗概，举其闻见，记诸慕化。"（玄奘，1977：306）他在进献此书的表文中自称"皆存实录，非敢雕华"，其弟子辩机也称其"敬顺圣旨，不加文饰"（玄奘，1977：

310），这在一定程度上反映了创作者追求"实录"的初衷和此书的叙事特点。现存最早的海外游记《佛国记》以游历的先后为顺序，详细地记录了法显自长安出发，游历天竺的过程，内容上包括法显亲身经历的城邦、地区和国家的情况，文字朴实，注重纪实性，"欲令贤者同其闻见"（法显，1995：147）。书中所记内容大多谨严可靠，方位距离清晰准确，在西域记里程，到中亚记日程，到南亚记由延（印度古时称一日行军里程为一由延），没有定数的地方则通过目测、步测等方法测量，体现了一定的科学性和准确性。《佛国记》记叙最多的是各地佛事，包括佛教建筑、佛教古迹、佛教流派及其分布，以及僧侣生活等，内容详备，是研究佛教史的重要文献。另外，《佛国记》还真实地描写了法显西行途中的所思所感，他感慨旅途艰苦，"涉行艰难，所经之苦，人理莫比"（法显，1995：7）；翻越小雪山时面对同伴惠景之死，法显抚之悲号；到师子国（今斯里兰卡）后于一玉像前见到晋地产白绢扇，不觉感怀自己"去汉地积年，所与交接悉异域人，山川草木，举目无旧；又同行分披，或留或亡，顾影唯己，心常怀悲"。法显多年西行的孤苦和对家乡的思念被触动，"不觉凄然，泪下满目"（法显，1995：128）。这些情感描写展现了法显在西行途中不为人知的内心世界，在笃定求法的佛教名僧的文化符号之外，让人看到了法显作为一个有血有肉、有情有爱的普通人的一面，极大地丰富了这个人物的文学内涵。

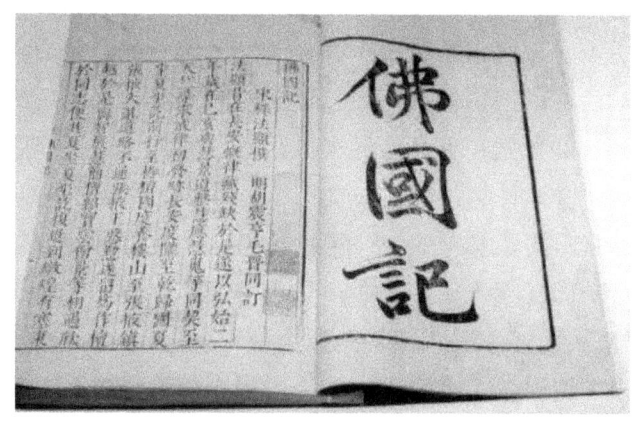

法显著《佛国记》

《大唐西域记》是唐代高僧玄奘西行求法的记录，与《佛国记》不同的是，这本著述具有较为明确的政治诉求。玄奘是奉唐太宗之命为宣扬唐朝"威扬四海"而作此著述,所以它所记录的范围较之《佛国记》更广,记录的内容更为全面、翔实,除了地理和宗教信仰外,它还详细地记载了各地的物产气候、政治经济、民俗传说等关系国计民生的内容,如描写阿耆尼国(今新疆焉耆县)时,就分门别类地介绍了该国的面积、地形、物产、服饰、货币、国政、宗教等方面的情况,这种翔实的记载全面超越了同类题材,极大地拓展和丰富了西行记的内容。该书囊括了玄奘游历西域19年间的见闻,内容庞杂,但经过创作者的精心剪裁和组构,读来层次清晰又趣味盎然。作品介绍每一个国家时基本按照由物而人而宗教的顺序,条理清晰,其中又穿插了很多神话传说,把史地记载和故事描述结合起来,互相调剂,相得益彰。全书语言简洁质朴,又不乏生动鲜明。例如书中描写僧诃补罗国(北印度古国)城南一处池沼,"激水清流汩淴漂注,龙鱼水族窟穴潜泳,四色莲花弥漫清潭"(玄奘,1977:71)。描写梵衍那国(阿富汗兴都库什山中的古代王国)小川泽,"泉池澄镜,林树青葱"(玄奘,1977:22)。文中写景多以四字骈句为主,清新雅丽。季羡林评价《大唐西域记》时说道:"他能用极其简洁的语言描绘大量的事实,不但确切,而且生动。所以,我们可以说,玄奘是一位运用语言的大师,描绘历史地理的能手。"(季羡林,2005:300)虽然这一时期西行记中对西域的描写还未脱离地志的范畴,外在的自然地理尚未构成一个独立的审美对象,但这些带有宗教性质的西行记在语言叙事上具有很强的文学性,并且为后来的文学创作提供了丰富的素材,如《大唐西域记》中记载的大象报恩等故事成为唐代小说反复书写的素材。

丝绸之路对汉唐文学最重要的影响是边塞诗的兴起,边塞诗是指内容上描写边塞风光和征战生活的诗歌。中华民族是汉族与其他少数民族长期融合发展的结果,在这个过程中各民族之间,特别是汉民族和边疆少数民族之间存在着错综复杂的关系,戍边征战就成为边疆生活和文

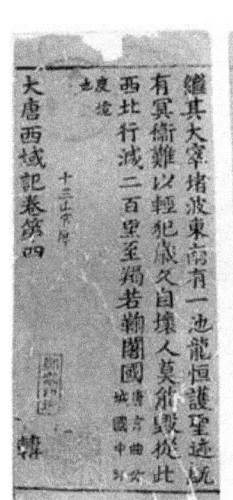

《大唐西域记》

学表现的一个重要内容。反映中国与北方少数民族战争的诗歌在先秦时期就已产生，如《诗经》中的《无衣》和《采薇》，但是直到汉唐丝绸之路的开辟，才推动这类题材在质和量上达到飞跃性发展。汉魏六朝乐府诗中有大量吟咏边塞之作，汉乐府《铙歌》中有《战城南》，《横吹曲》中有《陇头》《出塞》《入塞》等，这些乐府古题常被用来吟咏边塞战戍之事，在唐朝的边塞诗中经常被沿用。唐朝是一个政治统一并不断拓展疆土的时期，在这个时期有中原和西域民族的友好往来，同时也存在着民族间的矛盾和战争，征战频繁，大量的文人在爱国思想的鼓舞下投笔从戎，奔赴边疆建功立业，他们用诗歌表现建功立业的豪情壮志，描写戍边将士的军旅生活，也以诗歌表现边塞的自然景观和人文景观，诉说着边塞生活的孤苦。边塞诗是盛唐精神的集中体现，它的内容非常丰富，代表诗人有高适、岑参、王昌龄等。唐代边患严重的地区主要在三边，即西北、朔方、东北，而尤以西北最为严重，西北地区与关中接壤，是唐朝的政治军事重心，陈寅恪曾指出，"李唐承袭宇文泰'关中本位政策'，全国重心本在西北一隅"（陈寅恪，1997：30），西北地区对唐王朝的盛衰兴亡具有举足轻重的作用，尤其是这一区域丝绸之路的畅通与否，往往成为国力是否强盛的一种象征，据统计唐朝时期发生在丝绸之路上的战争就有近百场，这是边塞诗勃兴的现实基础。再加上唐王朝对丝绸之路的锐意经营，吸引了大批满怀豪情的文人志士远赴西北，建功立业，推动了边塞诗的创作和繁荣。在众多的边塞诗中尤以反映西北丝路沿途边疆生活的题材占比最多，一部《全唐诗》中，边塞诗约2000首，而其中1500首与大西北有关（杨晓霭和胡大浚，1997）。

　　首先，边塞诗生动而形象地再现了丝绸之路的盛况和西域的风土人情，具有"史诗"的性质。唐朝的边塞诗人大都有亲赴边塞的生活经历，像高适、岑参都曾出过边塞，了解边塞征战生活的疾苦，拥有丰富的边塞生活体验和感受，所以他们的创作能够把感情的抒发和对边塞生活的描写结合起来，具有情景交融的艺术效果，比起之前边塞诗中仅凭想象和热情而写成的泛咏之作，更具有现实根基和情感基础。边塞诗的内容首先是对丝绸之路经济、民族、文化景观的描绘。中唐诗人张籍的《凉州词》艺术地再现了丝绸之路的盛况，"无数铃声遥过碛，应驮白练到安西"。诗人遥想行走在沙漠中驮着丝绸的驼队，要抵达丝路重镇——安西的情景，在对历史的回望中重构了丝绸之路繁荣的历史画面，诗中所"记叙的正是当年中国丝绸经过河西、新疆运往印度、波斯，乃至希腊、罗马的盛况"（丝路，1985：83）。岑参在《初过陇山途中呈宇文判官》中，以写实的手法描写了丝路沿途交通的便利和发达，"一驿过一驿，驿骑如星流。平明发咸阳，暮到陇山头"（岑参，1981：73）。驿站之多，驿骑之速，朝发夕至。除此之外，丝路古道上汉族和少数民族和睦相处的场景也是边塞诗的重要内容，"凉州七里十万家，胡人半解弹琵琶"（岑参，1981：144），凉州即今甘肃武威，唐时河西节度府设于此地，是丝绸之路上的重镇所在，据《大慈恩寺三藏法师传》记载，唐初时它已是"河西都会，襟带西蕃、葱右诸国，商侣往来，无有停绝"（慧立和彦悰，2000：11）。诗人以一种夸张的手法描写了凉州的繁华和胡人的众多。"花门将军善胡歌，叶河蕃王能汉语"（岑参，1981：176），则是描写了汉族将领与少数民族"叶河蕃王"欢聚一堂的场景。

其次，边塞诗还有对丝路沿途异域风光的描绘。西北丝路沿途大多是沙漠戈壁、崇山峻岭，气候严寒，与中原农耕社会的自然地理形成鲜明的对比，初涉边塞的文人都会被这种大漠黄沙的异域景象所震撼，凉州"黄沙远上白云间，一片孤城万仞山"（彭定求等，2008：1298）的景象让诗人感受到的不仅是边塞的壮阔，还有无尽的孤峭和冷寂，或感叹于"大漠孤烟直，长河落日圆"（彭定求等，2008：590）的雄浑和开阔。对从中原到边塞的文人来说，大漠的广袤浩瀚给人一种壮丽的美感，与人烟的稀少和渺小形成了强烈的反差，诗人在这样的情境中往往会产生一种苍凉孤独的感受，所以边塞诗中经常会出现"孤城""孤烟"这样的意象。曾经两次沿丝路古道西行的岑参，根据其见闻创作了大量反映丝绸之路沿途风物的诗作，其"现存诗歌388目，计409首，其中两次西域之行的'丝路'之作约78首（其中第一次西域行旅之作34首，第二次为44首）"（杨晓霭和高震，2014），占到其诗歌创作总数的近五分之一。岑参两次远赴西域，因而有着丰富的边塞生活体验，他的边塞诗创作建立在实感基础之上，从多种角度描绘了西北边陲的自然景色，例如，描绘西域大漠的浩瀚空旷时，《过碛》写道，"黄沙碛里客行迷，四望云天直下低"（彭定求等，2008：970），《碛中作》写道，"今夜不知何处宿，平沙万里绝人烟"（彭定求等，2008：970）；描述西域的大风时，《走马川行奉送封大夫出师西征》写道，"君不见走马川行雪海边，平沙莽莽黄入天。轮台九月风夜吼，一川碎石大如斗。随风满地石乱走"（彭定求等，2008：950），《赵将军歌》写道，"九月天山风似刀，城南猎马缩寒毛"（彭定求等，2008：970）。西域的雪景也是岑参诗中经常吟咏的对象，《献封大夫破播仙凯歌六首》中写道，"蒲海晓霜凝马尾，葱山夜雪扑旌竿"（彭定求等，2008：969），《白雪歌送武判官归京》中写道，"北风卷地白草折，胡天八月即飞雪。忽如一夜春风来，千树万树梨花开。散入珠帘湿罗幕，狐裘不暖锦衾薄。将军角弓不得控，都护铁衣冷难着。瀚海阑干百丈冰，愁云惨淡万里凝。中军置酒饮归客，胡琴琵琶与羌笛。纷纷暮雪下辕门，风掣红旗冻不翻。轮台东门送君去，去时雪满天山路。山回路转不见君，雪上空留马行处"（彭定求等，2008：949）。这些诗歌想象奇特，意境开阔，没有抒写缠绵悱恻的离愁别恨，而是充满豪情地描绘了西北边陲的冬日景象和对过去战斗生活的回忆，体现了一种英雄主义的情怀。

　　丝绸之路是一条创业报国之路，岑参在《送人赴安西》中写道："上马带胡钩，翩翩度陇头。小来思报国，不是爱封侯。"（彭定求等，2008：961）为报国而踏上丝路，把个人的立功扬名与报效国家统一起来，是边塞诗最为动人的核心精神。边塞诗集中表现了唐朝将士从军出塞、戍边征战的戎马生活和价值取向，抒发了他们安邦定国的壮志豪情，歌颂了国家的繁荣昌盛。唐朝文士进身有文、武两途，文就是通过科举考试，武就是通过军功求取功名。在国家拓疆进取的时代精神鼓舞下，不少文人志士都怀有以边功成名的政治抱负和志向，"投笔从戎"的功业观吸引了大量的文人奔赴边塞，报效国家。初唐诗人杨炯在《从军行》中直接表明了自己的人生志向，"宁为百夫长，胜作一书生"（杨炯，1980：20-21）。这种以军功为最高价值取向的士人心态在唐朝具有一定的代表性和普遍性。出身于高门贵族的诗人陈子昂在26岁时慷慨激昂地写道："感时思报国，拔剑起蒿莱。"（彭定求等，2008：412）今天读来仍能被诗人拔剑而起，报效国家的壮怀激越所打动。岑参豪情满怀的抒发"功名只向马上取，真是英雄一丈夫"（《送李副使赴碛西官军》）（彭定求等，2008：951），展现了盛世时期知识分子蓬勃向上的时代精神。初唐诗人魏徵在《述怀》中直言，"中原初逐鹿，投笔事戎轩"（彭定求等，2008：200）。诗中开头即用班超投笔从戎的故事自喻，表达自己希望通过征战立功封侯的人生志向，这些边塞诗所抒发的壮志豪情是盛唐时代精神的一种真实反映。

　　盛唐时期中原和西域各国在政治、经济、文化上的交流进入一个新的阶段，丝绸之路也达到了历史上最为辉煌的时期，大批诗人亲赴边地把对边塞风光的写实和对时代的歌颂结合起来，字里行间高扬着一种理想主义和英雄主义精神。

王昌龄《从军行》中"黄金百战穿金甲，不破楼兰终不还……前军夜战洮河北，已报生擒土谷浑"歌颂了将士高昂的志向和显赫的军威。王翰《凉州词》中"葡萄美酒夜光杯，欲饮琵琶马上催。醉卧沙场君莫笑，古来征战几人回"透过耀眼的夜光杯和甜美的葡萄酒，描绘了欢快而又充满异域风情的西北边塞生活、为国杀敌视死如归的豪情和豁达，极为典型地体现了盛唐文人浪漫主义的英雄理想和爱国精神。岑参的《武威送刘判官赴碛西行军》的诗句"都护行营太白西，角声一动胡天晓"热情地歌颂

唐代边塞诗人岑参

了唐朝军队的威力和国家的统一。与此同时，从初唐以来持续的边塞战争给人民生活带来的负面影响也开始显现，许多边塞诗人怀着复杂的心情表达了对民生和边塞将士的忧虑和同情。王昌龄《从军行》中写道，"烽火城西百尺楼，黄昏独上海风秋。更吹羌笛关山月，无那金闺万里愁"。这首描写边疆戍卒怀乡思亲的抒情诗，含蓄而又委婉地表达了征人思乡的孤独和悲凉。

丝绸之路的兴衰决定了边塞诗的风格和嬗变的轨迹，丝绸之路兴盛，边塞诗则慷慨激昂；丝绸之路衰落，边塞诗则悲凉沉郁。安史之乱后，唐朝逐渐走向衰落，吐蕃、回纥、党项等少数民族势力渐起，丝绸之路被阻断后，昔日的盛况不再，留给人无尽的感慨和无奈，这一时期边塞诗的风格从盛唐时期的豪迈刚健转向对历史的追怀和对现实的批判。丝路今昔现状的对比让诗人不胜唏嘘，元稹的《西凉伎》写道："开远门前万里堠，今来蹙到行原州。去京五百而近何其逼！天子县内半没为荒陬。西凉之道尔阻修。连城边将但高会，每说此曲能不羞！"（元稹，2002：115）诗人开始运用对偶句大力铺排凉州昔日的繁华，与安史之乱后的凄凉景象进行了对比，沉痛地谴责边地将领"无经略旧疆之志"。白居易的《西凉伎》里"凉州陷来四十年，河陇侵将七千里。平时安西万里疆，今日边防在凤翔。缘边空屯十万卒，饱食温衣闲过日。遗民肠断在凉州，将卒相看无意收"（白居易，1992：55）表达了诗人在凉州沦陷后的悲伤。边地将士不思收复失地的消沉和堕落，激起了诗人的不满和谴责，盛唐时抒发的济世情怀和对盛世的歌颂，在此时转化为对国家危难的呼救和对边地

将领的谴责。

除此之外，汉唐时期丝路文学还包括在敦煌遗书中保存下来的敦煌曲子词和敦煌变文。敦煌曲子词是指产生于唐代的配以燕乐曲调歌唱和舞蹈的歌词，包括表现边塞生活和咏物抒怀等内容。敦煌变文是唐代产生的一种通俗文学类型，题材上有历史故事、民间传说、宗教题材，尤其是佛教故事。这两种文学类型都受到西域文化的影响，是诞生于丝绸之路中西文化交流背景下的文学产物，成为丝路文化的一种载体和象征。

宋代以降，随着海路交通的快速发展和繁荣，陆上丝绸之路日渐式微，除了元朝时期短暂的辉煌，大多处于衰落状态。

这一时期西行游记处在继续发展的过程中，延续了之前客观实录的写作特点。宋代虽有较大规模的西行求法活动，但大多数僧侣都没有行记留存，唯有范成大在其游记《吴船录》"峨眉山牛心寺记"一节中较为详细地记载了北宋僧人王继业西行求法的行程，宋太祖赵匡胤于"乾德二年，诏沙门三百人，入天竺求舍利及贝多叶书，业预遣中"（顾宏义和李文，2013：850）。他们基本沿着西北丝路古道从阶州（今甘肃武都）出塞，经凉州、甘州（今甘肃张掖）等地，最后到达印度那烂陀寺，游记记录了沿途所见寺庙的概况。据范成大在书中解释，作品是他根据牛心寺所藏《涅槃经》卷后所记继业西域行程摘录下来的，所以和唐朝僧侣西行游记内容的丰富相比，《吴船录》所载内容较为单一简略，主要是所经路线和沿途寺庙塔窟等佛教圣迹。两宋以后，丝绸之路上西行求法的活动已很少见，这方面的游记也随之减少。

元朝时，成吉思汗及其后裔经过三次西征，结束了自唐之后长期的分裂割据状态，设立以大都（今北京）为中心通向各地的驿站，加强了大漠南北和中原内地的交通，促成了中西之间陆路交通的恢复和畅通，促进了丝绸之路沿线各民族、各地区之间的文化交流与传播。"大蒙古国的统治地域往西已达到黑海南北和波斯湾地区，它不仅使中亚、西亚和欧洲联结起来，而且开辟出了一条从漠北和林（今蒙古国乌兰巴托附近）直到欧洲的通道，从而形成了北穿南俄，南贯波斯，东经中亚、西亚，西到欧洲的经济流通大动脉。"（芦苇，1996：247）

元朝时期东西交通空前便利，不仅丝绸之路上的商业活动非常活跃，而且一批批奔波于丝绸之路之上的商人、使者、传教士等的活动也推动了中西之间的文化交流，他们留下了大量的游记，如耶律楚材撰写的《西游录》，丘处机随行弟子李志常撰写的《长春真人西游记》，常德口述、刘郁笔录而成的《西使记》。这一时期的西行游记大多产生于蒙古西征的历史背景中，与之前以僧侣为主体的西行求法相比，这个阶段的西行动因是和蒙古军队的西征联系在一起的，耶律楚材和丘处机都是受诏随成吉思汗西征，常德的西域之行是奉元宪宗蒙哥的命令，以大汗钦差的身份前往波斯觐见西征的皇弟旭烈兀，归国后口述见闻由刘郁笔录成文。所以，元朝的西行游记不仅描绘了西域"山川相缪，郁乎苍苍"（耶律楚材，1981：1）的自然风光，还展现了金戈铁马的征战场景，如"车帐如云，将士如雨，马牛被野，兵甲赫天，烟火相望，连营万里，千古之盛，未尝有也"（耶律楚材，1981：1）。这种浸润着豪情的自然之景和军营场景的交相辉映，代替了僧侣求法的受难意识和情感体验，是元朝疆域和政治文化向西北拓展在游记文学中的直接反映。

耶律楚材出身于契丹皇族后裔，自幼学习儒家典籍，青年时期受到佛家思想的影响，他学识渊博，通晓天文地理以及中原王朝的典章制度，辅佐蒙古成吉思汗、窝阔台汗两大汗近30年，官至中书令，元代立国制度多由其制定。耶律楚材的一生大多生活在丝绸之路沿线，对丝路沿途的社会生活有亲身体验，创作了大量丝路题材的文学作品。公元1218年，耶律楚材应诏北上，从永安（今北京香山）出发，西出居庸关，抵达天山以北，继而穿越戈壁沙漠至漠北行宫谒见成吉思汗。第二年随成吉思汗西征，1224年东归，在西域生活了6年。回到燕京后，向他询问西域情况的人很多，"里人问异域事，虑烦应对，遂著《西游录》以见予志"（耶律楚材，1981：1）。这便是耶律楚材撰写《西游录》的主要创作动机。该书除序外，分为上下两册，是耶律楚材在两次来京答客问的谈话基础上写成的。上册以1227年耶律楚材回到燕京，来客纷纷登门造访询问"居士之西游也，不知其几千里邪。西游之事，可得闻乎？"（耶律楚材，1981：1）开始，以"予之西游也，所见大略如此"（耶律楚材，1981：4）结束，全文以追忆性的文字记述了作者从燕京应诏北上成吉思汗行

耶律楚材

宫，从漠北随西征大军经新疆到中亚沿途"天涯海角，人所不到"的见闻，特别是西域各地的山川地理、物产气候、风土人情。下册是1228年耶律楚材奉命来京负责查办重大抢劫案件，仍不断有来客造访询问西域之事，作者以问答形式予以解答，其中大量内容涉及宗教问题，全文共计14对问答，其中13对就涉及宗教问题。《长春真人西游记》是丘处机的弟子李志常记述丘处机以73岁高龄率18名弟子奉诏至成吉思汗行宫，其间历时4年的长途旅行过程。全文分为上下两卷，上卷记录了长春真人到达撒马尔干（今乌兹别克斯坦撒马尔罕），再到库什山北坡成吉思汗行帐觐见，然后返回等候正式讲道为止，下卷主要是对当地居民生活习俗以及归程的记载。孙锡给该书所做的序言概括了其内容，"门人李志常，从行者也，掇其所历而为之记，凡山川道里之险易，水土风气之差殊，与夫衣服饮食百果草木禽虫之别，粲然靡不毕载"（丘处机，2005：200-201）。

这两部游记作品都是在足迹所至的地方"入境问俗"实地考察的基础上写成的，内容真实可信，具有重要的历史地理价值，向达先生对两部作品的史地价值曾做过全面的评价：

> 《西游录》《西游记》（指《长春真人西游记》——笔者注）二书之成，先后不过一年之差，都是十三世纪记述天山以北和楚河、锡尔河、阿姆河之间历史地理最早最重要的书。第八世纪中叶以后，关于天山以北以至于葱岭以西楚河、锡尔河、阿姆河一带，游历其地归而以汉文记载游踪的，绝无其人、其书。《宋史·高昌传》只凭王延德所记，略及北廷，如大食、拂菻诸传不过得之传闻而已。到了十三世纪《西游录》《西游记》二书，始首先对于上述诸地目识亲览所得，著成文字，公诸于世。十三世纪以后，西域地方的文献损失甚多，《西游录》《西游记》二书也是研究十三世纪楚河、锡尔河以及阿姆河地区历史的重要资料。尤其是耶律楚材的著作，他在楚河以至阿姆河一带住过五六年，他的《文集》里也有很多记述西域地方见闻之作，都可以供研究者的参考。（耶律楚材，1981：3-4）

《西游录》和《长春真人西游记》不但是重要的史地著作，而且具有很高的文学价值。王国维评价《西游录》称,"文采斐然。其为是《记》,文约事尽,求之外典,惟释家《慈恩传》可与抗衡,三洞之中未尝有是作也"(王国维,1983:19)。其他学者也指出其"叙事详晰,条理不纷,文章优雅"(张星烺等,1978:72)。这两部游记中的语言简洁典雅,如《西游录》中对中亚名城寻思干的介绍:

> 讹打剌之西千里余有大城曰寻思干。寻思干者西人云肥也,以地土肥饶故名之。西辽名是城曰河中府,以濒河故也。寻思干甚富庶。用金铜钱,无孔郭。百物皆以权平之。环郭数十里皆园林也。家必有园,园必成趣,率飞渠走泉,方池圆沼,柏柳相接,桃李连延,亦一时之胜概也。瓜大者如马首许,长可以容狐。八谷中无黍糯大豆,余皆有之。盛夏无雨,引河以溉。率二亩收钟许。酿以蒲桃,味如中山九酝。颇有桑,鲜能蚕者,故丝茧绝难,皆服屈眴,土人以白衣为吉色,以青衣为丧服,故皆衣白。(耶律楚材,1981:3)

寻思干即中亚名城撒马尔罕,张骞通西域时即为国人所知,是丝绸之路上重要的经济文化中心,耶律楚材曾在此地留居多年,熟悉当地的民情风俗。他不仅介绍了该城的历史地理概貌,而且详细地描写了居民的生活和服饰方面的习俗,还有"桃李""瓜豆""桑蚕"等富有生活气息的内容,把汉唐诗歌中对边塞奇异风景的关注转向对生活的真实描写。《长春真人西游记》还把诗词和散文结合起来,创造了诗文合璧的游记文体。文中描写中秋节的金山就用到三首诗,第一首是"八月凉风爽气清,那堪日暮碧天晴。欲吟胜概无才思,空对金山皓月明";第二首写道:"金山南面大河流,河曲盘桓赏素秋。秋水暮天山月上,清吟独啸夜光球";第三首说"金山虽大不孤高,四面长拖拽脚牢。横截大山心腹树,干云蔽日竞呼号"(李志常,2001:40)。这三首诗从多种角度描写了金山的景色,"碧天""皓月""秋水""山月"构成了一幅清幽旷远的金山秋色图,诗歌的运用使游记的叙述更加生动和富有诗意。这些游记作品以简洁流畅的语言记叙了西域的自然地理、风土人情,意境雄奇开阔,风格刚健苍凉,感情基调乐观高昂,是西行游记中的佳作,对近代的边塞游记产生了一定的影响。

意大利旅行家马可·波罗

除此之外,意大利著名的旅行家马可·波罗撰写的《马可·波罗游记》,是元代西域游记文学的一部重要作品,这是世界上最早由西方人撰写的丝路游记。马可·波罗的路线是从意大利出发,沿丝绸之路一路东行,经过土耳其、伊拉克及中亚的一些城市进入西域,而后进入中国境内经甘肃到达上都。该书从内容上分为四部分,第一部分记叙了马可·波罗东游途中所经过的一些国家和地区的风土人情,第二部分记载了元朝初年的一些政事、名城和丝路沿途的见闻,第三部分介绍了中国邻近国家和地区的情况,第四部分记录了成吉思汗后裔蒙古诸汗国之间的战争。对于马可·波罗和这部著作在中西交流中的史地价值和文学价值,杨志玖这样评价:"他是第一个横穿亚洲大陆并作出详细记录的人,对中国的内地和边疆,对亚洲其他国家和民族的政治社会情况、风俗习惯、宗教信仰、土特产品、轶闻奇事,一一笔之于书,虽朴实无华,但生动有趣。在他以前和以后来华的西方人留有行记的也不少,在文才和对某一事件的记述方面也许远胜于他,但像他这样记事之广、全面概括的著作却绝无仅有。"(杨志玖,1999:38-39)这是一部用西方视角想象和建构中国形象和丝路文化的代表作品,书中以热情洋溢的语言描写了中国华丽的宫殿和城市的繁荣景象,激起了欧洲人对东方的向往,促进了东西方交通和文化的交流。

除了西行游记之外,元代还出现了大量关于丝路题材的诗词。其中包括一些汉族作家创作的有关丝路题材的作品,如丘处机、李志常、尹志平、刘祁、刘郁等人创作的诗词。这一时期丝路文学的一个重要特点就是西域本土少数民族作家大量涌现,如契丹作家耶律楚材、也里可温(元朝人对基督徒和教士的通称)诗人马祖常、答失蛮(元代伊斯兰教士称号)诗人萨都剌等。描写元大都和西北丝路沿途生活的作品如耶律楚材的《过阴山和人韵》《西域河中十咏》等都建立在作家长期西域生活的基础上,内容不但有边疆险峻的地理——"阴山千里横东西,秋声浩浩鸣秋溪。猿猱鸿鹄不能过,天兵百万驰霜蹄",而且有作者对边疆生活由衷的热爱——"葡萄垂马乳,杷榄灿牛酥""寂寞河中府,颓垣绕故城。园林无尽处,花木不知名。南岸独垂钓,西畴自省耕。为人但知足,何处不安生",同时还有诗人在随军西征过程中对人民生活的同情——"寂寞河中府,生民屡有灾。避兵开邃穴,防水筑高台"(耶律楚材,1939:71)。这些产生于元朝西征背景下的诗歌扩大了历代边塞诗的题材和表现范围,继承和发展了丝路文学刚健豪放的审美风格。

明朝由于航海事业的发达,中国和欧洲、西亚许多地区的交往都是通过海路进行的,但是西北丝路古道仍是这些地区到达中原最方便的捷径,再加上明朝政府对中西贸易采取鼓励的政策,"自成祖以武定天下,欲威制万方,遣使四出招徕。由是西域大小诸国莫不稽颡称臣,献琛恐后"(张廷玉等,1974:8625),丝绸之路一度比较繁荣。明朝与郑和下西洋的海丝壮举齐名的是陈诚先后五次沿西北陆上丝路古道出使西域,他"藐藐一身,深入不毛之地""周览山川之异,备录风俗之宜"(王继光,2012:1)。陈诚的西行壮举得到同时代文人的钦佩和重视,文人纷纷用诗词赞颂他:"新赐貂裘不惮寒,壮游谁道别离难?流沙只合吟边度,葱岭惟应马上看。看山对景多行乐,张骞伟绩今犹昨。圣主当图绝漠功,丹青好画麒麟阁。"(历代西域诗选注编写组,1981:90-91)他途经丝路沿途17个国家,并根据自己的经历把沿途山川地理逐日记下,写成《西域行程记》,又根据沿途见闻和风土人情撰写了《西域番国志》,这是明朝唯一根据亲历的直接材料撰写的西域纪行。除此之外陈诚还根据自己亲历西域的见闻撰写了大量的诗歌和散文,收录在《陈竹山文集》中,其中包括92首《西域往回纪行诗》,还有西行的散文,这些作品不仅是研究西域的重要文史资料,同时也具有很高的文学价值,"元气浑庞,不事华藻,其诗赋质而有体,文章正而有裁"(王继光,2012:145)。

西行游记发展到清朝出现了一个重要变化,就是西行的主体由僧侣、使臣变为被贬谪流放的朝廷重臣、文人学士,他们的诗词纪行之作不仅描写了西域的边塞生活,还有对自身命运的感慨和鲜明的时代使命感。清朝文人洪亮吉因为直言朝政之弊,而被流放伊犁,他根据自身经历撰写了《遣戍伊犁日记》《万里荷戈集》《天山客话》等反映伊犁风土见闻的作品。同样被贬谪到伊犁的祁韵士除了撰写西域的学术著作以外,还有《万里行程记》《濛池行稿》《西陲竹枝词》等文学作品传世。还有徐松的《新疆赋》、裴景福的《河海昆仑录》、温世霖的《昆仑旅行日记》和《新疆风俗考》等都是由清朝的流放官员所创作的记游作品。

在清朝边塞诗中影响较大的有纪晓岚的《乌鲁木齐杂诗》，这是纪晓岚因"漏言获罪"被流放到新疆的贬谪之作，他在"亲履边塞，纂缀见闻"（纪晓岚，1991：1）的基础上把自己的边塞生活赋之以诗，共计160首，大体分为风土、典制、民俗、物产、游览、神异6个部分，内容广泛，描写了新疆社会生活的各个方面。他在自序中说自己的创作是"追述风土，兼叙旧游"，"意到辄书，无复诠次"（纪晓岚，1991：1），这种随性而作心态下的西域书写消弭了历代边塞诗的苦寒意象，边塞在纪晓岚笔下是花草洁幽、泉甘土沃的繁盛之地，"山围芳草翠烟平，迢递新城接旧城。行到丛祠歌舞榭，绿氍毹上看棋枰"（纪晓岚，1991：5），这首开篇之作描写了乌鲁木齐山麓环绕、绿草如茵的美景，勾画了边地春意盎然、人民生活幸福的景象。同时他还特别关注西域的汉文化景观，如元宵灯谜、赛诗舞会、戏曲演出等"一如中土"，体现了作为文人学士的文化意识。民族英雄林则徐因为广州战败被贬谪到伊犁，他把自己旅途中的日记加以整理，撰写了《荷戈纪程》，又在《乙巳日记》中记录了南疆勘察时的见闻，这些作品都是出色的游记，具有很高的文学价值。林则徐在流放期间还创作了大量的诗文，这一时期的革职贬谪的痛苦经历使林则徐"诗情老去转猖狂"（林则徐全集编辑委员会，2002：226），在诗歌中浸透了对国家、对民族命运的关心和忧愤之情，诗风变得沉郁苍凉。他在途中致友人的信中说："今之事势全然翻倒，诚不解天意如何，切愤殷忧，安能一日释耶？"（林则徐全集编辑委员会，2002：314）望见达坂积雪不禁感慨道："天山万笏耸琼瑶，导我西行伴寂寥。我与山灵相对笑，满头晴雪共难消！"（林则徐全集编辑委员会，2002：217）诗人忧国忧民的满头白发与终年不化的天山积雪一样都是难以消弭的。在伊犁除夕之日，他回想自己的生平经历无限感慨，在《除夕抒怀》四首中与志士发奋自勉"正是中原薪胆日，谁能高枕醉屠苏"。在赴南疆之后他被热情淳朴的维吾尔族人民所吸引，创作了《回疆竹枝词三十首》，反映边疆人民与内地迥然不同的风土人情、文化艺术，描绘了一幅维吾尔族的生活风俗画。

从整体上来说，清代的边塞诗无论是从数量上，还是从质量上都取得了很大发展，不但继承了汉唐边塞诗的事功精神和文学意象，而且拓展和丰富了边塞诗的题材内容，在叙事、写景方面更加细腻写实，把爱国之情的抒发和对个人身世的感怀结合起来，构成了中国边塞诗的重要组成部分。

第二章　现代丝路文学

丝绸之路曾经创造了中国古代文化和文学的繁荣，但是从宋代政治经济中心的南移开始，曾作为中国文化重心的丝路荣光渐趋暗淡。尤其是进入现代社会以来，西北丝路古道由于地理交通的阻塞和生产方式的落后，经济文化方面的发展明显滞后于东部沿海地区，造成了东西部在文化发展上的不平衡。丝绸之路沿途地域从汉唐以来作为主动输出的文化先进者，转变为对现代文化接受和学习的落后者，这样一种文化交流的角色定位和整个中国在面对西方先进文化时的心态认知是一致的，这种角色转变深刻地影响了现代丝路文学的题材、主题和风格。这里所说的现代文学，是指现代以来以丝路文化或精神为旨意的文学创作，包括丝路本土文学和西行文学。

第一节　丝路本土文学的发展

丝路文学作为中国现代文学的一部分，它的发展历程和现代文学基本一致，以中华人民共和国的成立为标志，分为前后两个阶段。现代丝路本土文学较多受到政治、经济环境的影响，发展较为缓慢，仍以旧体诗词和戏剧这样的传统文学形式为主，内容上具有一定的现代意识。

西北丝路沿途地区由于在政治、经济、交通、教育等方面发展的滞后，再加上"频发的战乱、灾荒和列强对边疆地区的蚕食与掠夺，进一步加剧了西北地区的贫困和落后，大大延迟了该地区早期现代化的进程，使之保留了较多传统社会的成分并被日益边缘化"（张克非和王劲，2008：1）。这种社会文化环境严重影响了本土人才的培养和成长。晚清时期，西北地区的教育由于交通和经济落后，作为选拔人才的科举考试乡试考场主要设在西安，每当举行乡试，很多甘肃、宁夏、新疆等地的士子只能去西安应试，时任陕甘总督的左宗棠在给皇帝的奏折中写道，"士人赴陕应试，非月余两月之久不达；所需车驮雇价、饮食刍秣诸费，旅费、卷费，少者数十金，多者百数十金。……故诸生附厅、州、县学籍后，竟有毕生不能赴乡试者。穷经皓首，一试无缘，良可慨矣"（《请分甘肃乡闱并设学政折》，《左文襄公奏稿》卷44）。客观条件的落后严重限制了西北丝路地区本土人才的培养和成长。民国时期西北五省的中学教育和高等教育逐步发展，但当时占主导地位的仍是封建文化，新文化和新思潮对民间的影响非常有限，这就决定了丝路现代本土文学在数量和质量上的发展都很缓慢。再加上西北地区远离北京、上海等文化中心，现代出版业的发展极度落后，无法给专业作家提供充分的条件，所以这一时期创作的主体大多由官员、学者所构成，这就决定了他们的作品具有强烈的时代意识，关注民生疾苦，针砭时弊，以传统文学的形式自觉地回应和建构着时代主题。

民国时期西安火车站

民国时期，丝路虽然地处偏隅，但是本土文学也受到新文化运动的影响，开始从古代向现代转型，一些接受新学的知识分子，通过办学校、刊印书籍报纸、创作等方式"移风易俗""开通民智"，把新文化、新思想传播到西北地区。清末关中大儒刘古愚等人创办的味经书院，招收陕甘两省士子，革新办学形式，讲求实学，设置刊书处，出版西学和时务新书，是西北地区最早讲求新学的书院，为陕甘两地培养了一批现代知识分子，数学家张秉枢、水利学家李仪祉、政治家于右任、新闻记者张季鸾都曾在味经书院学习。学校是培养现代知识分子的重要场所，于右任特别重视陕西的教育，曾个人出资扩建三原县西关小学，在五四运动的影响下，该校男女兼收，停授"四书"，代之以白话课本，后来他又在三原县创办民治中学，支持兴办渭北中学、渭北师范和三原女中。很多在北京的陕籍学生和留学生在毕业后回陕担任教员，对传播新思想和培养本土人才具有重要作用。魏野畴在京学习期间创办《秦钟》《共进》，号召陕西学生学习新知识，他回陕担任教员期间采用新教材，改进教学内容，影响和培养了一批进步学生。除此之外传教士莫安仁、敦崇礼、邵涤源先后在陕西三原县和西安传教，在一定程度上也对西方思想在西北地区的传播起到积极作用，于右任就曾向他们借阅"《万国公报》《万国通鉴》等书,我亦借此略知世界大势"(于右任,2015:18)。

报刊是印刷时代传播现代思想文化的重要阵地和媒介,陕籍学者吴宓早年就有办杂志的愿望,"拟以印刷杂志业,为入手之举。而后造成一是学说,发挥国有文明,沟通东西事理,以熔铸风俗、改进道德、引导社会"(吴宓,1998:410)。基于对报刊传播文化变革社会功能的认知,吴宓从11岁开始就在陕西办《童子月报》《陕西维新报》《敬业学报》《童子杂志》《陕西杂志》等,"欲凭文字,开通民智;敢借报纸,警醒醉心"(吴宓,2005:1)。虽然这些杂志最后都因人才的缺乏和经费等问题而停办,但它们在客观上对新思想的传播起到了积极作用。除此之外西北地区还有大量的报刊,陕西的《秦风日报》《文化周报》《黄河》,甘肃的《洮阳》《陇南卯铃》《励精》《韶华》《小园地》《陇钟》《拓荒》等报刊的创办,使得新文化新思想渐次在西北地区传播开来。

于右任　　　　　　　　　　吴宓

这一时期丝路本土文学继承了古丝路文学的爱国情怀和使命意识,奏出了一曲现代的黄钟大吕。虽然此阶段的本土文学在形式上仍以古体诗词和民间文学为主,语言以文言为主,以"现代"为价值旨归的各种版本的文学史著作对丝路本土文学几乎无一提及,但是在内容上其却体现了反帝反封建的现代意识。诗歌领域成就最大的是古体诗词,学衡派的中坚力量吴宓一直以文化保守主义者的姿态自居,在现代创作了大量的格律诗,他一再声明自己践行的是黄遵宪

"以新材料入旧格律"的诗学理念，从 1908 年到 1973 年共创作 1500 多首诗和 30 多首词，成为现代文学史上最有分量的古体诗人之一。其中《西征杂诗》是吴宓 1927 年由京回陕期间所作，共 105 首，记录了沿途的见闻和陕西的风土人情。于右任在现代报刊和教育领域做出了巨大贡献，同时他还在书法和诗歌方面取得了很高的艺术成就，是早期"南社"诗人之一，创作了近 900 首诗词，他的诗具有鲜明的时代意识和史诗价值，被柳亚子誉为"卅年家国兴亡恨，付与先生一卷诗"（于右任，2011：9）。于右任的诗体现了爱国主义精神，在早期的《杂感》中他谴责了伯夷、叔齐"心中有商纣，目中无商民"的行为，抒发了自己"报仇侠儿志，报国烈士身"的爱国情怀。（于右任，1984：1）他几次沿丝路西行，创作了《班超》《班固》《马援》等歌颂丝路历史人物的诗歌，抒发了自己"是好男儿要死边"的英雄情怀。于右任的写景诗常有精彩之作，尤其是他几次西行创作的边塞诗，语言明丽流畅，气魄恢宏，如《陇头吟》之一，"陇南流水向南流，处处花开倒挂牛；消却行人无限恨，众香丛里到秦州"（于右任，1984：116），描写新疆天池"雨过高峰雾忽开，月明照影一徘徊。醉余挥洒天山上，似向瑶池洗砚来"（《天池旁有道士庙，余为题曰灵山寺，住寺中三日，作书甚多》）（于右任，1984：260）。甘肃文人在民国初年仍以古体诗的写作为主，代表诗人有安维俊、刘尔炘、巨国桂、祁阴杰、田骏丰、王树中、任承允、李士璋、杨巨川等人，他们创作的文言诗词大多是山水田园诗和酬唱应和诗，内容上或抒发个人情志，或哀叹时事变迁。

民国时期的新疆由于长期受到军阀混战的影响，经济、文化十分落后，占据主流的文学是少数民族诗歌和民间说唱文学，几乎没有小说、散文等其他新文学类型。这首先是因为新疆地区具有悠久的诗歌传统，《格萨尔》《玛纳斯》《江格尔》是流传于新疆的民族史诗。抗战时期，新疆成为大后方，茅盾、赵丹、杜重远等文化名人远赴新疆，把新文学的火种带到新疆，为新疆文学的发展做出了重要的贡献。这一时期涌现出众多的少数民族作家，如维吾尔族诗人黎·穆塔里甫、作家祖农·哈迪尔和哈萨克族诗人唐加勒克等，他们写下了不少优秀的诗歌和小说，奠定了新疆现代文学的基础。维吾尔族作为新疆的主要少数民族，拥有发达的文化，如 9~13 世纪喀喇汗王朝时期的大诗人玉素甫·哈斯·哈吉甫的《福乐智慧》，还有流传已久的英雄史诗《艾里甫与赛乃姆》等作品。诗人阿不都哈力克·维吾尔熟悉汉文经典名著，用维吾尔语和汉语创作了 200

多首诗,《痛苦的时代》《夏夜》《愤怒与痛呼》是其代表作,具有鲜明的反抗意识和启蒙精神。

民国时期西北丝路的民间戏剧非常活跃,人们创作和演出了大量具有启蒙精神的戏剧作品,对于西北这个相对闭塞的地区来说,戏剧的革新对开启民智、传播新思想发挥了重要作用。尤其是陕西的易俗社,这是民国时期陕西一批具有民主思想的先进文人创办的秦腔班社,也是一个集戏曲教育和演出于一体的新型艺术团体,该社以"辅助社会教育,启迪民智,移风易俗"为宗旨,培养了范紫东、孙仁玉、李桐轩、高培支、吕南仲等一大批剧作家,创作了《三滴血》《软玉屏》《三回头》《柜中缘》《夺锦楼》等优秀剧作,提升了戏剧创作的文化内涵,把陕西的地方戏剧活动推向高潮,对戏曲改革做出了重要的贡献。甘肃在抗战时期的戏剧运动也非常活跃,改变了之前旧剧的题材和内容,成立了"联合剧团""集训队剧团""西北剧团"等宣传抗日的地方剧团。该地围绕剧团抗日的需要产生了大量优秀的剧本,塑造了许多感人的艺术形象,宣传了中国人民抗日的伟大斗争精神。

20世纪以来,大量的文人团体向西北地区迁徙,促进了本土文学的发展,同时也在这块土地上创造了文学的繁荣,尤其是延安时期的文学,不但带动了陕西文学的发展,而且辐射到西北丝路地带,使丝路沿途的文化团体和文学活动都异常活跃,这些文学成果是本土文化与现代文化、革命文化相互融合、相互交流的结果。

陕西易俗社旧址

1949年之后,当代文学的发展进入一个新的历史时期,丝路本土文学开始迈上发展的快车道,涌现出了很多当代文学史中经典的作品,至此本土作家逐渐成为丝路文学的主体和中坚力量。中华人民共和国成立后,西北丝路地区的经济和文化获得了很大的发展,各种文艺团体和文艺刊物相继成立和创办,本土年轻作家成为创作的主力军。柳青的《创业史》、杜鹏程的《保卫延安》成为建国初期文学的经典作品,王汶石、魏钢焰的散文创作也在当时产生了很大的影响。尤其是到了改革开放以后,西北丝路文学迎来了历史的辉煌,路遥、陈忠实、贾平凹所代表的"文学陕军"异军突起,新边塞诗派在新疆崛起,"文学陇军""甘肃八骏"横空出世,青海的诗人昌耀在当代诗歌史上表现卓尔不凡,还有宁夏文坛的"三棵树",以及新疆作家周涛的散文,这些作家和作品展现了丝路本土文学创作的实绩,提升了丝路文学在中国当代文学史上的地位和价值。

丝路文学是当代作家自觉建构的结果,他们在观念上、创作上表现出了对丝路文化的一种内在认同。陕西作家红柯被誉为"丝路文学上的歌者",他一生中沿着关中到天山之间的丝路古道数次迁徙,新疆十年的生活经历成就了一个丝路文学的卓越表达者。批评家李敬泽说,红柯关注的西域不是一个简单的地方,它涉及我们这个伟大国家的精神文明的整合。红柯小说不仅以丝路文化为表现对象,而且融会了他对中国文化发展的深入思考,"在地理上,天山祁连山与秦岭不仅一脉相承,关中平原也是古代游牧民族与汉族融合的大熔炉。我现在执教的陕西师大学者王大华著有《崛起与衰落》,基本上大批胡人进入关中,每进一次,关中就兴盛一次。古时,陕西人就有走大漠的传统,张骞凿空西域,苏武北海牧羊,玄奘西天取经,班超就更不用说了"(红柯和杨梦瑶,2014:97)。对于红柯来说,丝绸之路所带来的汉胡文化的融合是他最为重要的知识背景和文化场域,对新疆的书写正是建立在这样的基础之上,这是红柯与其他新疆书写的内在区别。

《丝绸之路》杂志社的社长、主编,甘肃作家冯玉雷,多年来专注于丝路文化的研究与书写,不断探索传统文化的创新之路。冯玉雷的创作生涯开始于大学时期,在大量的阅读之余他相继写出了《五月的玫瑰》《野渡》《红纱巾》《雁歌》等作品,这些早期作品已经体现出了走在丝路上的这位年轻作家积极探索人生、表现丝路人生的追求。尽管尚处于创作早期的作者在题材和风格上还没有形成自己的艺术风格,但逐渐强化的丝路意识、敦煌意识及相应创作经验的积累,为他成为丝路文学代表作家之一奠定了基础。

冯玉雷创作的起步阶段恰是 20 世纪 80 年代末西方现代派文学思潮风起云涌的时代,昆德拉以现代手法表现传统文化的写作经验给冯玉雷的创作带来了很多启示,也成为影响他后来创作的一种重要方式。从 1992 年到 1998 年,冯玉雷专注于甘肃地区民俗文化和佛教文化的书写,创作了中篇小说《陡城》《野糜川》和长篇小说《肚皮鼓》《黑松岭》《血煞》。这些作品大多取材于甘肃地区的历史和民俗文化,探索如何在继承传统的基础之上实现文化与文学的创新。从 1998 年创作《敦煌百年祭》开始，冯玉雷将创作的视点从本土文化转向敦煌文化，连续创作三部以敦煌为题材的长篇小说，逐渐形成自己的题材特色和风格。敦煌是古代丝绸之路上的一个重镇，是中外文化交流的核心地带，拥有大量丝路文化的历史遗存，如何对这一丰富的文化宝藏进行开掘和再创造，是冯玉雷这一阶段主要的文学命题。《敦煌百年祭》就取材于莫高窟道士王圆箓发现藏经洞的过程和西方探险家盗宝的史实。2006 年的《敦煌·六千大地或者更远》中，冯玉雷把以敦煌为核心的文化圈作为一个整体来进行观照，体现了作家对敦煌文化的一次自觉重述与创造。2009 年《敦煌遗书》采用现代派的手法叙述了斯坦因的四次西域探险故事，在这个历史背景之下把敦煌文化精神和欧洲现代工业发展相结合，给历史事件和传统文化注入新的生命和活力。2018 年冯玉雷出版了丝路题材长篇小说中的第四部《野马，尘埃》。小说取材于敦煌藏经洞、吐鲁番等地出土的有关文献资料，以安史之乱前后的唐朝作为历史背景，以青藏高原、西域大地、河西走廊、中原地区作为人物活动的历史空间，展现了丝路沿途各民族、各阶层人民的命运和生活状态。"丝绸之路是文化融合之路、贸易发展之路，具有时间跨度长、涉及范围广、牵涉主体多的特点，是文学创作取之不尽的源泉，丝绸之路开通、发展过程中很多人物、事件乃至各种物品都可以成为文学创作的原型。"（冯玉雷和冯雅颂，2018：192）冯玉雷的敦煌叙事取材于丝路故事，实现了对丝路文学的创造性书写。其对丝路文学的专注和贡献，业已成为当代中国丝路文学中一个值得关注的现象，由此，该作家也已成为当代中国丝路文学的一位具有标志性、代表性的作家。

青海诗人昌耀，从 1982 年起就把笔下表现的空间从青海荒原的流放地扩展到从长安到新疆的丝路古道，在这种宏大的时空背景中展现出民族鼎盛期生命的大气象和精神品格。他写出了《河西走廊古意》《在敦煌名胜地听驼铃寻唐梦》《忘形之美：霍去病墓西汉古石刻》，在历史的光阴中喟叹："我似乎觉得/高车部自漠北拓荒西来尚是昨天的事/汉将军班超与三十六吏士的口碑/也还依然一路风闻/可你们后来者/还听得敦煌郡歌伎女反手弹琵琶么？""我记得夫人嫘祖熠熠生辉的织物/原是经我郡坊驿馆乘坐双峰骆驼，由番客/鼓箜篌、奏筝篥、抱琵琶，向西一路远行。"（昌耀，2000：242）正是这种丝路精神的灌注造就了昌耀心灵和诗歌创作中最为辉煌的时期。

当代丝路文学作为中国文学的一个重要组成部分，不仅秉承了古丝路文化和文学的传统,而且始终呼应和参与了当代文学的建构,真实地再现了丝路地带传统文化和现代文化的冲突,以及这种矛盾和冲突给乡民所带来的感情和精神上的裂变和阵痛。丝路古道作为中国和西方之间交通枢纽的历史地位,决定了丝路文学必然是一种文化交流的产物,它从来都不是单一的、静态的,而是融汇了中原文化和西域文化之间的冲突、矛盾,以及由此带来的新变,这种在漫长历史发展过程中所形成的丝路文学传统深刻地影响和规限了我们认知现实的思维向度和情感取向。同样是产生于两种异质文化交流背景下的文学形态,古代丝路文学由于国力强盛而形成自信开放的精神品格,或发现和赞美西域文化的新奇,或是在边塞的战争中激发出豪情壮志,即使是清代的贬谪诗歌也充满了一种积极达观的气度;现代丝路文学却产生于中国传统文化遭遇西方强势文化的冲击之下,其中的冲突和蜕变便显得异常艰难和复杂。对传统和现代文化命运的思考是现代丝路作家一个普遍而重要的文学命题,宁夏作家郭文斌的创作就体现了一种向传统文化回归的倾向,面对现代社会思想观念和伦理道德方面的病症,郭文斌返归丝路传统文化的思想资源,认为"在传统所提供的世界观中,人们才会感到稳定和安全"(王立新和王旭峰,2007:74),以此来调节人与社会之间的关系。

第二节　陈忠实:关中文化的书写者

2016年春夏之交,陕西关中一位白鹿原汉子——陈忠实在留下他不朽的文学巨作《白鹿原》之后,告别了热爱他作品的读者。其情景确实令人伤感:陈忠实驾鹤西去,人世间一片叹息。各界人士闻讯,不胜哀悼,各路媒体都在以自己的方式报道着相关消息,表达着无尽的哀思。

一、陈忠实是一位勤奋而又优秀的书写者

作家是以书写为主要工作方式的劳动者。"手书"是陈忠实最擅长的文化创造方式。由此,在他身后留下了许多精心创作的小说、散文,也留下了

陈忠实

许多珍贵的书写关中文化及人生的手稿。陈忠实笔耕一生，创作了不少小说，除了最为著名的长篇小说《白鹿原》之外，还有中篇小说《康家小院》《初夏》《四妹子》《蓝袍先生》等，其他还有短篇小说集《乡村》《到老白杨树背后去》，文论集《创作感受谈》，散文集《生命之雨》《告别白鸽》《家之脉》《原下的日子》等，以及报告文学《渭北高原，关于一个人的记忆》等。据不完全统计，迄今出版的陈忠实各类作品集已经接近百种，并有《陈忠实文集》存世。其代表作《白鹿原》1998年荣获"茅盾文学奖"，由于广受读者欢迎，被教育部列入"大学生必读"系列，到2015年该书发行量已突破500万册。该小说还被改编成秦腔、话剧、电影、电视剧、舞剧、连环画、雕塑等多种艺术形式。陈忠实也有多部（篇）作品被翻译成英语、俄语、日语、韩语、越南语、蒙古语等语种文字出版。

  这里想特别强调一下陈忠实的手稿。陕西知名作家多，珍贵手稿多，这些作家大都视手稿为"亲人"，极少拿去送人或售卖。作家陈忠实就曾告诉记者："过去没有复印条件，报纸、杂志发稿一般不退稿，咱也不在乎，也没有那收藏意识。后来有了复印机技术，咱才给自己留一个底稿，给对方邮寄一份复印稿。"（职茵，2016）正因如此，其手稿多能保存下来。特别是《白鹿原》手稿，不仅保存完好，还被放在"陈忠实文学馆"向公众展示。当年，《白鹿原》出版后广受欢迎，其手稿也曾被收藏家看中，欲出大价钱收藏，但被陈忠实婉拒在《白鹿原》出版20周年之际，由人民文学出版社出版了全文影印、限量版的《白鹿原》手稿线装本，弥足珍贵。陈忠实还在该书后记中特别指出，这个手稿是《白鹿原》唯一的正式稿。这个版本作为作家辛勤书写的文本，既具有文学文本的初始形态，又具有书法文本的基本样貌，堪称具有多重文化功能的"复合文本"，值得世人珍视和研究。自然，最值得珍视的还是那具有世间唯一性的《白鹿原》原稿，它就静静地躺在西安思源学院校园内的"陈忠实文学馆"里，成了该馆的"镇馆之宝"。该馆还展出陈忠实各个时期的部分手稿，如果还能够将民间书法爱好者手抄本《白鹿原》也收集起来一并展示，那肯定也是一道别致的书法文化风景。

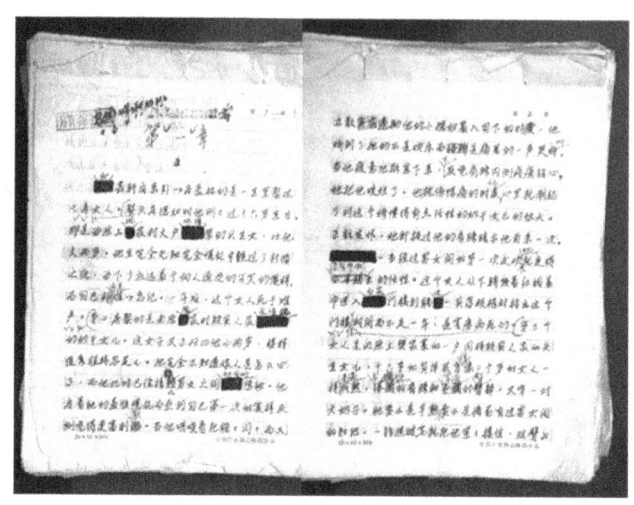

《白鹿原》手稿

陈忠实先生为人厚道，堪称德艺双馨，他经常将精心书写的书法作品无偿送给他人或单位作为纪念，也曾向地方图书馆捐赠手稿。他曾为自己题写书名，但更乐于为其他新老朋友题写书名或留字为念。尽管他一再自谦自己写的只是毛笔字而非书法，但其毛笔字也确实达到了"文人书法"的水准，体现着他那自在从容、质朴自然的风貌，彰显着外柔内刚、淳厚清朗的气质，能够给人留下深刻的印象，值得结集出版。而他对作家文人运用毛笔书写的体验、感悟也很真切并有启示性："洗笔调墨四体松，预想字形神思凝。神气贯注全息动，赏心悦目乐无穷。"文人"左手拿着电脑创作，右手拿着毛笔来传承我们的文化，这是现代和传统最直接的结合，是当下一种新的景观，它对文人书画进行了新的探讨，也促进了文人书画的繁荣"（陈忠实，2006）。他发起的白鹿书院还曾主办全国文人书画展览及研讨会，其盛况至今犹在眼前。

在陈忠实患病的 2015 年，笔者曾陪在西安市挂职的吴义勤教授前往探视，当面奉上一幅中堂书法以表敬意："翰墨惊天地，史诗通古今。"这应该也表达了包括笔者在内的众多读者的心声。如今陈忠实先生虽仙逝，但他不仅继续活在他不朽的文字里，也活在他手书的墨迹中，活在思念他、研究他的人们所留下的各种文本及墨迹中！因为陈忠实真正达到了当代杰出文人所追求的"新三立"即立人、立家、立象（即对古代"立德立功立言"的现代转换）的人生境界。

二、《白鹿原》是书写关中文化的经典文本

提起陕西和长安（西安），世人都知道这里真正是文化的沃土。2015年笔者参与执笔的《"文化陕西"宣言》中有这样的介绍："作为中华民族和华夏文明的重要发祥地之一，陕西文化积淀十分深厚，既拥有蓝田猿人、半坡遗址留下的史前文化印记，远古神话、炎黄传说种下的华夏民族根脉，周公制礼作乐奠定的中华礼乐文明，秦汉帝国建构的中华民族政治制度的基本架构，又拥有汉唐盛世创造的领先世界、灿烂辉煌的文化史，开拓丝绸之路、注重民族文化交流互鉴的文明史，以及以延安为中心艰苦奋斗、追求人民解放的革命史。陕西的文化资源不仅灌溉着中华文明，也滋润着世界文明；陕西的文化优势不仅傲然于中华文化之巅，也卓立于世界文化之林；陕西的文化精神不仅引领着中华文化的前行步伐，也推动着世界文明的不断发展。在实现中华民族伟大复兴中国梦的今天，陕西文化理应成为文化自信的先行者、引领者和示范者，这既是历史的责任，也是时代的重托，更是文化的担当。"（佚名，2015）该宣言倡议的第一条即是努力发扬"关学"精神。提出要从"关学"中深入挖掘建设"富裕陕西、和谐陕西、美丽陕西"的文化动力和智力支撑，以"为天地立心，为生民立命，为往圣继绝学，为万世开太平"的"四为"精神，重振陕西文化雄风，再现汉唐文化气象，让"文化陕西"扛起复兴中华文化自信的大旗。第二条是积极汲取优秀传统文化精华。秉持自觉、自信、自省的态度，全面客观审视仰之弥高、钻之弥深的传统文化，推动传统文化的创造性转化和创新性发展。立足现实，面向未来，古为今用，以古见今，努力创造生机勃发、魅力四射的现代"文化陕西"。

在陕西文化版图中，关中文化具有举足轻重的文化地位。有人把陕西比喻为一颗大白菜，关中就是白菜心。而陈忠实生于斯长于斯的白鹿原则是白菜心的精华所在。白鹿原位于西安市东南，东靠篑山，南临汤浴，北依灞河，三面环水，是亿万年形成的南北走向的黄土台原。这里人杰地灵，故事繁多，文化氛围自古浓厚。正是这里厚重的黄土文化培育了著名作家陈忠实，而他的长篇小说《白鹿原》也扩大了白鹿原的声誉，成为传播关中文化的一张名片。换言之，自从《白鹿原》横空出世，一幅波澜壮阔的民族史诗便铸就了白鹿原这张文化名片。他的力作《白鹿原》是一部关中渭河平原近现代50年变迁的雄奇史

诗，一轴中国农村斑斓多彩、触目惊心的长幅画卷。这部长篇小说成功地塑造了白嘉轩、鹿子霖、鹿三、朱先生等具有深刻历史文化内涵的典型形象，也成功地塑造出黑娃、白孝文、田小娥、鹿兆鹏、鹿兆海、白灵等年轻一代性格各异、追求不同、极具时代性的人物形象。

古代天子脚下的关中腹地的老百姓，自古就形成了古朴典雅的生活习俗以及淳朴憨厚的民俗风情，前有先秦时期提倡人伦礼仪的儒家经典《仪礼》和《礼记》，后有自宋代兴起受儒家影响颇深而创建的理学关中学派。在《白鹿原》里肩负道义重任的就是白嘉轩口中的"圣人"朱先生，从查禁烟苗、草拟《乡约》、冒生命危险劝说方巡抚，到开办白鹿书院、编纂县志，再到后来被红卫兵掘开墓室发现其"折腾到何日为止"的预言……除却小说中必要的虚构描写以外，朱先生的原型人物牛兆濂，便是关中学派的最后传人之一，他秉承着关中学派创始者张载先生的"四为"学说即"为天地立心，为生民立命，为往圣继绝学，为万世开太平"（黄平，2014：1）的高远志向，不仅推演了由吕氏兄弟创作的中国第一部用来教化和规范民众如何做人修身的著作《乡约》，同时创制了一套礼俗规范，在关中大地传播开来，由此儒家的正统道德思想对关中的民风民俗产生了深远影响。

这种影响可以贯穿历史时空。经历战乱、迁徙和民族融合的关中地区，在历史条件下形成了独特的传统习俗和地方风情，渗透了儒家文化的内在精神。首先，最具代表性的地方习俗就是婚丧嫁娶，关中地区的婚嫁礼仪虽经历历代演变，但大都基本遵循"六礼"之轨，即纳采、问名、纳吉、纳征、请期和亲迎。《白鹿原》里白嘉轩和鹿子霖互为媒人订下冷先生的两个女儿，冷先生在嫁女儿之前暗地里掐了双方的八字，看看是否相合；白嘉轩直到娶回仙草，为彩礼已经花去秉德老汉半辈子的积蓄；鹿兆鹏和白孝文成婚都要进祠堂叩拜祖宗……复杂礼数的背后凝结着老一辈人的礼教习俗和传统文化。其次，民以食为天，关中风味的小吃巧妙地穿插进《白鹿原》的各章之中，有马驹、骡驹爱吃的罐罐蒸馍、鹿兆鹏送给黑娃的水晶饼、黑娃在郭举人家干活吃的凉皮、鹿子霖爱到老孙家美美吃上一碗的羊肉泡馍和解放军进驻西安随身携带的锅盔……作品在展示地方饮食文化和特色的同时，展现了关中人智慧的头脑和灵活的双手。一方水土养一方人，他们用关中盛产的小麦做出了丰富美味的小吃和饭食，养育了一代代黄土高原上的关中百姓。再次，消遣娱乐是人们生活的一个重要方面，关中农村的民俗风情在这日常娱乐中可见一斑。《白鹿原》里提到的"唱乱弹"是关中常见的娱乐形式，通俗地讲是吼秦腔，文中有一处这样的描写：鹿三给牛马拌饲料，在嘉轩的鼓动下，靠着槽帮就吼了起来，从《辕门斩子》到《别窑》，曲调慷慨激昂，悲壮飞扬。八百里秦川浩浩荡荡，三千万儿女齐吼秦腔，陕西人的耿直、热情、豪爽和粗犷在这一声吼里展现得淋漓尽致，荡气回肠。最后，中国自古是礼仪之邦，而关中作为京兆之地，自然信奉"君君臣臣父父子子"的传统道德教义，祭祖敬神成为中国传统的民间信仰。相关的各种民间信仰活动也在《白鹿原》中有相当经典而又精细的描写。

　　被学者誉为史诗或民族秘史的《白鹿原》，从思想、习俗等方面在读者面前呈现出一幅丰富多彩的关中文化风情图。而《白鹿原》对生生不息而又复杂万端的关中文化进行了相当成功的生活化描写。可以说，人们要了解西安，了解中国，细读《白鹿原》，领略关中文化风貌就是一条便捷的有效途径。在读者心中，陈忠实的《白鹿原》就是诞生在白鹿原上的一座高耸入云的文化巨塔！

　　那种入世济世的人文精神，那种"究天人之际，通古今之变"的良史笔墨，那种忧患意识制约的作家情怀，都很容易从关中作家的作品中找到。与司马迁同乡的杜鹏程，亦用良史的笔墨来书写战争风云，那种以笔为武器、发愤著书的劲头也有直追故乡先贤的味道。读他的《保卫延安》这部具有较高成就的战争史诗，读他的《在和平的日子里》这部颂扬创业、守业的奋斗精神的作品，都很容易使人想起儒家文化的优良传统以及这种传统在革命名义下的继承与转换。尤其是陈忠实，关中文化对他的先期占有和他后来对关中文化（关学）的追寻，使他成了一位典型的带有儒生风范的当代作家。他那忧患不已的作家情怀表现在他对中国革命历史和传统文化的深刻反思。换言之，陈忠实早在儿童和少年时代就领受着白鹿原及其周边的关中文化的滋养，长大后，尤其是在准备创作《白鹿原》的时候，他以极大的热情去发掘关中文化。他查阅了许多地方志书，在民间进行了广泛的采风，结合自己的观察和体验，记下了大量的材料，从而获得了远较一般历史教科书丰富而又真实的东西，找到了回归历史真实、超越观念教条的途径。①

---

① 详参陈忠实《沉重之尘》《贞节带与斗兽场》《我说关中人》《关于〈白鹿原〉与李星的对话》等文，均见《陈忠实文集》第 5 卷，太白文艺出版社，1996 年版。

《白鹿原》这部作品酝酿于 20 世纪 80 年代后期，写成于 90 年代前期，经过了数年辛勤的努力。作者显然是要探寻历史的奥秘，真正"忠实"地把握住历史本身的丰富和复杂，同时注入反思历史的鲜明的时代精神。这也需要相当的魄力和勇气。他曾想用"古原"这个名字来命名这部作品（陈忠实，1993），他的冷峻目光已表明他不是要创作一部传统意义上的规范的史诗，而是营构一部带有强烈文化色彩和批判意味的史诗的变体。有论者鲜明指出："《白鹿原》是一部富有新意的史诗。"其"新意"表现在：第一，作者视点高远，以通古今之变的"诗人之眼"，审视从清末到 20 世纪中叶这段复杂的历史。他努力在更真实的层面上，展现历史生活的本来面貌，叙述人物的悲欢离合和生死沉浮，揭示出中国历史的具有恒久性的本质，成就了一部我们民族的"秘史"。第二，《白鹿原》不像以往的史诗性作品较为单一地描述人的理性行为，它深深透入了人的非理性世界及其对历史和人生的巨大影响之中，显示了人性与历史的复杂性。第三，作家以敦厚之心谛视民族苦难，以反思的精神正视悲剧性的民族历史，在悲悯与反思中将传统情感与现代情感结合起来，借以彰显中国历史的本质，寻求民族救赎的途径（李建军，1993：34-35）。这里对《白鹿原》带有新变意味的史诗性的体认，确实可以说明史诗作品并非只有一种模式。陈忠实尽管力求重新建构"史诗"，包括在小说结构、心理描写、细节刻画和语言运用上的艺术创新，但他确确实实在秉承太史公马迁的"信史"精神。他在历史、文化、人生面前都坚定地守住了他自己的名字——忠实！这是与太史公马迁在心魂上的相通。宋人黄震评司马迁的"信史"精神时说："今迁之所取，皆吾夫子之所弃，而迁之文足以诏世，遂使里巷不经之说，间亦得为万世不刊之信史。"①只要作家有了这种"信史"精神和对艺术的忠诚，那么历史和艺术也就会厚待作家。秦地有志在"究天人之际，通古今之变，成一家之言"（江西师院中文系，1979：158）的太史公马迁及优秀的史传文学传统，该是一件值得自豪的事情。

三、秦地小说视域中的陈忠实

众所周知，中国 20 世纪小说史上有不少已被学界承认的小说流派，但遗憾

---

① 黄震：《黄氏日抄》卷四七《史感》。《史记》既为历史科学著作，又为史传文学名著，对后世文学影响很大。在小说方面，古代文言小说、通俗小说等都直接或间接地受到了《史记》的影响。

的是，秦地小说世界中的流派现象却多少被忽视了。笔者曾尝试将之命名为"白杨树派"。它孕育于秦地文化、关中文化，初成于20世纪中期，深植于坡沟山峁塬畔，它主要以柳青、杜鹏程、王汶石等为代表人物，晚近则有路遥、陈忠实、京夫、邹志安、李天芳、赵熙、高建群、贾平凹、蒋金彦、文兰等在某种程度上的承继和发展，并构成了具有一定开放性的流派"方阵"①。这个小说流派的命名，显然与茅盾的著名散文《白杨礼赞》有关。简言之，所谓"白杨树派"，是从秦地小说的创作实际出发，主要参照茅盾的《白杨礼赞》及其他有关诗文所提示的精神特征和审美特征以及评论界已有的相关成果，而郑重命名的一个小说流派。这个小说流派基于三秦文化传统和革命文化的交融，形成了自己鲜明的流派特征，即像生长于大西北的白杨树那样，具有逼人的刚气、豪气和土气，既淳厚、质朴、正直、刚劲、端肃、雄健、峭拔、顽韧，又保守、忍苦、克己、无奈，孤寂且复苍凉，困窘且复麻木。"白杨树派"的老一辈作家多从肯定层面着眼，倾力揄扬白杨精神，而新一代作家（并非秦地所有作家）则注意全息把握，倾力状写白杨的复杂，且较多透入否定层面，加强了反思色彩。但从整体性或主导方面来看，白杨树的那种攒劲向上，不畏风寒、沙尘、暴雨，竭力与恶劣的生态环境抗争，从而努力追求在黄土地上自由、幸福而又诗意地生存的精神，对秦地小说影响极其深远和巨大，并对其美学风貌产生了决定性的制约作用。苍凉、悲怆总掩不住奋发和荣光，刚韧雄壮的力之美透现出独具风采的西北风情和拥抱崇高的审美基调，形成了"白杨树派"平凡而又壮伟、普通而又奇崛的独特文学流派风格和相应的地域文化色彩。

在"白杨树派"中，陈忠实堪称翘楚。尤其是他在《蓝袍先生》和《白鹿原》中，对古代文化和革命文化在秦人命运及历史变迁中显示出的复杂的文化功能做了非常深刻的描写，其间也渗透了他的深沉思考和诸多无奈。笔者读陈忠实作品时曾被感动得泪眼模糊，又忧愤得叹息不止。由此深深感到了作为秦地作家陈忠实本身的"复杂"。这种复杂的感受是读老一代"白杨树派"作家作品所很少有的。比如陈忠实有关白鹿的传说和描写，其实反映的正是一代又一代白鹿原人对没有饥饿、没有痛苦、没有敌视、没有争斗的理想生活的憧憬和梦想，这里包蕴着他们面对苦难的无奈和无可告语的悲哀，从中我们也可以

---

① 这个"方阵"还有复杂的一面，即对"白杨树派"进行消解的一面。这里仅从相通的一面立论。

看出陈忠实对民族命运的深切关怀、对民族苦难的体察、对民族拯救的焦虑（李建军，1993）。再如《白鹿原》第一章写"白嘉轩后来引以为豪壮的是一生里娶过七房女人"（陈忠实，2008：1）。那真是奇异的乡村性文化景观：男人留"后"的欲望居然那样强烈、那样顽韧，又那样愚昧，女人却那样微贱、那样薄命，又那样狭隘。娶的人用钱用物娶来送去（埋葬），居然那般轻易！虽然我们不愿看到这种所谓"豪壮"之举，但我们想想乡村历史乃至宫廷历史，又觉得作家如此写倒很真实，几乎可以看作是以性文化为载体的一种寓言。很显然，作为当代作家，陈忠实不仅写出了历史和生活的真实，也写出了他的复杂感受和思考。例如他为家乡《灞桥区民间文学集成》写序时即指出："这块土地既接受文明也容纳污浊。缓慢的历史演进中，封建思想文化封建道德衍化成为乡约族规家法民俗，渗透到每一个乡社每一个村庄每一个家族，渗透进一代又一代平民的血液，形成这一方地域上的人的特有的文化心理结构。"（陈忠实，1990：1）这种清醒的认识显然也有助于他深化和丰富《白鹿原》的主题意蕴。

陈忠实也是一位曾引起过较多争议的作家。但历史必将证明：不朽的陈忠实属于陕西关中，长居西安的陈忠实也属于中国和世界。作为一位勤奋而又优秀的书写者，他尤其是一位成功的关中文化、关学精神的书写者。所谓关中文化、关学精神，从很大意义上说，就是理论和实践上都很典型的儒家文化。其在历史和生活层面的一种艺术表达则见诸《白鹿原》，由此也造就了一座值得我们叹赏的文学高峰。

第三节　现代丝路西行文学

虽然从近代之后西北丝路失去了它在政治、经济、文化方面的优势地位，但是由于丝路在历史和文化中的重要作用，中外学者发现丝路、开发丝路的思潮和呼声一直延绵不绝，大量的探险家、学者文人、官员等组成的社团群体踏上了考察、游历丝路的旅程，他们根据自己的亲历体验撰写了大量丝路题材的文学，因此催生和推动了丝路西行文学的繁荣。民国时期丝路西行文学以纪实性的游记为主，进入当代之后，除了传统游记之外，出现了大量取材于丝路的诗歌、小说和散文等。

现代丝路游记文学的先河是由西方的探险家开启的，1900年前后随着中亚地理考察热和国际东方学的兴起，很多被吸引的西方探险家纷至沓来，使丝绸之路这条被历史风沙所掩埋的文明之路开始重新引起世界的关注，成为国际性探险和考察的热点，这一文化思潮拉开了现代丝路探险文学的序幕。这些外国学者在考察结束后形成了一个惯例，他们通常会根据自己的经历撰写两类著作，一类是专业性的学术考察报告，另一类是面向普通读者撰写的文学性的考察纪实或游记，这些探险游记构成了现代丝路游记文学的一个重要部分。这一时期丝路探险游记是由一批来自西方的探险家、地理学家、考古学家撰写而成的，这些人的丝路游历考察过程也潜藏着文物盗窃的目的，他们根据自己的实地考察经历撰写了大量的游记作品，如俄国普尔热瓦尔斯基的《荒原的召唤》《走向罗布泊》，俄国科兹洛夫的《死城之旅》，瑞典斯文·赫定的《亚洲腹地旅行记》《丝绸之路》《游移的湖》《马仲英逃亡记》《罗布泊探秘》，英国斯坦因的《斯坦因西域考古记》《沙埋和阗废墟记》，法国伯希和的《伯希和敦煌石窟笔记》《伯希和西域探险记》《伯希和西域探险日记1906—1908》，日本探险家、盗宝者大谷光瑞的《丝路探险记》，美国兰登·华尔纳的《在中国漫长的古道上》等。

斯坦因（中）和探险队员在西北大漠

首先，这些丝路游记通过科学考察揭开了丝路文化神秘的面纱，还原和再现了丝绸之路辉煌的历史。20世纪前后的丝路探险家主要来自瑞典、英国、法国、德国、日本、美国等国家。由于大多数探险者都带有发掘历史和盗取文物的双重目的，所以他们的考察范围以丝路文化遗存密集和保持较为完整的西段为主，"我的主要考古区域是西至妫水、东到中国本土的中国西部广大地区，那片地方虽然现在是荒山野岭、万顷沙漠，但在古代历史上却有十分重要的作用。这里是古代经营了几百年的'丝绸之路'的必经之地，中西文化在这里交汇发展，形成了古代文化史上很重要的一个高峰。由于这些地区气候干燥，这些古代文明的遗迹历经千百年仍得以保存至今。测量这一地区的地理环境及考证挖掘古代实物，就是我这几次历尽磨难进行探险的主要目的"（马克·奥利尔·斯坦因，2009：2）。和斯坦因一样，大多数探险家都把考察的重点集中在新疆和敦煌的丝路遗迹和文物上，他们之中除了少数人之外，大多是地理学家、考古学家、人类学家，游记内容也属于地理、考古方面的知识考察，他们在现代科学理性精神的观照下发现丝路和认识丝路，注重考察的严谨性和叙事的客观性，真实地再现了丝路沿途的地理文化概貌，为我们提供了认识丝路的信史。尤其是在西方探险家中影响最大的斯文·赫定，他的《亚洲腹地旅行记》中所记载的路线和测量数据被后来很多科考队所沿用和借鉴，同时这种对丝路的科学叙事也伴随着以现代知识对丝路和中国的"去魅"和"启蒙"，"1907 年，瑞典探险家斯文·赫定来到冈仁钦波①雪山和玛旁雍错圣湖，在佛教和印度教的世界观中，前者是须弥山，是世界的中心、众水之源，是众神居所，而后者是永恒的、洗净一切罪孽的湖；然而，在《亚洲腹地旅行记》中，我们看到那山那水被斯文·赫定还原为纯粹的自然地理现象，笼罩其上的神奇光环被驱散，山就是山，水就是水，在一个以人为中心重新组织起来的世界里，它们等待着被认识、被征服、被利用"（林建法和徐连原，2004：438）。可以说在由现代知识所建构起的丝路形象中，这条道路在历史中曾被赋予的神性和宗教色彩被祛除，它不再是一个让人类敬畏的对象，而是一个可被人类认识和征服的客体。

斯文·赫定著《亚洲腹地旅行记》

从这个层面来说，西方探险家的丝路游记具有划时代的历史意义，它开启了对丝路的科学叙事传统，并因此深刻地影响和塑造了民国时期知识分子的丝路叙事，科学叙事从一种西方的外在视角演变为一种建构现代民族国家的内在冲动。

其次，这些探险游记也具有重要的文学价值，它们的影响早已超出了科学界的范围，这些经过戈壁沙漠生死淬炼的"'沙漠旅行家'所贡献的旅行文学不但佳作辈出，而且往往精湛内敛，最令人深思低徊"（蜜德蕊·凯伯和法兰西丝卡·法兰屈，2002：导读Ⅵ），民国

---

① 即冈仁波齐。

时期著名的学者翁文灏在评价李希霍芬的游记时说,"李希霍芬关于中国的著述,在小处看,我们固已有许多改正,但是在大处看,真是我们的绝好模范。不但他的旅行日记和他的与上海商会通信,都是很好的游记,就是他的不朽著作《中国》一书,也可说是一种绝好游记类的文章。读他的书,好像亲到其地,不如平常地质报告的拘束割裂,枯索无味。他对于中国的历史地理都有整个的了解,而且使这种了解与他的地形地质的观察能够融合为一,互相发明"(杨钟健,2003:1)。这些探险家不但具备丰富的科学知识,而且具有很高的文学素养,他们以洗练朴实的语言把科学考察的经历描述得生动有趣,记事考证与写景抒情相结合,让人有身临其境之感。尤其是几位女探险家,她们更关注所到之地的风俗人情,在对服饰、饮食等生活纪实的基础上融入了更多个人的情感体验,其作品体现了游记文学对人的关注和诗意追求。由法国的两位女性传教士蜜德蕊·凯伯和法兰西丝卡·法兰屈所撰写的《戈壁沙漠》,记录了她们怀着宗教的虔诚沿着西北丝路古道穿行于戈壁沙漠之间的经历,这个在西方看来荒凉孤绝的丝路古道在她们的笔下却充满了诗意。

  风悄悄引退了,一切静止不动,黑暗迅速遍布漠原。傍晚的星星出来了,然后,众星一颗接一颗挂上天鹅绒似的深空,像一盏盏黄金灯。我整晚注视着浩瀚的苍穹,它的光辉灿烂令我惊讶。北极星准确指引着路途,星座缓缓移过中天,惟一的声音是动物平稳安静的沉重步伐,和着车夫布鞋触地的声音。我们全都意识到正在通过一种伟大的寂静,本能地尽量不去打搅。

  午夜,地平线上一团朦胧的光霭,昭告着月亮即将升起。很快地,一切景色全都沐浴在明亮柔和的月光中。明月映彻,更添了几分寂静。以前我曾见识过静默,但与此相较,那远算是嘈杂了。这儿甚至没有一片草叶作飒飒声,没有一片树叶摇动,没有任何鸟在巢中鼓翅,也没有虫子嗡嗡飞过。没有人说话,我们只是专心凝听,一切振动好像都静止了。当月亮高挂中天,时近清晨三点,车夫说了一句话:"那边,就是淘金铺。"(蜜德蕊·凯伯和法兰西丝卡·法兰屈,2002:14-15)

与其他男性探险家对戈壁大漠所体现的征服心理不同,这几位踏上丝路古道的女性探险家是带着一种强烈的融入感和认同感来为当地民众传教的,所以她们对当地自然风景的描写体现了教徒的沉静和哲思,在丝路探险游记中体现了一种温婉清新的女性叙事风格。

西方探险家的丝路游记充满了传奇性和趣味性,区别于僧侣游记的悲苦和科学游记的枯燥,尤其是其中所表现出的冒险精神和征服精神,对中国现代文学的影响是长久而深刻的,它们不仅成为现代文学描写的对象,而且也为现代作家的丝路叙事提供了精神源泉。斯文·赫定在中国期间和新文化运动的很多学者都有较多的往来,1927年赫定带领的西北科学考察团成员之一北大教授徐炳昶,根据此行经历撰写了《西游日记》,西北史地专家黄文弼也作为考察团的成员参加了此次考察。语言学家刘半农也曾随团赴西北考察,赫定还曾和他商议推荐鲁迅作为诺贝尔文学奖的中国候选人,刘半农在1934年病逝就是要代表中国学术界参加国际地理学会,为纪念斯文·赫定70寿辰而编印的论文集撰写论文,在去绥远做方言调查途中被庙里的虱子咬后感染伤寒所致,所以,斯文·赫定与中国的文化和文学界的联系是密切的。甘肃作家冯玉雷的《敦煌·六千大地或者更远》描写的就是发生在20世纪初丝路沿途的故事,其中贯穿始终的一个人物就是"把自己嫁给了六千大地"的探险家斯文·赫定,他在小说中是敦煌文化的守护者和传承者。陕西作家红柯在《喀拉布风暴》中以斯文·赫定的爱情故事作为一条重要的叙事线索。以写西藏题材著名的先锋作家马原,就从斯文·赫定的探险经历中获得很多灵感。作家马丽华创作的有关西藏题材的散文中一再援引斯文·赫定著作中的见闻。当代批评家胡河清在一篇文章中谈到赫定对他的影响,"在少年时代,曾因母亲的推荐而读了瑞典人斯文赫定的名著《亚洲腹地旅行地》,为他的冒险经历神而往之。我决定以后也能做一名深入中亚腹地的探险者"(胡河清,1994:6)。他不但自己对赫定神往,而且在一篇评论中把马原比为进藏的冒险家赫定。总之,赫定在中国的影响早已超出了科学界,其人、其文对中国的知识界、文化界和文学界的影响是广泛而深远的。

西方探险家丝路考察所带来的一个重要经验就是知识的增长,"探险游记的真正目的在于它在寻求一种从未有过的经历,并且通过这种经历来获得知识"(斯文·赫定,2000:2),中国古人所说的"读万卷书,行万里路",这种身体力行的行旅所追求的是一种见识的丰富,着眼于自我素养的提升,而探险游记所谓的知识"不同于见识,它不仅仅只是一种感官的印象,而是一种经过认同、提升、内化的文化经验"(郭少棠,2005:107)。同时,我们必须清醒地认识到,知识的产生绝对不是纯然客观和被动的,正如东方学的代表人物萨义德所说的,"作者并不是机械地为意识形态、阶级或经济历史所驱使;但是我相信,作者的确生活在他们自己的社会中,在不同程度上塑造着他们的历史和社会经验,也为他们的历史和社会经验所塑造"(爱德华·W. 萨义德,2003:前言17)。20世纪前后产生的丝路探险游记诞生于西方资本主义发展和帝国扩张的时代背景之下,是和西方殖民者对中国的侵略和掠夺联系在一起的,这便决定了作者从一种"欧洲中心主义"的立场来认知和讲述丝路故事,甚至带有文化殖民者的偏见,至此马可·波罗所建构的富饶繁荣的中国形象逐渐褪色,代之而起的是"穿街过市的一串串驼队,颧骨突起、晒得黝黑的蒙古人的脸庞,男人们拖在脑后的长辫子,还有那怪腔怪调、不可理喻的陌生语言"(普尔热瓦尔斯基,2000:1)。这些融汇着文化偏见的丝路探险游记成为西方认识中国历史文化的重要媒介,是西方把中国建构为文化他者的重要方式,也就是萨义德所说的"东方幻想"。

在西方探险家发现丝路和历次开发西北的号召之下,中国一批怀抱固边强国愿望的有识之士纷纷前往西北丝路考察,根据亲身经历撰写了丝路考察游记,如谢彬的《新疆游记》、徐炳昶的《徐旭生西游日记》、黄文弼的《黄文弼蒙新考察日记》、宣侠父的《西北远征记》、顾颉刚的《西北考察日记》、萨空了的《从香港到新疆》等,这一时期丝路游记开始从古代向现代转变,语言上以白话为主,主题上从古代的寄情山水转变为游记和爱国情怀的紧密结合。民国时期,曾任京沪、沪杭甬铁路管理局局长的黄伯樵在谈到现代旅游的意义时说道:"足之所经,手之所摩,耳目之所接,游名山胜水,而识其风物之优美;历幽壑古洞,而识其构造之奇特;睹先贤遗迹,而识其言行之卓绝,品格之崇高;乃至游都会,而验其建设之进退;游商埠,而察其工商之兴衰;游乡镇,而知其民生之荣悴,民俗之奢俭。故老于旅行者,对于国中地理、历史、经济、风尚等等,恒有普遍之认识,即对于国家往古来今,有整个之认识;而惟认识其国家,始油然而起爱护其国家之心,不待勉强而致。试观我国人民,何为而对于国家之利害,有若秦人视越人之肥瘠,漠不相关,实以未尝认识国家之故。导游机关提倡旅行,同时予旅行者以种种之便利,推其结果,寝假而认识国家,爱护国家者愈众，而后国之基础赖以立，国之事业赖以振。"（黄伯樵，1936：10）这种基于爱国情怀的旅行在西北丝路一带体现得尤为突出。西北丝路在历史上具有重要的战略地位，近代以来，从龚自珍的《西域置行省议》到梁启超、孙中山都从解决边疆危机和战时需要的角度出发，强调西北丝路战略地位的重要性，倡导开发西北，尤其是新疆。到 20 世纪三四十年代，国民政府还曾成立过研究西北问题的专门社团，荒凉而又神秘的西北丝路一时成为社会的热点问题，各种研究西北问题的社团和刊物相继出现，政府鼓励民众到西北考察了解，很多人不远千里深入西北丝路游历考察，"前往西北的路途中，除了政府官员外，各大城市的青年学生，带着年轻人的好奇和振兴西北的雄心壮志，利用假期千里迢迢赴西北考察；长城抗战的英雄为谋长期抵抗之策，也组织人员到西北考察，甚至海外华侨也组织了对西北的考察"（沈社荣，1995：11）。这个在国家层面掀起的大规模的西北考察热潮推动了丝路西行文学创作的繁荣，在民国时期出版的游记作品中，"西北地区游记图书以 37 种居第三位，半数以上是 1934 年西北开发后出版的"（贾鸿雁，2006：108）。

　　近代以来，人们对中国西北丝路的重视主要是出于其战略地位的考虑，所以这一时期游记创作的主体由西方探险家演变为官员和学者，考察的地段由丝路文化遗存密集的新疆和敦煌转变为以新疆为主，考察的内容由文化考古转变为经济资源等关系国计民生的现实问题，风格由富有冒险色彩的英雄精神转变为对民族国家命运的忧患意识。民国时期的丝路游记的创作主体分为三种类型，一是政府官员，这些人员大多出于政治原因或任职，或奉命考察，例如，《新疆游记》的作者谢彬，就是以特派员的身份奉命调查新疆财政情况的，《新疆纪游》的作者吴蔼宸是以外交部新疆特派员的身份赴新考察的，《亲历西北》的作者林竞是受财政部、农业部委派作为谢彬的助手考察新疆的，《西北历程》的作者李烛尘是西北工业考察团的成员之一，这些官员大多曾留学海外，谢彬、林竞、宣侠父、李烛尘、侯鸿鉴、马鹤天等人都曾留学日本，攻读政法、教育、工科等专业，是受到民主与科学熏陶的现代知识分子，他们对西北的游历和考察不是出于休闲娱乐的目的，而是一种爱国行为的体现，是对中国发展富强的关切和渴望，"期以所得，贡献国人，以资确切认识边疆状况，并促开发计划之早日实现"（陈赓雅，2002：2）。陈赓雅的这段话可以代表西行知识分子的心声。高良佐也表示，"惧民族之衰颓，倡恢复历史精神，以充实民族生存奋斗之动力,务实学,黜虚华,瘏口哓音,笔不辍书,为国人所周知。此次西北视察,盖欲探先民发祥之地,促开发复兴之道,为国家民族尽最大之努力"(高良佐,2003:2)。中国第一家旅行社创办的《旅行杂志》在 1938 年的"岁首献词"中写道:"我们的见解,是要把国内名胜奥区,尽量阐扬其幽秘,考证其古迹,详计其道里,研求其民情,务使读者对于每一个地方,有深切之认识,油然而激发爱国之观念。故就表面看来,河山破碎何处游观,然而旅行杂志所贡献于读者的,是希望每个人于批读之余,注意到地理和人文所表现的事实,激发爱国之心情。"(赵君豪,1938:1)把旅行和爱国联系起来,可以说是中国现代旅行和西方休闲消费旅行之间本质的区别,中国的旅行产生于近代以来山河破碎的时代语境中,所以它必然和救国图存的时代主题紧密地联系在一起,整个社会从政府到个人都把旅行纳入现代民族国家的建构之中,"国族主义与旅行的相容性在此得以体现,具言之,国族主义即是旅行(及旅行书写)持续的动力亦是其目的,而旅行则成为国族主义宣传与实践的工具。同时,旅行与国族主义的相关性,也决定了旅行的范围(或对象)必然因国族主义关注点的转移而转移"(崔磊,2015:409)。这种从爱国主义出发的西行游记就不同于古人对名山大川的寄情抒怀之作,它不仅关注当地的自然地理,同时还描写了西北地区的政治、经济、交通、教育等民生内容,使一向遥远而落后的西北面貌逐渐清晰起来,以此给国人建构起一个关于认识和了解西北现状的知识体系。

《新疆游记》是民国时期西行游记的一部代表作,最先刊载于《时事新报》,发表后迅速引起国内各大报刊的关注与转载,从 1923 年上海中华书局出版单行本到 1936 年共重印 9 次,可见此书在民国时期影响的广泛。该书的作者谢彬,在 1905 年加入中国同盟会,受到资产阶级民主主义思想的影响,后赴日留学在早稻田大学攻读政治经济专业,是一位爱国的知识分子。《新疆游记》的创作缘起是谢彬奉财政部的命令赴新疆调查财政状况,他于 1916 年 10 月 16 日从湖南长沙出发到北京,经陕甘到新疆迪化,历时 14 个月,最终完成财政部委派的任务。《新疆游记》即是他此行的见闻实录,孙中山亲自为此书撰写了序言,称赞他"行路四万六千余里,载三十万言,述其足迹所经,观察所及,以飨国人,使知国境之内,尚有此广大富源,未经开发者,可为吾人殖民拓业之地,其兴起吾国前途之希望,实无穷也"(孙中山,1990:1)。孙中山对谢彬及其游记的评价代表了民国时期官方对西行游记的意识形态诉求,把旅行书写纳入和整合到现代民族国家建构的时代主题之中，通过实地考察建构起关于西北知识的真实性，从历史和现实层面论证开发西北的合理性，从而把民众有效地动员到这一国家意识形态之中。《新疆游记》就是这一社会思潮的产物，它以日记的形式逐日记录了作者游历新疆途中的见闻，基本上沿袭了古西行记的结构，谢彬的任务本是调查新疆财政，但他却用了大量的篇幅描写沿途各地的政治经济、道路交通、物产风俗，还参照地方志和前人著作，勾勒所到之地的历史地理面貌，内容丰富，言辞真切，真实地反映了20世纪初西北的社会状况。除此之外，我们通过此书感受到谢彬作为一个现代知识分子救亡图存的爱国精神，他的游记不仅如实地记录了西北地区的社会面貌，而且记录了作者针对当地的情况提出的自己的看法和建议，如途经陕西拜访督军陈柏生，作者认为其"言论风采，似非治世之良才"；在深入了解新疆的领土问题后，作者对俄、英两国的侵略行为怒不可遏，痛斥清政府和袁世凯"罪岂容诛"，呼吁政府"力图自强"（谢彬，2013：31），谢彬对国家的忧患意识和爱国之心清晰可见。

孙中山为谢彬《新疆游记》所作之序

以开发西北建构民族国家的现代意识游历西北、描写西北是民国时期西行游记最为突出的价值和意义，陈赓雅的一段话可以作为对民国西行游记文学史价值最为中肯的认识和评价：

> 昔者太史公好游名山大川，所撰《史记》，辨而不华，质而不俚，千载以降，奉为圭臬。苏子由更谓其文跌宕有奇气，实得江山之助。其后诗人墨客，蹑屩担簦，探奇选胜者，亦复代不乏人。而咏叹游赏之诗文，尤至不胜枚举。然类皆模范山水，寄兴抒怀之作；而绝少涉及其地、其时社会组织之利弊、人民生活之苦乐者。作者仰冀曩哲，踵武前修，此遭斩荆榛，犯风雪，历程数万里，而所持之旨趣，则异乎是：举凡各地民俗风土、政治经济、社会状况，均在采访考察之列。名山大川，古迹胜境，假以机缘，固往登陟；而荒陬废垒，破窑羊圈，亦多加造访；当地名流、地方当局，自往讯以社会之情事、设施之概

要；而农夫力役、编户矿工，亦就以探索生活环境之实际资料。俾转以公诸社会，并供负责治理及研讨学术者之参考。信能循兹以为兴革政俗、改进社会之张本，则作者间关跋涉之劳，庶几其不等诸虚牝，而足以自慰于万一者乎？（陈赓雅，2002：4-5）

文人学者的"走丝路"及其游记构成了现代丝路西行文学的主体，文化和文学的传播始终是以人为载体的，现代文人的西行不仅为丝路文学带来了现代精神和创作方法，而且把丝路的现代形象传播到了整个社会。鲁迅、丁玲、茅盾、张仲实、张恨水等作家就先后沿丝路西行，他们打破了西北沿途封闭落后的文化局面，为丝路文化和文学注入了新思想、新内容。

1924 年鲁迅、孙伏园等人赴西安暑期学校讲学，拉开了现代文人西行的序幕，孙伏园和王桐龄根据此次经历分别撰写了《长安道上》和《陕西旅行记》。文化和文学的传播受到政治、经济、交通发展的影响，近代以来陆上丝绸之路在中西交通中的地位逐渐被勃兴的海路所取代，但是依丝路古道所形成的陕、甘新驿道，仍是沟通西北地区的主动脉，驿道运输工具十分落后，肩挑、车载、畜驮是基本的运输形式。1922 年西潼（西安到潼关）公路的开通标志着西北交通由驿道向汽车运输时代转变的开始，"公路的出现和汽车运输业的兴起，对一向以人背、肩挑、畜拉、畜驼为主的运输方式来说，无疑是一场革命，这对社会经济的发展和人民物质文化水平的提高有着重大的意义"（魏永理，1993：352）。西北公路交通的发展对新文化在丝路沿途的传播起到很大的推动作用，1924 年鲁迅等人赴西安暑期学校讲学走的就是西潼公路，他们从北京乘火车沿陇海路到河南陕州，然后坐民船沿黄河溯流西上到潼关，180 里（1 里合 500 米）的黄河水路他们足足走了 4 天，其间夜遇大雨，船倒行数十里，所幸有惊无险，到陕境后弃舟登陆，改乘汽车沿西潼公路到西安。从鲁迅等人赴陕的经历中我们可以看到，当时陕西交通非常落后，尽管新文化运动所带来的思想解放潮流席卷了全国，但由于交通的阻塞其难以对西北丝路产生影响，封建文化仍在此地占据统治地位。20 世纪 20 年代陕西的文化教育界还在提倡国粹玄学，《古文观止》《庄子》等文言典籍是大多数中学所采用的教材，教师和学生对新思想新文化知之甚少。"但在甘肃，据云物质的生活还要低降，而理学的空气还要严重哩。夫死守节是极普遍的道德，即十几岁的寡妇也得遵守，而一般苦人的孩子，十几岁还衣不蔽体。"（孙伏园，1991：5）在这样的社会背景下，1923年7月，陕西军阀刘镇华沽名钓誉，委托西北大学校长傅铜邀请朱希祖、王星拱、陈大奇、徐旭生及美国人柯乐文做过演讲；为了进一步扩大影响，1924年陕西省教育厅与西北大学筹办了暑期学校，邀请全国知名学者来陕给中小学教师讲学，"为不能入大学者设法俾得略觇高等学识之谓，此我暑期学校之所以设也"，"借以宣传文化，输入新识"（单演义，1981：13-14）。邀请人员包括王桐龄、李顺卿、林砺儒、吴宓、鲁迅等人，讲学范围涉及历史、教育、农业、社会学、物理、文学等内容，虽然暑期学校的创办是刘镇华沽名钓誉的政治手段，但是在客观上起到了传播新思想的作用。鲁迅的讲学内容是"中国小说的历史的变迁"，为陕西新文化、新文艺播下了种子，对陕西的学术发展有很大的贡献，很多文学青年的思想和创作都受到了鲁迅的影响。鲁迅讲学得报酬300元，有感于陕西经济的落后和民生的艰难，主张把讲课所得酬金"取之

1924年西安暑期学校开学式摄影

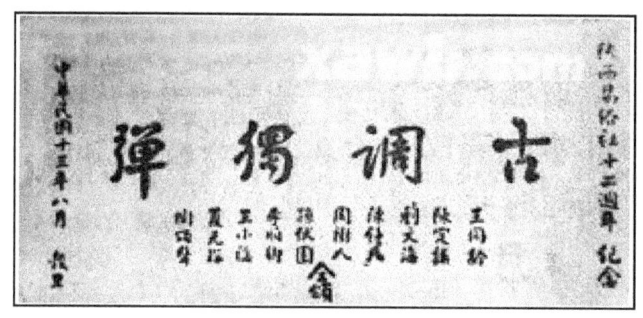

鲁迅给易俗社题写的匾额

于陕，用之于陕"，在得知易俗社的戏曲学校和戏园经费困难后，便捐赠现金50元和匾额并题词"古调独弹"，当时西安《新秦日报》做了有关鲁迅讲学的报道。鲁迅虽然没有专门谈及西安讲学的文章，但在《说胡须》《看镜有感》《关于知识阶级》等文章中曾提及他讲学时的片段和感受，借此表达了他对陕西和中国文化的看法。

孙伏园回京后写了《长安道上》，详尽地描述了此次西安之行的经历和见闻，这篇游记是现代文学史上出现较早、影响较大的文人撰写的丝路游记，孙伏园虽然只描写了陕西，但却以现代文人的视角真实地反映了作为丝路起点的陕西在20世纪20年代的社会思想状况。孙伏园以"信手写来"的自由笔法叙写了陕西的历史地理、风土人情、民生疾苦，并以一个现代启蒙知识分子的视角表达了他对当地社会发展的看法和认识，"希望东边人的物质生活与精神生活的好的一部分，随着陇海路输入关中，关中必有产生较有价值的新文明的希望"（孙

孙伏园

伏园，1991：69），在描写黄河船夫时他歌颂了他们健美的形体和豪爽的性格。孙伏园的《长安道上》体现了现代文人丝路游记的特点，和官员游记对丝路沿途社会状况全面客观的记录相比，文人游记更多融入了作者的审美感受和情感体验，尤其是对当地民众思想观念的深入考察和思考。王桐龄是北京师范大学历史系教授，曾在日本东京帝国大学攻读史学专业，1924年受邀赴西安讲学。他以一个历史学家的敏锐视角记载了陕西的市政建设、文教实业、市民生活，并对一些社会现象提出自己的看法和认识。

随着抗战爆发，大量文人怀着爱国情怀重走丝路，来到陕西、甘肃、新疆等地游历，从事进步的文艺活动，他们的西行带动了西行游记的繁荣。现代文人创作的丝路游记，除了对丝路沿途自然地理的描写，更注重对当地民生疾苦和民族精神的展现，具有突出的时代主题。1934年张恨水乘车到陕西、甘肃等地游历，原打算由兰州前往新疆，但因新疆政局不稳，遂又从兰州返回西安，他根据此行见闻创作了《西游小记》。张恨水在前言中谈到自己西行的初衷，"予作陕甘之游，意在调查西北民生疾苦，写入稗官"（张恨水，2002：1），

该游记详细地介绍了西北地区的风景名胜、历史地理、民生民俗等情况，他还以此为题材创作了《小西天》和《燕归来》两部反映西北民生疾苦的长篇小说。茅盾在抗战期间有长达两年的丝路游历生活，他1938年在香港受到老朋友杜重远的邀请，前往新疆从事教育事业，在这一时期茅盾根据自己的经历见闻，撰写了《风雪华家岭》《西京插曲》《"战时景气"的宠儿——宝鸡》《秦岭之夜》等，以纪实的手法描写了"走丝路"的经历，成为现代文人西行游记中的重要篇章。除此之外，丝路沿途"多民族异质文化区域给予了他更宽广的文化关注视野"和"一般现代作家所未有的全新审美体验"（李继凯和李国栋，2016：172），这种全新的审美体验使这位来自江南的文人写下了风格刚健的《白杨礼赞》《兰州杂碎》《新疆风土杂忆》《新疆杂咏》《风景谈》等经典散文，这些作品是茅盾"走丝路"的文学结晶，他说"白杨礼赞非取材于我一地或一时，乃在西北高原走了一趟（即赴新疆，离新疆赴延安，又离延安赴重庆）以后在重庆写的"（茅盾，1988：343）。正是"走丝路"的经历使茅盾强烈地感受到西北丝路自然环境的粗犷和生命力的强悍，加深了他对自然和生命的理解和审美体验，使茅盾的创作进入一个新的对民族精神的歌颂主题。和茅盾同往新疆的还有张仲实，他于1939年撰写的《由渝到蓉——赴新途中》《伊犁行记》，真实地记录了20世纪40年代前后丝路沿途的自然风貌和文化生活状况。此外还有在陕西从事教育工作的鲁彦写的《西安印象》、《黄河》的主编谢冰莹写的《华山游记》等作品，从不同的角度反映了民国时期丝路沿途的自然风景和社会现实。

当代丝路西行文学伴随着中华人民共和国的成立进入一个全新的历史时期，它以自己独特的地域文化方式参与到主流意识形态的建构之中。1949年后，丝路地带的开发和建设在全国掀起了一股"西进热潮"，随着青藏、甘青等公路的开通，兰新线、包兰线、兰青线等铁路的通车，西北地区和外部的联系得以加强，玉门、柴达木油田的开采，煤炭、钢铁、纺织等方面的发展，大大地改变了西北地区经济文化落后的面貌。"西进热潮"背景下产生的丝路文学真实地反映了西北地区的开发和建设，并以一种革命浪漫主义的情怀歌颂了丝路地带的新生活、新面貌。专业作家构成了这一时期丝路文学创作的主体，作品题材更加丰富和多元化。包括"西进热潮"中的"战歌"和"牧歌"在内的作品，在叙事上追求纪实性之外，更注重对丝路地带民众在社会主义建设中所表现的革命精神和使命意识的表现，类型上除了传统的游记之外，出现了大量以丝路为题材的诗歌、小说、散文、影视等多种艺术类型。

当代西行游记的创作者由民国时期的学者、官员转变为专业作家，题材更加多元，在纪实性的描写之外更加注重文学的审美体验。如叶圣陶的《小记十篇》《南疆千里行》等描绘丝路沿途自然文化风貌的记游，还有王蒙的《故乡行——重返巴彦岱》、张贤亮的《伊犁，伊犁》等游记，这些作品不仅描写了新疆的风土人情，更是融汇了作者和边疆人民在患难中结下的真情和友谊。新时期寻根思潮影响下诞生了余秋雨的《道士塔》《莫高窟》《阳关雪》，王英琦的《向戈壁》，这些丝路游记超越了个人寄情山水的情感写作模式，把视野投向了丝路深厚的历史文化传统，在新时期文坛建构起一个文化丝路的现代形象。散文方面有碧野描写新疆生活的四部散文集《在哈萨克牧场》《遥远的问候》《天山南北好地方》《边疆风貌》，以及袁鹰的《天山路》《戈壁水长流》等作品描写新疆的交通和水利建设，新时期以后刘白羽、王蒙等人也写下了大量描写边疆题材的散文，这些作品不仅描写了边疆地区巍峨壮丽的自然风貌，而且更注重对边疆人民英雄气概和崇高精神的展现，"我希望读者通过这稀疏的几笔勾画，不仅可以看出我们祖国西北边疆清新的大自然风貌，而且还能看出正在改造边疆大自然的英雄们的侧影"（杜秀华，1985：122）。在革命精神的鼓舞之下，创作者往往以一种乐观昂扬的叙事基调描绘边疆的新风貌和社会主义建设的场景。

新时期文坛上涌现出了众多以流寓西北为题材的小说，如王蒙以新疆为题材创作的系列小说《在伊犁》，张贤亮的《绿化树》《灵与肉》，张承志的《黑骏马》《金牧场》《金草地》，史铁生的《我的遥远的清平湾》。这些作家在五六十年代曾在西北地区"劳动改造"，王蒙因为一篇《组织部新来的青年人》被划为"右派"，举家迁到新疆长达16年，张贤亮也因一首《大风歌》被列为"右派分子"下放到宁夏劳动改造，新时期这些历经坎坷的作家重返文坛，以充满温情的回忆抒写了知识分子和西北农民之间的故事。还有在上山下乡中到陕北插队的北京知青史铁生，写下了《我的遥远的清平湾》《插队的故事》等作品，抒写了他在西北的青春记忆。在内蒙古草原插队放牧的张承志，更是以西北作为他文学和精神的皈依，创作了一系列关于草原、天山、黄土高原的小说。这些由客居作家创作的丝路小说，改变了人们对丝路地带偏远落后的既定印象，他们发掘和展现了这块古老土地中蕴含的巨大的精神力量,以边缘视角重构了我们对社会和文化的认知。

闻捷的《天山牧歌》

西行诗歌的一个重要主题是对丝路地带劳动和建设生活的描写,如:闻捷的《天山牧歌》《河西走廊行》,李季的《玉门诗抄》,唐祈的《敦煌组诗》《边塞的献诗》;还有田间、郭小川、张志民、李瑛等人描写边疆的诗歌;1957年被划为"右派"的诗人艾青,在新疆生产建设兵团生活了16年,写下了《垦荒者之歌》《烧荒》《帐篷》等反映军垦生活的短诗;朱光潜的《别长安》《甘肃记游杂诗》;尤其是崛起于20世纪80年代的"新边塞诗",更是把当代边塞诗的创作推向一个新的高潮,它继承了盛唐边塞诗雄浑的意象和气度,同时又融入了强烈的时代使命感和责任感,在对大漠戈壁的描写中展现了豁达豪放的人文精神。

随着当代传播媒介的多元化,影视和戏剧作品以异彩纷呈的影像方式重现了丝绸之路的历史和文化,丰富了丝路文艺的园地。1979年中央电视台与日本NHK电视台共同拍摄的电视系列片《丝绸之路》,展现了丝路沿途的历史和文化;2013年中央电视台拍摄的电视纪录片《丝路,重新开始的旅程》以全新的视角呈现了一个新丝绸之路。20世纪80年代之后西部电影崛起,如《黄土地》《双旗镇刀客》《黄河谣》等影片聚焦西部民众的生活和精神特质,武侠电影《龙门飞甲》《狄仁杰之通天帝国》,动作冒险电影《盗墓笔记》《寻龙诀》《九层妖塔》,以及《无人区》等影片以丝路古道的历史和文化为背景,神秘的西域为影片增加了玄幻色彩,吸引了许多年轻观众,使丝路文化在消费语境中焕发出新的生命活力。取材于敦煌莫高窟壁画艺术的大型民族舞剧《丝路花雨》,以盛唐为背景,以优美的舞蹈语言,讲述了神笔张父女和波斯商人伊努思之间的深厚情谊,重现了古丝绸之路在中外民族交往史中的景象。还有被誉为"西部歌王"的王洛宾在对青海、甘肃等地民歌收集整理的基础上创作的《达坂城的姑娘》《在那遥远的地方》《半个月亮爬上来》等民歌,把充满传奇和浪漫色彩的西北形象传播到世界各地。

第四节　文化传播：鲁迅"西游"新疆

丝路是一条文化传播之路，"鲁迅文化"也在这条丝路上传播着，显示着中国新文化、新文学的影响力，也显示着鲁迅作为个性独具的杰出作家的个人魅力。

从某种意义上讲，鲁迅的一生是"过客"的一生，是上下求索不止的一生，也是背上行囊"行走"的一生。他年轻的时候就主张"走异路，逃异地，去寻求别样的人们"（鲁迅，2005b：437），在行动上他也确实如此践行了自己的主张，从绍兴到南京，进而又到了日本留学，然后又辗转多地工作。显然，这样的异地学习和工作的经历，对他的自我成长起到了非常关键的作用——走出封建的家族，走向广阔的世界，创造丰富的人生，这是20世纪初新文化先驱者给我们带来的最重要的一种人生经验。

其实，自"五四"以来，在世界出现西学东渐思潮的同时，中国境内还出现了"东学西渐"的文化现象，这包括现代文人的"西游"以及"走丝路""走西口"等，或者因为政治抱负，或者出于传播文化，或者出于探险旅游，或者出于生计所迫，甚至出于被动的流放，这些"西游"的人们客观上都带动了文化的传播，在整体发展变化的意义上，我们应该关注这样的"人地关联"的文化地理现象。比如新文化运动最有影响力的刊物《新青年》在中国西部也曾产生重要的影响。而茅盾、张仲实等人不仅到过新疆、兰州、西安和延安等地，在实地参加工作的同时还写作不辍、多有建树。鲁迅曾来到西安，这次"西游"特别引人关注，讲学结束后，由于各方面的限制，鲁迅没有继续"西游"，但是他的影响所及也很值得关注，因为这样更能体现他的"影因"力量的巨大。虽然鲁迅没有到过延安，但鲁迅在延安依然有巨大影响：他是以文化战线上的"鲁司令"身份存在于延安时空之中的。

丝路是创业之路，也是文化传播之路，现代丝路也传播着"鲁迅文化"。也就是说，鲁迅生前虽然没有到过遥远的西域包括新疆，但也以"鲁迅文化"所具有的巨大魅力对新疆文坛包括维吾尔族文学产生了深刻的影响，彰显了新文学传统的影响作用。鲁迅的"西游"是现代文学传播、精神影响意义上的文化现象，由此可见，中国现当代文学的血脉在跨民族、跨地区传播意义上也是绵延的、相通的。事实上，鲁迅及其作品从20世纪20年代起就开始在新疆传播，传播主要有两种途径：一种主要的也是影响较为深远的传播途径是20世纪30年代汉族知识分子的传播；另一种是苏联时期对鲁迅作品的翻译介绍和研究对当时在苏联留学的维吾尔族知识分子的影响，他们把这种影响带回新疆，扩大了新疆各民族知识分子对鲁迅的认识和了解。尽管20世纪20年代在新疆东部地区已经有人接触鲁迅作品，但直到40年代中后期，鲁迅著作的维吾尔文译介出版工作才真正开始。"据文史资料记载，新疆反对国民党反动派的伊犁、塔城、阿尔泰三区革命政府机关刊物《同盟》，曾刊载过由哈米提·苏力唐翻译的《狂人日记》"（伊鸣·阿布拉，1997：61），这是目前所知最早的鲁迅作品之维吾尔文译文。

1949年后，由于政府对文学期刊的重视，新疆的文艺事业迅速发展，除了汉文报刊，人们也陆续开始创办维吾尔文刊物，《新疆文艺》（现《塔里木》）是其中之一。伴随着文艺刊物的成长，鲁迅及其作品在新疆得到广泛而迅速的传播，如《春末闲谈》《论雷峰塔的倒掉》《再论雷峰塔的倒掉》等各类作品先后被翻译并发表在维吾尔文报刊上。1958年，民族出版社出版了《鲁迅的故事》《鲁迅的青少年时代》等维吾尔文读物，由托乎提·巴克翻译的《呐喊》《彷徨》等小说集的维吾尔文版。除此之外，鲁迅先生的《故乡》《祝福》《藤野先生》《一件小事》《无题》等作品被翻译成维吾尔文并编入了维吾尔族中小学教材。

"文化大革命"期间，新疆也在传播鲁迅的作品。如托乎提·巴克翻译了《非革命的急进革命论者》《华德焚书异同论》《智识即罪恶》等作品。"文化大革命"后期，新疆人民出版社出版了《鲁迅小说诗歌散文选》（译自上海人民出版社1973年5月第一版）和《鲁迅杂文集》（上、下）的两个维吾尔文译本。拨乱反正后，出版业又一次繁荣起来，鲁迅作品的维吾尔翻译和出版工作呈现出空前喜人的局面，从零星的翻译发展到成集翻译，其间不断有新译本问世。新疆人民出版社曾经成立"鲁迅著作翻译领导小组"，使得鲁迅作品的翻译出版工作能够有计划地迅速开展。20世纪80年代，他们翻译、出版了将近200万字的鲁迅各类作品，先后出版发行了《朝花夕拾》、《阿Q正传》、《野草》、《彷徨》（重版）、《华盖集》、《热风》和《三闲集》等将近30部作品集。20世纪80年代后，他们又翻译了有关鲁迅先生的影视作品。

随着鲁迅作品的传播与扩散，新疆文艺界深受鲁迅作品及其精神的影响。笔者近年来通过维吾尔族作家的自传、采访、回忆录等，了解到以下重要的维吾尔族作家都曾明确表示受到过鲁迅的引领和影响，其中颇具代表性的作家主要有：阿不都哈力克·维古尔、黎·穆塔里甫、阿不都热依木·吾提库尔、艾里坎木·艾合坦木、克尤木·吐尔地、祖农·哈迪尔、买买提明·吾守尔等。尽管这些作家的生活经历、创作历程不尽相同，但他们却在不同场合或文本中异口同声地感念着同一位文学导师——鲁迅。

鲁迅对维吾尔族作家的影响是持续的、长期的。维吾尔族知识分子在自己的创作道路上，都自觉或不自觉地接受鲁迅的思想影响。一些优秀知识分子为了宣传鲁迅，孜孜不倦、脚踏实地地从事着翻译、介绍、研究鲁迅作品的工作，积极地继承鲁迅精神。我们从以下几位作家、诗人身上，便可以清楚地看到鲁迅"西游"对维吾尔族现当代文学的影响。

第一位，阿不都哈力克·维古尔。他是维吾尔族著名现代诗人、思想启蒙者，维古尔是他的笔名。他出生于吐鲁番巴格里富商家庭，他少年时代就已掌握察合台语、阿拉伯语、波斯语，并大量阅读维吾尔语古典文学作品，1916 年随父去俄国经商，并在哈萨克斯坦歇米市居住一年，学会了俄语。回来后他就读于汉语学堂，并给自

阿不都哈力克·维古尔

己起了个汉文名字叫华文才。他在学堂里大量阅读了《红楼梦》《水浒传》《三国演义》等优秀的古典文学作品。除此之外，他还接触了鲁迅著作以及孙中山的三民主义思想。1923 年他又去苏联学习了三年，其间阅读了莱蒙托夫、普希金、高尔基、列夫·托尔斯泰等名家的著作。他阅读了在《新青年》上刊登的《狂人日记》后，把《狂人日记》的内容编成故事讲给一些要好的朋友和兄弟听，并定期举行聚会讨论故事的人物形象、思想内容等。他在 20 世纪 20~30 年代，就对维吾尔族及兄弟民族落后的习俗、封建迷信、保守思想进行了深刻的反思与批判。阿不都哈力克·维古尔的诗歌旨在揭露并批评民族弊病、封建迷信、落后习俗及保守思想，同时积极提倡学习现代知识、掌握科学文化，他主张

向先进民族学习，积极改变现状，他的这些走向现代文明、体现思想启蒙的诗文，与当时的鲁迅启蒙思想及文学是颇为一致的。

第二位，维吾尔族现代文学先驱、著名诗人黎·穆塔里甫。他首先是通过俄文阅读到鲁迅的著作的，他依据俄文版资料给青年们介绍、传播鲁迅的作品。他曾称赞鲁迅"是了不起的文学家，是我们的高尔基"。他还利用在《新疆日报》维吾尔文版编辑部工作的便利条件，开辟了"文学园地"专栏，把诗人和作家组织起来，来给维吾尔族青年宣传、讲解鲁迅的作品。维古尔·萨依拉尼、祖农·哈迪尔、乌铁库尔、克里木·霍加等维吾尔族诗人、作家都先后听过黎·穆塔里甫对鲁迅作品的详细讲解。他将鲁迅笔下的阿Q提至极高的地位，因为彼时的《阿Q正传》在维吾尔族文化空间里已经有相当规模的读者群和很大的影响力。特别值得注意的是，黎·穆塔里甫不仅对鲁迅作品中的人物进行比较分析，给予积极肯定的评价，还从鲁迅那里学来了本民族文学传统中毫无先例的

《黎·穆塔里甫诗文选》

文学体例——杂文，以一种"投枪""匕首"般的战斗力迅速配合当时的抗日宣传。目前《黎·穆塔里甫诗文选》里收集的1942年创作的《在死亡的恐怖中》和1943年创作的《"皇军"的苦闷》（亦译《天皇武士末日将临》）两篇，就是学习鲁迅风格的优秀杂文。其犀利的嘲弄笔调全然脉承鲁迅杂文的战斗风格。1940年10月，在林基路的主持下迪化（今乌鲁木齐）举行了纪念鲁迅逝世4周年的活动，出版油印的纪念刊物，在西陲边城掀起了一次鲁迅热。值得一提的是，黎·穆塔里甫发挥自己的绘画才能，给鲁迅画像，将其刊登在报头，使维吾尔族读者通过艺术形象加深了对鲁迅的认识和了解。不难看出，虽然阿不都哈力克·维古尔与黎·穆塔里甫于1933年、1945年先后就义，但薪尽火传，不知不觉间，鲁迅精神在新疆渐成燎原之势。

第三位，祖农·哈迪尔。他是现代维吾尔族戏剧和小说的奠基人。他在自己的文学创作起步阶段就明显受到鲁迅文学传统的直接影响。1937年，祖农·哈迪尔在迪化就读于畜牧专科学校，他有机会参加了"鲁迅讲座"等文学活动，

其间得到一些鲁迅作品,这使他更增加了对文艺的兴趣。据回忆,祖农·哈迪尔当时将鲁迅的一些杂文与小说《阿Q正传》《狂人日记》《故乡》《药》《祝福》等汇编成一本小册子,经常与好友一同研读。《狂人日记》中关于"吃人"的描述,阿Q的精神胜利法和祥林嫂、闰土的悲剧命运等都给这位维吾尔族青年作家留下了极深的印象。鲁迅那些深刻犀利的杂文也给了他思想的启迪,开阔了他的文学视野。他曾多次提及,他的杂文《命令》和《向鬼子进攻》就是受鲁迅杂文中战斗精神的鼓舞,学习鲁迅杂文风格而写成的。

1938年,祖农·哈迪尔配合当时迪化活跃的戏剧演出,创作了他的第一部戏剧《愚昧之苦》,这也是维吾尔族现代话剧的开山之作。剧本中的主人公莫沙,因为从小没上过学,不懂什么是科学知识,所以不了解时代和社会的特点。虽然他天天都很艰辛地从事搬运劳动,但仍然不能够维持家庭的基本生活。苦难、贫穷的生活使他的孩子都患上了病,可他从来不将孩子送到医院,却去寻找神汉巫婆给孩子"治病",结果他的孩子都先后不幸夭折。《愚昧之苦》在某些情节上是受到鲁迅的《药》的启示,从剧本对于愚昧的严肃批判中我们也能听到鲁迅"救救孩子"的呼声。

祖农·哈迪尔的早期创作包括其最负盛名的短篇小说、1947年创作的《精疲力尽的时候》和1940年创作的话剧《蕴情姆》,它们都渗透着鲁迅式清醒的现实主义批判精神,在艺术的"呐喊"中,强烈地控诉着封建社会"吃人"的罪恶本质。除此之外,祖农·哈迪尔在1954年还创作了短篇小说《锻炼》。小说中的主人公麦提尼亚孜是一个阿Q式的人物,在旧社会的各种盘剥掠夺下变成了一个懒惰、松散无能、落后的无产者。幸运的是,麦提尼亚孜活到了新社会,在村里人的影响与集体劳动的感召下,获得了新的生活,实现了自己大的愿望。作者创作此篇小说的目的在于颂扬社会主义制度,特别是农业生产合作社的优越性,但同时也表现了旧社会使人变成"鬼",而新社会使鬼变成"人"的主题思想。而从旧时代里麦提尼亚孜的性格行为、精神状态不难看出有阿Q形象的影子(李振坤,1994:38)。

第四位,托乎提·巴克。著名文学翻译家、编审。他一生致力于鲁迅作品的翻译,也是新文化运动在新疆的推动者之一。他从1942年开始学汉语并尝试翻译鲁迅的作品,1946年被捕入狱后,在狱中也不断阅读鲁迅的作品。1949年,托乎提·巴克被调到北京工作。1953年,他参加了民族出版社的筹建工作,成

托乎提·巴克

为中华人民共和国第一代少数民族职业翻译工作者。1973年,新疆人民出版社成立了"鲁迅著作翻译领导小组",托乎提·巴克是翻译领导小组的主要成员之一。1976年新疆人民出版社出版了由托乎提·巴克翻译的《阿Q正传》,1977年又以"鲁迅著作翻译领导小组"的名义出版了鲁迅的《朝花夕拾》。经过几十年的努力,托乎提·巴克相继出版了翻译作品《鲁迅杂文书信选》(37万字)、8卷本的维吾尔文译本《鲁迅文集》以及《呐喊》《彷徨》《坟》等15个维吾尔文单行本。1981年,托乎提·巴克还撰写了《鲁迅作品在新疆》一文。1985年,在托乎提·巴克等人的共同努力下,全国少数民族的第一个鲁迅研究学会——新疆维吾尔自治区鲁迅研究学会成立,托乎提·巴克任首任会长。1990年,新疆维吾尔自治区鲁迅研究学会与中国鲁迅研究会联合发起,在新疆主办了主题为"鲁迅与少数民族文化"的学术研讨会。1994年,新疆维吾尔自治区鲁迅研究学会出版了《鲁迅与少数民族文化》,进一步扩大了"鲁迅与少数民族文化"这一学术话题的影响范围。

第五位,买买提明·吾守尔。他是维吾尔族当代著名作家之一,著有长篇小说《燃烧的河流》等。据买买提明·吾守尔自述,他阅读了大量中国作家的优秀作品,并且对这些作品进行了研究以及分析,但最喜欢的还是鲁迅先生的作品。他曾针对鲁迅先生作品中的创作技巧、文体结构以及人物形象等方面进行了分析以及研究,并将其运用到实际的创作中。其中颇有代表性的小说《疯子》就与鲁迅的《狂人日记》有着许多相通之处(沙阿代提古丽·库尔班,2015)。除此之外,《猪的节日》和《来自远方的信——一个凶手的自白》,即使单看小说题目,就已经很容易让人联想到鲁迅先生的《鸭的喜剧》和《集外集拾遗》中的《一个"罪犯"的自述》,虽然小说主题思想并不相同,

买买提明·吾守尔的长篇小说《燃烧的河流》

但表达内容的外在艺术形式还是相似的，分别采取的是寓言故事和书信体。

从具体的创作实践来看，买买提明·吾守尔主要对鲁迅先生作品中的文体结构、创作技巧、人物形象、讽刺艺术手法等方面进行了学习和运用，并在此基础上结合维吾尔族传统文学叙事传统，创作出了具有新疆独特民族风格的一系列优秀作品。同鲁迅先生一样，买买提明·吾守尔在艺术上也形成了特色鲜明的讽刺风格。他们虽然处在不同的时期、不同的区域，有不同的社会心态，但正义感与责任感的诉求、幽默讽刺艺术却表现出相同或相似的一面。由于鲁迅与买买提明·吾守尔是在不同文化背景下进行创作的，创作手法存在着明显的差异。笔者曾对两位作家的幽默讽刺艺术进行过一番比较分析，既指出鲁迅对买买提明·吾守尔的具体影响，也努力揭示买买提明·吾守尔的艺术创新。例如，尽管鲁迅与买买提明·吾守尔小说的讽刺都是以挖掘生活的真实为创作原则的，从现实生活中吸取素材和营养，并加工成自己的作品，但买买提明·吾守尔在借鉴鲁迅的小说讽刺艺术的同时，也特别能够结合维吾尔族民众的生活及民俗，以及新疆阿凡提式的民间叙事传统，通过人物的外表、语言、动作等方面来塑造民族人物性格，其漫画式的讽刺手法使其作品带上了更多的喜剧色彩，与鲁迅冷酸辛辣的小说讽刺艺术是有不同之处的。

鲁迅是伟大的思想家。鲁迅杂文的主体成分，是文化评论和时事评论。维吾尔族学者通过认真学习和研究鲁迅的作品及文化思想，写下了大量的鲁迅作品专题论文，比如依肯扎尔·夏武子的《鲁迅作品的语言特点》、姆尼热·吾甫尔的《阿Q和堂吉诃德的人物形象对比》、阿不力米提·依斯马依里的《〈孔乙己〉读后感》、阿布拉江·托合提的《论20世纪鲁迅研究》。除此之外，20世纪80年代新疆出现了民族文化反思思潮，这是鲁迅精神在新的历史时期在新疆发扬光大的结果。当然对这场民族文化反思，每个人都可以用不同的批判模式来多方阐述。审视角度相异，瞩目的焦点有别，其结论自会各有所得。通过反思，新疆各族人民活跃了文化学术思想，推动了理论研究活动，培养了一批民族理论研究人才。这场反思促进了思想形态上的变化，各个民族开始正视本民族的弱点和不足，并要求继承和发扬祖辈留传下来的特别重要而又长期被人们忽视的文化批判经验，展现了开放、开明、开拓的精神和善于接纳八方、勇于进行文化交融的恢宏气度。通过交流和反思，这一思潮增加了各个民族之间的互相理解和了解，增进了彼此的感情，增强了各民族之间的团结和联系，为发展新型民族关系闯出了一条新路。

具体比较鲁迅作品对新疆作家的影响，有很多细致的工作要做。笔者这里只是抛砖引玉，提示一个思路。其实，笔者更想强调：言说鲁迅与新疆作家应该也有相当重要的现实意义。当今国家发展大势尤其是"一带一路"建设固然需要民族的团结，因为有民族大团结就会更有力量，而民族的团结和融合，其实也需要文学的传播和互鉴、文化的磨合与结合，即在文学、文化交流方面也需要不同民族文化的结合和创新。鲁迅的精神"西游"及其文学的传播和影响，便体现了其"影因"力量的强大，也体现了新文化运动的价值和影响。而新疆作家对鲁迅文学的接受更是证实了这些历史的、文学的现象性的存在。同时，以买买提明·吾守尔为代表的维吾尔族当代杰出作家并非是囿于民族文化固有传统、恪守本民族文学手法的作家，他们与"西游"鲁迅的精神结缘以及对鲁迅讽刺艺术的借鉴和创新，确实具有代表性和象征意义，从中可以体现出中国现当代文学跨民族、跨时空的传播和整合，由此展示的我国文学发展愿景和重绘文学史版图的前景，当然也是可以期待的。

第三章 文化融合背景下的丝路文学

第一节 丝路文学的文化内涵

丝路文学是在中西文化交流的背景下产生的文学类型，丝路文学的主题和艺术形态，因为不同文化之间的交流和碰撞得以生成、传播和创新，进而构成了丝路文学多样的风格和多元的文化内涵。丝路文学包含了丝路沿途人民独特的生命体验和文化观念，在发展过程中也早已超越了最初的地域范畴，从对商贸之道和异域风情的文学抒写上升到文化情怀的多样呈现，在历史的演进中逐渐成为一个象征着东西方文化交流的符号表征。

丝路文化的特质在于中原农耕文化和西域游牧文化的融合，这种文化特质一方面是在汉族和西域少数民族漫长的历史交往中形成的，另一方面也是各族人民和艺术家自觉建构的结果。陕西作家高建群曾提出"第三种历史观"。

> 一部中国历史，除了二十四史的正史观点以外，除了阶级斗争的学说观点之外，它也许还应当有第三种历史观。
> 这第三种历史观就是：一部中华民族的文明史，也许是农耕文化与游牧文化相互冲突相互交融从而推动中华文明向前发展的历史。
> 而这第三种历史观，也许距离真实更近，距离真理更近。（高建群，2003：1）

新疆作家周涛在《游牧长城》中也表达过类似的观点，还有曾客居新疆十年之久的陕西作家红柯认为中国文化与文学传统中一直有一种边疆精神。这种游牧文化的精神传统不但深刻地影响了丝路文学的主题和风格，而且也是丝路文学在中国文学史上最为重要的文化标志。创造了中国历史辉煌时刻的汉唐文化的构成，一个是以长安为中心的中原文化，另一个是以西域为代表的游牧文化,丝绸之路的开辟使其成为连接和传播两种文化的主要通道,丝路沿途各民族的文学记录和见证了这一文化交流的历史景观,凸显了一种开阔的文化情怀。

提到丝路文学,人们最先想到的是边塞诗中"但使龙城飞将在,不教胡马度阴山"(王昌龄《出塞》)的豪迈激越,还有长安城中胡人所带来"落花踏尽游何处,笑入胡姬酒肆中"(李白《少年行》)的奢华旖旎,也有"无数铃声遥过碛,应驮白练到安西"(张籍《凉州词》)的质朴写实,这些经典诗词连同"明月""关""胡马"这些携带着异域风情的文学意象,拓展了古代文学的题材,同时也真实地记录了历代人民在文化交流过程中的心理轨迹。从文学发生学的角度来看,丝绸之路所带来的中西文化的交流和融合,是丝路文学艺术风格形成的一个重要文化场域。世界大多数民族文学的形成和发展都说明了一个共同的现象,即文学的生成几乎都会受到"显现与异民族文化相抗衡与相融合的文化语境"(严绍璗,2000:3)的影响,正是这种多元文化的冲突与融合,不断促进丝路文化的发展和繁荣,同时也内在地决定了丝路文学开放的精神品质和文化心理。

丝路文学所描写的东西文化交流的盛况,以及西域对中原文化所带来的影响,集中体现在长安这个地理文化空间中。长安视角是我们研究丝路文学的一个非常重要的地域维度。"长安不仅是通过丝绸之路远道而来的各色人群的聚居之地,也是世界各地货物的汇聚之所,同时还是科技、宗教、文化交流和发展的中心,在东西方政治、经济、文化交流的过程中起了重要的不可替代的作用。"(吴玉贵,2015:31)对于长安城里的异域之风,此前引述的元稹诗《法曲》,不仅有一个整体概括,而且对胡人的衣食住行、艺术爱好等都有相当生动的具体描述:"自从胡骑起烟尘,毛毳腥膻满咸洛。女为胡妇学胡妆,伎进胡音务胡乐……"(元稹,2002:117)长安自周秦以来历为国都,在政治上和文化上俱为对外之中心。同时长安也是丝绸之路的历史起点,从这里传播到西域的不仅有丝绸、茶叶等贸易产品和有关生产技术,随之带去的是更为重要的以长安为核心的汉唐文化观念。从丝绸之路带回的西域玉器、香料以及胡骑、胡妆也主要集中在长安,对于生活在长安的文人来说,西域不再是南朝贵胄为激发想象模拟出的乐府旧题,也不是胡人酒肆中讲述的天方夜谭,而是他们浴血边塞征战的对象,也是与他们共处一地的胡商、胡音。但同时我们需要指出的是,在汉唐的文化体系中,以长安为核心的中原文化和以西域为代表的游牧文化，并不是处在平等的地位上的，而是有鲜明的主次之分。中原文化始终占据主导地位，它以一种文化高地的姿态吸引和融合西域文化，西域文化的引进，丰富和促进了汉唐主体文化的繁荣。唐朝统治者始终以儒学为主体的中原文化为皈依，唐太宗多次说过："朕今所好者，唯在尧、舜之道，周、礼之教，以为如鸟有翼，如鱼依水，失之必死，不可暂无耳！"（吴兢，2014：265）在唐朝的统治者看来，中原文化关系到国家的生死存亡，他们不但在观念上重视儒学，而且通过一系列的文化教育制度保证中原文化的主体地位。尽管长安普遍出现汉人的胡化和胡人的汉化，但中原文化的主体地位不可动摇，这充分体现了汉唐时期文化的凝聚力和自信力。鲁迅在《看镜有感》一文中说道："汉唐虽然也有边患，但魄力究竟雄大，人民具有不至于为异族奴隶的自信心，或者竟毫未想到，凡取用外来事物的时候，就如将彼俘来一样，自由驱使，绝不介怀。"（鲁迅，2005b：209）这"如将彼俘来一样，自由驱使"形象地解释了汉唐时期文化接受的自主性和自觉性。

21世纪"一带一路"倡议的提出，使丝路文学这个在特定时空中生成的文学类型释放出新的文化意蕴和阐释空间。如果从文学生成的文化语境来看，当代丝路文学和古代丝路文学都是文化交流的产物，只是文化交流的内涵已从中西的融合演变为传统和现代的冲突，随之带来当代丝路文学对古代丝路文学的继承和新变也由此得以凸现。

目前对丝路文学的研究，从空间维度来说，"至少可以切分出包括汉族在内的同一空间内存续的各民族文学，以及以重要空间节点为依托的'五凉文学'、'敦煌文学'和'西域文学'。无论是前一种还是后一种切分，有一个共同特点，那就是它们都呈现出多民族、多宗教、多种语言、多重审美意趣的对话、交流与融合"（韩高年，2016）。现有的研究成果主要集中在"五凉文学""敦煌文学""金山国文学"等具有西域特色的空间维度中，以文献资料的钩沉和整理为主，重还原而轻阐释。这样的研究模式忽视了对丝绸之路起点长安文学的研究，丝绸之路所体现的东西文化之间的交流与融合在长安这个空间体现得最为集中、最为鲜明，而丝路文学长安段的研究却在以往的研究中被忽视，这对我们从文化交流的角度来认识丝路文学造成了很大的缺憾。现代以来以长安（西安）为中心的陕西文学不仅是丝绸之路的表现者，同时也是丝路历史文化的内在描摹者。"'地域'在这里不完全是一个地理学意义上的人类文化空间意义的组合，它带有鲜明的历史的时间意义，也就是说，它不仅仅是一个地理疆域里特定文化时期的文学表现；同时，它在表现每个时间段中的文学时，都包容和涵盖着这一人文空间中更具历时性特征的文化沿革内容。"（丁帆，1997：44）基于以上的认识，本书从陕西的丝路文学书写，来观察和分析处在丝绸之路历史起点的陕西作家在新的文化语境中，在中原文化和西域文化、传统文化和现代文化冲突与融合的背景下对生命体验和情感认知的文学表达。

当代丝路文学产生于中国由传统文化向现代文化的转型过程中，两种异质文化所带来的矛盾、冲突不但是每一位作家感同身受的时代语境，也是文学重要的主题。近代以来，灾难深重的民族命运彻底摧毁了民众的"中国中心论"观念，西方列强入侵，深重的民族危机感对 20 世纪中华民族的文化心理产生了重要的影响。一部分有识之士从器物、观念、政治制度等层面推行社会变革，努力探索，介绍和引进西方的现代文化。从此中国社会开始迈上漫长而艰难的现代化之旅，由此而带来传统与现代、新文化与旧文化之间的矛盾和冲突，这些文化主题构成了中国社会变迁的根本问题，并内在地影响和决定了现当代文学的主题构成、审美特征、形式风格。黄子平等在概括 20 世纪中国文学时说："就是由上世纪末本世纪初开始的至今仍在继续的一个文学进程，一个由古代中国文学向现代中国文学转变、过渡并最终完成的进程，一个中国文学走向并汇入'世界文学'总体格局的进程，一个在东西方文化的大撞击、大交流中从文学方面（与政治、道德等诸多方面一道）形成现代民族意识（包括审美意识）的进程，一个通过语言的艺术来折射并表现古老的中华民族及其灵魂在新旧嬗替的大时代中获得新生并崛起的进程。"（黄子平等，2003：1）传统和现代，这两种文化之间的差异和激荡带来的问题及生命体验贯穿了现当代文学的发展历程。

西安作为古丝绸之路的起点，东西方的经济、文化、宗教都在这里交流和融汇，蕴含着丰富的丝路文化和精神遗存，深刻地影响了当代陕西作家的价值取向和文化观念。在长期的历史发展中陕西形成了以儒家文化为主体的中原文化和游牧文化，乡土文化和现代文化的多元并存状态，这些文化在现代社会转型过程中带来的矛盾和冲突形成了巨大的张力空间，提供给陕西当代作家源源不断的情感体验和文学想象。例如，路遥作品中生活在"城乡交叉地带"的一群年轻人的悲喜命运，陈忠实在白鹿原上演绎的儒家文化的兴衰，贾平凹的商州故事里的人生起伏，这些日常生活故事，内蕴着现代中国文化转型的基本命题。这种似曾相识的文学记忆让人不由得想起唐人孟浩然在《与诸子登岘山》中所感慨的"人事有代谢，往来成古今。江山留胜迹，我辈复登临"（蘅塘退士，2014：165）。相同的地域，相似的语境，一条丝绸之路，连接的不仅是中西，还有古今；在丝绸之路上诞生的文化命题和文学思考，不但没有因为时空的隔绝而中断，反而在今天激起更大的回响。

与古代丝路文学注重对异质文化的外部描摹不同，当代丝路文学的文化书写主要体现在日常生活的叙事中，更加注重文化变迁对生活、观念层面所带来的影响。例如，《创业史》从梁家几代人创家立业的生活故事中讲述了一个关于社会变迁的现代主题，《人生》中高加林抛弃刘巧珍选择黄亚萍的爱情抉择，其背后的心理动因就是他对现代社会的向往和追求，《古炉》中作家所着重探讨的是文化建构的激进实践是如何在底层社会得以推进和展开的。在一个个普通人命运的生活叙事中，作品熔铸了深刻的社会变革。在整个社会文化由传统迈向现代的过程中，陕西因其在历史中所积淀下来的文化精神，决定了这里的作家无法像鲁迅等新文化运动的学者那样对待传统文化十分决绝和彻底，也无法像沈从文一样在"人性的殿堂"里遗世独立，同时陕西作家作品中所蕴含的文化观念和寻根文学退守的文化观念也有本质的区别。秦地深厚的历史积淀使他们无法完全抛弃和割裂传统，但汉唐时期丝绸之路所体现的开阔文化胸怀又使他们对现代文化充满向往，这样一种既留恋又进取、既保守又向往的矛盾心态，最深刻地体现了中国社会从传统向现代转型时陕西儿女乃至整个中华民族的文化心态。

古代丝路文学的视角主要集中在对西域文化的异域风情以及由此带来的新奇感受的描写上，胡服、胡音以及性感妖娆的胡姬成为代表西域的文化符号，而西域文化所携带的价值观念并未和中原文化展开真正的对话，这就造成古代丝路文学的描写很少能深入观念心理层面。而当代丝路文学更注重对文化心理的揭示，例如张贤亮的《灵与肉》、张承志的《心灵史》《清洁的精神》、贾平凹的《浮躁》等作品，单从小说题目就能感受到当代丝路文学叙事视点的转移和新变。梁生宝、高加林这些农村的穷小子们，敢于轻视和挑战乡土社会的权威，原因就在于他们拥有现代文化的自觉和自信；《白鹿原》中最为惊心动魄的一幕，不是戏楼上上演的惨绝的墩刑，而是白家年轻的族长白孝文竟然睡在了田小娥的炕上，这不只是鹿子霖对白嘉轩的致命一击，更是儒家文化在现代社会最为沉痛的溃败。这些社会转型中的生活故事，真实而形象地呈现了文化变迁的心理内容，把古代丝路文学对异域风情的外部展示引入对文化心理的内部描写，极大地拓宽了古代丝路文学表现的范围，推进了当代丝路文学的发展。

第二节　丝路文化语境中的西北丝路文学

在丝路文学中，西北丝路文学无疑占有重要的位置。西北丝路文学是源于西北丝绸之路地带的文学创作，描写了西北社会的风貌、历史文化、民风民俗，更书写着生活在西北丝绸之路地带的人的种种人生经历，表达着他们被西北地域文化浸染的思想感情。这里通过探讨西北丝路文学中的长安丝路文学，来总结西北丝路文学的主要特征，探析其在当代如何发展等问题。

一、丝路文学的界定与古代西北丝路文学的发展

在科学研究的领域中，任何一门学科都以其自身特定的研究对象为基础，从而形成一门独立的学科，丝路学也不例外。当今，丝路学已经成为以丝绸之路为研究对象、综合诸多学科为一体的综合性学科，在这门综合性学科中，分属于各学科的研究对象是不同的，由此生发出的丝路学各个分支学科也有所不同；以文学为研究对象的研究，便形成了丝路文学分支学科。

迄今为止，我们对丝路文学的定位与研究尚未在学术界与文学界取得共识，诸多问题仍有待我们进一步探讨，比如，如何界定丝路文学的范围？甚至对于何为丝路文学，目前学界尚存争议。一般来说，丝路文学包含两种含义，一是指丝绸之路沿线国家和地区的文学，二是指题材涉及丝绸之路的文学。目前大多数研究者所使用的丝路文学的概念，是将二者都包含在内的。但我们需要强调的是，无论哪一种丝路文学的含义，都不涉及作品的价值评价与艺术评价。

通常所说的丝绸之路是指以中国的西安为起点，经中国甘肃、新疆，到中亚、西亚各国，并连接地中海各国的贸易通道。可见，丝绸之路作为一条贸易通道连接了亚欧大陆。目前，学术界普遍认可的丝绸之路交通路线包括"陆上丝绸之路"和"海上丝绸之路"两大类，包括"草原之路""绿洲之路""海上之路"三大干线。"草原之路"东起蒙古高原，西至黑海、地中海沿岸，横贯亚欧北方草原地带；途经中亚陆路的丝绸之路被称为"绿洲之路"；"海上之路"则由东海航线（也称东方海上丝绸之路）和南海航线（也称南海丝绸之路）两大干线组成。东海航线从中国东部沿海港口起航经过渤海或东海通向朝鲜半岛和日本，南海航线从中国东南沿海港口起航，往南穿越南海到达东南亚国家，或由此进入印度洋、波斯湾地区，最远到达东非、欧洲。丝绸之路是中国古代联系东西方世界的大动脉，是中国联系世界的重要纽带，它在推进中国古代贸易发展的同时，加强了中国与世界各国的文化交流，推动了沿线各国的文化交流、碰撞与融合。

中国古代的丝路文学源于先秦，汉唐时期蔚为大观，到明清时期有了进一步的发展。丝路文学涉及丝路地带发生的社会生活、历史文化、民族宗教等方面内容的文学作品。这些文学作品以不同题材和形式存在着，其中既有上层社会的创作，也有出自普通百姓之手的作品；有汉族作家所写，亦有少数民族甚至域外作者所作；既有诗歌，又有散文、小说和戏剧，还有带有丰富地域文化色彩的民间传说与神话故事，其中也不乏民歌、说唱文学与英雄史诗等。

西北丝绸之路是古代中国与中亚等地进行经济贸易、文化交流的交通要道，这同时决定了西北丝路文化的特点是在穿行中交流，在交流中融合。因此，古代西北丝路文学突出的特点是融合。古代西北丝路文学相当数量的创作者都是客居的身份，他们或征戍，或出使，或居官，或游历，或远嫁来到丝路地带，在此书写着他们的人生经历和所见所感。中国古代丝路文学的创作繁荣时期，也是西北丝路地带贸易畅通和强盛的时期。两汉时期，西北丝绸之路贸易兴盛，丝路文学亦呈现繁荣之势，刘彻创作了《西极天马歌》，霍去病创作了《霍将军歌》，班彪创作了《北征赋》。东汉末年，蔡文姬创作了《胡笳十八拍》，书写塞外生活的同时表达了哀怨悲愤之感。隋唐时期，以王昌龄、高适、岑参为代表的边塞诗人创作的边塞诗，更鲜明地表达了丝路地带的历史文化、社会政治与地域风情。然而，西北丝路文学并非只有客居者的创作，西北丝路地带本土作家的创作，同样构成了西北丝路文学的重要部分，从某种程度上来说，它构成了西北丝路文学的根基。东汉时期甘肃的王符讥讽时政的《潜夫论》，甘肃汉阳郡（今甘肃天水）的赵壹创作的表达对不合理社会制度强烈不满的《刺世疾邪赋》，还有秦嘉、徐淑的五言诗以及北朝民歌《敕勒歌》等是西北丝路本土文学的代表。唐代的边塞诗更是西北丝路文学繁荣的体现，明清时期仍有李梦阳、秦维岳等所写的诗文，鲜明地呈现了西北丝路文化。

二、现当代西北丝路文学的特质

在现当代，西北丝路文学中也有一大部分流寓者的创作，抗战时期，一大批作家来到甘肃、青海、新疆等丝路地带，写下了不少有影响力的文学作品，如罗家伦描写大西北奇崛的壮丽风景、表达异域情调风俗民情的《西北行吟》，于右任意境清隽、风格沉郁雄壮的《敦煌纪事诗》，范长江真实记录西北民俗风情的《中国的西北角》《塞上行》等。1949年以后，西北丝路文学掀起热潮，"石油诗人"李季旅居甘肃玉门，创作了一系列描述丝路地域风情的诗作。以新疆风土人情为素材，闻捷创作了《天山牧歌》，碧野创作了《天山景物记》等反映丝路社会民情风俗与自然风物的文学作品。一些作家由于种种原因流寓到大西北，在西北的所见所闻及生活经历触发他们创作了大量的作品，如王蒙的《布礼》《蝴蝶》、张贤亮的《绿化树》、张承志的《黑骏马》《心灵史》，杨牧的诗歌和散文等。西北丝路文学在现当代进入了繁荣发展阶段，涌现出了路遥、陈忠实、贾平凹、红柯等一大批颇具影响力的本土作家，他们的创作昭示了西北丝路文学进入辉煌的时代。

西北丝路文学取材于西北丝路地带的日常生活，书写着人们在这一地域的人生经历、社会文化、民风民俗，表达着人们被西北丝路风物所激发的思想情感。丝绸之路以西安为起点，以西安为核心的陕西文学自然是西北丝路文学的重要组成部分，总体来说，以陕西文学为代表的西北丝路文学体现出了以下特质。

（一）本土文化与丝路文化的精神契合

中华文明的文化在流动和融合中重构发展，在中国文化起源的阶段就表现出一种不变的规律。长安文化，在秦汉隋唐时代就展现出一种开拓和改革的精神。"人们往往对三秦文化史（在秦汉隋唐时期也足以代表中华文化史）上的开拓创业精神、改革开放精神等等给予由衷的礼赞……"（李继凯，2013：38）"无论是在你打开《延安府志》的时候，还是在你静聆毛泽东《在延安文艺座谈会上的讲话》的时候，抑或在你展读陕北作家柳青、路遥、高建群等人作品的时候，都会使你从不同的侧面，体会到在陕北这块古老的土地上文化乃至人种的融合，以及开放求变、开拓进取作为一种地域文化精神的抽象。"（李继凯，

2013：38）这些论断强调了陕北古老土地上开放求变、开拓进取的地域文化精神内质。丝绸之路，以长安为开端，在三秦时期便形成了一种开拓进取、改革求新的文化精神，而这种文化精神发展到当代与本土文化形成了精神的契合。

在陕北的古老土地上，民风是雄壮的，在这里生活着一群勇敢坚毅、粗犷直率、行侠仗义的汉子，也聚集了一群性格直爽、唱着信天游柔情万种的女子，"在山丹丹盛开的黄土高原上，在黄帝陵所在的珍藏着悠长之梦的桥山上，在西北风和信天游拂过的地方，绝不是一贫如洗的文化荒原"（李继凯，2013：39）。淳朴的民风、坚毅果敢的民众性格促使了本土文化的形成，其汲取了古代长安多民族融合的文化精神和农民反抗式的叛逆精神，从而形成一种独特的文化特色，即一种"对于奋斗目标不折不扣的信心——这是一种乐观主义的精神；对于面对的现实采取切切实实的态度——这是一种实事求是的精神；对于困难不屈不挠的顽强——这是一种英雄主义的精神"（柳青，1979：86-87）。在这样的精神感召下，《保卫延安》《延安人》等一系列作品塑造了周大勇、王老虎、吕有怀等人物形象，他们或在建立中华人民共和国的过程中浴血拼杀，或在建设中华人民共和国的平凡岗位上辛勤劳作，其身上充分体现了脚踏实地、勤于奋斗、不屈不挠的本土文化，这种精神恰恰契合了丝路文化中涉及的锐意进取的精神内质。

（二）求实求变心态与丝路精神的体现

丝绸之路，是一条寻求发展的改革之路，其中求实求变是丝路文化精神的体现。漫长历史长河中古老的三秦文化，是一种求实求变的文化。"尤其是关中及古都西安（长安），在历史上曾有三次大的崛起，这就是周族的崛起与西周文化的显赫，秦人的崛起与秦汉文化的显赫，拓跋鲜卑的崛起与隋唐文化的显赫。"（李继凯，2013：196）而这些文化的崛起固然与改革家艰苦卓绝的奋斗密不可分，其更要求同属此地域的人们保持务实谨慎的精神，转换封闭落后的心态，竭力更新自我意识，寻求改革与发展。如弱小的秦国，在变法改革的环境之下，注重任用有才华又有能力的人，锐意改革，逐渐强大。新时期西北丝路文学作家在创作态度上笃定务实、严肃认真，贴近生活的真实，注重表达真实的内心，同样，在创作方法上，他们采用严肃的现实主义，铸造了一系列符合求实精神的文学形象。西北丝路文学的作家所生活的本土文化背景和文学传统，决定了他们自然而然地倾向于现实主义的创作方法，秉持严谨的创作态度，这体现了其求实的文化心态，而求变的精神指向又使得他们在选择现实主义创作方法的同时，借鉴了其他多种艺术方式和创作方法。如贾平凹、红柯等，现实主义是他们遵循的方法，他们同样对浪漫主义、心理分析等艺术手法有所借鉴吸收。这种求实求变的心态恰恰契合了丝路文化既强调务实又要求改革与发展的精神特质。

（三）日常民俗与丝路地域特色的书写

文学具有民族性，同样丝路文学也具有民族性。民族的生活、习俗、语言文化以及共同的心理素质乃至审美文化都通过丝路文学作品得到了充分的表达。然而，民族性又和地域性密不可分。地域是民族赖以生存的基础，民族依托于地域，民族文学艺术离不开地域文化的滋养，"人类的生存时空所显示的自然环境以及长期建构而来的人文环境，对民族性的养成和延伸提供了最基本的条件。……这也就是说，地域文化作为与民族性浑融一体的传统成分，具有持久的生命力和存在价值"（李继凯，2013：359），可见，文学是与特定时空中的人、事、物相关联的，而这种特定的时空，就构成了文学的地域性。因此，西北丝路文学也着意于描绘丝路地域文化特征。

红柯作为西北丝路文学的歌者，其作品深刻地体现出西北丝路文化的地域特色。红柯走遍新疆大地，在地域文化体验中，他琢磨着大漠浩大的生命，新疆的地域文化与其民风民俗以及美丽的神话史诗都为他的创作提供了源泉。漫游天山的十年，使红柯成为一位卓越的丝路文学表达者，《美丽奴羊》《西去的骑手》《乌尔禾》《生命树》等都是他的代表性小说，在这些作品中，丝路地域文化体现得较为明显。在其"天山文学系列"最有代表性的《西去的骑手》中，沙漠、草原、古城、骑手都成为其着力描写的对象，并渗透了历史与现实的想象，文字充满了诗意。《奔马》描绘了马的速度和力量，飘逸而富有神韵；《美丽奴羊》写出了大自然宠爱的精灵；除此之外，还有柔美而极具生命意象的鱼、代表了荒野豪放和智慧的狼，这些极具飞扬生命力的动物，是丝路地带人们精神上崇拜的图腾与精灵，更蕴含了丰富的地域文化。

红柯回到陕西后，试图用文学将陕西与西域打通，使关中与天山相连，因此，他的作品始终充满了浓重的新疆色彩，这也使得他成为文坛上公认的"丝路文学上的歌者"。红柯虽然离开了新疆，但大漠、群山、戈壁、草原以及悠扬的马嘶仍然出现在他的文学世界里，这些都是清晰可见的丝路日常民俗的书写，是地域文化的体现。红柯通过其文学文本再造了一个文本意义上的西域，再造了一条自己的文学丝路。作家杨献平在谈到红柯的丝路文学创作时，曾由衷地感慨道："红柯的小说有一种苍莽的气质，即恢宏的，有天地之气的那种力量感。小说乃至一切艺术，都是深入人心，探测和呈现人的生存和人性幽微的。红柯小说在对古之西域，今之新疆的文学书写和艺术提纯，显然是一种趋向成熟的，有自己特色和思想的文学创造。"（张杰，2018）与有些西北丝路作家苦涩的创作风格不同，红柯的作品对西域独具特色的地域文化、历史知识刻画得十分周详，并运用了诗意的表达方式。

对红柯以文学的形式观照西域历史地理，表达丝路地域文化的特色方面，文学评论家李敬泽给予了客观细致的分析，红柯的特别之处还在于，他是从文化上、历史上、情感上把西域当成自己血液的一部分来谈的。他所全情关注的西域不是一个简单的地方，它涉及我们这个伟大国家的精神文明的整合（张杰，2018）。总体来说，我们对西域充满了不了解。行政区域的庞大，需要艺术、思想、情感、心灵的弥合，而文学是很好的桥梁。可见，以红柯为代表的西北丝路作家，其创作中渗透了丝路地域文化的特色，这是一种融注了丝路文化、历史与情感的地域特色。

（四）创业精神与丝路文化的表达

恰如前文所述，从古至今的丝路文学与人的创业密切相关，西北丝路文学中的创业文学与创业精神自然是西北丝路文化的体现。李继凯认为，以柳青的《创业史》、周立波的《山乡巨变》为代表的创业文学有以下三个特点：其一，创业文学范式的积极建构；其二，创业文学母题的时代书写；其三，创业文学形象的精心塑造（李继凯，2016）。他从创业文学结构、母题与形象三个方面比较详细地阐释了当代中国创业文学的书写，并认为柳青、周立波的这种书写行为本身是一种实践和创业，他们在面对农村土地改革与农业合作化等巨变时可以深入生活本身去创作，体现了巨大的使命感与责任感。丝绸之路是一条改革发展之路，求新求变的思想体现其中，而在改革发展的过程中人们自然要秉持一种艰苦奋斗、坚忍不拔的精神，这种精神也在创业文学中多有体现。

同时，创业文学与丝路文学存在着诸多的内在关联，具体表现在：其一，在创业中追求长安的价值取向，在两种文学形态中都有充分的体现。追求国家尤其是西部的长治久安乃是古今相通的政治文化诉求，而勇于开创新事业的丝路精神业已演化为"一带一路"倡议和实现中国梦的一种精神支柱。其二，创业文学与丝路文学具有交叉互补性，在丰富当代中国文学版图方面做出了重要贡献。其三，丝路文学作为与时俱进的创业文学，是更加具有发展潜力的文学形态。其四，从创业文学和丝路文学中我们可以看到，中国人的创业和守业理应同等重要。可以说，这些相关论断也许并不很全面，却深切地揭示和凸显了丝路文学与创业文学的诸种内部关联，看到了创业文学与丝路精神特质的内在联系。丝路文化中体现的开拓性和创新性与实现中国梦的发展目标有着内在的精神关联，其切合了"一带一路"的倡议。创业文学中所弘扬的英雄主义与乐观主义，是丝路文化创新改革精神与使命意识的体现，创业文学主题与丝路精神呼应的同时更进一步实现了二者文化内质的契合。

三、西北丝路文学在当代如何发展

（一）注重民族文学的发展

古代丝路文学所涉及的范围极为特殊，因为其汇聚了不同民族的文学，他们成就了丝路文学的丰富和多样。自古以来，丝路上不同的风物人情、宗教信仰、节庆仪式等，就是不同民族历史、文化传统和心理素质的具体表现，这些也体现在具体的丝路文学作品中。而在具体的文学创作中，不同民族使用不同的语言，通过不同的表达方式塑造本民族的文学形象、刻画本民族的人物性格，于是丝路文学在发展传播过程中自然而然地表现出与其他文学的迥然不同。

西北丝路文学具有多民族性，首先体现在题材的多民族性上。中国历史上，西北是氐族、羌族、匈奴、吐蕃、回鹘、突厥、乌孙、鲜卑、党项等多民族繁衍生息之地，今天仍旧生活着蒙古族、回族、藏族、东乡族、裕固族、维吾尔族、哈萨克族、塔吉克族、保安族、柯尔克孜族等少数民族。因此，西北丝路文学大多表现当地多民族的生活习俗文化与历史等方面。例如，《西极天马歌》《霍将军歌》书写了西北战事；《悲愁歌》书写了西北的婚嫁；《敕勒歌》描写了西北少数民族日常的生活。进入现当代，西北多民族的生活仍然是西北丝路文学表现的主题，如闻捷的《天山牧歌》、张承志的《黑骏马》等。其次体现在少数民族作家众多上。例如，元代边塞诗人耶律楚材是契丹族人，元代诗人马祖常是回族人。现当代丝路文学中的少数民族作家众多，如哈萨克族作家艾克拜尔·米吉提、回族作家张承志、藏族作家班果等。

可见，西北少数民族的独特文化、独特思维与个性赋予了西北丝路文学丰富的内涵，民族性也显示了西北丝路文学最为独特的一面。当代西北丝路文学的发展，要注重少数民族文学的发展。石一宁曾在《丝路文学：少数民族文学新的发展机遇》一文中提到：无论是北方丝路还是南方丝路，其"地域乃多民族聚居地，丝绸之路与少数民族的经济和文化生活关系紧密。发展和繁荣丝路文学，给丝路地域的少数民族文学带来的机遇是不言而喻的。丝路文学固然各地域、各民族的作家都可以创作，然而，最了解、最熟悉和亲历亲受丝路地域历史文化与现实生活的，莫过于身处该地域的少数民族作家，丝路文学创作，应更多地寄望于他们"（石一宁，2015）。可见，丝路文学的复兴意味着少数民族文学的重要性得以再次凸显，西北丝路民族文学在进一步发展的同时，西北丝路少数民族文学应加快发展步伐，深厚的底蕴，光辉的传统，将使西北丝路民族文学勃兴。

（二）探索当代的新创造

当代西北丝路文学呈现出一种发展开放的姿态，表达了多民族和谐共处、共谋发展的内在诉求，西北丝路文化的价值也是多方面的，其应重视在当代的新创造。

随着国家经济的发展、民族的复兴，以及"一带一路"倡议的提出，丝路文学面临着巨大的机遇与挑战，这些都对西北丝路文学有着直接的召唤和推动作用。

丝绸之路是一条开放之路、发展之路，在此背景下的丝路文学必然会延续着远古丝路宏伟的汉唐气象，进一步呈现出21世纪的中国气派和民族精神。西北丝路文学在当代的发展，必然是朝气蓬勃的、充满活力的，是强健硬朗的、有丰厚内涵的人民性的文学，其必然渗透着深刻的思考、恢宏的气度与健康的审美，并成为当代文学的重要组成部分。"一带一路"是经济之路、民生之路、交流之路，在"一带一路"倡议的时代感召下，希望当代西北更多的作家以丝路为创作题材，书写汉唐气象、大漠雄风、异域风情、戍边贸易等历史文化内涵，去挖掘、钩沉、打捞这些历史回忆与文化记忆，书写当代丝路地带的经济风貌、生活变迁、民风民俗、民族文化等，使得丝路文学更加丰满、生动并富有感染力。作家面对时代发展带来的机遇需要开启想象、激活情感、深刻感受领悟，以深刻的文学直觉和文化自信去迎接丝路文学的美好明天。

丝绸之路是一条和平之路、发展之路，因此丝路文学是多地区、多民族、多国家的文学，当代中国西北丝路文学的新创造，应该具有国际化视野，应该胸怀全球、放眼世界。西北丝路文学的发展，应该与经济全球化背景相呼应，使其成为世界文学中的重要组成部分，其既是民族的又是全人类的。因此，西北丝路文学的发展应注重对当代世界文学流派、风格和写作手法的借鉴，充分吸纳世界前沿性创作中成熟的现代性的风格手法，并融合本民族的文化形成自己的特色，进一步表现丝路地带的社会生活、历史文化、民风民俗，贴近当代读者的审美趣味。

总之，西北丝路文学是中国文学的重要组成部分，也应成为观照中国现当代文学的重要窗口，探讨与构建西北丝路文学，对于中国现当代文学研究有着重要的意义。在"一带一路"倡议发展实施的今天，关注西北丝路文学的建构与开拓，具有重要的意义，对于进一步发展符合时代潮流的、具有创新性的西北丝路文学，我们还需继续努力。

第三节　路遥：丝路古道上的文学苦行僧

在丝路及其周边活跃着诸多勇于探路、闯路的读书人，路遥就是其中一位佼佼者。他真正打开文学之路并在全国崭露头角，其实还是从西安开始的。但作为"陕西作家"的路遥，即使就其接受的陕北文化影响而言，也与丝路文化的开拓探路、开放包容精神有着内在的相通之处。

陕北由于其特殊的地理位置，自古就是民族融合的"绳结区域"，除了周秦汉唐为主的中原文化，游牧民族的草原文化也渗透在陕北的观念与习俗中，它们共同构成了陕北文化的内部结构性存在，产生于陕北的丝路文学也更多体现了文化的多元性和包容性。

地理学意义上的陕北，地处多省的边界地带，又称塞上。它北连毛乌素大沙漠，南接渭北旱塬，西越子午岭与陇东相望，东隔黄河与晋西为邻。陕北地貌沟壑纵横，植被绝少，同时风高日烈，干旱无雨，自然环境的严酷造成了陕北的荒凉贫瘠。清末翰林院大学士王培棻到陕北巡访时感叹"山秃穷而陡，水恶虎狼吼，四月柳絮抽，山川无锦绣，狂风阵起哪辨昏与昼，因此上把万紫千红一笔勾"（莫伸，2012：523）。他企图说服朝廷把这不服教化的"三边"之地割让给外夷。尽管后来王培棻因此受到贬谪，但他在文中所描述的陕北的苦焦荒蛮给世人留下了深刻的印象。

历史文化意义上的陕北，是基于其在地理上的特殊性而形成的。陕北从地理位置上来说，既是中原农耕文明与北方草原文明的分界线，也是汉族和少数民族交流融合的交汇点。陕北处在西域和中原的连接地带，具有举足轻重的战略意义，可以说，从晋至宋的约一千年间，陕北一直是汉族统治者与少数民族统治者兵争之地。遍布陕北各地的直道、长城、堡寨、驿站、烽火台，那些以营、堡、寨、甲、屯、驿命名的村庄，那些众多的关于陕北将士的传说，都在提醒我们关注陕北这块土地上苍凉和悲壮的历史。

陕北在地理和历史上的特殊性，决定了陕北文化和中原文化之间的差异，这个差异具体体现在陕北是一个"具有'胡气'的汉族的凝结点"（艾斐，1989：37），陕北在秦汉以前主要是作为畜牧区而存在的，西汉之后农耕文化才逐渐成为主流，所以陕北文化是农牧文化的合一，它既有农业文化的勤劳节俭，又有游牧文化的刚健强悍。与崇尚温柔敦厚的中原文化相比，陕北文化更有一种在自然历史的濡染下形成的雄浑之美，壶口瀑布的奔放壮阔、安塞腰鼓的酣畅淋漓、陕北民歌的泼辣直率，这些凝聚了陕北特质的自然风情是对地域文化最为生动的生命诠释。

陕北文学与丝路文化有着内在而深刻的联系，陕北说书在内容体制和说唱程序方面都不同程度地受到敦煌讲唱文学的影响，陕北的秧歌也有西域舞蹈的痕迹，陕北民歌《走西口》，表达的就是一种民族文化交流的渴望。同时在古代文学史上，陕北出现了大量的描写边境战争的边塞诗，例如宋代刘敞的《捷诗》中描写的宋将任福夺得西夏白豹城（在今天延安市吴起县）之事，写道："捷报苍龙阙，书从白豹城。关河开地利，雷雨肃天兵。"沈括赞扬边塞将士奋勇杀敌的精神，写下了《鄜延凯歌》，"先取山西十二州，别分牙将打衙头。回看秦塞低如马，渐见黄河直北流"。"天威略地过黄河，万里羌人尽汉歌。

莫堰横山倒流水，从教西去作恩波。"（沈括，1985：18）当代陕北虽然早已不再受到环境的逼仄和战争的侵扰，但是产生于这个地域之上特殊的文化品格却并没有随着时空的变迁而消失，而是以另一种现代的面目呈现出来。

丝绸之路不仅是中原和西域之间经济交流的通道，也是一条文学朝圣的通道，从《穆天子传》中周穆王远行昆仑对西王母的拜会，到玄奘《大唐西域记》中宗教苦行僧式的朝圣，抑或是边塞诗中建功立业的豪情，这条道路上诞生的文学从来都没有"嘲风月，弄花草"的闲适和超脱，它铭刻着文学在精神上的求索和向往以及对于苦难的敬畏和超越。陕北作家路遥就是这样一位诞生于丝路古道上的文学苦行僧，"他把写作当成一种神圣而庄严的事业去完成，甚至不惜把自己绑在牺牲的祭坛上"（李军，1992：5），在追求自己文学理想的征途中苦楚地劳作着。

路遥

路遥个体人格和文学精神的源头有两个方面，一是农耕文化的影响，体现为路遥作品中对农民和土地浓厚的热爱，这方面很多研究者都做过充分的阐释；二是路遥曾经重点提及却被大多数研究者忽略的方面，那就是游牧文化的精神因子，路遥曾自称"北狄后人，长相颇有匈奴遗风"（宗元，2000：38），他生前曾拜托冯东旭先生刻制两枚闲章，其中一枚的内容就是"北狄后人"，游牧文化以一种潜在方式深刻地影响了路遥对人生和文学的理解。

陕北西邻甘肃和宁夏，北接内蒙古，由于其特殊的地理位置而成为西北丝绸之路东段的交通要道，丝绸之路从长安出发到敦煌段有三条路线，其中"第一条是由长安北行，经陕北进入宁夏灵武，渡黄河后，向西南至武威，沿河西走廊至敦煌"（涂裕春等，2001：4）。丝绸之路在其漫长的发展过程中积淀的文化遗存及其精神特质都构成了陕北文化的一部分。

作为游牧文化历史遗存的毛乌素沙漠，在路遥的人生和创作生涯中具有重要的作用和意义。毛乌素沙漠位于榆林长城以北，榆林在历史上曾被称为驼城，意即沙漠之城，是中原文化和西域文化的分界点和连接点。位于此地的毛乌素沙漠与内蒙古大草原和宁夏绿洲相毗连，是历代陕北人走西口的必经之地。唐代诗人李益在《登夏州城观送行人赋得六州胡儿歌》中写道:"六州胡儿六蕃语,十岁骑羊逐沙鼠。沙头牧马孤雁飞,汉军游骑貂锦衣。"(黄勇,2007:902)全诗以一种旅人的视角,描绘了"沙鼠""沙头""风沙"等毛乌素沙漠的自然景象。历史上发生在毛乌素沙漠的故事代表了人类的一种征服精神,对恶劣自然环境的征服和对苦难命运的征服。

对出生于陕北的路遥来说,毛乌素沙漠所呈现的历史精神深刻地影响到他对人生和文学的理解。路遥在年轻时就对毛乌素沙漠产生了深深的迷恋,他在早期的一首诗《今日毛乌素》中写道:"塞外毛乌素,走石又飞沙,改朝换代几千年,留下多少辛酸话:草籽下地不扎根,大雁飞来不安家;一堆黄沙一堆坟,劝君莫过红石峡……"(路遥,2013:547)紧接着他歌颂了毛主席带领人民对毛乌素沙漠成功的治理和改造。虽然这首诗带有明显的时代痕迹,但毛乌素沙漠的贫瘠荒凉以及人们战胜自然的精神和勇气却在路遥的作品中保留下来。

对路遥来说,毛乌素沙漠不但是养育他的故乡,更是他人生和文学创作生涯中不断汲取力量的精神圣地。在《早晨从中午开始》这篇创作手记中,路遥描写了他对毛乌素沙漠的情感:

> 我对沙漠——确切地说,对故乡毛乌素那里的大沙漠有一种特殊的感情或者说特殊的缘分。那是一块进行人生禅悟的净土。每当面临命运的重大抉择,尤其是面临生活和精神的严重危机时,我都会不由自主地走向毛乌素大沙漠。
>
> 无边的苍茫,无边的寂寥,如同踏上另外一个星球。嘈杂和纷乱的世俗生活消失了,冥冥之中似闻天籁之声。此间,你会真正用大宇宙的角度来观照生命,观照人类的历史和现实。在这个孤寂而无声的世界里,你瞭望生活的场景会无比开阔。你体会生命的意义也更会深刻。你感到人是这样渺小,又感到人的不可思议的巨大。你可能在这里迷路,但你也会廓清许多人生的迷津。在这单纯的天地间,思维常常像洪水一样泛滥。而最终又可能在这泛滥的思潮中流变出某种生活或事业的蓝图,甚至能明了这些蓝图实施中的难点易点以及它们的总体进程。这时候,你该自动走出沙漠的圣殿而回到纷扰的人间。你将

会变成另外一个人，无所顾忌地开拓生活的新疆界。

现在，再一次身临其境，我的心情仍像过去一样激动。赤脚行走在空寂透迤的沙漠之中，或者四肢大展仰卧于沙丘之上眼望高深莫测的天窟，对这神圣的大自然充满虔诚的感恩之情。尽管多少次来过这里接受精神的沐浴，但此行意义非同往常。虽然一切想法都已在心中确定无疑，可是这个"朝拜"仍然是神圣而必须进行的。（路遥，1992：37-38）

这是1985年夏天，路遥在陕北参加"长篇小说创作促进会"时写下的感想，他怀着朝拜的心理到毛乌素沙漠寻找精神上的启悟和动力。此时的路遥一方面受到小说《人生》成名之后世俗功利的纷扰和诱惑，另一方面遭受着外界对他在《人生》之后创作能力的质疑。他经过痛苦的思考和抉择，决心开始长篇小说《平凡的世界》的写作，但在路遥的创作生涯中，他还没有创作长篇小说的体验，他写过最长的作品就是13万字的《人生》，在这样的情况下开始长篇小说的写作是需要何等的勇气和决心，这位文学征途上的苦行僧于是重返毛乌素沙漠寻找精神的源泉和动力。

作为对象化了的客体，此时的毛乌素沙漠早已超越了地理上的意义，它是路遥获得人生禅悟的精神圣地。自然本身就具有神圣性，它不但是物质的，也是精神的，对人类具有强大的启示性。尤其是与农业景观迥异的大漠风光更容易引起人心理上和情感上的震撼，"自然本身的雄奇之处，让人感受到了宇宙自身的原始力量"（鞠熙，2013：186），无边苍茫与寂寥的沙漠让路遥的精神世界也变得开阔起来，他获得了一种观照生命的大宇宙视角，这种开阔的心态使他能够超越世俗的限定和羁绊，追求文学永恒的价值和意义。沙漠不但给予路遥自然的神圣启悟，而且也是他主体精神的一种外在投射。毛乌素沙漠在路遥的想象中被建构成了一个与世俗世界相对的"异托邦"，它内蕴着一组既矛盾又对立的关系：世俗的纷乱嘈杂与沙漠的苍茫寂寥，人类在宇宙中的渺小与伟大，思维的泛滥与理想的清晰。正是这种区别与对立所形成的独特性，使朝圣者路遥获得了神圣的体验。这次沙漠之行使路遥终于廓清心理上的迷乱，在经历了矛盾和困惑的内在撕裂之后，获得了精神上新的整合与提升，他决定以自己生命的长度来丈量文学的高度。苍茫浩瀚的毛乌素沙漠给予了路遥重新出发的意志和信念，正是凭借从大漠中汲取的这种对文学理想宗教般的热忱，此后几年，路遥与孤寂相伴，以常人难以想象的执着和毅力完成了《平凡的世界》的写作，成就了路遥文学生涯的另一座高峰。路遥在回忆这段心路历程时说道：

> 沙漠之行斩断了我的过去，引导我重新走向明天。当我告别沙漠的时候，精神获得了大解脱，大宁静，如同修行的教徒绝断红尘告别温暖的家园，开始餐风饮露一步一磕向心目中的圣地走去。
> 沙漠中最后的"誓师"保障了今后 6 个年头无论多艰难困苦，我都能矢志不移地坚持工作下去。（路遥，1992：39-40）

如果说写作是作家认识和表达世界的一种方式，那么在路遥这里，写作则是他对生命的一种诠释，是他对自我价值的一种确认。

当时参加"长篇小说创作促进会"的另一位陕西作家陈忠实也曾在《毛乌素沙漠的月亮》一文中记下了这次沙漠之行。对于生活在关中平原的陈忠实来说，毛乌素沙漠给他留下的印象是异域的神奇和浪漫，那轮又大又圆的月亮、那个不知是狐狸还是狼的叫声、那一份月下结拜的肝胆相照的友情，是一个旅人笔下关于毛乌素沙漠遥远的记忆。通过对比我们就会发现，毛乌素沙漠在关中人陈忠实的文学中，只是一个充满了异域风情和浪漫色彩的美好回忆，而对陕北作家路遥来说，大漠是他领悟人生和文学真义的自然圣地，是他不断超越自我的精神加持。

带着朝圣心态步入文学领地的路遥在创作中表现出一种"受难情结"，这种"受难情结"一方面表现在对文学殉道般的牺牲和奉献精神上，另一方面表现在对苦难体验的现实主义书写中。路遥小说中的苦难不是来自对人生抽象的想象，也不是出自现代或革命意识形态的认知框架，而是融汇了丝路文化的精神遗存和时代主题所形成的一种审美底蕴和价值取向。

苦难意象是丝路文学的一个重要内容，历代西行僧侣撰写的游记真实地记录了求法途中的艰苦，"涉行艰难，所经之苦，人理莫比"（法显，1995：7），还有描写边地征战的边塞诗建构起"一个战争残酷、环境寒苦、戍卒痛苦的文化空间"（李智军，2004：107）。陕北由于其特殊的地理位置历来是兵家争夺的边塞重镇,因此陕北风貌也成为边塞诗描写的重要内容,晚唐诗人韦庄的《绥州作》,描写了边塞之地绥州(今陕北绥德县)的荒凉和艰苦,陈陶的"可怜无定河边骨,犹是春闺梦里人"(傅德岷和卢晋,2008:133)是历代发生在无定河战争残酷状态的真实写照。尽管边塞诗中所描写的陕北边地的苦寒意象早已随时代远去,但是这种对苦难的生命体验已积淀为一种重要的民间传统,成为陕北文学的一个重要的精神特质和美学元素。

路遥的创作继承了丝路文学苦难叙事的精神传统,写作对他来说从来都不是轻松愉悦的文字游戏,而是一种自我折磨式的受难之旅,他"要求自己写作时的心理状态,就像教徒去朝拜宗教圣地一样,为了虔诚地信仰而刻意受苦受罪"(路遥,2005:176)。在他难以忍受写作的孤独和艰苦时,闭目遥想那些衣衫褴褛、蓬头垢面而艰辛地跋涉在朝圣旅途上的宗教徒,他便会获得坚定的信念和力量。受难在宗教中象征着灵魂的净化过程,是使一个信徒地位合法化的方式,文学上的受难心态也具有同样的仪式功能,它使路遥成为文学信使,成为为人类盗取火种的普罗米修斯。在路遥的观念中,真正的文学要经历苦难的考验才能具有神圣和崇高的意义,为此他抛弃了一切人间温暖,带着殉道者悲壮的牺牲精神来从事文学事业,这种受难的创作心态在路遥和文坛中的先锋写作、欲望写作之间划出了一条清晰的界限,体现出文学创作深厚的精神内涵。

路遥的小说是融合着苦难体验的生命结晶,他既认同苦难又寻求对苦难的超越。现代文学谱系中的苦难叙事,承载了民族想象和社会批判的功能,但是对地处偏远、经济落后的西北乡民来说,苦难首先是一种自然环境的严酷所造成的生存境遇,生存苦难已成为凝结在陕北乡民记忆深处的"集体无意识"。陕北民歌那种悠远苍凉的唱腔,不仅是为了穿透沟壑的壁垒,更是内心凄苦的一种自我宣泄。路遥小说中最为刻骨铭心的苦难体验就是饥饿,《在困难的日子里》马建强在面对饥饿时近乎自虐式的忍耐和克制,《平凡的世界》中孙少平也经历了饥饿和贫穷所带来的身体上和心理上双重的屈辱和伤痛。任何读过这本书的读者,都无法忘记小说开头孙少平在空无一人的操场就着残汤剩水吃高粱面馍的场景,但正是苦难的存在

《平凡的世界》

才激发出了人类的抗争精神，使生命具有非同寻常的意义和价值，因为生命的本质不是通过享乐而是通过受难才得以显现的。路遥对苦难的描写具有一种宿命色彩，造成苦难的原因被设定为自然、命运等因素，所以消除苦难的途径就不是对现实社会秩序的颠覆，而是要通过个人的奋斗，冲破自然和命运的限定，所以这个层面上的苦难抗争最终导向了对个体精神的认同和张扬。孙少安在决定开始他人生的"第一次命运之战"，从山西丈人家借钱骑着骡子途经黄河大桥时，看到黄河两岸的景色和岸上的纤夫，"峭壁如同刀削般直立"，"岩石黑青似铁"，纤夫身上的绳索"像绷紧的弓弦"（路遥，2012：61），少安眼里看到的是自然的强悍和力度、纤夫那痛苦的呻吟和《天下黄河九十九道弯》里唱出的生命的苦痛和抗争，这个画面正是少安内心世界的真实写照。和少安这种朴实的抗争精神相比，孙少平和高加林因为拥有了现代知识而获得了一种身份上的优越感，以至于像田福堂和高明楼这样的乡里能人也不敢轻视他们。但是在乡土这个空间里知识只能给他们带来心理上的优势，却难以从根本上改变命运的走向，高加林作为高中毕业的高才生还不是因为村主任的权势失去了民办教师的工作，成了巧珍父亲嘴里说的"连牛屁股都不会戳"的农村人，"三进三出"的进城经历所带来的屈辱体验更加激发了他反抗苦难、反抗命运的决心和斗志。对于路遥和他笔下心怀抱负的年轻人来说，苦难不仅是一种需要超越的外在对象，更是自我内在的心理需求。他们既要超越苦难，又迷恋苦难对主体精神的淬炼，正像那些西行求法的高僧要经历身体和心理的考验一样，苦难构成了朝圣者获得精神加持的必要条件。人们在体验苦难和征服苦难的过程中所体现出的精神力量，使主体的精神价值和人格力量得到最终的实现和确认。

　　眷恋和逃离是路遥小说的一个重要主题。路遥出生的陕北属于黄土高原，与处于"白菜心"的关中平原相比，这里土壤贫瘠，干旱频繁，经济落后，老百姓的生活异常艰苦，陕北这种特定的自然环境和经济状况构成了路遥小说叙事和人物塑造的主要背景。但是我们发现，在路遥的小说中，作者不但没有对陕北艰苦贫瘠的自然环境的过分诅咒和唾弃，反倒是以一种欣赏的语调描写陕北农村一年四季的美丽。《平凡的世界》中作者是这样描写孙少安的中学所在地原西城外春天的河畔的，"原西河对岸的山湾里，桃花又一次红艳艳地盛开了。河对岸的缓坡上，刚出地皮的青草芽子和枯草夹杂在一起，黄黄绿绿，显出了一派盎然的生机。柳丝如同少女的秀发，在春风中摇曳。燕子还不见踪影，它们此时大概还在北返的路上，过一两天就能飞回来。原西河早已解除了坚冰的禁锢，欢腾地唱着歌流向远方……"（路遥，2012：262）少平、少安的家乡双水村的夏天因为枣子的成熟异常地斑斓，"每到夏天，这里就会是一片可爱的翠绿色。到了古历八月十五前后，枣子就全红了。黑色的枝杈，红色的枣子，黄绿相间的树叶，五彩斑斓，迷人极了"（路遥，2012：43）。《人生》中描写高加林在经历事业的风波后心情沮丧地返回农村，走在秋天的大马河川道，"早晨的太阳照耀在初秋的原野上，大地立刻展现出了一片斑斓的色彩。庄稼和青草的绿叶上，闪耀着亮晶晶的露珠。脚下的土路潮润润的，不起一点黄尘"（路遥，2013：180）。即使是冬天的陕北农村在荒凉中也流露出一丝诗意，"这季节，寒冬的山野显得荒凉而又寂寞。山上或沟道，赤裸裸地再也没什么遮掩。黄土地冻得像石板一样坚硬。远处的山坡上，偶尔有一垄高粱秆，被风吹得零零乱乱铺在地上——这大概是那些没有劳力的干部家属的。山野和河边上的树木全部掉光了叶子，在寒风中孤零零地站立着。植物的种子深埋在土地下，做着悠长的冬日的梦。地面上，一群乌鸦飞来飞去，寻觅遗漏的颗粒，'呱呱'的叫声充满了凄凉……"（路遥，2012：255-256）这些由河流、桃花、枣子、露珠、寒风中的高粱秆、冬日的梦所建构的陕北自然风景，连同这片土地上的关于哭咽河那个凄美的爱情故事，还有全村人打枣时的欢乐、秧歌队的红火热闹，共同构成了一幅具有古典理想色彩的乡土田园图。

尽管路遥对故乡的描写充满了宁静和谐的家的情感，但却无法像沈从文一样斩断现代的侵扰，建构一座"人性的殿堂"。他笔下的人物从一开始就接受了现代知识话语的塑造，马建强、高加林、孙少平，都是在贫穷和饥饿的双重考验中仍然对学习和知识充满了向往的人。正如饥饿带来的屈辱感受一样，拥有知识使他们获得了"读书人"的尊严。孙少平宁可在城里当一个揽工汉，也不愿和少安一起回去办砖厂，"他不能甘心在双水村静悄悄地生活一辈子！他老是感觉远方有一种东西在向他召唤。他在不间断地做着远行的梦"（路遥，2012：89）。这种对远方的向往是来自生命深处的召唤，少安之所以不能理解，因为这不在传统乡土经验所能解释的范畴之内，这是现代社会的个人话语，是一种强烈的主体意识的自觉，也是田晓霞之所以欣赏少平的原因。高加林却没有少平这样幸运，他"三进三出"的经历更加凸显了眷恋和逃离之间的矛盾，巧珍那颗金子般的心灵象征了乡土的仁爱宽容，而她却无法走进高加林的精神世界，高加林对乡土的逃离，不仅是因为农村的贫穷和愚昧，更是因为乡土对现代精神的隔膜和逼仄。

路遥的小说通过苦难叙事书写了一首首英雄的史诗，他作品中的男主人公几乎都是经过苦难淬炼的硬汉式英雄，这既是西北丝路地域文化的文学投射，也熔铸着路遥最为痛彻和深刻的人生体验，"孤独傲岸的强者气质和特定的生活素材熔铸之后，常使他的作品溢散出一种英雄主义的崇高感"（肖云儒，1993：73）。

西北丝路沿途大都交通不便，生存环境严酷，这条道路上诞生的英雄首先是在和大漠荒原较量中历练出的硬汉，他们的核心精神是在战胜苦难时的坚韧刚毅，对硬汉式英雄的礼赞是铭刻在丝路历史上的一种文化符号。"凿空西域"的张骞、少年将军霍去病、西行求法的高僧玄奘，这些在和严酷的自然力量反复较量中所形成的英雄的人格，不但以文字的形式在历史中传承，而且以传说的形式影响和塑造了民间文化的价值取向。陕北更是一个崇拜硬汉式英雄的地方，在这块贫瘠的土地上，曾诞生了刘志丹、谢子长这样的英雄人物，他们的故事以日常生活的形式在民间文化中得以传承，陕北众多的酒曲①讲述的就是本地的英雄故事，这些在当地广泛传播的英雄传奇不断地形塑和建构着陕北乡民的英雄情结和文化人格，对硬汉式英雄和力量的崇拜构成陕北文化人格的地域特征。

对受难式英雄人格的追求和弘扬是路遥小说的重要的价值取向，这些英雄人物不是依靠权势和金钱的世俗价值而获得社会的认可的，他们的人格魅力在于通过身体受难而建构起精神世界，这是一种在严酷的生存环境中砥砺出的不消沉、不屈服的生命意志，是人在超越命运的限定中所彰显的诗意和豪情。路遥笔下那些无权无势的穷小子们最大的魅力和价值就在于他们拥有受难者的身份和经历，这种受难的非凡意义在于它不是被动地承受，而是通向价值世界的一种历练和自觉，他们因此而获得了来自那些超凡脱俗的女性人物的青睐和崇拜。《平凡的世界》一开始就把孙少平放置在一个极度困厄的生存背景中，经济上的贫穷、身体上的饥饿、心灵上的屈辱，这种物质和精神上的双重苦难不但没有压垮孙少平，反而磨练了他的意志和人格，可以说，孙少平这个人物形象最为光辉的一面，就是在一次次战胜苦难、挑战命运的过程中得以推进和确

---

① 陕北人在喝酒时唱的一种歌曲。

立起来的，这种受难式的英雄精神的光芒甚至弥合了他现实身份的落差，以至于家庭优越的田晓霞被他非凡的精神魅力所吸引，孙少平身上体现了路遥对受难英雄的一种浪漫主义想象。但是这种理想世界的英雄形象在遭遇现实之后便显露出虚幻的本质，甚至会走向对自身的怀疑和解构。当孙少安的朋友农民企业家胡永合在大牙湾煤矿见到孙少平之后，连和他拉两句闲话的兴趣都没有，尽管孙少安一路上向他吹嘘弟弟如何有本事，但在胡永合看来，有本事不可能还在挖煤，这个农民企业家的世俗视角和不屑态度解构了孙少平英雄形象的理想性。尽管孙少平的英雄气质吸引了田晓霞、金秀的爱慕，但在事实上孙少平的爱情却只能落脚在矿上的女人惠英身上，这样一种情节安排或许流露出路遥对英雄人物在世俗社会中命运的无奈和怀疑。《人生》中的高加林为了改变自己的命运决然地放弃了怎么也走不进他的世界里的刘巧珍，即使他非常清晰地知道要背负道德的罪名，但还是义无反顾地走上反叛乡土的道路，选择做一个掌握自己命运的生活的强者。尽管路遥把高加林塑造成一个勇于挑战命运的硬汉英雄，但是在小说结尾，他还是让高加林在梦想破灭后扑倒在德顺爷爷的脚下，手抓黄土痛苦地忏悔。路遥以一种理想主义的激情塑造了这些反抗宿命的受难英雄，但是小说在叙事逻辑上的冲突和断裂，在一定程度上反映了路遥英雄观念内在的矛盾性。

从丝路古道上走出来的路遥，是一个把自己献给文学事业的苦行僧般的理想主义者，他既有农耕文化的笃重和奉献精神，又继承了游牧文化的刚健和进取，这种多元文化传统交织在路遥的生命体验和文学创作中，使他一面以英雄般的奋斗激情不断地攀缘上升，一面却又时常陷入内心的孤寂和对自我深刻的怀疑中。

第四节　红柯：驰骋在丝路古道上的文学骑手

一、关中–天山的丝路迁徙

在中国当代文坛，红柯是一位典型的丝路作家，这种典型的意义就在于他的人生轨迹是由关中到西域天山之间的数次迁徙所构成的，更为关键的是，他的文学创作以及他对中华民族文化复兴与重建的思考路径始终围绕着丝路文化的精神遗存而进行。他生长于宝鸡，大学毕业后漫游新疆十年，后又回到宝鸡，又定居于西安,可以说红柯几十年的人生都在丝路古道上迁徙奔波,他的文学创作也始终扎根于此。从早期的"天山系列"到后来的"关中-天山丝路系列",新疆雄奇的大漠风情给这个拘谨的关中汉子带来了新鲜的生命体验,赋予了他在创作上强大的生命力和创造力。可以说,西域雄奇刚健的文化精神铸造了红柯独特的文学气质,红柯对西域充满浪漫激情的文学想象重新释放和激活了丝路所蕴含的审美记忆和叙事活力。

红柯人生和文学创作的历程是从关中开始的,这一阶段他一方面通过大量的阅读为后来的文学创作打下坚实的基础,另一方面以诗歌开始自己的习作生涯。红柯于 1962 年出生于周秦文化的发祥地——岐山,这里是炎帝生息、周王室肇基之地,民风崇礼尚德。红柯在岐山度过了他的童年和青年时期,1982 年他考入宝鸡师范学院(1992 年更名为"宝鸡文理学院")中文系,在这里他走上文学创作的道路。大学时期是红柯创作生涯的知识储备期,他阅读了大量文史哲方面的书籍,为日后的创作打下了坚实的基础。

红柯早年阅读了大量的侠义小说和名将传记,这些作品所带来的热血沸腾的阅读体验使红柯早年被压抑的顽劣心理得到了替代性的满足,同时也潜移默化地塑造了他以英雄崇拜为核心的历史观和价值观,正是这种追求崇高的生命冲动打造了红柯日后西上天山的心理基础。在大量的阅读之后,红柯开始迈上文学创作的道路,他最早的习作就是一本 5 万多字的小说,以手抄本的形式在同学中流传,从中可以看出侠义小说和名将传记对红柯人生和创作的影响。除此之外,红柯阅读上还有一个重要的方面,就是他在高中阶段读到的童话。在读《安徒生童话》的时候他差点流泪,对他来说这是一个迟到的收获。正是童话和诗歌培养了红柯对生命的激情和文学想象力。红

红柯

柯真正意义上的创作是从诗歌起步的,他喜欢古典诗歌、欧美现代派诗歌、朦胧诗,还喜欢古波斯诗歌,手抄过整本的萨迪与哈菲兹的作品。大学二年级时,他在《宝鸡文学》上发表了第一首小诗《红豆》,到 1985 年大学毕业,他相继在一些地方刊物上发表了近 30 首诗歌,还有一篇散文和一篇小说。早期的阅读和写诗的经验在红柯的创作生涯中具有重要的作用和意义,尽管他后来在创作

的体裁和题材上都发生了很大的转变，但是对英雄的崇拜和对诗意的追求在他之后的创作中都保持和延续了下来。从整体上来看，红柯创作的准备阶段是在单纯而充实的阅读中度过的，大学期间他读完了学校图书馆所有文科的图书，还用自己省吃俭用的钱买了1000多元的书，大量的阅读构成了他创作的资源和动力。在这一点上他和其他陕西作家之间有一个相当清晰的区别，对陈忠实、路遥、贾平凹等人而言，他们创作的主要资源是来自社会和生活的阅历积累，是和历史的变迁扭结缠绕在一起的生命体验，而红柯单纯的学校生活无法给他提供丰富的人生体验和文学素材，他沉溺在书籍所展现的丰富世界里，超越自己的生存局限，拓展自己的生命体验，所以红柯所倚重的文学资源首先不是来自现实生活，而是来自由文字和语言所建构起的想象世界。

从1986年到1995年在新疆的十年，是红柯人生和创作中重要的过渡阶段，新疆与关中迥异的自然景观和历史文化极大地重塑了红柯的观念和创作。大学毕业后红柯远走新疆，成了一所技工学校的语文老师，在天山脚下度过了十年的时光。红柯任教学校所在的戈壁小城在20世纪80年代只有两万人口、三栋大楼，相当于内地一个乡镇的规模，从城区稍微往外走就是沙漠，在这种环境中人和自然之间的关系就变得非常紧密。在后来的教学中，红柯利用带学生实习的机会跑遍了天山南北的很多地方，新疆雄奇的大漠戈壁和人们质朴强悍的精神品质给红柯带来了新奇的生命体验，让他对人与自然之间的关系有了全新的认识和理解。"我第一次在奎屯在乌苏见庄稼地吓一跳，麦田里野草跟麦子一样多，在关中乡村田野上是没有树的，树都长在村庄，树会跟庄稼争资源，资源有限。"（红柯，2018b：474）同时，红柯从所在学校图书馆中接触到大量的少数民族书籍，《福乐智慧》《突厥语大词典》《热什哈尔》《蒙古秘史》，这些少数民族的经典作品开始进入他的视野，通过这些书籍红柯进一步加深了对新疆文学和新疆文化的了解。这些与关中迥异的自然和文化在最初的时间里给红柯带来了"一种震撼、一种景仰"（李勇和红柯，2009：27），形成了短暂的"文化休克"，以至于到新疆的头三年里他写不下去了，直到1988年红柯才在《绿风》上以《石头与时间》为题发表了一首诗，这首诗表达了一个西上天山的关中弟子面对大漠戈壁的惶恐和犹豫，它的发表标志着红柯诗歌写作时代的正式结束。

新疆带给红柯的这种新鲜而奇特的体验改变了他的情感和表达方式，之后他仍以《石头与时间》为题发表了赴新疆后的第一篇小说,实现了从诗歌向小说的转变、从抒情向写实的转变。那个忧郁的诗人红柯消失了,代之而起的是在粗砺广袤的大漠中所培养的锐利和锋芒,在《红原》《刺玫》所代表的短暂的怀乡时期结束以后,红柯创作了一系列的批判小说,发表了以《永远的春天》《枯枝败叶》为代表的批判现实的校园系列和以《百鸟朝凤》《阿斗》为代表的长篇文化批判小说。这个阶段他陆续发表了七八部中篇小说、五六个短篇小说还有一些散文,还完成了《西去的骑手》的初稿。新疆十年是红柯人生和创作生涯中的一个重要阶段,辽阔的戈壁沙漠给他的想象提供了异常开阔的空间,他对自然和生命都有了全新的认识和理解,十年边疆生活给他带来的变化不仅是卷曲的头发和沙哑的声音,还有从一个忧郁的诗人到浪漫的小说家的转变,早期对英雄的崇拜和新疆刚健文化的遇合为红柯的文学创作打开了一扇新的窗户。

1995年,红柯重返关中回到母校宝鸡文理学院,2004年迁居西安。"回到陕西,红柯才发现自己已经成了新疆人。新疆是中原文化、印度文化、基督教文化、伊斯兰文化交汇之地,陕西尤其关中历史上是农耕文化与草原文化的交汇地,这些交叉地带强化了他在新疆体验的一切,也激活了天山十年的生活积累。"(舒晋瑜,2017a)回到关中回望新疆,十年的生活体验被重新激活,红柯开始进入一个创作的爆发期,他以回忆的方式书写新疆,并逐渐形成了自己独特的风格。十年磨一剑,红柯终于走完了他漫长的文学生长期,迎来了创作上的春天,1996年红柯的短篇小说《奔马》发表在《人民文学》上,标志着他的创作得到了主流文坛的认可和关注,找到了"属于自己的句子",此后,红柯描写新疆大漠草原的小说、随笔在《人民文学》《十月》《收获》等国内大型文学刊物相继推出,被收入各种权威选刊选本。从1998年到2000年,红柯共发表了30多部中篇小说、近百个短篇小说、几百篇散文。从2001年开始,他逐渐转向"关中-天山"系列长篇小说的创作,先后推出《西去的骑手》《大河》《乌尔禾》《生命树》《阿斗》《好人难做》《百鸟朝凤》《喀拉布风暴》《少女萨吾尔登》等十余部长篇小说,2018年出版了《太阳深处的火焰》。红柯的小说四次入围"茅盾文学奖",2005年《西去的骑手》入围第六届"茅盾文学奖",2008年《乌尔禾》入围第七届"茅盾文学奖",2011年《生命树》入围第八届"茅盾文学奖",2015年《喀拉布风暴》又入围第九届"茅盾文学奖"前十,这一阶段红柯真正确立了自己在中国当代文坛的地位和价值。

红柯说:"迁徙对我是极大的长进,是一种生命不断体验变化的过程。生命最忌讳封闭呆滞。""周秦汉唐,穆天子西游天山,汉张骞通西域,唐玄奘西天取经,文人们壮游天下。小说本是动态的,是对陌生地域的冒险。""作为周人之后,据说周人来自塔里木盆地,我西上天山应该是寻根之旅。"(舒晋瑜,2017a)从关中到天山的迁徙对红柯而言是一次文化上的寻根之旅,他在新疆找到了理想的生活方式和精神家园。与游牧文化对路遥"润物细无声"式的隐性影响不同,红柯的西域书写直接源自新疆十年的亲身体验。但是,红柯对西域世界的建构并不是一种完全客观的自然呈现,而是携带着中原文化的"前理解",这种来自中心地带的文化记忆使红柯对西域的认识融入了浪漫的自我想象。"我在黄土高原的渭河谷地生活了二十多年,当松散的黄土和狭窄的谷地让人感到窒息时,我来到一泻千里的砾石滩,我触摸到大地最坚硬的骨头。我用这些骨头作大梁,给生命构筑大地上最宽敞、最清静的家园。"(红柯,2002a:12)他眼中的西域超越了自然意义上的地理空间,它是一个与现实世界相对照的诗意的彼岸世界。

二、请给我以火——丝路古道上的文化寻根

在中国当代文坛上,红柯是一位异常耀眼而醒目的作家,这种耀眼和醒目不仅表现在他那特立独行、元气充沛的浪漫主义风格中,更是他对自己"后撤式"文化立场和生命意识上异常执着的标举和张扬。当寻根文学在返归传统的航行中触礁之后,红柯却依然驰骋在文化重建的征途中,一路高歌猛进。从1996年开始的《奔马》到2018年出版的《太阳深处的火焰》,在20多年的时间里,红柯笃定地在关中和天山所构成的文化场域中寻找着精神的返乡之路,思考着文化重建的命题。

红柯笔下的新疆是一个关中人眼中的新疆,他始终携带着自己对关中文化的理解和认识来想象和重建新疆,关中理性文化所带来的压抑体验决定了他特别钟情于新疆文化刚健奔放的一面,用一种热血澎湃的激情叙事过滤掉了这个世界的阴影和缺憾,依照自己内心理想化的生存图景建构起一个充满神性之美的异域世界,从而成功地把新疆从地理上的异域转化为文化上的"异托邦"。"不管新疆的原初意义是什么,对我而言,新疆就是生命的彼岸世界,就是新大陆,代表着一种极其人性化的诗意的生活方式。"(红柯,2002a:3)这是我

们理解红柯新疆叙事的基点,如果脱离这一点,将会造成对红柯创作主题的偏离和误读。

在红柯的小说中,新疆是一个"属阳"的理想世界,它由一系列以太阳为核心的文学意象组成,象征着新疆文化的刚健之美和神性之美。太阳崇拜作为自然崇拜和万物有灵论的重要形式之一,普遍地存在于世界各个民族的神话和宗教信仰中。在中国现代以来的文学谱系中,太阳意象往往承载着现代文人对民族国家新生的渴望和追求,如郭沫若的《太阳礼赞》《凤凰涅槃》,还有艾青诗歌中关于太阳的《太阳》《向太阳》《给太阳》等。在郭沫若和艾青的诗歌中,太阳意象拥有那个时代特定的内涵,代表着一种改造和变革现实的非凡力量。红柯小说中的太阳意象是新疆文化或者说是红柯理想中一种强悍的生命形态的写照和象征,具有神话原型思维的特点。

红柯小说所建构的是一个充满阳刚之气的新疆,这种阳刚之气首先表现在对"力"的英雄精神的反复书写和赞颂,再现和重构了上古感性英雄的精神价值。"英雄是一种原欲"(周泽雄,1998:75),世界上很多民族早期的神话传说和史诗都在歌颂这种洋溢着旺盛的原始生命意识的英雄形象,如印度的《摩诃婆罗多》《罗摩衍那》,还有中国神话《山海经》中的夸父、刑天,都是以"猛志"而著称的英豪。中国在进入封建社会之后,具有原始血性精神的英雄逐渐失落,代之而起的是以理性为核心精神的道德英雄,所以中国文学史上的英雄多为"好汉""侠客"形象,这是崇尚仁德的儒家思想对民间文化的一种渗透,"好汉""侠客"尽管武艺超群,足智多谋,但儒家文化中的英雄从来就不是以"力"作为精神实质的,他们能获得认同的更为重要的原因是其代表了一种与官方相对的民间道义,正是这种对道义的自觉担当精神成就了他们的英雄本质。儒家文化中的英雄形象蕴含了封建社会底层民众对社会正义的想象和追求,但是这种正义的内涵随时可能被官方收编与整合。当代革命历史小说中的英雄形象就成功地实现了从民间好汉向革命正义代言人与践行者的身份转化。红柯的英雄观显然不是来自儒家文化传统,他所认同和弘扬的是一种中原农耕文化之外的游牧文化。马背上的游牧民族具有尚武精神,他们所推崇的英雄充满了原始"力"的精神,体现了生命的一种激情状态,渴望能如太阳般放射出瞬间的光芒。

长篇小说《西去的骑手》被誉为英雄史诗性的作品,其中塑造了两位乱世英雄尕司令马仲英和盛世才,这两个在正史中充满争议的人物在红柯的笔下被剥离了传统的道德评判,展现了生命力张扬的一面,"既是一种历史也是一种想象。长天大野,骏马烈风,美在这里仅仅体现为一种力"(红柯,2002a:285)。马仲英是年轻气盛、充满血性的少年英雄,他是一个战神、一个天才的军事家、一个被神化了的草原骑手,从他早年反叛同族马家军到远征新疆,决定他的选择和行为的不是某种事功精神的驱动,而是一种生命原始血性的勃发,是一种不计成败、不计得失对个体生命尊严的捍卫,甚至是一种没有明确目的的生命的冒险,这个人物形象在单纯中蕴含着丰富和神秘。这种反智的原始血性在崇尚理性的知识分子文化传统中一直被压抑和否定,只有在战争中他的生命活力才能得到正面的阐发和弘扬。战争中的马仲英是飞扬的、壮美的,小说一开始就写他骑着大灰马和哥萨克骑兵的师长单独对阵,他迅如闪电地把"刀子小鸟归巢一般撞进对方的喉咙",接着是尕司令的骑兵以血肉之躯和哥萨克的飞机坦克装甲车浴血交战,战争的残酷和惨烈不但没有摧毁他们的意志,反倒更加彰显了这些儿子娃娃(新疆人对男性的夸赞之词)们的英雄豪情,因为在英雄的价值世界里,死亡是不重要的,重要的是对生命瞬间辉煌的渴望和追求,"血性男儿要活出一身辉煌",这就是红柯所认同的新疆"儿子娃娃们"的精神内涵。红柯毫不吝惜对这个人物进行赞颂和弘扬,在他身上体现了红柯对一种理想化生命形态的浪漫主义想象。小说还浓墨重彩地刻画了另一个人物盛世才,这个在正史中杀人如麻的刽子手,在红柯所建构的价值世界里则成为一个阴鸷的乱世枭雄,"他的阴险里面也有豪迈的东西"(红柯,2002b:293)。盛世才和马仲英尽管在政治上处于一种对立关系,甚至马仲英的单纯和盛世才的阴险也形成了性格上明显的反差,他们构成了一阳一阴、一正一反的矛盾和对立,但是在他们身上共同体现出一种在酷烈的环境中所激发出的生命不屈的强力,红柯对这两个人物的改写和重塑体现了一种超道德的英雄观。同时在小说中他们的人生轨迹也有相似之处,他们都经历了一个从被打击到登上生命巅峰再到失败的命运转变,只不过马仲英的悲剧结局是一种英雄精神的陨落,而盛世才的悲剧则是英雄人物被权力所扭曲和变异。盛世才在小说中的形象有一个发展变化的过程,他年少时怀有报国大志,到新疆后也实行了一些积极的革命政策,成立了反帝军,但在新疆政治形势的复杂变化中,他逐渐走向了集权和反动。小说中有一段以太阳隐喻盛世才的这种变化,新疆反帝军团长尹清波被盛世才早期的革命精神所折服，每天都要遥望昆仑山顶的太阳，到后来"他看见太阳深处有一块黑斑，黑斑逐渐扩大，大得无边无际"（红柯，2002b：207）。这段描写中太阳的黑斑隐喻着盛世才的蜕变，尹团长因为闯入太阳的禁区，窥破了盛世才的阴谋而给自己招来杀身之祸。红柯对英雄命运的书写体现了一种神话思维，马仲英和盛世才人生的起伏变化和日出、日中、日落的运行轨迹是一致的，这是远古时期太阳英雄神话原型的现代演绎。红柯通过对太阳英雄的浪漫想象建构起一个理想化的文学世界，标举和重塑了一种崇高的价值理想，以此表达了他对世俗社会的反思和内省，"马仲英的一生是引人注目的一生、悲剧的一生。而我对世俗上走向失败的人物都有一种怜悯和同情，我的几乎所有小说中的主人公都是世俗生活上的失败者、精神生活上的胜利者"（李建彪，2006：71）。红柯在描写英雄人物在世俗生活中的处境时或多或少会流露出一种孤独的情绪，他们对自身价值理想的坚守不被周围人所理解，这种英雄末路的悲剧感不仅是一种文学想象，更是一种现实写照。

其次，太阳英雄崇拜在少数民族文化中往往和鹰崇拜联系在一起，"蒙古族将最骠悍的骑手称为'草原雄鹰'，新疆的哈萨克牧民将自己优秀的儿子称为'天山雄鹰'；青海回族称勇敢的牧马人为'高原雄鹰'"（杨俊国和张韶梅，2002：37）。红柯小说中的鹰意象代表了平凡生活中人们对英雄的向往和对生命强力的追求。《金色的阿尔泰》中红柯把屯垦的兵团人标举为和成吉思汗一样在大漠中追赶太阳的英雄。在这片神奇的土地上"所有的苗都是以鹰的姿势生长的，都是从石缝里发芽，刺穿泥土和空气，在风暴中展开翅膀，带着啸音飞翔"（红柯，2001a：46）。苗以鹰的生长姿态体现了大漠生命的高贵和雄强，柔弱里蕴含着生命的蓬勃和刚强。《鹰影》里的父亲在纵身一跃中把自己化为奔向太阳的雄鹰，以一种英雄精神重构人类对死亡的想象，死亡不是生命的终结，而是定格在鹰永恒的飞翔中。"无论是群山还是草原，没有鹰是无法想象的，没有鹰的天空就像板结的土地，不生长东西。鹰用它的翅膀耕耘苍空，在鹰影投射的地方，骏马奔腾嘶鸣，草原人从鹞鹰与马身上感悟天空和大地。"（红柯：2001b：60）鹰是草原英雄精神的本质和投影，孩子从父亲和鹰身上感受到了一种生命的强力，他开始模仿鹰的姿态、鹰的气势，从中寄予了他对父亲的怀念和对英雄精神的向往。

红柯小说中的太阳意象还象征着一种刚健勃发的雄性生命力，英雄不但要有精神上的强悍勇猛，而且要有强健的体魄，这是英雄血性精神在现实层面得以兑现的物质基础。《喀拉布风暴》中红柯用"地精"意象表现了他对人类原始欲望和男性生命力衰退和重建的思考。"地精"就是骆驼在大漠深处喷射的生命之水，射到白刺根上就长出锁阳，射到梭梭红柳上就长出肉苁蓉，锁阳和肉苁蓉的结晶就是如男性生殖器一样的地精。在红柯的话语体系中地精不但具有重振男性生理功能的自然药效，而且具有医治心灵创伤的精神救赎功效。被关中理性文化所规训和阉割了生命原始欲望的张子鱼，因为自己的软弱和退缩而遭受了爱情的挫折，孤身逃到新疆疗治情伤，这个对着太阳说话的人去追赶沙漠里的太阳，在新疆他遇到了同样厌烦平庸、渴望激情的叶海亚，因为一首粗粝忧伤的哈萨克族民歌《燕子》，两人之间产生了心灵上的共鸣和遇合，他们摆脱一切世俗的羁绊来到沙漠瀚海，以地精为食，以黄沙为席，在旷野中彰显生命的野性之美。地精不但使张子鱼重新恢复爱的能力，而且它所象征的生命原始欲望也救赎了关中理性文化所造成的生命的困顿和颓败。

太阳还象征着英雄精神的不息和重生，英雄崇拜的产生就是人类对死亡焦虑的一种抵御和反抗。《西去的骑手》中马仲英的死亡，"不是一种崇高精神的毁灭，不是对英雄追求的否定，而是他们旺盛生命力的一种转移和升华；是他们一生荣誉的顶点"（孙绍先，2000：30）。《太阳发芽》中那个像熟透的梨子一样"酥软的""被大地吸到肚子里去"（红柯，2016：208）的太阳，是一种生命成熟后自然的陨落，爷爷在面对死亡时也像梨子落地一样坦然和无畏，死亡对他来说就像骑着骏马的骑手重归大地，他消融在土地的生命就如同落地的成熟而饱满的种子，最后在女孩的画里"露出一点金黄"，重新发芽而获得重生。《金色的阿尔泰》里太阳和女人的地母形象交织在一起，它幻化成为女人手中"金黄的油馕"、"亮亮的洞"和天上的"红鱼"，阿尔泰女人的日常生活因此而显现出神性的光辉。在营长媳妇被子弹击中之后，生命重回大地，新的航程就这样开始了，女人在金黄的玉米中迎来生命的复活和重生。在红柯的小说中，太阳往往成为新疆英雄精神和生命循环观念的文学象征，表达一种对死亡的抗拒和对生命永恒的想象，这其中蕴含着一种神话原型的思维范式。在人类的文化史上，太阳不仅是一种自然现象，而且构成了中外民族最为普遍的宗教崇拜，它"每天沉下西天，但次日便又从东方诞生，这种永恒的循环在原始心理中便理解为不死或再生的象征，理解为超自然的生命"（叶舒宪，1988：

238）。在中国甲骨卜辞中有"出入日，岁三牛"的祭俗，《尚书·尧典》中有"宾日"于东、"饯日"于西的礼仪，人类从太阳与植物荣枯的关系中发现"太阳的运行是人类命运的一种范式：从一种存在模式过渡到另一种存在模式，从生到死，然后又重生"（米尔恰·伊利亚德，2004：96）。"神话思维中，日出与日落并不是纯客观的自然现象，它必然同时代表着某一神或英雄的命运。因此，太阳的上升阶段就和英雄的出生、成长、建功立业等喜剧性情节相对应，而太阳的西落和隐没也就和英雄的失败、死亡等悲剧性情节相对应。"（叶舒宪，1988：330）人类超越死亡的方式就是与太阳同行，脱离有限的死海，加入无限的宇宙循环。

在《太阳深处的火焰》中，我们也能找到大量和太阳有关的意象群，如太阳、火焰、大漠红柳、红鬃烈马、太阳墓地等，这些充满雄性生命力的意象在文本中都由吴丽梅这个来自塔里木盆地的荒原牧羊女所贯穿起来，共同构成了新疆这个"异托邦"的精神特质和文化内涵。小说从一开始就从主人公徐济云的视角描写了吴丽梅身上所散发出的耀眼光芒，他"清晰地记得电流穿身而过的感觉，接着是火焰，从血液里喷涌而出的热浪在熊熊燃烧"（红柯，2018b：2），在随后展开的叙述中徐济云不断地发现吴丽梅身

红柯长篇小说《太阳深处的火焰》

上的光芒，并被这种充满神性的光辉所吸引和震撼。吴丽梅的一生都在追随太阳的轨迹，她研究老子西行领悟生命之光，发掘太阳墓地最后化身红柳葬于大漠，"她的整个人生就是大漠红柳，红柳就是无法熄灭的生命之火"（红柯，2018b：37）。吴丽梅对太阳的追随和她所体现的神性来自地域文化的浸染和哺育。在她所生活的塔里木盆地，人与自然、人与人之间都是一种和谐共生的状态，他们住的是山顶洞人式的地窝子、古老的黄泥小屋、干打垒土坯房，烧火用的是红柳梭梭和牛羊粪，"入眠后的炉火跟婴儿吮奶一样咂羊粪蛋"，"火焰就把厚墩墩的牛粪当马骑，跨着火焰驹奋勇向前"（红柯，2018b：11），这里的一切事物都是有生命和灵性的，与人类的精神和心灵是相通的。在这种环境中长大的吴丽梅天生就具有一种自然的神性，小说中作者描写她作为泥瓦匠

的女儿拥有一双细滑灵巧的双手，用渭河里的黄泥捏出了牛羊马驼、女人和男人，在徐济云的眼里她就是抟土造人的创世女神女娲的化身。在小说中她不但以火热的异域气质吸引了徐济云对她产生爱恋，而且还成了拯救和再造徐济云的精神导师，那件她亲手织就的羊毛衫就像如来佛祖赐予唐僧的锦斓袈裟，一路护佑徐济云到西域求取生命的真经，获得精神的启悟和重生。红柯的另外一部短篇小说《吹牛》，曾经获得第二届"鲁迅文学奖"，写了两个男人在草原上喝酒吹牛的生活片段。该小说篇幅短小、情节单纯，但是其中却蕴含了丰富而充盈的生命体验，爱情和友情的简单和深沉，马杰龙对牛的不舍和生存的无奈，太阳、女人、草原菊的意象交织重叠在一起，人与自然呈现出一种自由交融的状态。

　　红柯小说与其他作家的新疆叙事不同的地方，就在于它对新疆的想象和建构是在以关中为参照的体系中展开的，所有新疆小说的背后，全是陕西的影子，如果说新疆在红柯的文学叙事中是属阳的"肯定性"价值空间，那么关中则构成一种属阴的对历史文化的解构空间。如果说红柯的新疆叙事始终是从关中视角展开的，那么，从2008年的《好人难做》开始，关中在红柯的小说中开始从一种潜在的背景状态大规模地走向叙事的前台，他通过天山、关中这两个地域所建构的文学世界开始变得清晰起来。但是在红柯的文学世界里，关中并不是指时间序列中现代性的社会和文化形态，而是一种和新疆游牧文化所对照的在特定空间中形成的农耕文化形态，具体就是在农耕生产方式中形成的以理性和尊老情怀为核心的儒家文化形态。

　　新疆是红柯理想中的人性空间，关中则是他审视下的世俗社会。与其他陕西作家对乡土文化的肯定与留恋不同，红柯对关中的呈现更多是从它的负面进行的，在红柯笔下，关中是中国异常稳固的家族文化的投射和缩影，是给人带来压抑和伤痛的世俗社会。《少女萨吾尔登》中所描写的周原是冷漠而势利的，它作为周健和周志杰叔侄现实中的故乡，不但没能带给他们期望中的温情，反而在一次次的嘲讽和轻视中伤害他们，"一个在异乡混地（得）不如意的人是没有故乡的"（红柯，2015：24），游子的还乡只属于衣锦而归的成功者。周健通过努力想要实现的就是在渭北这个世俗社会"活人"，"活人就要让人把咱当个人，不然就成可怜人了，可怜人不当（可怜）得很"（红柯，2015：50），叔叔周志杰就是这种可怜人的现实翻版。周志杰是村子里有史以来的第一个"状元",多年后他从新疆回到故乡周原当了中学教师,因为没能以成功者的身份衣锦还乡,他受到来自故乡亲人无情的鄙视和嘲讽,就连老婆都看不起他,和他离了婚。因为没能给外甥办成上学的事,春节在姐姐家吃饭时吃了三碗酣水臊子面,他受到了姐姐和外甥无情的戏弄和蔑视。关中是一个在漫长的历史发展中形成的家族社会,在这个由家族纵横交错编织起的礼俗社会中,个人必须被有效地纳入家族的繁衍和发展壮大中,每个成员在这个差序格局中的地位依据其对家族发展的作用而确定,能够给家族带来正面价值的个人处于差序格局的较高等级;反之,任何疏离于家族利益的个人则处在差序格局的较低层次,他的价值和地位都会被这个庞大而严密的价值系统所贬低和否定,以此来保障和维护家族秩序的正常运行。这个异常稳固的家族体系规限了内部成员的价值取向,任何疏离于这一价值的个人都会被贬低和取消其存在的意义。为了不重蹈叔叔的覆辙,能够在渭北市出人头地,周健的女朋友张海燕掏心掏肺地为他的前途谋划,到处在单位"维人"(拉拢人)。爱唱秦腔的父亲用历史故事点醒她,"从古到今讲的就是上阵父子兵,打仗亲兄弟"(红柯,2015:41),在以乡情为基础的渭北市,要想成功的第一步就是要在这个人情社会"扎根"。明白此理后的张海燕就给周健带来周原的特产面皮、锅盔、挂面,送给单位的乡党拉关系、攀乡情,以此获得一种"自己人"的认同感。她和周健去听《菜根谭》《弟子规》《朱子治家格言》等国学讲座,这是进入乡党共同体的话语通行证,人情社会就是通过从观念到日常生活层面的一整套话语策略把个人编织进家族的"网罗"。小说中描写的搅拌机就是这个巨大的乡情社会的象征,担任技术员的周健一度把封闭的搅拌机当作心灵的栖息地,这种依靠想象所建构的安全感被一篇关于工伤事故的新闻稿所击溃,他发现任何沾染了人情世故的钢铁机器都潜伏着很多不稳定因素,周健时时感觉自己处于危难之中,"头顶悬着一把刀。这把刀不是机器而是人"(红柯,2015:38)。预感中的事故还是发生了,周健的腿在搅拌机的一次事故中残废了,这个他苦心经营的乡情"网罗"不但没能让他扎根渭北,反倒冰冷无情地吞噬了他的健康和青春,这真是对周原社会莫大的讽刺。周健和张海燕最后在蒙古族女人金花所跳的十二支萨吾尔登的舞曲中获得神性的启悟和感召,从周原势利而冷漠的世俗社会中超脱出来走向精神的自我救赎。

红柯笔下的关中还是一个充斥着老人智慧、缺乏生命活力的权谋社会。"农耕与游牧与工商业的最大区别是，农耕是静态的，庄稼从播种生长到收获固定于一地，对节气的掌握很重要"，"农耕生活方式中对老年的崇尚敬仰天经地义，形成的主体文化儒家就是最有代表性的尊老情怀"（红柯，2017）。红柯在《太阳深处的火焰》中通过皮影和周猴这两个意象，在人与物所构成的互文互证中，隐喻了他对关中文化生命意识匮乏的批判和思考。皮影是最早发祥于陕西的民间艺术，又称"灯影戏"，是一种以兽皮做成的人物剪影表演民间故事的戏剧类型。它的演出方法，是用灯光把人影映射在银幕上，艺人在白色的幕布后面操纵人物，配以音乐唱述故事，所以皮影也可以称为傀儡的艺术。小说中主人公徐济云的弟子王勇博士通过探访皮影艺人周猴的家乡周原肘猴村，了解了皮影诞生的民间传说。周人为了防止狼群吃小孩，想出了一个绝招，老人们一手拿着娃娃面具，一手举着火把，诱骗狼群把自己当作小孩吃掉。"那真是皮影艺术的原创时代，照亮皮影的不是火把，不是太阳，是老人们返老还童回光返照后的生命的火焰，后人称之为太阳深处的火焰。"（红柯，2018b：132）在这个民间故事里皮影是老人为了家族发展所激发出的英雄精神和牺牲精神的生命结晶，而在之后的历史发展过程中，皮影逐渐成为干枯的、没有灵魂的傀儡艺术，渭北市皮影艺术研究院的十大班主不再是为了艺术而牺牲的献身者，而演变为囚禁和打压年轻艺术家的权谋者，皮影艺术研究院也就成了关中老人社会的缩影。周猴就是这种老人智慧在现实中的产物和典型体现，他长着一张皱巴巴的脸，童年时因暴病入棺走了一回地狱，从此成为一种阴阳人，他不但无师自通地熟稔了老人社会的奥妙，而且审时度势心甘情愿地成为他们手中挟势弄权的傀儡。他在皮影艺术研究院的角色就是"挡门的"，把那些有才能、有抱负的人才挡在研究院门外，使他们不能进步和发展，借此摧毁那些年轻艺人对未来的梦想和期待，这就是十大班主为了维护自身地位的手段和阴谋，"老人智慧谋略韬略心智就弥补了生命力的衰退和元气精力的不足，但阴气太重，俗称大阴之人"（红柯，2018b：187）。在十大班主和周猴心照不宣的合谋操纵之下，皮影艺术研究院成为没有生气、没有未来的一潭死水。

　　红柯对这种"老人政治"的批判是深刻而犀利的，对年轻艺人被摧残理想志向是痛心疾首的，但是他并未把这种社会现象仅仅当作一种权术来认识，而是深入挖掘造成这种现象背后的文化原因。这就是农耕文化在发展过程中所形成的一种老人智慧，"游牧生活逐水草而居，一年几次转场，包括驯马，青壮年才能胜任。遇到天灾，就要转场几百公里上千公里，甚至几千公里，游牧民族没有国境意识，哪里有草奔向哪里，为争草场不惜动刀枪发生决战，否则牲畜倒毙，整个民族就灭亡了，战争与流动需要强力者需要勇士"（红柯，2017）。自然环境和生产方式的差异，形成了游牧文化的勇士精神和农耕文化的尊老情怀。红柯生活的关中，是以儒家文化为主体和基石的文化形态，关学创始人张载讲学的横渠就在红柯的家乡宝鸡眉县，所以儒家文化对关中民众的价值观念和日常生活的影响是普遍而深刻的，陈忠实的《白鹿原》就是对关中儒家文化最为生动的生活史诠释。但是通过对比我们就会发现，红柯与陈忠实对儒家文化的认识和价值立场是明显不同的，陈忠实是希望通过向儒家传统的回归来重建社会生活的秩序，所以他对作为家族之"父"的白嘉轩是欣赏和认同的，而红柯则提供了关于文化重建的另一种思路，那就是到异域的空间中去寻找能激发文化活力、更符合人性的一种生存方式，所以他更多的是从"子"的反叛者的角度企图打破外在的固有秩序，恢复人和文化的激情和活力。《太阳深处的火焰》中所塑造的主人公徐济云是寄托了红柯文化理想的一个人物形象，红柯小说中的人物大多是作为一种文化形态的象征符号而出现的。红柯淡化、抽空了人物的性格和心理内涵，而给其灌注特定的文化理想，就像《一块银元》中被灌了水银的童男童女和当年为了进文工团、成为文艺兵而喝下水银的徐济云，他抽空了这些人物作为"人"的内涵，而使其成为象征作者文化理想抑或文化批判的符号。这就像当年沈从文、汪曾祺寻根文学的手法一样，只是沈从文、汪曾祺把他们的文化理想和人性中最纯真、最自然的状态结合在一起，或者说他们是在一种人性的自然状态中发现了自己的文化理想。他们的创作是在现实基础上的还原和重构，体现了一种回归生活、回归人性的趋向。而红柯笔下的人物呈现了一种抽象化和理念化的痕迹，生活于关中的徐济云和来自新疆的吴丽梅更像是红柯实现儒家文化和西域文化融合的媒介，或者说，徐济云虽然生存于关中文化圈，但是他的内质却不断被另一个理想化的西域汉人吴丽梅所审视、批判和重塑。在徐济云的想象中，吴丽梅的手和女娲造人的手不断交叉重叠，她送给徐济云亲手织就的羊毛衫在暗中护佑着徐济云生命中微弱的火焰，最终吴丽梅以她的"神性"唤醒了徐济云生命中逐渐暗淡下去的生命之光，带着作者的希望和理想，徐济云坐上飞机，成为接近和追赶太阳的人。

《喀拉布风暴》中的关中是一个被时间化、历史化的地理空间，这里是由老人的智慧和权谋所构成的家族社会。主人公张子鱼就是一个在根系庞大的家族中成长起来的关中子弟，他的祖爷爷和亲爷爷都是天生的农民政治家，为了维护家族的发展用尽了各种计谋和手段。祖爷爷在中华人民共和国成立以前的关键时期，高瞻远瞩，审时度势，亲手策划了大儿子被绑架的传奇故事，才得以在历次的政治运动中保全了财产和家人。"从那时起这个祖爷爷苦心经营的大宅院就弥漫着一股冷酷与豪狠，典型的西北高原的狠。"（红柯，2013：170）张子鱼的亲爷爷为了五个儿子的前途，运用西北人的豪狠运筹帷幄，使家族得以发展和壮大。还有张子鱼的同学和乡党武明生的父亲，在"低标准"饿肚子的时期，重拾祖先骟匠的手艺让武家的三个碎娃（方言，小孩）隔三差五地有肉吃，武家的三个儿子长大后在村里出人头地，武氏家族在全村上千号人中威信大增。渭北高原上张家和武家的历史生动地说明了老人智慧在家族中的重要性，从小就在家族的历史中耳濡目染的张子鱼告诉新疆妻子叶海亚，"口里跟新疆不一样，口里人的美好生活就是深谋远虑处心积虑算计出来的"（红柯，2013：171），这就是关中文化和新疆文化的本质区别。孟凯第一次走近帝王陵墓时想到的是西域瀚海里的地精，地精挺拔直立，阳气旺盛，而帝王的陵墓却弥漫着死亡的气息，这种以权谋为根基的家族文化是以牺牲人的阳刚之气和生命活力为代价的。张子鱼从小就被极度理性和自律的家族文化进行精神阉割，被去掉了势，势就是阳物，去势就是对公的动物进行阉割，这种经历造就了张子鱼压抑和自卑的性格，以至于他在情窦初开的年纪，就因为对城乡差距的身份自觉，拒绝和伤害了对他表示好感的城市女孩赵琼，后来他和姚慧敏、李芸的情感纠葛，不过是初恋悲剧的重新上演。红柯通过张子鱼的爱情故事揭示和批判了关中由老人主宰的家族文化所造成的男性生命力的衰退和雄性气概的缺失，这个主题是现代文学批判封建文化的应有之义。沈从文就曾指出城市文明的"阉寺性"，认为文明的过度发展造成了人性的压抑和扭曲，他试图以湘西充满自由和野性的乡土文明矫治现代文明的"阉寺性"。红柯对文化重建的思考继承了沈从文的传统，经历了爱情失败的张子鱼孤身远走新疆，"从时间奔向空间"，"穿越历史隧道摆脱蛛网般的家族网络就是想在西域辽阔的天地间透一口气"（红柯，2013：253），在阳气十足的异域文化中寻找自我的救赎与精神的重建。

纵观红柯的创作历程，他对文化重建问题的思考是非常清晰和统一的，即以新疆文化的阳刚精神救治关中理性文化生命力的匮乏和缺失。红柯在他的散文和小说创作中一再强调和重申"中国文学有一种伟大的边疆精神与传统"（红柯，2002a：281）。他特别推崇胡汉融合的大唐文化和受到胡羯之地精悍之血滋养的诗人李白，认为《红楼梦》《金瓶梅》《儿女英雄传》都是在书写生命的衰竭和退化。在谈到20世纪80年代崛起于新疆的新边塞诗时，他指出新边塞诗的意义在于彰显西部游牧民族非理性文化中的生命意识，这种生命意识注重的是人的高贵、人的血性、人的无所畏惧，它所显示的生命在无序状态中的强力是中原文化所缺乏的。红柯认为"居于沙漠的草原人其心灵与躯体是一致的，灵魂是虔敬的。而居于沃野的汉人却那么浮躁狂妄散乱，心灵荒凉而干旱"（红柯，2002a：10）。对于如何救治汉文化的困顿，红柯给出的答案是把新疆少数民族文化的边塞精神融入汉文化之中，但是对于这两种文化如何对接和融合，红柯给出的解决方案往往是人物突然之间的顿悟，就像《喀拉布风暴》中孟凯在那个风暴夜晚冒着生命危险把情敌张子鱼送到了叶海亚身边，以及《太阳深处的火焰》中徐济云在经历了世俗的困扰和迷失之后，行走在西北高原阳光灿烂的大街上，"突然把吴丽梅的'种子情结'跟父亲老徐的'男孩情结'连在一起，电光闪烁，焊接得如此成功"（红柯，2018b：470），这种突然之间的神启和顿悟不但让徐济云觉得大为惊叹，而且让读者觉得非常突兀，缺乏说服力。怎样把新疆文化和关中文化融合在一起，或者说新疆文化和关中文化之间除了彼此的对照，还能构成什么内在的联系，这是至今依然摆在人们面前的难题。

三、绝域产生大美：红柯小说与伊斯兰文化

在中国的历史与现实中，少数民族总体上无疑处于相对意义上的边缘文化区，但却保有更多本真的自然的东西。在中国大西北，穆斯林人口占全国穆斯林人口的多数，而新疆少数民族信众则绝大多数信仰伊斯兰教。事实上，中国穆斯林尤其是人数众多的新疆穆斯林，与其他各族人民一道为创建中华文明做出了不朽的重要贡献，同时，他们以千百年的物质文化和精神文化积淀，创造了独具特色并有重大影响的中国伊斯兰文化。在我国，中西部地区特别是西北地区是中国穆斯林的聚居区，也是中国伊斯兰文化的主要传播区。源远流长的中国伊斯兰文化，铸造了西部人的精神气质并形成了西部人对生命的特殊感悟

方式。在西部文化尤其是伊斯兰文化的历史氛围和精神资源中，中国西部文坛上空闪耀着颗颗明星，本书所论的曾经浪迹新疆十年、被称为"文坛黑马"的作家红柯，就是近年来熠熠生辉、光照久远的一颗新星。

红柯本是土生土长的关中子弟，然而却把十年的青春时光留在了新疆天山脚下，特别是伊斯兰文化影响下的地区。从表面过程看是红柯走向新疆，从深层看却是文化新疆塑造或重构红柯。而新疆文化在很大程度上可以说是新疆伊斯兰文化。红柯曾直言不讳地说过，浪迹新疆十年的经历使他几乎成为地道的草原哈萨克人，他的血液中也流淌着伊斯兰文化的血性力量和生命激情："一个内向腼腆的关中汉子在那里脱胎换骨，当我头发曲卷、满脸大胡子回到故乡时，亲友们以为来了个草原哈萨克①"；"新疆对我的改变不仅仅是曲卷的头发和沙哑的嗓音，而是有别于中原地区的大漠雄风、马背民族神奇的文化和英雄史诗"（红柯，2002a：325）。诚所谓西域十年不寻常，文化转型意欲狂——去新疆前，红柯崇尚阴柔之诗；去新疆后，红柯吞吐阳刚之气。在新疆伊犁哈萨克自治州工作期间，他阅读了许多充满少数民族智慧的书，同时悉心领略着草原民族悠久的历史文化和生活文化。虽然他早在大学时代就对西北少数民族文化十分感兴趣，但当时涉猎的少数民族文化毕竟有限。而在 1986 年到新疆后，他就能充分利用地利之便开始大量接触图书馆里面的少数民族书籍。也正是由于有书籍的熏陶和生活的体验（自然也脱不开思想解放和外来文化影响的时代背景），红柯对西北少数民族文化尤其是伊斯兰文化形成了自己独特的见解。浸透着一种浓烈的血性力量和原始的生命激情的少数民族文化，具有独特的生命本真的光辉，而儒家文化相对缺乏的就是西部少数民族文化中的这种血性力量和生命激情。由此，他在文化互补互动的意义上，开始通过言论尤其是他的小说，竭力渲染和张扬这种充满蓬勃张力的精神文化，因为他觉得这恰是汉族文化需要向少数民族文化学习的地方。而这种竭力的渲染和张扬业已进入浪漫与梦幻之境，所以在红柯的小说世界中，读者很容易体会到对人之异化的精神抗争，其"反现代性"的文化取向也"昭然若揭"。

新疆是游牧民族的生活地带，游牧文化是这里的生存方式和人生理解。即使是从"口内"到"口外"的汉族汉子，时日既久也会深受其影响，红柯就是

---

① 哈萨克为民族自称，有白天鹅、自由者之意。

极有代表性的一位，而且，他的心中与笔底，喷吐出一颗颗艺术的珠玉。而其中最引人注目的，便是他的一系列发散着西部少数民族文化精、气、神的小说，如他的《奔马》《哈纳斯湖》《美丽奴羊》《跃马天山》《库兰》《吹牛》《黄金草原》《西去的骑手》等篇幅不等的小说，就引动了许多读者的眼球和心灵。尤其是他出版的一系列描写西部风情的中长篇小说，在当代文坛打造了一片奇异瑰丽的风景。

辽阔的西域在红柯的人生经历中已经留下了无法磨灭的烙印。沐浴着大漠雄风，与草原群鹰相伴，这里人民的坚忍、正直、勇敢、顽强，懂得敬畏，他们为人的淳朴、血性和硬朗，诗意的生存方式和人生哀乐，皆已融入了红柯的血液，成为他生命的重要组成部分。新疆风物，恰如红柯所说，湖泊与戈壁、玫瑰与戈壁、葡萄园与戈壁、家园与戈壁、青草绿树与戈壁近在咫尺，地狱与天堂相连，没有任何过渡，上帝就这样把它们硬接在一起。酷劣的自然环境、艰苦的生存条件，使得生长在这块土地上的生命必须具有顽强的生命意志和坚忍旷达、硬朗血性的人格风范。经由文化的内化与外化，这些也就形成了红柯小说独特的审美价值取向，即粗犷剽悍的美学风格。因此在一定意义上可以说是地域风物铸造了红柯的精神气质和他的小说世界，使我们分明可以感受到某种异域的格调及别具一格的审美风范和独特的艺术风采。当整个文苑的趣味趋向轻靡颓废之时，犷悍之美给我们带来特异的生命光彩。野性"未开化"似乎是所有的民族都要经历的一个时期，所有民族的原始文艺都免不了反映一种蛮荒朴野、犷悍粗豪、雄强狞厉的生活趣味，唯其原始，故饶生气。犷悍之美常常与一股原始而蓬勃的生气联系在一起，并常常是以生命强力形式出现，其特征是野性热情、勇敢和不受羁束的情感喷发。在荒凉而又广袤的丝路腹地，巨大的空间给红柯以自由的想象力，也造就了其小说恢宏博大、浩荡磅礴、精力弥满、浑融雄厚的气势之美，能够使读者感受到一种浓烈的氛围和强大的力量以及猛烈的心灵震撼。

赢得广泛赞誉的《西去的骑手》，描写了西北回族传奇人物马仲英和新疆军阀盛世才之间相互争斗的故事。血性的张扬、生命力的勃发，渗透在这部作品的字里行间。在作品中，马仲英成为耶律大石、成吉思汗、瘸子帖木儿等中亚草原英雄的最后传人，他拥有着一个骑手所有的光荣，他坦坦荡荡地做人，坦率真挚地用情，痛快淋漓地活着。他如旷野飙风般自由，与冯玉祥打，与苏联人打,与盛世才打。他漠视死亡,在他看来,死亡只是生命的一部分。马仲英生于乱世,漂无定所,但他个性张扬、天真率直、相信自我、崇尚武力。在与盛世才的三年争斗后,马仲英败退,从北疆开始了他的逃亡之路。短暂而充满血腥的征战造就了极富军事才干的骑手马仲英,他的勇武和剽悍以及对正义、对友情的理解都给我们带来了一种很特别的感受。反例便是出生于东北,东渡日本进军校专门学习的盛世才。与马仲英相比,盛世才可没那么单纯。他从日本回国后,不久就远走新疆,在新疆成为权倾一时的军阀。盛世才在新疆灵活地周旋于苏联人、陕甘宁边区政府和国民政府之间,他懂得在进退之间明哲保身,保持了"新疆王"的地位,成为新疆的独裁者。马、盛之间的斗争无疑是非常惨烈或残忍的,但作家似乎更着意于展示人的剽悍和野性。在红柯看来,这种剽悍和野性的力量正是小说的一种精神,小说人物身上原始野性的一面,也更多地意味着对一种不合理的现有秩序的抗议,而在背后则深切地呼唤一种生命的本真状态。也正是在这种意义上,红柯才能欣然说出"马仲英这个角色很适合我"这样耐人寻味的话,读者才能理解"血性男儿要活出一身辉煌"的儿子娃娃们的人生理想,叙述者也才会呓语般歌吟着来自《热什哈尔》首句的"当古老的大海朝我们涌动迸溅时,我采撷了爱慕的露珠"(关里爷,1993)。

在这部"野史化"的"史诗"小说里,我们可以看到分别生长在两种不同文化氛围中的英雄性格,一个痴绝狂异、简单快意,一个阴险豪迈、复杂多疑。同时我们可以看到处于同一地域文化中人物的共同信仰,那就是崇武好胜、扬励刚强。他们都桀骜不驯地相信马力和快枪。我们固然难以评判主人公谁是谁非,却可以从小说中人物的性格和生存状态中见出伊斯兰文化在作品中的光影,也可窥见作者心灵一隅,即赞赏血性和向往一种简单本真的生命状态。从主导倾向上看,红柯在小说中确实相当透辟地表达了一种精神,让人保持天空和大地的纯真。就像神马谷的大阿訇之于马仲英,有一种引导的作用。大戈壁、大沙漠、大草原在红柯笔下,幻化出了生命的大气象,印证和体现出了"绝域产生大美"的创作取向。

小说创作的最终鹄的应是诗性,唯有通向了诗性,一个作者才算是完成了他对生活的审美判断(雷达,2002)。红柯正是以其饱含诗情之笔为我们描绘神话般的大漠。美丽如云的羊群、高大威猛的伊犁马、壮志凌云的雄鹰、清澈高远的天空、莽荡灰蓝的群山、蓝而幽静的湖泊、少而激荡的河流、跟太阳一样越升越高的红鱼，还有旷野长风般自由的人，这些都是新疆真实的风物，然而它们却是组接或"化合"起来的，将广阔的新疆最美的东西集于一处，给读者以色彩明丽的新鲜感。真实的新疆也许并非如此完美，正如沈从文笔下的人性之美。这在很大程度上可以说是基于作家想象的重构。红柯之所以这样写，也是因为他想表现生活在天山脚下的人们的诗意生存方式和人生哀乐。他们对一切生命都是敬畏和爱慕的，在遭遇困难或是寄托心愿时他们会默默祈祷。他们相信哈纳斯湖畔的红鱼，欣悦于生命的自由，相信在真主的保佑下，神马谷的马骨架能变成神马，荒凉的戈壁能长出金灿灿的玉米。他们在精神层面上，坚持着一定要给自己的生命找到辽阔而自由的空间。在《哈纳斯湖》里，来自都市受过现代文明熏陶的年轻语文老师爱上了哈纳斯的湖光山影，并在哈纳斯湖畔找到了自己的爱人。当水利专家在哈纳斯湖畔建起水电站，家家户户拉上了电灯后，人们仍然抵抗不住星光的诱惑，将电灯关掉。水电站的人没事可做，图瓦人请他们喝酒吃达干，劝水电站的人不要发电，结果水电站就真的停了。图瓦人的生活方式和他们以神秘对抗并拒斥着现代文明当然是一种历史的倒退，而这种对现代文明的潜在质疑正是作家拒斥理性回归自然的本真状态的流露，同时流露出与自然天然亲和、相生相契的关系。《金色的阿尔泰》中，建设兵团营长抱着把天山南北的荒漠变成粮仓的美好愿望来到了阿尔泰，在这位营长的眼里，庄稼和地是最神圣的存在。营长对庄稼有一种膜拜心态，走到田野上，他会不自觉地向上天祈祷，他的手会自动合起来，心中默念：至高无上的上苍，让庄稼生长，不断生长，像狂暴湍急的洪流一样。当妻子被哥萨克兵射中时，营长就将玉米塞进妻子的伤口并在妻子耳边小声说："高贵的生命不会死亡，我们必将在植物中复活。"（红柯，2001a：51）在荒凉的中亚腹地，太阳、沙漠和岩石交织成一派严酷无情的自然景观，唯有绿洲和麦田是生命的象征。营长的祈祷是为了获得神明的救助，同时显示出了对生命的敬畏。妻子的死没有使营长怨天尤人、痛不欲生，在他看来，妻子的生命会无限延伸，新的生命航程会重新开始。西部人以其坚忍的性格表达了对生命独特的感悟，甚至认为死亡也是生命的一个组成部分。《莫合烟》中的父亲是个老军垦，恶劣的自然环境，大荒漠、冰雪暴、沙暴，最原始的超出正常人体力的劳动，使父亲变得脾气暴躁、粗野无礼。父亲唯一的嗜好就是抽他自制的"大炮"（葵花叶卷烟），当儿子将城里的天池牌香烟带给父亲时，父亲便将五支香烟像扭麻花一样地拧在一起，卷在牛皮纸里，成了一根威猛的大雪茄，并噙着这门特别的"大炮"上街去示威。父亲舍弃了"文明"的香烟，坚持抽刚猛无比的"大炮"，正是为给自己的生命找到辽阔的自由空间，生活简单而又返璞归真。

  在谈到 20 世纪 80 年代崛起于新疆的新边塞诗时，红柯曾指出它的意义在于彰显西部游牧民族的生命意识，而这种生命意识注重的是人的高贵、人的血性、人的无所畏惧，它所显示的那种无序状态和生命强力是中原文化所罕见的。这正是作家的审美理想之所在，也是他作为西部文化人的选择：主动地承受非理性文化，以期重建我们的精神家园（红柯，2002a）。虽然红柯对理性文化与非理性文化及其复杂关系的理解未必准确，对建构新理性文化或精神家园的蓝图和方略也未必了然于心，但毫无疑问，他倾其心力、浓墨重彩地塑造小说人物、演示西部人生，主要是因为奔腾于他们体内的血性力量和生命激情。而作为创作主体的作家红柯更是以传神之笔充分肯定并赞扬了这种精神气质，从中还窥见了丰富文学个性与人类文化的路径。红柯认为人类总有一些亘古不变的东西，这些东西对作家来说是至关重要的，特别是在物质化的时代，面临精神元素的大面积流失，作家应该坚守那些不变的东西，稀有元素往往能够支撑小说世界的发展。红柯小说的"稀有元素"是什么呢？从一定意义上说便是源远流长、重构置换的"文化原型"，尤其是本土少数民族的一个重要文化资源——伊斯兰文化资源。在被理性牢牢束缚的现实世界里，人们所缺少的正是一种无所羁绊的精神纯美境界，而这种境界恰恰寄寓着红柯的审美理想，这种理想中有着浓重的野性回归意识，在冲动中表现出另一种迷恋。红柯在《西去的骑手》自序中愤言："内地哪有什么孩子，都是一些小大人，在娘胎里就已经丧失了儿童的天性。内地的成人世界差不多也是动物世界。"（红柯，2002b：4）在《神性之大美——与李敬泽的对话》中他也说："工业化、电气化、信息化、网络化过程中的人，基本上变成了虫子。"（红柯，2002a：342）这些无不偏激之辞鲜明昭示着他对少数民族文化生态的赞许和对内地甚至是人类文化生态更新的热望。

  由此我们也相信，西部少数民族文化为红柯提供了精神的支援和创作的灵感，并取得了更多更好的艺术硕果；而西去的红柯复又东归，重返日见开发的关中地区，似乎也预示着他将在多元文化进一步的交融中，努力使自己的小说更加具有超越性和丰富性,就像哈萨克人心中的神鸟白天鹅那样,振翅高翔,成为中国乃至世界文坛上卓越的"巴图鲁"(满语中"英雄""勇士"的音译)。

第四章 文化西部视域中的丝路文学

第一节 文化习语与丝路文学

丝路文学尤其是陆丝文学与中国西部密切相关,从文化西部视域来考察丝路文学显然很有必要。

在全球化语境中,中国西部文学,是时代提示的一个难以回避的重要话题,这个话题也带有文化母题的性质,可以分蘖出许多有意义的子命题。而从文化习语的角度来考察西部文学,就是其中一个具有特殊意义的命题。应该说明的是,笔者这里所说的"文化习语"是与文化失语、文化误读、文化碰撞及文化磨合等概念密切相关的一个概念,意在专指对外来文化话语的自觉学习和运用,而不是泛指一般意义上的文化习惯用语。比如"全球化"这一话语本身,就是这种文化习语的结果。而作为使用频率仍在增加的一个语词,它已经成为当今时代一个举足轻重的关键词。正是在辐射力非常强大的全球化语境中,作为中国文学乃至世界文学的一个有机组成部分,西部文学与地球村的命运也更加息息相关。本书拟就文化习语与西部文学的复杂关系,着重强调以下几个问题。

一、全球化语境中的文化习语

身处全球化时代,即使我们有许多不情愿或不习惯,也还是要努力克服种种固有的偏激和狭隘、封闭和保守,学习世界先进文化,创造现代新型文化,与时俱进,在开放加解放的文化视域中,努力学会兼容与融通多元文化的高科技。因为对多元文化的理性把握必须葆有现代兼容之精神,即对多种思想文化资源应兼而容之,同时又能融会贯通,别出机杼,赖此也才能从事真正的新的文化创造。西部文学创作,不仅仅是要发现民间迹近原始的生命精神或原生态的文化流脉,而且也要追求建基于现代理性的文化创新,特别是超越地域文化局限的文化创造。如果没有这种文化更新和文化创造的冲动,西部文学的开发也就无从谈起,西部文学创作和评论也仍不免停留在自我关注、自恋自慰的本能"展览"阶段和被他人走马观花、消费消闲的"游览"阶段。而要从事具有超越意义的文学创作和文化创造，笔者认为，实行"拿来主义"的文化习语仍是一个不可或缺的前提性条件，其重要性也绝对不亚于对地域文化和民间精神的重视和发掘。那种站在民族主义甚至地方主义立场任意夸大文化失语事实、编织文化习语罪状的声浪，其保守性和消极性倒是显而易见、不证自明的。在全球化语境中，可以说清明的现代理性与浑茫的反现代的非理性相比，前者对中国西部文学的积极意义当明显大于后者。我们知道，从中国这块热土上开始的全球化进程虽然并非自今日始，但作为重要论题或热点话题的"全球化"，只是在近些年来才格外受到国人的青睐。而只要略加回顾，我们就会看到，中国走向世界或与外来先进文化兼容的全球化之路确实漫长而又艰辛。其中，无论是从往日的经验还是从今天的实践来看，以开放和改革为背景、以学习和运用外来文化为特征的文化习语，都始终是走向全球化的初阶。清末民初与"五四"时期的文学嬗变便透露了这方面的消息，新时期以来的文学发展和文化演进也给出了这方面的确证。事实上，在近现代以来的文化进口与出口的过程中，或与所谓文化失语相比，我们的文化习语是更为突出的方面，而由文化习语引起的文化效应固然有时也会造成文化失语，但 20 世纪中国的文化（文学）实践已充分证明，文化之间的交流和学习当是更值得我们注意和珍视的主导方面。固然在 20 世纪中国文学的文本里，我们可以看到各种各样的文化因素，但其中通过文化习语所获得的外来文化因素则起到了相当关键甚至是领航的作用，文化习语与文化创造的互动也愈益成为突出的文化现象。西部文学和文化的发展自然也不例外，甚至对文化习语的需求更为重要和迫切。

二、物质文化层面的文化习语

目前人们言说的全球化，其实主要还是经济层面的全球化，对经济基础的高度重视几乎成了全球性的共识。不过在这方面西方发达国家觉悟较早，中国只能算是后发国家或发展中国家。经过一个多世纪的努力，中国的全球化进程终于发展到了快速挺进的阶段，并且中国正以此为前提积极建构能够提升中国文化整体地位的现代民族文化。而要想如此，就不能仅仅发展局部地区文化，而是必须全面发展各地区文化，当中国西部大开发的战略决策付诸实施的时候，这样的旨在整体发展和提升中国文明水平和文化品位的伟大变革就进一步展开了。然而，由于历史的复杂原因，中国西部的现实文化，特别是物质文化还处在明显的弱势地位，因此文化习语就成为西部开发，包括西部文学发展中必须进行的补课项目。虽然来自秦地的老诗人侯唯动曾满怀激情写下《西北高原黄土变成金的日子》等长篇叙事诗，强烈憧憬大西北的美好未来，预言大西北物产丰富，必将"发挥她的巨大力量"，他还曾梦想西北的秃山会变成树海，黄河根治以后的西北将像江南一样温暖……但今天的大西北和整个西部，经济基础仍远不如黄土高原那样深厚。由此在经济全球化的背景下，西部经济大发展就成为必然的选择，我们必须在抗拒被物化、被异化的同时努力发展西部经济，而经济基础的多方面作用，也必然会对文化艺术产生影响。事实上，在注重物质文化的思维渗透下，务求实效的文学实用目的或务实派文艺观，对"五四"文学、左翼文学、抗战文学、解放文学、改革文学、建设文学等，包括西部文学，都产生了前所未有的重要影响。由此在20世纪中国文学史上形成了以务实派文学为主流的历史现象。以西部文学大省的陕西来看，重量级的作家作品，大多都带有现实主义的文学品格。从柳青的《创业史》到路遥的《人生》和陈忠实的《白鹿原》等，我们可以看出陕西文学对现实主义的坚守和发展。同时，西部物质文化发展虽然较东部缓慢，但纵向看却也有了较大发展，丝路作家的衣食住行、书写工具及作品的印刷出版和发行等方面，确实也有了很明显的改观。西部的经济在整体上处于落后地位，文化教育和文学创作也在整体上处于被动跟进的状态，然而在某些情况下或在某一时期里，西部文学却可以创造奇迹，在激烈的文学创作的竞争中脱颖而出，如20世纪三四十年代重庆文坛、延安文艺的兴起，新时期以来陕军文学的崛起，边塞诗歌的雄起和雪域文学的奇幻等，都构成了引人瞩目的文坛胜景。如果以西部题材为标准来命名西部文学，那么许多文学大家也都有西部文学方面的作品，《中国西部作家精品文库》《中国西部人文地图》等就收入了这些文学大家的作品。西部文学、西部作家并不一定是封闭落后的，尽管西部经济和文化教育在整体上有其落后的方面，但同样可以做出自己的特色和优势，在苍凉中坚守，是西部人能够有所创造的基本条件。

三、制度文化层面的文化习语

20世纪中国文学包括丝路文学的发展，与国家的命运密切相连。在中国，马克思列宁主义的影响深远,而作为国家命运的特殊记录和民族心灵的审美观照,20世纪的中国文学包括西部文学的发展,也与百年间自己国家和民族的命运密切相连。在大历史和大文化的视野中,我们可以看到中国20世纪新文化运动的几轮接力赛:第一轮是近代人与"五四"人的接力,基本完成了从近代到现代的跨越,在制度文化变革方面虽然近代人的奔跑显得很吃力,但却是重要的过渡,而"五四"人的接力则很成功,冲刺也很有力,自然在培植民主文化方面所取得的成绩也最显著,但基本还局限于思想文化层面。第二轮是政治巨人时代的一次带有军事色彩的文化长征,从井冈山到延安,是一次相当漫长的持久战。第三轮则是开拓历史新时期的政治领袖引导的新一轮接力赛,这一时期国家奉行的是积极的外交策略和很实在的量力而行的竞争,追求的是全方位的小康与和平,适度的富足与和平成为时代主题,文化国力的持续增长已是不争的事实。在"五四"时期我们有鲁迅,有郭沫若;在抗日战争和解放战争期间,有延安文艺;改革开放以后,则有改革文学、朦胧诗派、寻根文学、反思文学、反腐文学、新写实小说、主旋律文学及消闲文学等,尽管有许多遗憾,但我们还是愿意乐观地承认,中国文化与文学毕竟有了新的丰富和发展。西部文学与此也在同步发展,其发展的一个显而易见的标志,就是西部文学界也有比较可靠的组织机构,并创办了《延河》《飞天》《青海湖》《小说评论》《南方文坛》等文学类刊物,还成立了西部文学书画艺术研究院等,设立有关文学及评论的奖项,努力营造奋发向上的文学氛围,这些对西部文学的产生和发展都起到了推动作用。例如,陕西省作家协会致力于"铸文学大省黄钟大吕,绘西部开发宏伟画卷",就对陕西那些实力派作家产生了明显的激励作用。

四、精神文化层面的文化习语

总体而言,20世纪中国作家接受的现代教育,多与新学相关,而这新学与西学自然有着密切的关系,尤其是现代的中小学和高等院校以及留学教育,对培养作家的现代意识产生了巨大作用,也使精神文化的增殖成为20世纪中国文化的一种主要发展趋势,即使在精神危机四伏的时期,现代教育影响下的文学也以其顽强的生命力维系着民族精神文化的血脉。西部作家也与东部作家一样,都在开放文化视界中心学习借鉴过一些外国作家的作品,受到过明显的外来影响。比如从文学与语言文化的关系来看,我们也可以清晰地看出其明显的外来影响。汉语言文字的生命在 20 世纪的中国受到了很大的冲击，但在适度变革中又有了新的发展。这为作为语言艺术的新文学（包括世界华文文学）提供了必不可少的基础和载体。语言既具有物质性，又具有精神性。作为媒介的语言以可视性符号与可闻性声音显示其存在的物质文化特征，但其中蕴含的民族文化信息或个体心态情绪则带有精神文化特征，从语言文化学角度看，语言的选择往往还带有伦理性，意味着要担负和履行相应的语言责任。在"五四"前后发生的汉语言文化的巨大变化，尤其是对众多外来语词的积极吸纳，对文学产生的影响是如此显著，没有人能够忽视它和贬低它，也就是这种文化习语或文学语言形态的整体转变，使文学从旧文学到新文学的整体转型加快了步伐。而以白话文学为主体的新文学，也在整体上体现了新的文化价值。西部文学对新语词的关注，从整体上讲，也早已超过了对方言土语的兴趣。文化习语最明显的是对那些带有强烈时代气息和精神指向的新语词的学习和运用，对这些新语词的心领神会便可以更新观念，使精神生态出现新的面貌，这也是实现其文学创新、文化创造的重要途径之一。比如对西部自然生态和精神生态的双重关注，使贾平凹写出了一系列作品（如《怀念狼》《白夜》《猎人》等），这得益于他在文化习语基础上对中西文化的深入比较。自然，关于西部文学的界定有各种意见，狭义的西部文学是指作者生长在西部、创作在西部、专注写西部，是"纯西部文学"；广义的西部文学则宽泛得多，即与西部有较为密切关系的文学作品（题材取自西部但作家未必在西部，作家在西部但取材未必局限于西部，作家短期在西部取材亦为西部等），都可以视为西部文学。而无论是狭义的还是广义的西部文学，都要以世界范围内的先进文化为学习和再造的对象，不能满足于对地域文化的孤立观照和民间趣味的自我鉴赏。

五、对文化创造的不懈追求

文化习语诚然十分必要，不通过这一初阶就无法迈向文化创造。文化习语严格说来仅仅是为了"文化接轨"，但我们的根本目的却在于"文化创造"。如前所说，在文学文本中出现较多的外来话语甚至成为文学关键词，有助于中国文学的嬗变和创新，如 20 世纪上半个世纪和最后 20 年的文学史就是如此。当然，文化习语不能代替独立的文化创造，追求利在自我而又福荫全球的文化创造才是我们的真正目的。从追求文化创造的高度来看，或在结果而非过程的意义上讲,文化创造确实较文化习语更重要。诚所谓"复古固为无用,欧化亦属徒劳。不有创新,终难继起,然而,创新之道,乃在复古欧化之外"(吴芳吉,1923:28)。在全球化的过程中努力学习宽容、相容或兼容,养成善于理解和吸取的宽阔心胸,在兼容复古和欧化的同时尽力寻求创新超越之路,这就是正面意义上的全球化。但与全球化相反相成的本土化或民族个性化过程,也应引起我们的高度重视。因为每个民族、国家、区域或个人都珍惜自己的文化个性,才能有真正意义上的文化兼容和文化创造,并由此不断充实和丰富全球化的文化内涵。因此,文化全球化与文化本土化的互动与双赢才能体现人类社会的巨大创造,文化的多元统一的理想也才可能逐步实现。事实上,没有近代以来中国人对开放改革或全球化的选择,就没有中国在曲折中的发展尤其是近20年的进步,这其中就有着众多方面的文化创造,包括我们经济上、文化上的许多重大进展和变化。仅就文学而言,我们的创造性成就也是有目共睹的,虽不可以妄自尊大,却也不必妄自菲薄。至少是从"五四"文学开始,我们固有的文学便发生了很大的变化。而后来一些优秀作家的持续努力,将对文学创作的提升和文化创造的期待延至今日,这本身也形成了一个优秀的文化传统。无视和贬低这一传统的存在和作用都是可笑的,也是无济于事的。西部文学要努力走出模仿或消极写作的阴影,因为强调文化习语的重要性是为了更好地从事文学创作,而带有文化创造意义的文学创作总是积极建构性的写作。但在西部文学中,却有大量的作品是低层次模仿外国文学或准翻译文本的,甚至以其他地区的摹本为蓝本,还有的作品没有深刻的思想意蕴和严肃的艺术追求,如热衷展览丑恶、暴露病相、玩弄无聊、搜奇志怪、迎合市场等,给读者造成西部人形象与西部环境整体恶劣的印象。有的老作家也"随遇而安",与世俗有了更多的妥协,但像叶广芩、红柯等作家却身在西部,志在全球,虚怀若谷,渴望创造!

第二节 向西行走:茅盾与中国大西北

文化伴随着文人行走的足迹在流动中传播,文化地理为考察行走的文人作家提供了有效且有趣的视角和方法。作为颇有代表性的个案,著名作家、文化名家茅盾先生曾在1940年前后有过长达两年的大西北游历生活,从兰州、迪化

（今乌鲁木齐）到西安再到延安，都留下了他的足迹和心迹。在此期间，行走中的他依然社会事务繁忙，广泛地参与一些教学和演讲等活动，担任过比较重要的行政职务，同时笔耕不辍，留下了较多珍贵的作品。作为现代文人的杰出代表，茅盾与大西北的结缘确是一个有意味的课题，在现代文人作家与人文地理的关系方面可以给予我们有益的启示。

一、艰难行走：实地行旅

20世纪三四十年代在大西北行走其实是相当艰难甚至是凶险的。中国大西北，通常是指陕西、甘肃、宁夏、青海、新疆这五个省区，这里地域辽阔、民族众多。其中，农牧交错、人文冲突造就了悠悠历史的千回百折，也书写了许多壮怀激烈的英雄故事。这里有秦岭、天山、祁连山、贺兰山，也有中华民族的伏羲八卦、炎黄足迹和令人感念不已的三江源；这里有腰鼓、手鼓、太平鼓声震寰宇，也有花儿、信天游及各族民歌滋润心田；这里还有历经沧海桑田的风云变幻和那见证历史变迁的敦煌石窟，也有那绵延不绝、重获新生的玉石之路和丝绸之路，始终牵动着古今无数仁人志士的心魂。

在中国西部大开发和丝绸之路经济带唤起世人普遍关注的时候，我们想起了很多文化名人当年的西行或西游，其中，就有茅盾先生及其家人的身影。茅盾一生走过或居住过许多地方，见闻丰富，在他所处的时代，真正做到了读万卷书行万里路，由此成为博学多识的人，在文化创造方面多有收获，成为中国现代具有重要国际影响的文化名人。其中，他有一种游历与很多现代名人颇不一样，就是在1940年前后曾游历过大西北，不仅经甘肃等地进入新疆，甚至还大难不死，脱身进入延安，度过了一生难忘的时光并留下了珍贵的文学作品。行者无疆，行者至疆（新疆），茅盾远

茅盾

至新疆前后的行旅值得关注。1938年茅盾到香港以后，与萨空了主编《立报》，但因销路不好，时常赔钱，加之香港的生活费用之高，月月入不敷出，"常使德沚叫苦，……显然，这样过日子是不能长久的"（张宝裕等，1987：243）。于是茅盾便有了离港去沪的念头。但在9月间的一次朋友聚会上，茅盾见到了

正在筹办新疆学院的杜重远,杜重远有意让他去新疆帮忙办教育,"能请到你这样的名作家去新疆,号召力就大了"(张宝裕等,1987:242)。正在茅盾未置可否的时候,杜重远又亲自登门邀请并带来一本油印的《三渡天山》,书中将盛世才统治下的新疆描绘得非常光明,使茅盾动了去新疆做点事的念头,由此,茅盾长达两年的大西北游历生活开始了。

香港(1938.12)—昆明(1938.12—1939.1)—兰州(1939.1—1939.3)—哈密(1939.3)—迪化(1939.3—1940.5)—兰州(1940.5)—西安(1940.5)—延安(1940.5—1940.10)—西安、宝鸡(1940.10—1940.12)—重庆(1940.12)

1938年12月20日,茅盾一家动身,登上法国邮轮绕道越南海防与河内,又乘坐火车一路颠簸,直到28日到达云南昆明,与施蛰存、顾颉刚、楚图南等文艺界朋友广泛交游,直到1939年1月5日才登上去兰州的飞机。在令人瑟瑟发抖的寒风中,茅盾一行住进了兰州的招待所,之后好不容易才等到了一架可以搭乘的进疆飞机飞往哈密。在哈密稍事休整后,他们终于在3月11日到达迪化。

茅盾从此便开始了在新疆一年又两个月的丰富生活,这期间他不仅参与了新疆学院的教学活动、完成了一些文章创作、担任了学院行政职务及不少社会兼职,还曾经与友人登天山游天池、组织暑期旅行团去遥远的边陲伊犁进行工作宣传。随着盛世才反动面孔的逐渐暴露,茅盾开始用韬晦之计,小病大养,寻找机会离开新疆。就在茅盾对新疆的政治气氛越发难以忍受之时,他忽然收到母亲去世的加急电报,并由此请假,茅盾一家在1940年5月5日飞离迪化。飞机中途在哈密停留的那天夜里,盛世才先后三次给哈密守军打电话,先是要扣留茅盾他们,第二次来电指示先不要动手,让他再考虑一下,第三次在电话里说:"算了,让他们走吧。"(钟桂松,2013:217)如此茅盾一行逃出了盛世才的魔爪,也算是大难不死。

再次降落在兰州的茅盾本想休息一晚后继续飞往重庆,却正好遇到傅作义带领大量随员去往重庆公干占用了茅盾一行的飞机座位。同行的张仲实因此想改道去延安看看,劝茅盾也一同前往。由此他们便搭了西北公路局的便车奔波了5天,风雪中越过华家岭,翻越六盘山,经过咸阳而到达了西安,并在七贤庄八路军西安办事处见到了周恩来和朱德。在西安考察完碑林和民众市场后,5月24日茅盾一行乔装打扮随朱德总司令的车队向延安进发,经铜川,过黄帝陵,

5月26日，他们终于抵达革命圣地延安，住进了鲁迅艺术学院（简称"鲁艺"，1940年后更名为"鲁迅艺术文学院"）。4个半月的延安生活绝不是一般意义的行旅羁留，这既是革命的会合，又是历史的衔接。后来远在重庆的周恩来为了加强国统区的文化战线力量，便邀茅盾前往重庆工作，10月10日，茅盾夫妇把儿女留在延安而随着董必武的车队踏上了新征途，经西安、宝鸡等地，在12月份到达了重庆。

二、行走中的实践：社会事务

1939年1月，茅盾从香港取道昆明飞抵兰州后留滞了45天，因为盛世才对茅盾等文化名人入疆有所顾忌，一时拿不定主意而犹豫了好久不派飞机。茅盾到达兰州的消息在报纸刊出以后，拜访者甚众，尤其是当地的文学青年。在与兰州进步青年们有过交谈和交往后，他才真正了解到当时兰州文化界的真实情形："西北的封建势力很严重，文化又落后，因此抗战文艺运动很难开展，原来在这里的几个著名的文化人都离开了，现在只有一些热心的文艺青年在坚持工作。"但他对兰州的抗日文化还是充满了信心："现在是隆冬，等到春回大地时，这里将是另一番景象……"（张积玉和王钜春，1991：221，218）他不仅赞扬了青年学生在困难条件下开拓抗战文艺的精神，还鼓励他们尽早成立相关组织，以便有一个集中的活动中心。同时，应当地进步文艺工作者赵西、薛迪畅等人邀请，茅盾在甘肃学院做了两次题为"抗战与文艺"和"华南文化运动概况"的专题报告，这不仅给予了有志于抗战文学创作的青年以具体的指导，还对兰州的抗日救亡运动产生了一定促进作用。

茅盾到达新疆后，为了开发这块文化处女地，不仅身兼数职，还登台讲学，同时笔耕不辍。首先，茅盾担任了新疆学院教育系的系主任，承担繁重的教学任务，为教育系主讲的"国防教育"与"中国通史"等课程，给教育系各位同学留下了深刻印象。他在进疆后不久给香港楼适夷的信中谈到自己的工作情况："弟担任功课每周十七小时，而大半功课与文艺无关。盖此校主要教员仅弟与仲实二人，他差不多包办了政济（治）系功课，弟则包办了教育系功课。"其次，茅盾领导成立了新疆文化协会，他作为会长兼艺术部长，负责指导话剧、漫画等多个业务科的具体工作，同时主持成立了戏剧运动委员会，这些文化促进会促进了全疆文化的向前发展，加强了各民族文化的交流沟通。在茅盾的倡议下，新疆文化协会创办了漫画刊物《时代》，他还为《时代》写下发刊词。再次，茅盾还热情培养本地的文化与文学人才，他觉得："健全的文化干部，才是新新疆文化建设的开路先锋。"1939 年 6 月，茅盾向全疆各地发通知调查"所有之艺术天才的人士（不分族别、性别、职业、年龄）"（陆维天，1986：6，228，228），要求及时上报，集中培训与任用。同年 10 月他主持举办"新疆文化干部训练班"，聘请赵丹、白大方等讲授表演与戏剧课程，这些措施的确发现与培养了众多优秀文化人才。最后，茅盾还躬身实践、广泛游历，他曾组织汉族、维吾尔族、哈萨克族、乌孜别克族等各民族青年学生 200 多人组成暑期旅行团，远赴伊犁进行工作考察。所有这些都是茅盾在开拓新疆文化事业方面的独特贡献，意义深远。

　　茅盾离开新疆后经由兰州、西安而与延安邂逅和结缘，留下了很多耐人寻味的话题。他在延安虽不足半年，却写有各类文章多篇，同时参加了多项讲学、集会等文化活动，为延安的文艺事业建设做出了突出贡献。首先，茅盾采纳毛主席"鲁艺需要一面旗帜，你去当这面旗帜罢"（转引自朱鸿召，2010：267）的建议，住进了鲁艺为文学系学生讲授"中国市民文学概论"，他自觉运用马克思主义唯物史观，对中国市民文学的历史嬗变做了深刻阐述，深受师生欢迎。他的讲学活动并不限于鲁艺，而是深入延安文艺各界，同时他颇有长者之风，总是耐心温和地解答学生的提问。其次，茅盾自到达延安伊始，便投身一系列的社会与文化活动中，他参加鲁艺两周年校庆并登台讲话，参加延安哲学会第一届年会，应邀出席中华全国文艺界抗敌协会延安分会的欢迎茶话会，被推选为边区回民第一次代表大会的主席团成员，被聘为陕甘宁边区新文字协会的发起人，还曾与吴玉章、林伯渠等人联名发表《鲁迅文化基金募捐缘起》来推动作家的创作……这些活动让茅盾感受到了边区人民的热情，也激发了他发自内心的高度政治热情，对他革命思想的磨炼有着极其重要的意义。最后，茅盾还对延安文艺运动进行了诸多宣传和探讨，促使他取得了一些文艺理论成就：第一，正如他到延安不久便发表的题为"论如何学习文学的民族形式"的长篇演讲，他认识到抗战作为"时代中轴"的要求，使得文艺为抗战服务、为大众服务才是一个根本性原则，因而他坚决赞成拥护这一原则并将其投入实践与宣传中去。第二，他在《关于〈呐喊〉和〈彷徨〉》《为了纪念鲁迅的六十生辰》等文章中都显示出对于"鲁迅的方向"与民族解放之间关系的深刻思考，从而热情发扬鲁迅精神,坚持战斗的现实主义创作方法。第三,他在延安期间,尤其注重对于文艺"民族形式"的讨论,他既反对唯"国货"是从的思想,又反对将民间形式全部抹杀的意识,他认为要尤其注意"向人民大众生活去学习",从而创造出为人民大众所喜闻乐见的民族形式。所有这些他在延安的教学、考察、讨论等都显示着他延安之行的不虚此行,也让我们看到了茅盾作为一位延安文艺建设者和宣传者的侧面。

三、行走中的书写:文学创作

茅盾在往返于新疆和内地的路途中曾两度路经甘肃兰州,在兰州他留下了一篇散文《兰州杂碎》、两篇文论《抗战与文艺》和《谈抗战初期华南文化运动概况》。在《兰州杂碎》中,他以"生活的味儿大不相同"开篇,一方面描述了甘肃地区生存条件的落后与民众生活的艰苦,像"一玻璃杯的水,回头沉淀下来,倒有小半杯的泥浆……""吃完面条,伸出舌头来舐干那碗上的浓厚浆汁算是懂得礼节"(方铭,1984:136)。另一方面,茅盾却又大写大论在那荒凉落后和贫穷艰苦中的"繁荣",洋货铺子异常醒目,货物式样上海气派。因为掌控缉私等特权的机关人员承揽了洋货的包运包销,化公为私,大发国难财,茅盾将这种形势下越战越旺的市场归结到"中国人自有办法"上,表现出他对国民党当局黑暗腐败统治的无奈和嘲讽。在《抗战与文艺》和《谈抗战初期华南文化运动概况》两篇文论作品中,茅盾精辟地论述了抗战文艺的方针、任务和文艺批评方式,提出了当前的文艺运动任务和对开展西北地区文化运动的意见,对兰州和整个西北地区的文艺运动,具有重大指导意义。从"目前全国文化运动最大的缺点是各地发展的不平衡……尤其是西北的文化运动,更需要大批的文化人到这儿来推动"(陆维天,1986:217)中,我们可以感受到茅盾对于即将奔赴新疆支援文化运动的坚定信念。

茅盾在新疆生活了一年又两个月的时间,创作颇丰,撰写了诗歌、评论等各类作品共计 30 余篇,与新疆文化直接相关的便有《新疆文化发展的展望》《为新〈新疆进行曲〉的公演告亲爱的观众》《演出了〈新新疆万岁〉以后》《谈新疆各回教民族的文化工作》等。在这些创作中,首先,茅盾提及了他对当时新疆文艺发展现状的认识,不管是与历史的纵向比较,还是与内地的横向对比,新疆的文化发展程度都比较落后,他形容新疆为文化上的无风地带、文化沙漠等,他认为这种差距是由"西风不渐"造成的,新疆由于地处偏远,对新文艺思潮的接受和反应是比较迟钝的;其次,茅盾注意到了因为抗日战争总动员而给新疆新文化思潮所带来的机遇,盛世才军阀政权虽独断专行,却克服重重困难实行着"以民族为形式,以六大政策为内容"的文艺政策,他认为这具有合理性和正确性,对其持高度赞扬的肯定态度,"总而言之,一致的都是六大政策为内容!这就是我们随时随地可以看见的新新疆的民族文化"(陆维天,1986:128),并用"奇迹""一日千里"等词来形容新疆文化发生的惊人巨变;再次,他依据独到的个人观察,提出了发展新疆文艺的原则和对策,他认为普及民众的文化教育是当务之急,要做到"普及、发展、深入"这三层关系,才能出现更多的优秀创作;最后,他建议新疆文化发展要建立一种全局观念,他深知西部的文化人才缺乏,呼吁大批的文化人前往支援,以解决全国性文艺发展不平衡的问题。

茅盾在离开新疆以后,还深深眷恋着这片神奇的土地,写有《新疆风土杂忆》等回忆性散文。其文在形式上叙描结合、诗文并茂,形态多样的随笔体令人目不暇接,现代游记散文的结构在此实现新的转变;在内容上,作品以风土见胜又暗含人情,正如开篇便对左宗棠进军新疆时所栽植左公柳给予"引得春风度玉关"的赞赏。另外,茅盾每每写到动情之处,还"诗以记之",这便是贯穿全文的四首《新疆杂咏》,现摘一首如下:"晓来试马出南关,万树银花照两间。昨夜挂枝劳玉手,藐姑仙子下天山。"(陆维天,1986:199)诗的出现不仅是对风土人情更加精练的审美把握,更令文章趣味横生、情意浓郁,为文章增加了不少活泼成分。

茅盾在陕西延安、西安等地的时间一共不足半年,但就写作而言,其间却也有各类文章15篇左右,绝大多数都是谈文艺问题的,像是《论如何学习文学的民族形式》《旧形式、民间形式与民族形式》《中国市民文学概论》《关于〈呐喊〉和〈彷徨〉》等,茅盾的这些创作理论研究深深影响了当时身在陕西的一些年轻作家。他在离开秦地以后更是写过关于陕西的多篇散文,像是《风雪华家岭》《西京插曲》《"战时景气"的宠儿——宝鸡》《秦岭之夜》等,而诸如《风景谈》《白杨礼赞》等系列组文更是深刻地滋养了日后的陕西文坛。《风景谈》借景言情,抒发了对根据地军民和谐生活的赞美之情,令读者在领略到"风景"与"延安"关联的同时又会明白:"人类的高贵精神的辐射,填补了自然界的疲乏,增添了景色,形式的和内容的。人创造了第二自然!"(茅盾,2012:7)大美在民间孕育着生命力,是民族精神的生动外化。《白杨礼赞》则表达着茅盾对奋斗中的中国共产党人与民众水乳交融所形成的同心同德、团结向上的伟力充满了必胜的希望,"我赞美白杨树,就因为它不但象征了北方的农民,尤其象征了今天我们民族解放斗争中所不可缺的朴质,坚强,以及力求上进的精神"(茅盾,2012:24)。这种激情与诗意的篇章,一旦超越了特定时代的历史性解读,更有其精神内涵的深远影响令人关注。

拙著《秦地小说与"三秦文化"》有专门一节"秦地小说中的'白杨树派'"来探讨茅盾对于作为一个文学流派的"白杨树派"的形成及发展的巨大作用。茅盾直接提携或以其精神魅力激励了柳青、杜鹏程、王汶石、柯仲平等作家,从而使得秦风秦韵的"白杨树派"蔚为壮观。不仅如此,茅盾还参与或影响了整个20世纪陕西文学风格与文学精神的构建,正如笔者曾经在《大师茅公与秦地文学》中分析的那样,"在20世纪秦地文学中,有三大文学现象最为引人注目,一是'延安文学',二是'白杨树派',三是'陕军文学'。然而同样引人注目的是,茅公与这三大文学现象都有着相当密切的关系"(李继凯,1996:74)。茅盾与延安文学和白杨树派的精神结缘正如前文所述,在茅公逝世以后才进驻文坛的"陕军"新锐作家同样深受其文学风范的影响,就像曾经斩获茅盾文学奖的路遥、陈忠实、贾平凹等作家,在创作主张、审美倾向、构思特点等多个方面都自觉或不自觉地深得茅盾真传。诚然如斯,茅公精神永驻秦地而不朽。

四、启示:行走的现代作家与人文地理

大地是文学的舞台,文学都是在特定地域环境中产生的,带有明显的地域烙印。北"风"南"骚",历代学者多有论及,近代梁启超曾在《中国地理大势论》中指出,"燕、赵多慷慨悲歌之士,吴、楚多放诞纤丽之文,自古然矣"(梁启超,2014:264)。近些年来,文学地理学更是开始形成一个文学研究新领域。梅新林先生曾将文学地理学定义为"融合文学与地理学研究,以文学为本位、以文学空间研究为重心的新兴交叉学科或跨学科研究方法"(梅新林,2006:1034)。早在1984年,贾平凹就从人文地理的角度来看待秦地作家,认定由此"势必产生了以路遥为代表的陕北作家特色,以陈忠实为代表的关中作

家特色，以王蓬为代表的陕南作家特色。这三位作家之所以其特色显著于文坛，这种地理文赋需要深入研究"（贾平凹，1998b：63）。地理环境，尤其是人文地理氛围为作家提供着作品创作素材，激发了作家的创作灵感，影响着作家的心理素质与审美情趣，所有这些都使得现代作家与人文地理的关系研究成为一个有意味的课题。

茅盾长达两年的大西北生活经历也必定对其创作手法乃至思想追求产生重要影响。就像当时在革命圣地延安的生活经历锤炼了他高度的政治热情与纯洁的革命思想，还如新疆这一地处边缘的多民族异质文化区域给予了他更宽广的文化关注视野，使他能够以边缘立场来反思新疆文艺的诸多问题，同时也给予了他一般现代作家所未有的全新审美体验，让他能够更深刻全面地分析中国现实。由茅盾而思考，现代的文化人也应有深入西部去全面了解中国文化的意识，积累经验和题材，在更高认识层次上表达中国现实。

紧张而又惊险、丰富而又多彩的两年大西北生活体验，使神奇的大西北成为"走西口"的茅盾先生内心的一处"重镇"所在，直到中华人民共和国成立后，他仍情系此处，缘分未断。西北大学曾创办《鲁迅研究年刊》，从1979年开始由陕西人民出版社出版，国内外公开发行。《鲁迅研究年刊》得到了众多作家与学者的关怀和支持，其中就有茅盾，他还在垂暮之年特地为它撰写过文章、接受过记者的访问，访问稿更是刊登在了创刊号上。1981年，茅盾先生应时任西北大学校长郭琦之请，为西北大学题写了校名，"西北大学"四个字书写隽秀、飘逸。1996年，在茅盾百年诞辰之际，西北大学将题字勒石，立于图书馆之侧，以资纪念。而西北地区更有多地多人长期坚持从事茅盾研究工作，笔者即出版了一部名为《全人视境中的观照——鲁迅与茅盾比较论》的著作，以一种多维与整合的思路对茅盾和鲁迅做了"全人"式的比较研究，在学界引起了较大反响。另外，陕西师范大学的张积玉、钟海波，兰州大学的权绘锦，新疆大学的陆维天，宁夏大学的张衍芸等多位学者都在茅盾研究领域有所建树。2000年4月和2014年7月，由中国茅盾研究会和陕西师范大学文学院联合主办的"全国茅盾研究学术讨论会"和"茅盾研究回顾与前瞻学术讨论会暨中国茅盾研究会理事会"在西安召开，两次学术会议都有全国各地的数十位专家学者出席。大师茅公如若知晓在他辗转行旅过的大西北召开这样的专题学术盛会，想必也会欣慰无比。笔者是这两次会议的主要组织者，为纪念和研究先贤勇走西口的行走精神做出了自己的贡献，为此深感欣慰。

第三节　丝路起点作家群的文化心态

　　回望中国 20 世纪末的 20 年间，中国社会的经济文化经历了巨大的变迁，这种巨大的变化必然投影在社会生活的各个层面，而这一切非常自然地折射到以反映社会生活为内容的文学天地中，也必然渗透到以文学为表现手段的作家的心灵世界中。而作家的心态又影响着文学作品的主题意蕴、表达方式以及审美风格。这样对于作家心态文化的研究就成了一个饶有趣味的话题，它不只使我们通过文学创作与作家心态的变化更好地理解把握时代风云的嬗变，而且使我们窥探到变革时代人们灵魂的真实悸动；同时，它有利于我们深层思考文学自身的发展，使当代文学及作家尽快找到"精神病灶"，突破精神的危机。

　　陕西作家群创作队伍庞大，文化心态相当复杂，要想无一遗漏地概括是极为困难的。笔者重点考察 20 世纪 70 年代末至今这一时间段的文学作品，基本上围绕着复兴与颓废这一矛盾心理展开陕西作家文化心态的嬗变分析。这一时间段大体分为两个时期，第一个时期是 20 世纪 70 年代末到 80 年代末，随着政治向度上的拨乱反正，这一时期的文学整体上呈现出复苏、繁荣的局面，作家文化心态主要呈现出务实求变的复兴青春心态；第二个时期是 20 世纪 90 年代至今，即 90 年代实施的市场经济改革，使中国社会进入全新的发展变革时期，作家文化心态呈现出斑驳复杂的中年心态，有较多颓废的一面，却也不乏摆脱落后、渴求进步、复苏进取的另一面。这两个时期有一定的内在延续性，但更有巨大的异质文化的嬗变，在嬗变发展过程中，外在的社会政治因素具有极大的制约作用。

　　第一个时期总体上来讲，作家文化心态是积极进取的复兴心态。20 世纪 70 年代末到 80 年代末的陕西文坛整体风貌呈现繁荣复苏的局面，作家队伍壮大，优秀作品脱颖而出。陕籍作家有 20 世纪 30 年代出生的峭石、蒋金彦，40 年代出生的赵熙、李天民、陈忠实、京夫、文兰、邹志安、王蓬、路遥，稍晚出生于 50 年代的莫伸、贾平凹、李康美、高建群、杨争光等，其中，1978 年莫伸的短篇小说《窗口》、贾平凹的《满月儿》获得当年中国作家协会全国优秀短篇小说奖，1979 年陈忠实的短篇小说《信任》获得中国作家协会全国优秀短篇小说奖，1980年京夫的短篇小说《手杖》获得中国作家协会全国优秀短篇小说奖，路遥的中篇小说《惊心动魄的一幕》获得中国作家协会1977—1980年全国优秀中篇小说奖，路遥的《人生》获得中国作家协会1981—1982年全国优秀中篇小说奖，1984年邹志安的短篇小说《哦，小公马》获得中国作家协会全国优秀短篇小说奖，1984年贾平凹的《腊月·正月》获得中国作家协会1983—1984年全国优秀中篇小说奖。1985年之后，路遥、贾平凹、陈忠实、京夫等作家投注大量心血致力于长篇小说的创作，"陕军"长篇小说取得突破性进展，迎来丰收的季节。

陕西文坛繁荣局面的铸就与作家务实求变的文化心态密切相关，路遥在介绍《平凡的世界》的材料准备和创作构思时说："要用历史和艺术的眼光观察在这种社会大背景（或者说条件）下人们的生存与生活状态。作品中将要表露的对某些特定历史背景下政治性事件的态度，看似作者的态度，其实基本应该是那个历史条件下人物的态度；作家应该站在历史的高地上，真正体现巴尔扎克所说的'书记官'的职能。但是，作家对生活的态度绝对不可能'中立'，他必须做出哲学判断（即使不准确），并要充满激情地、真诚地向读者表明自己的人生观和个性。"（路遥，1992：53）同样，贾平凹在借鉴大量西方文学作品时，也认为文学应该承担记录社会的使命。陕西作家似乎与生俱来具备这种脚踏实地、务实苦干的精神，在长期艰苦创业的奋斗历程中，这种精神与崇高的使命感和岗位责任意识融为一体，他们为了"脚下踩的这方厚土"，甘愿"流尽最后一滴血"，不惜"下油锅"（王晓新，1993）。正是在这种殉道式的使命感与务实苦干的精神驱使下，敏感的作家紧紧地贴近时代，心甘情愿地做时代忠实的"书记官"。这种精神不仅仅局限于以上提到的陕籍作家，活跃于20世纪50年代文坛的老作家柳青身上早就具备，当代陕籍作家继往开来，秉承了老一辈作家的优秀禀赋。在此需要说明的是，并不是说独独陕西作家具有强烈的使命感，只是陕籍作家这种意识特别强烈突出。

陕西作家群这种务实求变的心态与三秦大地独特的地理环境、深厚的历史文化积淀有着渊源关系。据史念海考证，黄土高原在历史早期是一片绿色，原始森林遍布山峦低川，还有大片的草原，后来由于天灾人祸，绿色植被遭到严重破坏，造成了大西北的荒山秃岭、沙化的土质以及干旱的气候。身处这样的地理环境，陕西人养成了勤劳、质朴、吃苦、务实的个性。历史上，三秦大地曾谱写过辉煌的篇章，尤其是关中及古都西安（长安），从西周到唐代演绎出 13 个朝代，建都时间总共 1100 多年。伴随着这些朝代的崛起和文化的显赫，这里曾经发生过数不胜数的动人故事，史学家对此做了翔实记载。秦国兴起于诸侯割据群雄蜂起的时代，秦人怀着强烈的求变求兴的愿望，注重治国的实际效应，功利意识很强，用人制度突破固有的地缘血缘模式，采取"客卿"制度，不拘一格选拔人才。从秦穆公时期到秦王嬴政时期，他国来秦国任要职者约 60 人，商鞅来自卫国，张仪本是东周的游说之士，秦国一时人才济济，国力蒸蒸日上[①]（杨东晨和杨建国，1991：390）。后人反复强调的经世致用、实事求是显然是对古老中国文化传统的积极继承，而 20 世纪末中国倡导的改革开放是对 20 世纪初倡导的实学思潮的遥相呼应，务实求变是贯穿于 20 世纪始末的时代精神，这种世纪精神是对传统文化的一次现代转向，其间必然要经受痛苦曲折的蜕变过程。这种时代精神显然影响着秦地人民以及深受地缘历史文化氛围浸染的秦地作家，并在其作品中留下相应的精神漫游轨迹。路遥在《平凡的世界》中议论孙少平这一人物时就不由自主地把自我的精神投射到主人公身上，小说中的孙少平和路遥一样，不懈地追求生活。

　　务实求变的心态除了与三秦大地独特的历史地缘文化因素有关外，社会政治权力话语的介入也为务实求变心态的形成提供了契机。1978 年思想领域展开真理标准问题的广泛讨论，为后来的思想解放运动以及经济改革局面的形成奠定了基础；1978 年党的十一届三中全会做出把工作的重点转移到社会主义现代化建设上来的战略决策。文艺界 1979 年召开中国文学艺术工作者第四次代表大会（简称"文代会"），文艺界盛况空前。文学作为反映社会生活、社会心理和情绪的触觉神经，在经受多年的压抑和束缚后，逐步恢复它敏感的功能。经过一段时期的调整和适应后，作家开始从昏睡中苏醒，以其独特的敏锐，突破"假大空"模式、摈弃"高大全"完美形象，推出一大批写实的现实主义优秀作品。

　　相继出现在文坛的伤痕文学、反思文学、改革文学、寻根文学思潮既是对时代浪潮的忠实呼应和反映，又是文学突破自身、寻求发展的必然结果。纵观 20 世纪，现实主义文艺思潮是主宰中国文艺的主潮。70 年代末莫伸的《窗口》

[①] 参见杨东晨和杨建国《秦人秘史》，又见司马迁《史记》、翦伯赞《秦汉史》。

通过售票员韩玉楠热心于背诵逐个车站站名、路程及票额的生活故事，热情讴歌普通劳动者为社会主义事业热心服务的美好心灵。80年代前后作家以激昂的心态记载着时代的变化，贾平凹的《满月儿》以传神笔法勾画出两个农村姑娘月儿和满儿的甜美动人的形象。这一段时期作家以单纯明亮的眼睛观察着时代的变迁，沿着柳青、赵树理开创的现实主义道路满腔热情地颂扬着新时代。路遥的《人生》将农村青年高加林置身于城乡交叉的汇合点上展开人物积极奋斗的命运史，高加林是一位有抱负、有追求的农村青年，他自尊、好强，有一定的才华，一心想出人头地，改变祖祖辈辈面朝黄土背朝天的穷困命运，这是变革时代社会上普遍存在的求新求变的文化心态在作品中的反映。路遥对高加林的情感态度是复杂的，他理解、欣赏主人公的奋斗性格和精神，批判谴责高加林背弃刘巧珍的不义行为。路遥立足于传统乡村文化的伦理价值体系，批判谴责的态度中却又不无同情与悲悯。随着变革向深层推进，作家及人物的浮躁矛盾心绪也孕育而生，高加林性格中的困惑与浮躁也隐隐折射出作家思想深处的矛盾波动。

作家浮躁情绪的悄然滋生，表明70年代末到80年代务实求变的文化心态不再是那么单纯透亮了，文化心态从青春明亮的务实求变期慢慢过渡到青春式的困惑矛盾期，这种浮躁的情绪在1987年贾平凹的《浮躁》中从文化审视的层面被给予细腻的剖析，金狗和雷大空是作家笔下时代浮躁情绪的载体。贾平凹一方面对改革者金狗冲出州河激昂的奋进精神大加肯定，另一方面又敏锐地揭示出金狗、雷大空精神世界中存在浅薄、狭隘、愚昧、刁钻等不良习性，并深刻揭示出滞后、封闭的农耕文明是滋生不良陋习的土壤。新旧更替之际金狗身上这种躁动不安的情绪是作家文化心态的投影，作家渴望着从浮躁中平静下来。写完《浮躁》后的贾平凹大病一场："我希望世界在热闹，在浮躁，在急躁地变幻时髦，而我希望给我一间独自喘息的孤亭。"（贾平凹，1998a：12）

随着市场经济的全面推进，文学逐渐过渡，进入第二个时期，即20世纪90年代至今的多元时期，作家文化心态呈现斑驳复杂的状态，既有废都废土的文化心态又有崇拜英雄的文化心态，颓废与复兴矛盾地纠缠交织在一起。

20世纪90年代贾平凹的"古都三部曲"（《废都》《白夜》《土门》）是"废都文学"的代表之作。《废都》概括出弥漫于世纪末华丽而颓废的情绪，庄之蝶是西京城里著名作家，他"活得泼烦"（贾平凹，1993：1）：作为"名人"，自己的名字别人用得多；作为作家整日无事而忙，没有属于自己的时间；作为男人生理阳痿常不能满足妻子的需要而羞愧。面对飞速变化社会的庄之蝶无所适从，又不甘心被城市吞没，挣扎、游戏在事业、政治、商业、家庭等多座"废都"城池中。当多座"废都"沦陷后，性就成了他执着挣扎的最后一个领域，与唐宛儿的交往令庄之蝶的性功能奇迹般地得到恢复，庄之蝶把这当作疗救自我精神世界的救命稻草。他在与诸多女性的性游戏中展开其生命启悟式的对话深思，保姆柳月的一番话打破了庄之蝶拯救精神的美梦："是你把我，把唐宛儿都创造成了新人，使我们产生了新生活的勇气和自信，但你最后却又把我们毁灭了！而你在毁灭我们的过程中，你也毁灭了你，毁灭了你的形象和声誉，毁灭了大姐和这个家！"（贾平凹，1993：460）庄之蝶的精神世界再次堕落、沉沦了，他倒在废都车站。这些颓废的事、人与小说中颓败的城墙、失修的古庙、哀哀的埙音、捡破烂老头的歌谣组合在一起，共同营造出具有极大象征意味的颓废意象。

　　颓废是作家有意识的美学追求。20世纪90年代商品经济浪潮席卷而来，享乐主义、利己主义思想在社会上沉渣泛起，蔓延腐蚀着人心，传统中国人固有的道德观念价值、信仰遭到冲击、挑战，这是伴随着现代化进程必然出现的文化现象。贾平凹站在时代的风口浪尖上感应时代的脉搏，沉潜在生活的深层思考着，在文学创作上提出更高的诉求，对自己固有的创作路子逐渐厌倦，与主流文化相疏离，开始20世纪90年代"独语"式的个性化写作。作家在超越自我的创作过程中，心灵深处经历了如同凤凰之更生所遭遇的熊熊烈火的焚烧与熬煎。王富仁对贾平凹的评价很是恰当，他认为贾平凹以近乎"自毁"的勇气书写着："他抓破了自己，也抓破了废都的面皮。"（王富仁，1999：272）废都文化意象的蓄积正是得益于作家这种不惜"抓破""面皮""作践自我"真诚坦率的写作心态。

　　贾平凹执着于自我和人类精神世界的探索，《废都》是精神的颓废、沉沦，到《白夜》简直是荒芜、萧条了，进入《土门》便成为绝望的反抗与虚无的呐喊了。《白夜》中这样写道："夜郎想到这里，一时万念复空，感觉到了头发、眉毛、胡须、身上的汗绒都变成了荒草，'叭叭'地拔着节往上长，而且那四肢也开始竹鞭一样伸延，一直到了尽梢就分开五个叉，又如须根。荒芜了，一切都荒芜了。"（贾平凹，2006：15）这种生命的孤独荒芜感是《白夜》的基本情绪，与《废都》颓废的文化心态如出一辙，现代文明或者城市文化带给人们的不仅仅是有关幸福的廉价承诺，在文明背后还掩藏着茫茫的危机和深深的陷阱。《土门》中仁厚村村民展开保卫村庄的绝望战斗，率领全村战斗的村主任成义因盗窃国家级文物秦俑头被公安机关正法，身体被肢解为七零八落的节节碎片。结尾时主人公梅梅只得梦想回归到母亲的子宫去寻求最后的安慰，严酷的现实使作家感到希望渺茫，而安置村民的"神禾村"也仅仅成为贾平凹幻想世界的乌托邦了。

关于废都文化景观描写的还有麦甲的长篇小说《黄色》、沙石的《倾斜的黄土地》、李天芳和晓雷的《月亮的环形山》、韩起的《冻日》、安黎的《痉挛》、京夫的《五点钟》、文兰的《幸存者》《命运峡谷》等，他们共同组成废都文化景观。《黄色》从反思忧患的角度对古都知识分子的文化懦弱性格给予淋漓尽致的解剖，主人公于庆甫意欲摆脱浸染浓重的传统文化的旧我来迎接现代社会，却堕入了不伦的尴尬境遇中，近于精神分裂错乱乃至发疯无奈住入精神病院疗养避难。颓废文化景观除了"废都"文化还有"废土"文化，杨争光的《黄尘》《老旦是一棵树》《鬼地上的月光》以反思忧患的心态书写出乡村精神生活的丑陋与贫乏，表达出作家"对畸形政治、畸形人生、畸形传统、畸形风俗等近乎绝望和无奈的思考"（李继凯，1997：423）。作家冯积岐的《日子》《断指》《断章》，黄建国的《蔫头耷脑的太阳》《梆子婆娘和梆子他妈的一天》为"废土"文学景观的形成做出了贡献。

颓废不单单是一种颓唐、没落的情绪，它还作为一种文化景观、文学意象、文化选择、文化策略，具有耐人寻味的深意。美国学者马泰·卡林内斯库（Matei Calinescu）认为颓废总是与进步、新生联系在一起，是动态的哲学概念，颓废是"一种方向或趋势"，"进步即颓废，颓废即进步。就其生物学含义而言，颓废的真正对立面也许是再生"（马泰·卡林内斯库，2002：156）。他对于颓废的理解有助于我们对于废都心态、废都文学、废都文化的把握。穿越颓废的这个链条，就会跨跳到进步这个链条，颓废的谎言中掩藏、孕育着进步。贾平凹废都意象的营造可以理解为一种写作的策略，不乏对颓废现象的厌倦、抵抗。"一个人可以是有病的或虚弱的却无需是一个颓废者：只有当一个人冀求虚弱时他才是颓废者。"（马泰·卡林内斯库，2002：197）庄之蝶游走于四个女性之间的行为动机是期盼通过人类原始的性活动拯救自己和别人，然而此路不通，结尾庄之蝶倒在废都车站，车站是人生驿站的象征，他可能醒来进行新的人生征途。他实在不能算是个英雄，但这种不甘被城市吞没的挣扎劲头，显示出一种逆流而上的叛逆精神。《白夜》中再生人的自焚、留下的那把钥匙、夜郎的梦游，无不寄托着作家对神秘生命的执着探寻。

事实上从《浮躁》开始，贾平凹渴望拥有"一间独自喘息的孤亭"（贾平凹，1998a：12），渐渐与主流文化意识相疏离，放弃那种"社会化写作"，走入发掘自我的个体书写，以一种智慧的、富有策略的写作方法表达着自我对人类终极意义的思考，孤独地进入形而上的哲学思考。如果说20世纪80年代的《浮躁》是作家对于70年代作品的否定和超越的话，那么90年代以来的作品则是对80年代作品以及自我更为深切的超越。当然由于知识结构、个人才力以及时代的限制，《废都》并没有成为贾平凹"在生命的苦难中又惟一能安妥我破碎了的灵魂"（贾平凹，1993：527）的一本书，贾平凹心灵深处依然流淌着那种我们困惑、迷茫、颓败、荒芜的不够自信和犹豫的情绪，作家一直在寻求着对于自我、对于世界的理性超越，这些在《高老庄》《怀念狼》《病相报告》《秦腔》中都有流露。

激情四射的红柯从遥远的草原、从茫茫的戈壁滩、从太阳升起的地方、从雄鹰飞过的地方，骑着骏马奔驰而来，带着关于英雄的传说《西去的骑手》闯向陕西文坛。作品一扫文坛颓废之风，流露出强烈的英雄崇拜心态。红柯从新疆异域文化中汲取了必要的营养元素，塑造出英雄马仲英，给虚脱、疲软的现代生活注入血性的力量之美。《西去的骑手》着意渲染英雄身上独特的剽悍、野性，并将这种剽悍、野性提炼升华为小说的一种文化精神，借助诗意化的渲染表明作家对衰弱文明否定的文化判断，寄托了追求健全、本真生命的希望，红柯眼中的英雄马仲英生命中激荡的英雄气质是激活现实中虚脱、疲软生活的回春之药。英雄崇拜心态是废都、废土心态嬗变的必然结果，它与颓废文化心态共同构成90年代以来斑驳而芜杂的文化心态。世纪末情绪是陕西作家群形成颓废文化心态和英雄崇拜心态的重要影响因素，20世纪末全球弥漫着不安和恐惧，诸如地球要爆炸，地震、海啸、瘟疫、战争要降临毁灭人类，电脑"千年虫"要作乱等。巨大的不安与恐惧攫取、吞噬着人类的心灵，人类经历着前所未有的危机，"一个真正的'世纪末'的危机"（李欧梵，2005：84）。这种危机感影响着人类，也深深刺激着作家，更何况西安昔日的辉煌与今日荒凉、荒废的"废都"之境形成强烈对比，这些情绪牢牢纠缠着陕西作家。危机感越强，幻灭感越深；幻灭感越深，艺术创造力越丰盛：这是奇特的吊诡。颓废心态与英雄崇拜心态是世纪末情绪的映照，颓废心态是世纪末情绪的具体化，英雄崇拜心态是颓废心态翻转后的别样形态，是颓废心态嬗变后必然的升华，两者相依相生互为补充。

20 世纪末陕西作家群文化心态体现出这样的嬗变轨迹：70 年代末到 80 年代中期，以青春的热情记载时代的变化；到了 80 年代末，试图捕捉变革时期时代的特征，由于时代的复杂性以及思考方式的局限，文化心态滋生出困惑、迷乱、矛盾，然而务实奋进依然是主导心态；步入 90 年代，商品经济冲击，道德观念、人文精神滑坡，陕西作家群面对多样文化的对抗与交流，痛苦反思迎接新时代，文化心态中的颓废与复兴交织在一起。本书对陕西作家群文化心态的嬗变轨迹进行梳理，意欲探索重建审美文化范型，找出陕西作家群精神的危机，从而为陕西文艺在 21 世纪的振兴尽绵薄之力。陕西作家群要摆脱精神的危机必经的路径有二：一是继承并超越陕西审美文化的优良传统，立足于陕西文化，以陕西文化中的优秀文化因子为根本元素，增强陕西人的自信心；二是放眼世界，开阔视野，突破保守、封闭观念，在与多元文化的对话中汲取异质文化的有机营养，以现代的、开放的文化因素为重构的必要因素，借助异质文化的力量激活陕西文化。在陕西优秀的传统文化的基础上，融合、转化、包孕进现代、开放的元素，建构全新的陕西文化。陕西文学正在发展中，任重而道远，我们相信经过一次次对自我的否定，陕西文学必然会走出迷茫区，如同华美之凤凰在熊熊大火中得以更生。

第四节　西安著名作家与西安城市文化发展

作为丝路起点，古都西安（长安）是一座伟大的城市。西安作为丝绸之路的起点，拥有大量的丝路文化遗存和中西文明交流的历史经验，成了丝绸之路重要的文化符号。西安，不但是历代丝路文学重要的描写对象，而且孕育了大量描写丝路题材的作家作品。

每一座城有每一座城的特色，每一座城有每一座城的记忆，从历史文化角度审视，在中国可以和北京相媲美的城市可能就是西安了。不过，北京自有其雍容、典雅、恢宏的气度，西安作为中华文明的重要发祥地则是以厚重、苍劲、周正而著名。在当今很多老外的意识中有这样一个观念：没有来过西安不算来过中国，没有目睹秦始皇兵马俑就不能称领略过中华文明。西安这一古今交融的国际大都市以其独特魅力吸引远方宾朋，以周秦汉唐雄风凝固成一座历史文化古城。

然而，讲述任何一座城都不可能离开城里的人。城是人的居所，人是城的主体，人与城的关系是历来研究者最为关注的问题。就像波德莱尔之于巴黎，狄更斯之于伦敦，老舍之于北京，张爱玲之于上海。当代诸多西安作家和西安这座城结下不解之缘，离开这块地域他们的创作之源可能就会枯竭。西安使他们获得创作的源泉和灵感，同时西安也因他们以及他们的文学作品而鲜活、灵动。

不过，都市研究是一个牵扯诸多学科的综合研究。它可以和文史哲、政经教尤其是历史地理学相结合，在这个意义上，西安城市发展研究可侧重城市规划、设计以及社会、人口变迁，它也可以和建筑相联姻。从这个视角看，西安城市发展是修葺寺院（宗教）、完善城墙（军事）、创建市场（经济）、构筑书院（文化）。不言而喻，研究这些建筑不仅能够贴近历史，而且更能凸显错落有致的古城景观。当然，我们还可以从文学角度切入研究，作为文学想象的西安，自然别有一番风味。试想一个拥有众多高校、科研机构的城市，一个曾经弹奏过汉唐盛音的城市，一个有着李白、杜甫等无数文人墨客的城市，该会有多少文化意蕴、文学记忆和想象？！而这些意蕴、记忆和想象对这样一个古老而富有魅力的城市的发展而言，又该有多大的潜力和空间？！

当然，要研究文学与西安城市发展之间的联系会有言说不尽的话题，仅探讨唐时诗文就会让人筋疲力尽。我们的研究有意使用"西安"这个地理概念，而刻意回避"长安"这一称谓，显然意在倾向于当下、现实的西安的研究。众所周知，陕西历来是文学重镇，进入当代，从柳青到陈忠实再到贾平凹，他们作为西安文化名人对西安城市文化的发展和繁荣都做出了贡献。是的，他们在一定语境中可以成为某一地域文化、城市文化的"代言人"或形象"符号"，他们能够引领城市文化，也在批判城市文化；他们建构城市文化，也在消解城市文化；他们是城市的文化名片，但也可能是名片上的斑点。然而，无论如何，当这三位西安作家和西安这座古城融为一体之后，他们必然使这座城市的发展充满了神秘的牵引力。

一、柳青与西安城市主体精神

唐诗与长安结下千古情缘,这座城因诗人的风雅诗篇而意蕴幽远,同时诗人又因这座城的文化厚重而风流隽永。不必讳言,正是人与城、文学与城市珠联璧合式的结合创造了长安文化的繁荣。历史是何等相似,当我们的目光聚焦在现代西安这座城的时候,我们不难发现:当代西安作家与西安这座城再次结下良缘。如果说唐诗与长安是西安城市与文学相联姻的上篇,那么当代西安作家的文学创作与西安城市则是上述命题的下篇。西安作为古今交融的国际大都市绵延历史文化的文脉光辉而璀璨。

在这座城里,我们既可以处处触摸古代文人遗留的文化古迹,又可以时时捕捉现代文人散发的文化气息。这里不仅有杜甫居住的杜公祠、王维隐居的辋川,还有郭沫若留下的书法、贾平凹为许多饭庄题写的牌匾、梅兰芳观看的秦腔、鲁迅光临的易俗社、周海婴品味的黄桂稠酒、阎纲盛赞的羊肉泡,来自不同地域的人们共同感受到一个城市的真实存在,这是生活化的丰满的大都市。从古代历史看是如此,从近现代历史看也是如此。尽管有落差,但比较而言,西安仍是名副其实的大都市,它在文化名人的真实体验下鲜活起来,在作家的感悟下灵动、飞舞起来。著名西安作家王汶石曾饱含深情地写道:

> 远在四十多年之前,我,一个来自黄河岸上的乡村少年,搭乘一辆破旧颠簸、令人昏昏欲睡的骡车,沿着那荒凉的乡间古道,来到你的怀抱。虽然,那时节,在你的巍峨庄严的古城墙内,这儿那儿,还有片片荒园,没胸的蓬蒿,黄昏和黎明,偶尔还有来自郊外的野狼,旁若无人地在你的城边漫步,而我却已深深地爱上了你。(王汶石,2004:492)

西安是古老的,西安又是现代的。

没有一个城市相较今天的西安更为显著地融合着"古"与"今"了。它在没有一寸土没有历史的古老文化的基础上,建立起了新的社会主义文化。新的西安城,毫无疑问地,将比汉唐盛世的长安城更加扩大、更加繁华。点缀在这个新的工业大城市里的是处处都可遇到的赫赫有名的墓葬、古文化遗址等名胜古迹。"古"与"今",古老的文化和社会主义的工业建设结合得如此的巧妙、如此的吻合无间,正足以表现我们中国是一个古老的国家,同时又是一个很年轻的国家。不仅西安市如此,全国范围内的许多城市也都是同样地把"古"与"今"结合起来的,而西安市是一个特别突出的、值得特别提起的典型的好例子(陶凯和刘燕,1994)。

古今交融、中外结合是当今西安有别于其他现代化都市最为显著的特色,当然,西安的现代化气息定不是广州那种商业化浓郁的现代味道,也定不是上海那种高速旋转的现代风韵,当然也不是北京那种作为政治中心庄严肃穆的现代气派,更不是杭州那种风姿绰约的现代神韵,也没有南京那种错综复杂的难言况味。西安有的是在周秦汉唐文化奠基下凝结的现代气韵,它一方面弥漫着厚重的乡土味道,另一方面又积蓄着渴望现代转型、奋飞的冲动。

世界著名城市的崛起从表面看是一种机遇的偶然聚合,但是从深层次研究我们却能找到其中的内在必然性,那就是它们都找到了自己城市主体的精神,并用城市主体的精神来统摄城市的发展和建设。历史古迹作为一种特质资源是可以随着社会经济和科技的进步而发生转移的,这种拥有发展到一定阶段的特色产业的城市可以说具备了成为世界名牌城市的初步条件。但是这种初步条件是需要通过城市主体精神的构建来进行提炼和升华的,使产业与文化进行融合,把文化发展为一种动力,才能化解产业革命和社会变迁带来的发展风险,使城市具备成为世界知名城市的经济、文化和社会条件。古今交融的西安有着得天独厚的文化资源,应该充分运用这种资源创造出独具特色的城市文化,就像威尼斯以"水都"而著称,夏威夷以"旅游之都"而闻名,维也纳以"音乐之都"而流芳,西安应以古今交融的文化为特色,立足传统文化,创建现代文明。在这个意义上,我们认为,柳青精神代表着西安城市主体的精神。因为柳青自身质朴、厚重的个性和西安城的古朴气息相融,柳青身上凝聚的战斗精神、执着文学事业的"愚人精神"和西安城的现代追求相通,柳青本人就是立足乡土创建现代精神文明的典范,而西安也是以古今交融获得自我城市特征的代表。

1952 年柳青到今天的西安市长安区(旧称长安县)任县委副书记,1953 年他辞去县委副书记一职,在长安县皇甫村蹲点,这一蹲就是 14 年,柳青与长安县结下了极其深厚的情感,在这里他创作了不朽的名著《创业史》(其中第一部的第一稿就是在西安常宁宫撰写的），写下了散文《在皇甫村的三年》等。柳青虽是陕北吴堡人，但是却最终融入西安这座城。正如他逝世后皇甫村人给他写的挽幛一样：扎根皇甫，千钧莫弯。方寸未息，永在长安。

柳青不仅将骨灰留在了西安，而且将"柳青精神"灌注到了西安这座城市。他深入生活、关注底层、献身文学的崇高品格以及气势磅礴、笔力雄健的写作风格激励着中国当代作家尤其是陕西文坛的后来者，无论是王汶石还是陈忠实、路遥都是这种"愚人精神"的继承者。

当代西安作家对柳青的悼念无不是对柳青精神的缅怀，这座城因柳青平添了一道人文景观。是的，都市通常被认为是经济中心，在此，经济交换的多样性、集中性，赋予了城市不同于乡村的另一种经济特质。但是，城市并不是一目了然的物质构成，文化是城市的灵魂栖所，社会、政治和文化思潮的变迁深刻影响着城市的兴衰，一个精神失落的城市必定是破败的城市，一个昂扬进取的城市必定是繁荣、昌盛的城市，柳青注入西安城自强不息的奋斗精神。2006年是柳青诞辰 90 周年，为了纪念柳青、弘扬柳青精神，占地 20 亩、南北长 200 米、东西宽 30 米的柳青广场在长安区神禾塬上建成。该广场上有柳青雕像，雕像后是表现柳青生平经历的浮雕，广场中央还建有柳青纪念馆。诚然，在城市建设中，这种文化广场对推动城市的文化建设具有不可低估的意义。大城市应该具备公共文化设施，建立艺术博物馆，增加公共图书馆、出版社，建立艺术学校以及大学，因为这些都是城市成熟的标志，城市的成熟又深深地影响着每一个与城市接触的人。

作为现代大都市的西安更应该有现代性意味，像博物馆、广场这样的城市文化载体都应该加强建设。在我们看来，博物馆所代表的整体的文化遗产和系统的经典范畴，是现代民族国家的文化象征，广场文化则体现着大众、市民文化。代表西安城市精神的柳青精神出现在广场，这是"五四"以来中国知识分子所热衷的通过占领广场阵地进行思想启蒙教育的独特方式。西方著名的社会学家刘易斯·芒福德（Lewis Mumford）博士，在其所著的《城市发展史：起源、演变和前景》（*The City in History: A Powerfully Incisive and Influential Look at the Development of the Urban Form through the Ages*）一书中写道："最初城市是神灵的家园，而最后城市本身变成了改造人类的主要场所，人性在这里得以充分发挥，进入城市的是一连串神灵，经过一段长期间隔后，从城市中走出来的是面目一新的男男女女，他们能够超越其神灵的局限，这是人类最初形成城市时始所未料的。"（刘易斯·芒福德，2005：7）西安城市主体精神（立足传统，创建现代文明）经由一系列广场文化（当然包括柳青文化广场）得到传播、弘扬。

二、陈忠实与西安城市发展观

当西安这座国际大都市有了自己的城市主体精神之后，如何发展就成为迫在眉睫的问题。美国加利福尼亚大学洛杉矶分校教授理查德·利罕（Richard Lehan）在其所著的《文学中的城市：知识与文化的历史》（*The City in Literature: An Intellectual and Cultural History*）中主张，将"文学想象"作为"城市演进"利弊得失之"编年史"来阅读。因此，在关注城市物质发展的同时，更注重文学表现的变迁（陈平原和王德威，2005）。更重要的是，文学文本如何促进城市的文化产业发展？在他看来，随着物质城市的发展，文学特别是小说描写城市的方式也在不断演进，喜剧和罗曼蒂克的现实主义带我们穿越商业城市，自然主义和现代主义带我们进入工业城市，后现代主义则带领我们洞察后工业城市。城市和文学文本有着不可分割的历史，阅读城市也就成了另一种方式的文本阅读。这种阅读既丰富了城市本身，也丰富了文学想象和描述城市的方式。从上述文字中我们清晰地看出：文学与城市有着不可分割的历史，文学想象与文化记忆不仅可以帮助我们进入城市，而且更有意味的是，文学可以激活城市的记忆。在现代化意识观念中，各种形式的媒体、娱乐表演、文学艺术、时尚、出版业、博物馆以及整个文化创造产业，这些是所有发达社会中增长最快、产生价值最大的产业。

陈忠实的《白鹿原》陡然唤醒了沉睡的都市，激活了那久已逝去的流水岁月。毫无夸张地说，这部被誉为渭河平原50年变迁史的雄奇史诗，这一幅中国农村斑斓多彩的历史画卷，使白鹿原知名度空前提高，一时间有关白鹿原的开发方案层出不穷，其中陕西白鹿原文化研究院院长于志启起草的《建设中国·西安"白鹿原文化城"》方案引人注目。在我们看来，文学想象可以帮助我们进入城市，甚至可以不断激活城市沉睡已久的记忆，白鹿原就是这样被文学激活的。不言而喻，"把人的主观情感以及想象力带入都市研究，这个时候，城市才有了喜怒哀乐，才可能既古老又新鲜"。而"当我们努力用文字、用图像、用文化记忆来表现或阐释这座城市的前世与今生时，这座城市的精灵，便得以生生不息地延续下去"（陈平原和王德威，2005）。

陈忠实坚守在白鹿原，不仅其长篇小说是以白鹿原为写作展开的空间，而且其散文、诗词也都是以白鹿原为背景的，陈忠实有着深厚的白鹿原情结，这种情结就是对故土家园、对西安的挚爱。1942年陈忠实出生在西安郊区白鹿原上的一栋老屋，以后74年的岁月里他几乎没有离开过西安这片地域。作为一名最本色的西安作家，他不可能如近代欧美知识分子那样一味"漫步"并"张望"于城市，他与西安城紧密相连，深厚的乡土情感使他难以置身其外做精神漂流，但是由于他又是从事精神生产的知识分子，所以他居住于西安城，分享并陶醉于这座城市的文化的和谐，同时又保持着知识者的清醒意识。

西安作为一座古今交融的国际大都市如何发展，可能是无数西安商人、官员、学者文人、普通市民都思索的问题，也是这座历史文化古城如何转变为现代都市的关键。人所共知，转变的背后依靠经济、政治等各方面因素，但是最重要的则取决于理念。文人是城市的文化名片，他们以其深邃独到的理念引领城市文化，构建城市发展新观念。作为居住在西安城的文学家，陈忠实有其独特的城市体验，自然而然，也就形成独特的城市发展观。

三、贾平凹与西安城市文化

尽管贾平凹个人的影响没有产生一个类似于柳青广场的城市印记，也没有因个人的著述诞生一个类似于因陈忠实而形成的白鹿原文化城，然而，贾平凹在当代西安作家中对西安古城文化发展做出的贡献却是最大的。这种贡献既有关于西安城市建筑、商业、日常生活文化的外在描摹，也有关于西安城市现代化、艺术化的内在追逐。

贾平凹的创作始终与新时期文学同呼吸、共命运，他有关西安这座城市的创作是最多的，影响也最为深远。仅其专门为西安而写的长篇小说就有4部，从20世纪90年代的《废都》，到后来的《白夜》《土门》《高兴》几部作品，无不展现西安特有的城市景观、日常生活以及文化特色。散文《老西安》则直接以西安为题，将近现代以来西安的人事变迁、历史名人如数家珍一并道来，此外，还有像小说《怀念狼》、散文《游在西安·序》《都市与都市报》《十字街菜市》《人病》《看人》《闲人》等均属于书写西安城市的作品。可以说，贾平凹的灵魂安顿在西安这座城市，正如他在散文《西安这座城》里所言：

> 我庆幸这座城在中国的西部，在苍茫的关中平原上，其实只能在中国西部的关中平原上才会有这样的城，我忍不住就唱关于这个地方的一段民谣：八百里秦川黄土飞扬，三千万人民吼叫秦腔，调一碗粘（黏）面喜气洋洋，没有辣子嘟嘟囔囔。这样的民谣，描绘的或许缺乏现代气息，但落后并不等于愚昧，它所透发的一种气势，没有矫情和虚浮，是冷的幽默，是对旧的生存状态的自审。我唱着它的时候，唱不出声的却常常是想到了夸父逐日渴死在去海的路上的悲壮。正是这样，数年前南方的几个城市来人，以优越异常的生活待遇招募我去，我谢绝了，我不去，我爱陕西，我爱西安这座城。我生不在此，死却必定在此，当百年之后躯体焚烧于火葬场，我的灵魂随同黑烟爬出了高高的烟囱，我也会变成一朵云游荡在这座城的上空的。（贾平凹，1998b：380）

这是一位作为西安的文人表达的生前死后对西安这座城的挚爱，是发自心灵深处、渗透到血液中的痴情，他不仅是爱城，爱城里的人、城里的建筑、城里的生活，更重要的是，痴迷于这座城与生俱来的文化。概括贾平凹为西安城市文化发展所做出的贡献，在我们看来有以下几点，列举如下。

一是古典传统文化。贾平凹的西安是记忆久远的古城，散文中一个"老"字意味着西安城历史的沧桑。"如果说，在西方传统里，人们的注意力集中在意义和真实上，那么，在中国传统中，与他们大致相等的，是往事所起的作用和拥有的力量。因为，人们无法进入'时间隧道'，去修补不尽如人意的历史，但回忆往事的诱惑，却实实在在地存在。"（陈平原和王德威，2005：526）贾平凹回忆道：

> 该怎样来叙说西安这座城呢？是的，没必要夸耀曾经是十三个王朝国都的历史，也不自得八水环绕的地理风水，承认中国的政治、经济、文化的中心已不在了这里，对于显赫的汉唐，它只能称为"废都"。但可爱的是，时至今日，气派不倒的，风范犹存的，在全世界的范围内最具古城魅力的，也只有西安了。它的城墙赫然完整，独身站定在

护城河上的吊板桥上，仰观那城楼、角楼、女墙垛口，再怯弱的人也要豪情长啸了。大街小巷方正对称，排列有序的四合院和四合院砖雕门楼下已经黝黑如铁的花石门墩，让你可以立即坠入了古昔里高头大马驾驶了木制的大车开过来的境界里去。如果有机会收集一下全城的数千个街巷名称：贡院门、书院门、竹笆市、琉璃市、教场门、端履门、炭市街、麦苋街、车巷、油巷……你突然感到历史并不遥远，以至眼前飞过一只并不卫生的苍蝇，也忍不住怀疑这苍蝇的身上有着汉时的模样或是有唐时的标记。（贾平凹，1998b：380）

从上述引文中我们清楚地看出，作家不屑于夸耀西安旧日的荣耀，但是却真实地进入历史的辉煌中，不仅那些古建筑上遗留着历史的烙印，就连那些微不足道的小生物身上也凝结着岁月的厚重，所以作者说：

我不知疲劳地，一定要带领了客人朋友爬土城墙，指点那城南的大雁塔和曲江池，说，看见那大雁塔吗？那就是一枚印石，看见那曲江池吗，那就是一盒印泥，记住，历史当然翻开了新的一页，现代的西安当然不仅仅是个保留着过去的城，它有着其他城市所具有的最现代的东西，但是，它区别于别的城市的，是无言的上帝把中国文化的大印放置在西安，西安永远是中国文化魂魄的所在地了。（贾平凹，1998b：383）

显然，贾平凹心目中"西安毕竟是西安，无论说老道新，若要写中国，西安是怎么也无法绕过去的"（王剑冰，2002：247）。一种浑然、厚重、苍凉的独特气韵支撑着西安，这种气度、风范迫使天下人为之瞩目，这就是贾平凹向人们展示的西安古韵文化，尽管这种古韵文化中流露出强烈的颓废意识，但是，无论如何《废都》都为我们营造了一个以西安为城市象征意味的世界。因为在整个20世纪少有人写它，抑或创作出与它相衬的"大作"出来，直到贾平凹的西京系列作品问世，这种状况才有所改变。《废都》展现了大量的西安都市景观、都市文人生活，四大文化名人的引入自觉将西安文化名人与西安城市文化联系起来，在这个意义上，《废都》是当之无愧的第一部最为详尽和完整的有关西安城市以及城市文化叙述的文学作品。废都、废人是作家对西安这座城市的隐喻，也是其所理解的人与城的关系，它的出现激活了都市的文化记忆、文学想象。试想，一位作家以其作品勾连起当代中国人一连串的有关西安这座历史名城的记忆，这该对西安城市的发展、文化的繁荣有多大潜在推动力，正如作家所言：

> 《废都》一书中基本上写到的都是西安真有其事的老街老巷。书出版后好事人多去那些街巷考证，甚至北京来了几个搞民俗摄影的人，去那些街巷拍摄了一通，可惜资料他们全拿走了，而紧接着西安进行了大规模的城区改造，大部分的老街老巷已荡然无存，留下来的只是它们的名字和遥远的与并不遥远的记忆。（贾平凹，2008a：56）

当然，作者写这部作品完全是出于："一晃荡，我在城里已经住罢了二十年，但还未写出过一部关于城的小说，越是有一种内疚，越是不敢贸然下笔。"于是，作者下笔了，可是"要在这本书里写这个城了，这个城里却已没有了供我写这本书的一张桌子"（贾平凹，1993：383）。作家居于城，灵魂却无法安放于城，这本身就是悖论。不言而喻，《废都》的颓废气息带给这座文化古城低沉、颓败的声誉，也使作家自己赢得了暮气的声名。名人是城市的文化名片，《废都》却成为名片上的斑点，这多多少少对西安城市的文化发展带来负面效应。然而，我们却无法否认《废都》在西安都市文化研究中的重要地位。

二是民间鬼巫文化。同样是写西安这座城市，《白夜》展示的是民间鬼巫文化。鬼巫文化在中国曾经颇为兴盛，这是民间粗俗、神秘、原始的文化，同时也是最为文学化、艺术化的文化。鬼神巫术究其产生根源而言，来自人对自然、神秘力量的恐惧，然而，在人类文化的任一领域中，"卑躬屈膝的态度"都不可能产生真正具有活力的文化形态。在这一点上，甚至巫术、鬼神意识也应该被看成是人类意识发展中的一个重要步骤。对巫术的信仰是人的觉醒中的自我信赖的最鲜明的表现之一，在这里人不再感到自己是听凭自然力量或超自然力量的摆布了，开始发挥自己的作用，开始成为自然场景中的一个活动者。不仅如此，鬼神世界的描摹是人类体现自我力量的象征，文学中的鬼神世界就是艺术思维世界。德国社会学家马克斯·韦伯（Max Weber）认为，科学的进步是理智化过程的一部分，理智化和理性化并不意味着人对生存条件的一般知识也随之增加。但这里含有另一层意义，即这样的知识和信念：只要人们想知道，他任何时候都能够知道；从原则上说，再也没有什么神秘莫测、无法计算的力量在起作用，人们可以通过计算掌握一切，而这就意味着为世界祛魅。而贾平凹恰恰相反，在他的西京系列小说中，尤其是《白夜》中目连救母"鬼戏"的引入，夜郎亦人亦鬼的生存状态，无一不是一种返魅①的艺术手法，体现的是一种最为人文化的思维。所以，从这个层面上讲，贾平凹所展示的西安文化不仅是中国传统的文化，而且也是最具有艺术气质的文化。这是贾平凹对西安这座带有浓郁乡土气息的城市的文化特有的贡献，也是贾平凹对中国当代文学的贡献，长期以来，贾平凹的价值一直得不到肯定就是因为人们忽略了这种独有的文化内涵。

三是城市文化中的现代性反思。城市是什么？贾平凹在他的作品《丑石》里写道：

> 城市是个海，海深得什么鱼鳖水怪都藏得，城市也是个沼气池子，产生气也得有出气的通道。我是个球迷，我主张任何城市都应该有足球场，定期举行比赛，球场是城市的心理的语言的垃圾倾倒地，这对调解城市安稳非常有作用。城市如何，体现着整个国家和地区的综合实力，随着人类社会的发展，城市的拥挤、嘈杂、污染使城市萎缩、异化了。（贾平凹，2008a：56）

因此，在这个意义上，贾平凹是反城市化的，小说《废都》《土门》《白夜》《秦腔》都流露出颓废意识，这不仅仅是因为汉唐盛世已经逝去，而且更为关键的是，现代化致使城市越来越丧失旺盛的生命力。他在小说《怀念狼》中是这样描述的：

> 西京城依旧在繁华着，没有春夏秋冬，没有二十四节气，连昼夜也难以分清，各色各样的人永远挤在大街小巷，你吸着我呼出的气，我吸着你呼出的气，会还是没有头绪地开，气仍是不打一处地来，但我该骂谁呢，无敌之阵里，我寻不着对方。

---

① 即返归事物本身的神秘性和神圣性。

......

清晨对着镜子梳理，一张苍白松弛的脸，下巴上稀稀的几根胡须，照照，我就讨厌了我自己！遗传研究所的报告中讲，在城市里生活了三代以上的男人，将再不长胡须。（贾平凹，2008b：63）

城市生活抑制了人的创造力，是狼，即原始野性激发了人的活力，所以从《废都》到《白夜》《土门》《怀念狼》，作家都在呼唤原始野性，反城市化的《秦腔》则明目张胆地为传统文化"招魂"。然而，贾平凹的思想并非如此单纯，在现代与传统、城市与乡村之间他徘徊不定，从《废都》到《白夜》、《土门》以及《高兴》，他都在讲西安的现代化进程，思考的是现代化进程中中国农民的命运、乡村的命运。从《废都》里弥漫的浓重的颓废气息到《白夜》里进退两难的尴尬状态，再到《土门》中无家可归的悲哀，最后到《高兴》里农民对城市生活的期待，贾平凹用他的西京系列小说昭示了西安城市现代化过程中出现的种种弊病，这也许是作家用其文学之笔表达了对西安未来发展的忧虑。尽管作家并没有开出一剂良方，但是城市发展以牺牲农村为代价、牺牲生态为代价、牺牲生命本真为代价，这是作家不愿意看到的。他渴望有一种合理、健全的西安城市现代化发展方案，他反对人异化，渴望回归自然，希望彰显充盈活力的自然状态，"正像古代游牧民族在地中海盆地的永久定居标志着西方文明的开端一样，大都市的发展是独特的现代西方文明开始的标志。在城市生活的独特环境中，人类首次远离有机自然。……现代人生活方式的鲜明特征是：中心城市集聚着大量人口，而次级城市围绕在它们周围"（孙逊和杨剑龙，2007：3）。也许等有一天，西安城不再像传统的城，而是像花园式的、乡土式的城市，更加生态化、更加合理化，那才是西安居民最佳的去处。

四是西安人的文化。什么是西安人？吴宓说陕西人的性格是倔、犟、硬、碰，贾平凹作品里的西安人却多是闲散的。这种闲人既是都市中的文化闲人，也是城市里的流浪汉。前者如小说《废都》塑造了一批以庄之蝶为代表的文化闲人，他们处于社会的边缘，精神颓废、心情郁闷。其实，这种城市的游手好闲者在瓦尔特·本雅明（Walter Benjamin）的《发达资本主义时代的抒情诗人》著述里早就论及了，本雅明用他特有的飘忽不定的线条勾勒了"文人"的轮廓。把文人归结为生活漂泊不定的"游手好闲者"，在这一层面，这种好闲者不是京味小说中提着鸟笼悠然自得的清朝遗老遗少,而是城市文化背景下产生的有闲阶层。在拥挤的大都市文人在人流中漫步、张望,从而展开了他同城市和他人的全部关系,大城市并不在那些由她造就的人群中的人身上得到表现,相反却是在那些穿过城市,迷失在自己的思绪中的人那里被揭示出来。后者如《高兴》中的刘高兴、五福之流,像庄之蝶一样,他们也在城市漫步,这种城市漫步不是为了浪漫休闲,而是为了谋求生计——拾破烂走街串巷。作为普通的城市从业者他们生活在社会底层,他们的行走是一种城市经历的基本形式;他们是步行者,是行人,他们的身体在拥挤或空旷的城市中流动,从而浏览了所有城市风景,体验了城市生活。于是,在贾平凹的文本里,尽管我们看不到咖啡馆里情人的倾谈、夜总会里舞者的缠绵、酒店大厅的华丽壮观,但是作家以其独特的视角为我们描述了西安这座城,城市的魅力就在人和城市间独一无二的生命体验。

四、小结

综上所述,西安作家与西安城市紧密相连,与城市文化发展息息相关,在他们的意念以及文学文本里,秦腔是西安城之声,羊肉泡是西安城之食,黄色是西安城之色,城墙是西安城之形,质朴、厚重是西安城之气,倔、犟、硬、碰是西安城之人。从柳青到陈忠实再到贾平凹,他们或是以自我的人格魅力灌注给西安城一种主体精神文化,或是以文学作品致使一座城市生态风景区诞生,或是以深邃的文化思想丰富城市文化内涵,尽管其中蕴含诸多有关城市文化的批判,但是,就如贾平凹在其作品《丑石》中所言:

> 说实话,自一九七二年进入西安城市以来,我已经无法离开西安,它历史太古老了,没有上海年轻有朝气,没有深圳新移民的特点。我赞美和咒骂过它,期望和失望过它,但我可能今生将不得离开西安,成为西安的一部分,如城墙上的一块砖,街道上的一块路牌。当杂乱零碎地写下关于老西安的这部文字,我最后要说的,仍然是已经说了无数次的话:我爱我的西安。(贾平凹,2008a:56)

文人以文化知识称著,文化古城的发展以文化繁荣为底蕴。通过文学家、文学文本、文学想象，城市才会有不仅物质方面的发展，还有精神领域的兴盛。城市和文学文本有着不可分割的历史，因此人们阅读城市文本以了解城市，本书希望通过探讨西安文化名人对西安城市文化发展的影响，从而促进西安城市文化的繁荣。

第五节　命题文本：《丝路摇滚》和《丝路之父》

当"丝路"深入人心且成为一种引人遐思的热词，直接以丝路来命题、命名的文学作品乃至商品和市招便多了起来。仅就文学而言，现当代诗文和小说的文题中出现"丝路"的作品就比较多见（参见本书附录）。这里仅以两部当代长篇小说《丝路摇滚》和《丝路之父》为例，来探讨一下相应的命题文本及与之密切相关的"丝路意识"。

敢于走西口闯丝路的人们大多也是勇敢者、探路者，这些走在西部丝路上的人们往往有着特别强烈的创业意愿、求生意志和英雄崇拜情结，这也是跋涉者、探险者的正常心态。这样的情结和心态在《丝路摇滚》（文兰，1994）、《丝路之父》（权海帆和孟长勇，1998）等小说中均有充分的体现。

志在远征的丝路英雄也要创大业以摆脱贫困并走上共同富裕的道路，昭示着一种诱人的理想，提示着相应的探索与实践。失败是成功之母，立志走出贫困的秦地人不会停下脚步。文兰在《丝路摇滚》中书写了现实改革中以狼娃为代表的西北汉子的艰难而又勇猛的探索。"创业难"的旋律再次响起，同时创业的辉煌之光仍在前方向人们招手……

类似于《丝路摇滚》的积极人生描写也显示着西部作家的愿景。身在和平的岁月，心系建设的事业，那种唯有创业者才能体会到的神圣感情，今天我们仍能从杜鹏程的《在和平的日子里》《夜走灵官峡》、王汶石的《风雪之夜》《新结识的伙伴》、王绳武的《新房子的故事》、王宗元的《惠嫂》、李小巴的《戈壁红柳》等20世纪五六十年代的小说中领略到。为了生存，为了精神的充实，固然应该拒绝"假大空"，但却没有理由拒绝那来自劳动者的纯洁而高尚的感情，浊世滔滔，乱花迷眼，许多人在物质上也许不再贫困，但他们却可能重新面对了"生存"的艰难，即是"生命"意义的流失或空洞。是否有必要重建那种尊崇奉献的创业精神呢？贾平凹的《白夜》中的夜郎们也许会以为这是个古怪的问题,邹云们大约根本就不懂得这个问题是什么意思。而莫伸的《蜀道吟》则展现了新一代建设者的风貌,歌颂了铁路职工献身的精神,并与杜鹏程当年创造的"建设者系列"小说联通了起来。当老迈的杜鹏程读了莫伸的这个中篇小说时,他便情不自禁地激动了起来,很快给莫伸写了一封长信,既给予肯定和称扬,又对作品进行了较为细致的分析。①两代作家,薪火传递,庄严,正气,他们都表现出了对建设者精神崇高美的深切关注。不过,在从事建设和创业的艰难历程中,也常常出现种种波折甚至悲剧,令人扼腕。杜鹏程当年就表示在和平年代的建设,并不亚于昔日战场上的拼杀。这在李春光的长篇小说《情使》以及莫伸最近的作品《大京九纪实》中就有生动的体现。峭石的长篇小说《丑镇》在描写改革开放中的关中农村时,就相当充分地描写了农民企业家普云生等人甘苦备尝的曲折历程,更细致地写出了被畸形政治生态异化了的鄂心仁的兴风作浪,这就在相当深切的层面上揭示了滞缓改革或扭曲改革的危险力量,着实耐人寻味。与峭石着意于剖露创业阻力来自某些"干部"不同,文兰在《丝路摇滚》中则侧重揭示群众的种种落后意识对改革及新生活的误解,封闭、落后的文化积淀以潜移默化的方式,使那些本来看上去很善良的人也变得非常冷酷或愚蠢。由此,作家也将经济改革、思想解放、生活新变与深沉的文化反思和人性探讨深切地结合了起来,同时对秦地人的生存之苦和创业之难给予了有机的文学把握。

  这样的丝路小说也对历史文化情有独钟。《丝路摇滚》和《丝路之父》的作者在热烈地拥抱现实生活(包括 20 世纪的各个历史阶段)的时候,大多都有相当深沉的历史意识,能够敏感地揭示出古老的文化传统在现实中的各种作用,并在创作方法、思维方式和审美情趣等许多方面,汲取着本土古老文化的营养,其中也包括传统的民间文化的营养。在这些小说家的笔下,现实生活虽为描写重心,但这现实生活也是过去生活的继续,古和今的相通总会得到或显或隐、或多或少的揭示。从西部古老的人文景观(各种古迹名胜等),到积久成习的生活方式(如秦地人生活习俗中的"十大怪"),以及那朴实无华、古道热肠和愚鲁爽直的民情民性等,都成了西部小说家热衷描写的对象。有人称陕甘秦地是一座天然庞大的历史博物馆,那么,秦地的丝路小说便经常充当了这座历

---

① 见杜鹏程给莫伸的信,杜鹏程. 1985. 古城寄语——读《蜀道吟》致莫伸. 小说评论,(4):59-61.

史悠久的博物馆的解说员,如文兰在《丝路摇滚》开篇不久就道:

> 黄土高原的深川大沟本来就给人一种深沉、荒漠、古远的感觉,此刻无边的昏暗仿佛更把它推回几千年前的一片浑沌。……在一口气接连说完一百个爷爷的爷爷的那时候,脚下这条被称为"古丝绸之路"的路是从古长安通往波斯国去的,是一条中国最早对世界开放的商路。那时候我们的老先人尻子朝东脸朝西地经过这儿,把一匹匹明光耀眼光滑如水的绸缎送到西边很远很远的、连孙悟空拐个弯儿向南也没有向西而去的波斯国;而那里的红鼻子绿眼睛大胡子、被求佛的唐僧视为妖怪的洋人却尻子朝西脸朝东,带着叫我们老先人眼花缭乱的金银珠宝也经过我们这儿,到华夏皇上爷住的古长安去。(文兰,1994:6)

书中这位叫狼娃的主人公几乎将关中著名古迹都参观了一遍,并不时地可以听到他那有点任性恣意而又颇有地域文化特色的"解说"。像这种在小说中穿插对老古董的描写,新时期以前的秦地小说中较为少见,到 20 世纪 80 年代就明显增多了起来,到了 90 年代,在有的作家笔下,就有点泛滥的味道了。此外,在追寻生命自由的朴素的渴望里,秦地人描写生命本能欲望似乎也有泛滥的趋势。作家喜欢将快乐的性体验、性想象充分地美化、诗化,又以此来迷惑自我、充实自我。这也构成了一种秦地南北共通的民性。贾平凹笔下的丰盛硕美的"远山野情"和那迷人的山歌一样,是对民间性爱的审美化重构,即使在《废都》等旨在反省的小说中,也有对"性的审美化"的意趣透入。文兰的《丝路摇滚》还将北方汉子的性能力进一步给予了诗意的提升,北方汉子的性爱成为导引南国女性进入快慰身心之佳境的杠杆,进而也成了南北结合、古今结合、生命与事业结合的富于浪漫情调的象征。《丝路摇滚》中写狼娃与海风的相恋,仿佛又在另一个时空重复着关中愣娃与外地女人欢合的故事。小说里写海风给母亲讲述她对大西北及狼娃的印象,"我像少儿讲故事似的向母亲讲述了大西北古朴淳厚的民风民俗,讲述了古老神秘而雄浑博大的历史文化,还像讲美国西部电影里的男牛仔那样讲了狼娃。那些引人入胜的民间传闻,民间风情,特别是那个大西北的汉子狼娃的故事,让母亲听神话似地感兴趣"(文兰,1994:285)。鲁迅曾说:"小家女也逛庙会,看祭赛,谁能说'有伤风化'情事,比高门大族为多呢？"（鲁迅，2005b：272）对关中民间性文化的展示，邹志安的爱情小说系列在这方面也进行过较多的努力。在陕南，山歌情歌随风流传，亦得楚地浪漫风情。婚媾对象本应指向有情人的，但《尘缘》中既成的婚姻已少有情爱可言。而成为"第三者"的有情人却难以进入婚姻，正所谓有情人难成眷属，眷属已非有情人，最后酿成大的悲剧（眷属与有情人皆遭难），这就是《尘缘》中白晓栋与妻子赵芝雅、情人钱温馨的故事。这种类似的基本故事原型在文兰的《丝路摇滚》、李康美的《裂缘》、贾平凹的《商州》和《白夜》、程海的《热爱命运》等小说中都存在着，其不仅起到了结构故事的作用，而且以其原型力量直逼人的心灵，让人牵肠挂肚，触动感情最绵软、最复杂的隐微处。当然随着艺术的不断发展，我们必须强调对原型重构的手段要更加高明，使其更加丰富圆满，否则仅仅是简略的原型骨架，也难以产生动人的力量。①

其实，性对人类来说具有极丰富的文化功能，生殖层面的性尽管意义重大，但毕竟是工具性的。而宗法婚姻、政治婚姻以及志同道合的婚恋等，也都有将"性"工具化的倾向，唯有超脱这些工具化的牵掣，性的审美化才有可能充分实现——这在现实中是很少有的，但在文艺想象世界或弗洛伊德所说的"白日梦"里似乎就成了司空见惯的事情。这或许也是《红楼梦》中曾给予肯定的宝玉式的"意淫"。而在这个意义上，人类的生殖器官的原始功能便被升华为审美功能，在体验中"生殖器"则变易为"娱生器"，娱情悦性满足精神和生理的需求成了畅美不可言传的情事。近些年的秦地小说家显然对"性的审美化"（这与古代文学和民间文学中对性爱的诗化传统有相通之处）描写相当关注。《丝路摇滚》中写狼娃和海风的性爱大有回归自然的意趣。野合的民间古风居然被引入有为的一对现代男女之间。这按传统功利的或封建的观点视之，必视其为禽兽所为。

在人们熟知的描写性爱的文学教训中，学界总强调不能为写性爱而写性爱，要在性爱描写中去观照社会人生（白海珍和汪帆，1989）。这是将性爱置入社会人生的大系统中去考察势必会引出的结论。的确，性、性爱及性描写，与社会人生莫不有着十分密切的关系。既可以有《创业史》中借写坏人的通奸行为来攻伐那种原属农村社会上流的人物（如姚士杰），有路遥的《平凡的世界》

---

① 这里列述的四个方面在李继凯的《秦地小说与"三秦文化"》（商务印书馆，2013年版）附录部分《新时期秦地小说的民间原型》一文中有较详细的展开，可参看。

中对偷情者道德沦丧的讽喻，又可以有《废都》那样的恣意写性却又寄意遥深的寓言化的文本，在极写性的魅力的同时，也极写性的腐蚀力，而这都与社会人生的沉重息息相关。王蓬的《水葬》在封面上印着"爱情，蛮山荒野中一只滴血的鹰"。这也是性在社会化层面经常要承受的悲剧命运。性爱总是要随着恶势力而造孽，或随着美善的弱者而屡屡受伤。《水葬》中的翠翠所承受的种种不幸，已将红颜薄命的女性命运进行了新的阐释——这完全是属于20世纪中国的阐释。与翠翠很相似，京夫的《八里情仇》中的荷花也命运多蹇，性爱的权利被剥夺、被扭曲，承受了数十年的痛苦磨难。李康美的《情恨》中的春娅作为山野中的一个姑娘，也在来自身心内外的各种驱力和压力下，陷入性爱倒错的泥淖中苦苦挣扎。尤其是山乡中积淀的封建文化意识，构成了一种悲剧的根源。在李康美的笔下，山野既可以催生出爱情的花朵，又能将这花朵揉碎成泥。就是那部老村的《骚土》，也在"骚土"中开掘出性畸变的社会原因①，其中流露的某种批判意味也未可忽视。当然，站在现代性爱的文化立场上，我们也可以发现古老的土地上性爱的原始真相：动物性、简单、粗鄙、无聊、荒唐、蒙昧。美的光环和诗意的赞美有时也许只是有心人的赐予。杨争光的小说《赌徒》《干沟》等以及冯积岐小说，就常用极本色的语言逼近秦人非理性的性爱世界，那里的诗意被消解了，裸露出了荒诞和蒙昧。

《丝路摇滚》等小说对民间歌谣给予了热情的关注。秦地的民谣早在《诗经·秦风》②和汉乐府诗流行的时代就已在民间普遍产生和流传，秦地自古以来就有从民谣观民风世道的文化传统。延安文学时期就多有作家采集民谣，并与民众一起创造带有旧瓶装新酒味道的新民谣。这些"更新"的民谣也常常能够显映出民心的向背、时代的风貌，至今仍为秦地作家所重视。在他们的记录本及作品中，常常出现对民谣的忠实记录。比如文兰在《丝路摇滚》中，就录有

---

① 详情请见：赵园. 1993. 地之子：乡村小说与农民文化. 北京：北京十月文艺出版社. 赵园在该书中提到贾平凹的《天狗》、史铁生的《我的遥远的清平湾》都写到"非常态"的婚恋，但"决不使人感到是'畸恋'。那里呈现的，倒是非人状态中最人性的情景，是黄土中、石缝间挣出来的点点绿色"。见该书第107页。

② 《诗经·秦风》共10篇。薛思庵《野录》中说："读《秦风》喜得无淫奔之诗，见得秦俗好。"《秦风》诗言战者多，言情者少。阳刚之气盛，而阴柔之气弱，可是要柔，就柔得格外美好，如《秦风·蒹葭》云："所谓伊人，在水一方。溯洄从之，道阻且长；溯游从之，宛在水中央。"

赵三弦的成套"顺口溜"①，峭石在《烈女翠翠》里也写了村童的"说口口"，贾平凹在《故里》中引录了连当地小孩都会说的"顺口溜"，这类民谣的引入都构成了小说情节的一部分，对推进情节的发展起到较为重要的作用。如俗说陕西有"十大怪"，其中有1/2或近1/2与"吃"有关。《丝路摇滚》第十五章就在描写狼娃和南国来的女工程师海风一起去小吃部吃饭时，介绍了这"十大怪"：一怪面条像腰带，二怪锅盔像锅盖，三怪辣子是道菜，四怪泡馍大碗卖，五怪碗盆难分开，六怪帕帕头上戴，七怪房子半边盖，八怪姑娘不对外，九怪不坐蹲起来，十怪唱戏吼起来②（前五怪与吃有关，第五怪是强调秦地人吃饭用的碗大，饭菜常搅在一块）。听了狼娃的介绍，海风笑得肚子疼，说那吃"第一怪"吧，于是她就吃了"第一怪"。此后她还领受了其他几"怪"的吃法，对秦地小吃也产生了兴趣。但她在比较南北方的饭食之后，却得出了这样的结论："北方饮食有北方饮食的长处，南方饮食有南方饮食的长处。例如北方人善食面食和牛羊肉，就不仅体格高大健壮，性格粗犷豪放，为人憨厚鲁莽，热情直率，重义气，充满阳刚之气，保持了种族活力，可称为是大自然之子；而南方人善食鱼米海味，虽然他们个头矮小，好像体格退化，但他们头脑发达，精明机智，善于思考。所以在中国古代，北方多出帝王将相，南方多出才子佳人……"（文兰，1994：257）应该说从饮食上也能见出地域文化的特点和人的特点。对此，海风讲的自然也是作者的见解。秦地饮食文化的确相当发达，如《人文中国》所说：陕西人的吃，吃中有景、吃中有情、吃中有历史、吃中讨吉利等（辛向阳，1996）。但这种讲究，大抵属于宫廷或喜丧大宴的饮食文化，在广大的民众日常饮食中却没这些讲究。不过，家乡饭无论在外人看来多么粗劣，爱吃那一口的愿望却总和乡情连在一起。在王宗元的短篇小说《惠嫂》中，通过惠嫂的介绍，读者便可见出她那老头子的"没出息"：

尽想着陕北的土窑洞、酸白菜、绿豆米汤、钱钱饭。他是个领导啊，怎么跟人说？想的心烦了，就自己到山坡上转，转着转着，看见了这棵草。（柯岩和王永乐，2012：217）

---

① 赵三弦说的谣儿有的是从前传下来的，也有的与时事有关。"文化大革命"有谣儿，改革开放也有谣儿，反腐败也有谣儿，几乎穷尽世相，颇堪玩味。

② "陕西十怪"还有另外的说法，如张培礼的《秦中旧事》（上海书店出版社，1992年版）一书中介绍的是：房子半边盖，窗纸糊在外，面条像腰带，饼子像锅盖，凳子不坐蹲起来，棉袄翻着穿，被子翻着盖，唱戏吵架分不开，户户浆水菜，帕子头上戴。见该书第143页。

由这种"吃"与乡情的牵连，地域文化内潜的生命力亦可略见一斑。从吃什么和怎样吃，往往便可窥知其文化的根系扎在何方土地。而作家善写何方的饮食文化，那也至少可以表明他对该地域的生活相当熟悉。比如文兰善于书写关中小吃和家常饭，就像个徽记一样，表明他对关中这一地域的生活与文化最熟稔。他在《丝路摇滚》第十三章写狼娃教海风吃"搅团"（陕西特色小吃，是用面搅成的糨糊），写得颇有情致，也颇为细致，即可印证此点。前述《丝路摇滚》有"导游"的意味，一部长篇小说，尽情尽意地展览着关中的古老文化及民俗文化，其中也包括饮食文化。关中的风味小吃颇有盛名，且有许多相关的动人传说，比如"赵匡胤与羊肉泡馍""孙思邈与葫芦头""早麻糊馍与司马迁"等，都带有浓厚的地域情味（强万康，1994）。还有，小说对西北方言及民间谚语、歇后语等也给予了深切关注和具体描摹。例如，文兰在《丝路摇滚》中写梁市长和狼娃一起返回枣树沟，此时狼娃已经成为省劳模，水泥厂产品也在全国获了奖，高兴中，要搞庆祝活动，梁市长说：

> 咥去！就当是烘摊子呢？好好热闹热闹，消消枣树沟上千年来的暮气、沉气……（文兰，1994：565）

文兰《丝路摇滚》写狼娃要与林香娥商量事情，便说："老嫂子你甭怕，我叫狼娃……咱干脆锤子打磨扇——石打石说，我还有事跟你商量。"（文兰，1994：197）"石打石"即谓"实打实"，实实在在。注意对作为地域文化的秦地方言给予积极的创造性使用，这一点几乎成为秦地近年比较活跃的小说家的一种共识。他们要发掘地域文化，要传达出鲜活的民间气息，要将大西北的土味和大气用语言符号准确地表达出来。方言文化不单涉及个别字词的地方性问题，其中还有相应的语音、语感、语法、语速等。作家在创作时，把握好这些方言文化的因素，易于找到良好的语言感觉，人物的声腔口吻便会宛然在耳，相应的神态，也会宛然在目。比较本色地使用秦地方言而且量多质实的小说家，文兰算是比较突出的一个。在较大程度上可以说，他是凭借方言来展开艺术思维的。尤其是《丝路摇滚》的上部，其"叙事者"是狼娃（本名"狼跃进"）。这位大西北的莽汉抖擞精神，要在黄土地上干些事情。他敢想（思想是由方言土音在心中流动的）、敢说（自然满口操的是西北话，尽管那大部分词语是普通话里有的，但语音、语速、语法等则基本是秦地的）、敢干（对所干的事的叙述在卷一中也是以狼娃口吻叙述的，故而也带有鲜明的方言文化特点）。这也就是说，像《丝路摇滚》这样的作品，已经把丝路上的民间方言文化"摇"出来了，"摇"出了相当明晰的地方性的声色与意味。"《丝路摇滚》对于关中土地上方言的运用，是一个贡献，许多年之后，古方言消失的时候，可以从作品中打捞出许多宝贵的文化财富，至于语言改造问题，那是语言学家的任务，而文学家着重的是语言的表现力。"（临春，1995：89）但《丝路摇滚》也有其难以弥补的遗憾，在运用语言讲求气势、讲求感觉、讲求顺畅的时候，似乎作家也有点任性（在方言使用上也如此），从而留下了一些粗糙的痕迹。

古代秦地的辉煌历史与秦人的开拓精神也很需要当代秦地作家精心地书写。显然，秦地的辉煌历史与秦人的开拓精神无疑是紧密相关的，由此形成了许多历史叙事甚至英雄传奇。备受关注且有较多争议的《大秦帝国》，就堪称秦地历史小说中的佼佼者。因言说者颇多，不必赘述。这里且以描写汉代人物的长篇历史小说《丝路之父》为例，略做一些分析。

在秦地，人们向来爱说"周秦汉唐"及"十三朝古都"之类的话语，其中汉唐更是深受作家和读者的喜爱。一个极为重要的原因，就是这两个朝代从主导方面看，给中国带来了繁盛和美誉，印证着中国人的伟大，足可以引以为傲。从《丝路之父》中，我们可以看出作家在竭力寻找一种新的整合和超越，既有对汉代权力机制的审视，又有对汉代重大改革举措的浓墨重彩的描写，还有对大汉文化的深切缅怀与弘扬，从而为历史小说的创作注入了一股清新的空气，拓宽了创作视野，呈现出让人思之怦然心动的"汉家"气魄。《丝路之父》主要讲述了2000多年前汉使张骞出使西域，历经20余载的艰难坎坷，终于开通了丝绸之路的故事。张骞的事迹见于《史记·大宛列传》。德·斯太尔夫人曾说："历史题材对于才智的锻炼与虚构的题材完全不同……（它——笔者注）看上去碍手碍脚，但只要能掌握某些界限之内的一个基点，掌握一定的轨道与适度的激情，那么这些界限本身对才华是有利的。忠于史诗的诗才能烘托出历史真相，犹如阳光能将五颜六色照耀得更加光彩夺目；这诗才能赋予史实以岁月的阴影所夺去的年华。"（德·斯太尔夫人，1981：107）《丝路之父》正是在立足于历史真实的基础上同时又加以虚构性的想象，成功塑造了张骞这一极具人格魅力的历史人物形象。

历史小说的创作者应当并不满足于把可信性建立在历史权威上，而是致力于人的性格、情感的刻画和故事因果链的显示，真正使自己的创作步入质的规定性与美的普遍性和谐统一的理想佳境。在《丝路之父》一书中，张骞这一历史人物的形象塑造是在四个层次上完成的，全书的人物形象结成一个网络，张骞处于网络的中心，其他或虚构或真实的人物都从侧面烘托出了张骞的人格力量。

第一层次是张骞与汉朝宫廷的关系，这是较疏远的一个层次。汉武帝和朝臣们的决策在宏观上决定着张骞的行为和命运。人是时代的人，每个个体都脱离不开限定着他的客观环境。朝廷上大臣们之间的争斗，守旧派田蚡与革新派武帝之间的冲突是把握着张骞命运的伏线。正是以武帝为首的革新派的成功才使得张骞能够出使西域。所以汉朝宫廷斗争虽然在书中着墨不多，但却是塑造张骞这一形象的前提，而张骞对汉朝的忠诚，则是他历经磨难坎坷，而终不退缩的一种执着信念和精神上的灯塔。正如张骞所言："然匈奴不能受仁爱之化、沐礼义之泽，我大汉便国无宁日、民无宁日。张骞自幼熟读孔孟，怀四方之志；且受圣上恩遇，以区区山野村夫，得入阊闱而官，时时感铭在心，岂怜一己之微躯！"（权海帆和孟长勇，1998：56）

第二层次是张骞与诸多女性（包括匈奴女性）之间的关系，这是展现张骞人格魅力的一个较贴切的层次，她们是张骞最为亲近的人，由她们折射出的张骞的品质，因此也最具有力度。这个层次体现出的是张骞身上的仁义文化感化匈奴的蛮性文化的过程。仔细分析这个层面上的女性，可以将之分为两类：一类是张骞的两个妻子，李月梅和匈奴姑娘乌丽娜；一类是对象征着仁义的汉文化的张骞的精神上的膜拜者，命运凄惨的匈奴婢女萨伊姆和美丽而哀婉的九阆氏。原配夫人李月梅，新婚不久便同意新郎张骞出使匈奴，她与张骞两情相悦，十多年独守空房刻苦相思，对丈夫怀有萦损柔肠的牵挂，终于香消玉殒。她没有等到张骞回来，却用自己的生命确认了张骞的人格。这是作者虚构的一个人物，借着这一个虚构人物作者完成了对张骞优秀品质的塑造，在某种程度上"她"恰是张骞的化身——同是对自己信仰的不懈执着者，这也是作者深受关中儒家文化熏陶的结果。乌丽娜是否确有其人？《史记·大宛列传》中有这样的记载："……留骞十余岁，与妻，有子，然骞持汉节不失。"（司马迁，2006：513）看来乌丽娜是有原型的，如此融史入诗，作者不仅使用了创造性想象，而且和再造性想象交替杂糅，艺术地把史实融为作品内容的有机要素。史实在经过主体对话的交感认同，被心理审美化处理后，已跻身于形象本体的行列。乌丽娜被作者创造性地想象，她是作为匈奴人的耳目安置在张骞身边的，是右谷蠡王的养女，而右谷蠡王的王妃是汉人，受汉文化的熏陶，乌丽娜身上的蛮性文化逐渐被消融了，"汉化"的她显得格外心地善良，所以，她一开始便放弃自己的耳目身份，倒向张骞一边，是张骞所具有的文化品格及人格魅力使她产生了一种发诸心灵深处的皈依。她不畏艰险地帮助张骞对付右大将，精心策划帮助张骞逃离匈奴，她自己则因此被单于流放。数年后张骞再度回到匈奴，她依旧在等待着他。她的执着以及李月梅的执着都主要是出于对张骞的文化品格的魅力，亦即对其文化品格的精神膜拜。婢女萨伊姆和九阕氏在匈奴野蛮暴虐的文化中深受屈辱，她们对仁善心怀崇敬。可以说，单于的夫人九阕氏是一个最具悲剧性的人物。右大将这个集蛮性文化糟粕于一身的人物对九阕氏的美貌垂涎已久，而单于为了笼络住势力渐渐膨胀的右大将而不得不忍受右大将对九阕氏的非礼。毫无人性的右大将又将九阕氏作为礼物送给昆莫父王，九阕氏对张骞心恋已久，为了救出张骞，她还答应了昆莫父王的儿子大禄对自己的肆意凌辱，同意嫁给大禄。作为女性曲折悲惨的一生，命运并没有压垮她坚强活着的意志，支撑着她的顽强信念便是她对张骞深挚的爱。在她心中，珍藏着对张骞的礼赞："你是一匹骏马，你是一只雄鹰，你是一块压不碎的磐石，你是一团烧不熄的火焰。这火焰召唤着我，吸引着我，我愿意为你这样的英雄活着。"（权海帆和孟长勇，1998：472）九阕氏源自爱而舍生忘死的一切行为，张骞却一无所知，正是这样的情感错位才越发显示出九阕氏命运的悲剧性。

第三层次是张骞与同行者之间的关系。同行者良莠不齐，有饶顺顺、刘苟义、王信等忠诚善良的朋友，他们为了张骞而赴汤蹈火；也有作为对立面的恶的代表——吴河，他人格卑劣、苟且偷生，最后出卖了张骞，自己也死于匈奴人手中。

第四层次是张骞与匈奴的关系。张骞收留了在逃的匈奴人甘父，甘父自此对张骞忠心耿耿，最后张骞又主持甘父与家中的丫鬟翠花成亲；面对罪大恶极的右大将，张骞丝毫不畏惧，与之坚忍地斗争；右大将的副将忽尔干本是作为恶的势力出现的，可因张骞求情才使老相国放过了忽尔干，忽尔干感动之至，帮助张骞抚养其女。张骞的人格力量感化了匈奴人的蛮性，使邪恶者逐渐走上行善的路途。正是这四个层次的刻画，令张骞的形象丰满起来，有虚有实，虚实相间，张骞的人格呼之欲出。

下篇　海丝文化与海丝文学

第五章 海上丝绸之路与海丝文学

丝绸之路是古代东西方之间政治、经济、文化交流的陆上、海上通道。"一带一路"是"丝绸之路经济带"和"21世纪海上丝绸之路"的简称,是中国国家主席习近平于2013年9月和10月访问哈萨克斯坦和印度尼西亚时先后提出的重大倡议。2017年5月14日,习近平出席"一带一路"国际合作高峰论坛开幕式,并发表题为"携手推进'一带一路'建设"的主旨演讲:"古丝绸之路绵亘万里,延续千年,积淀了以和平合作、开放包容、互学互鉴、互利共赢为核心的丝路精神。这是人类文明的宝贵遗产。……历史是最好的老师。这段历史表明,无论相隔多远,只要我们勇敢迈出第一步,坚持相向而行,就能走出一条相遇相知、共同发展之路,走向幸福安宁和谐美好的远方"(习近平,2017)。

丝绸之路是东西方历时和共时的文明发展之路,它在某种程度上已然成为东西方文化交流的代名词,促进了世界诸多国家的经济文化交流,涵盖了丝路沿途多民族、多地区的多元文化共生形态。丝路沿途的各民族因文明的吸引而长期保持着相互沟通、互相学习、共同进步的良好交流传统。当然,这种交往并非一直是友好的,很多时候也因政治利益的冲突而造成战争频发、灾难不断,"丝绸之路的历史也是一部不可思议和不可理解的历史,或者更应该说是一部无穷尽的臆想中的人员与事物的历史"(于格,2013:7)。这一既丰富又复杂的历史及其文化交往,催生了繁复多样、脍炙人口的文学作品,即我们所说的"丝路文学"。这一文学形态,一方面表现为以描绘丝路沿途国家和民族的风土人情及其政治、经济、文化生活为主要内容,另一方面则表现为以丝路沿途的国家和民族之间的政治、经济、文化的交往为主要书写对象。从此种意义上,我们可以为丝路文学下定义。进一步说,狭义的丝路文学专指以丝绸之路为题材或主题的文学,广义的丝路文学既包括以丝绸之路为题材或主题的文学,又涵盖丝绸之路沿途主要地域范围内出现的与丝绸之路有关的文学,同时包括以丝绸之路为媒介的中外多种形式的文化交流的文学作品。因为丝绸之路主要有两条，分别是陆上丝绸之路和海上丝绸之路，故丝路文学也大致可以分为陆上丝路文学（简称"陆丝文学"）和海上丝路文学（简称"海丝文学"）。

目前，"海丝"研究，即海上丝绸之路研究，是包括学界在内的社会各界的热门话题，面对"海丝"研究热，相关学者进行的冷思考，引起学界的高度关注。从学术立场上看，当前的"海丝"热是政治和时代背景催生的"文化起哄"，缺乏深入细致而又严谨创新的学术研究。"海丝"名称虽然新颖，但是从研究内容上看，却没有超越以往学界所从事的"中外交通史""中国海洋文化发展史"研究的范围（陈支平，2016）。因此，如何界定"海丝文学"的概念和拓宽"海丝文学"的研究范畴，是整合和建构丝路文学的一个重要问题。

第一节　海上丝绸之路及其历史

海上丝绸之路是古代中国与世界其他国家和地区商品贸易的海上通道，也是中外文化交流的大动脉。海上丝绸之路由东海航线（也称东方海上丝绸之路）和南海航线（也称南海丝绸之路）两大干线组成。东海航线从中国东部沿海港口起航经过渤海或东海通向朝鲜半岛和日本，南海航线从中国东南沿海港口起航，往南穿越南海到达东南亚国家，或由此进入印度洋、波斯湾地区，最远到达东非、欧洲。这两大海上干线的形成经历了动态演变的过程，与陆上丝绸之路等共同构成了四通八达的交通网络，并随着时代的变化不断拓展延伸。

海上丝绸之路历史悠久，但提出这个概念的时间并不遥远。1903 年，法国汉学家沙畹（Édouard Chavannes），在《西突厥史料》（沙畹，1958）中提出丝路分海陆两道。1967 年日本学者三杉隆敏出版《探索海上丝绸之路》（三杉隆敏，1967），提出海上丝绸之路比陆上丝路延续时间更长，涉及地区更广。国内学界对海上丝绸之路的研究始于 20 世纪二三十年代，涵盖于"中西交通史""南洋交通史""海交史"等研究之中，主要代表学人有冯承钧、张星烺和向达等，他们在译介西方相关学术成果、整理中国相关重要典籍及系统阐释中国古代海上丝路等方面做出了重要贡献，成为海上丝绸之路研究的开拓者。1955 年，季羡林在《中国蚕丝输入印度问题的初步研究》一文中，认为从雷州半岛至印度的"南海道"是中国蚕丝输入印度的五条通道之一。1982 年，陈炎的《略论海上"丝绸之路"》（陈炎，1982）一文结合中国丝绸外传论证了海上丝绸之路在中外文化交流上的历史地位和影响，以及它对人类社会的进步和世界文明的贡献。1989年，人民画报社编纂的《陆上与海上丝绸之路》，指出海上丝绸之路把世界各地的文明古国和世界文明的发源地连接在一起，形成了一条连接亚洲、非洲、欧洲、美洲的海上大动脉。海上丝绸之路使这些古代文明通过海上大动脉的互相交流而放出异彩，给世界各族人民的文化发展带来了巨大的影响（人民画报社，1989）。

沙畹

国内外对海上丝绸之路的研究热，源于20世纪80年代至90年代联合国教科文组织发起的"丝绸之路"综合考察。联合国教科文组织计划自1987年至1997年，实施"丝绸之路考察"十年规划，其全称为"丝绸之路：对话之路综合考察"。继"丝绸之路"综合考察后，联合国教科文组织又发起了"海上丝绸之路综合考察"（梁二平，2016：2）。1990年10月，联合国教科文组织召集了30多个国家的50多名专家，一起乘坐"和平方舟"号，沿海上丝绸之路途经16个国家，抵达了包括广州和泉州在内的22个港口城市，行程共计2.1万公里（司徒尚纪和许桂灵，2015）。其中，中国专家刘迎胜受国家委派参与了海上丝绸之路意大利威尼斯至我国广州等路段的考察活动，他表示，考察过程中所举行的16次讨论会，没有一次不涉及中国，而过了埃及之后所有的讨论会都提到了郑和，郑和在国外学术界被称为"海军上将郑和"（刘迎胜，1995：198）。1995年，刘迎胜出版了《丝路文化》（海上卷）（刘迎胜，1995），该书研究了先秦到明清时期的海上丝绸之路与中外文化交流，认为通过海上丝绸之路中外相互交流的不仅是物质文化，而且包括精神文化。1996年，陈炎出版《海上丝绸之路与中外文化交流》，认为海上丝绸之路最初只是令人们在经济上互通有无，后来它发展到与政治、外交、文化、艺术乃至人民生活都发生了密切的关系，对人类进步和世界文明做出了伟大贡献（陈炎，1996）。

关于海上丝绸之路的历史下限，学界多有纷争。陈炎认为唐代以前是古代海上丝绸之路的形成期，唐代、宋代是古代海上丝绸之路的发展期，元代、明代、清代是古代海上丝绸之路的极盛时期，近代亦有海上丝绸之路。陈高华、赵春晨认为鸦片战争是海上丝绸之路的历史下限，鸦片战争后中西之间的海上交通和贸易，已被纳入不平等条约体系之中，成为隶属于世界资本主义经济贸易关系的一部分，不再有古代那种海上丝绸之路的存在了（赵春晨，2002）。笔者认为，鸦片战争后，清政府被迫开放通商口岸，虽然海上丝绸之路贸易性质彻底发生变化，由原来的中方主动开放的送去主义和拿来主义，沦为西方列强具有掠夺色彩的殖民主义，近代中西贸易关系极不平等，但是海上丝绸之路交通线依然存在，故古代有海上丝绸之路，近代、现代也有海上丝绸之路，只是被利用的程度和性质因为不同时期而发生了变化。

进入21世纪，海上丝绸之路已成为"一带一路"的重要组成部分。"古代有限的海上商路将被重建或开拓为四通八达的'21世纪海上丝绸之路'，这个'丝绸之路'已成为中心词，并可以作为主语或宾语来使用，昭示着中华民族复兴之路能够畅达五湖四海。"（李继凯，2016：122）随着时代的巨变，海上丝绸之路已从古代的主要海上交通线，演变为 "一带一路"中重要的国家倡议。

一、发生学意义上的海上丝绸之路

从发生学的角度来看，海上丝绸之路的形成首先源于各民族文明的互相吸引。海上丝绸之路的形成与古代先民对大海的好奇与探险意识密切相关，这种意识是古人渴望与外界交往的内在需求的反映。中国拥有广阔的海洋，大陆海岸线长1.8万多公里，中国与东北亚、东南亚各国远古时代就有交往，中国东部沿海居民通过海路与朝鲜、日本交往密切，东南沿海居民通过海路与东南亚的联系也十分密切。先秦时期，中国与周边国家和地区的海上交往进一步加强，中国与南海周边各国和日本都有官方和民间的往来（李庆新，2016）。

海上丝绸之路的形成与古代帝王对长生不老的追求有密切关系。中国自古以来就是面向大海的国家，海洋对濒海而居的先民来说充满未知。在古人眼里，海是天的尽头，中国四周都有海环绕，故称其为"四海"。齐国方士邹衍创立了"大九州海洋体系"，为后人的实践做出了重要的理论贡献。中国第一个有史书记载的航海探险家是齐国方士徐福（梁二平，2016）。秦始皇东巡派徐福入海求仙的故事，在《史记》《汉书》《后汉书》《三国志》《义楚六帖》等古文献中均有记载。《史记·秦始皇本纪》三次提到了徐福东渡的故事，徐福对秦始皇说海中有三神山，三神山上住着仙人，于是秦始皇派徐福东渡入海求仙；徐福率众出行花费巨多，却始终没有得到仙药；徐福入海求仙未得到仙药害怕秦始皇责罚，谎称海中有大鲛鱼的阻挡而无法到达仙山；《史记·淮南衡山列传》记载了徐福假借海神名义，向秦始皇索要童男童女和能工巧匠，东渡成功后再也没有回来的故事。《汉书·郊祀志》对徐福及其东渡也有记载，秦始皇统一天下后，执迷于求仙长生，派徐福东渡为其求仙药，最后秦始皇被徐福欺骗，徐福出逃引得天下怨恨。以秦始皇为代表的古代帝王对于求仙的热忱及派人东渡寻仙的行径虽十分荒诞，却一定程度上促进了海上丝绸之路的形成与发展。

海上丝绸之路开辟的另一个基础动力源于商贸、文化往来的需求。东汉时期，大秦①派人从海路到达广州与汉朝进行贸易，汉朝政府也派商人到达了大秦，于是横贯亚、非、欧三大洲的海上交通线形成，因为丝织品是此时的主要出口商品，故称其为丝绸之路。《汉书·地理志》记载，"自日南障塞、徐闻、合浦船行可五月，有都元国；……自夫甘都卢国船行可二月余，有黄支国，民俗略与珠厓相类。其州广大，户口多，多异物，自武帝以来皆献见。有译长，属黄门，与应募者俱入海市明珠、璧流离、奇石异物，赍黄金杂缯而往。所至国皆禀食为耦，蛮夷贾船，转送致之。亦利交易，剽杀人。又苦逢风波溺死，不者数年来还。大珠至围二寸以下。平帝元始中，王莽辅政，欲耀威德，厚遗黄支王，令遣使献生犀牛。自黄支船行可八月，到皮宗；船行可二月，到日南、象林界云。黄支之南，有已程不国，汉之译使自此还矣"（班固，2006：249-250）。《汉书·地理志》记载了海上丝绸之路从东南沿海出发循中南半岛沿海，穿过马六甲海峡进入印度洋沿岸和波斯湾地区的海上航线，表明汉代海上丝绸之路已趋向成熟，中外商贸往来便利。魏晋南北朝时期，由于地理知识的增长，海商、水手已注意记载航行所经海区的情况。公元399年，东晋高僧法显沿陆上丝路去天竺取经，经海上丝绸之路在南亚和东南亚各国取经，异域游历十多年。法显的远航实践标志着海上航路有了进一步发展。

海上丝绸之路的发展离不开政治外交的推动，政治外交的诉求又促进了商贸、文化的交流。公元226年，孙吴政权设广州郡，促进了南方海上贸易的发展。孙权派使臣出访海外诸国，他们回国后将国外见闻写成《扶南异物志》《吴

---

① 大秦，为古代中国对罗马帝国的称呼。

时外国传》两书（刘迎胜，1995）。东晋时期中国通过广州与东南亚诸国、印度和欧洲与大秦海上交往密切。随着印度洋交通的便利，丝绸等传到印度，印度的佛教传入中国，印度梵文语音学也传入中国，对中国音韵学的发展起到了重要作用。佛经中对佛祖释迦牟尼相貌的描述如耳大、发长、垂手过膝等，都是受印度文化的影响（季羡林，1987）。两晋时期的佛经汉译既沟通了翻译文学与中国文学，也促进了中国文学理论与翻译文学理论之间的联系。

陆上丝路的衰退为海上丝绸之路的兴盛提供了外在条件。由于内陆战乱等原因，隋唐五代时期，陆上丝路受到阻断，南海航路却得到进一步发展。唐朝经济繁荣、政治开放的环境促进了海上丝绸之路的发展，东线、南线海路畅通，中国与朝鲜、日本、印度、波斯等国，通过海上丝绸之路交往频繁。唐代贾耽的《海内华夷图》和宋代欧阳修、宋祁的《新唐书·地理志》都记载了广州通海夷道即从广州往西南航行的海上丝绸之路。这条航线是公元8世纪至9世纪时，世界上最长的远洋航线，途经了90多个国家和地区，对唐代社会的变革以及中外文化交流起到了相当重要的作用（李庆新，2016）。唐朝时期，中国与海外国家的频繁往来也促进了港口城市的经济发展。随着海上交通的兴起，唐朝搭乘船只前往印度求法的高僧人数渐增，比较著名的高僧有义净、慧超和不空。义净的《大唐西域求法高僧传》和《南海寄归内法传》记录了海外见闻与佛教传播，是研究唐代中外交往的重要史料。此外，中外钱币的互通、"番货"溢于中国、航海术的进步、地理知识的增多、外来宗教入华、海外作物的引进，都促使中外经济、文化的交流一片繁荣。

海上丝绸之路的繁荣与宋元时期实行开放的外交政策密切相关。宋元时期南海航路空前繁荣，中国与东南沿海国家绝大多数时间保持着友好关系，海上丝绸之路的范围进一步扩大，中外贸易持续发展，中外经济文化交流密切，广州成为海外贸易第一大港。南宋末海盗活动特别猖獗，南宋政府下令避免钱币交易，直接以丝绸、瓷器与外国商品进行交换，增加了丝绸和瓷器的出口数量，扩大了丝绸和瓷器的传播范围。随着海外扩张，元朝的疆域范围进一步扩大，元代海外贸易的兴盛远非汉唐可以比肩。元代发达的中外交通为东西方之间的文化交流和中外贸易创造了极好的条件，大规模的海洋贸易促进了港口城市的经济发展，宋元时期广州、泉州、杭州等港口的繁荣之况在意大利旅行家鄂多立克、摩洛哥旅行家伊本·白图泰和意大利旅行家马可·波罗的游记中多有记载。许多中国人随元朝远征军移居海外，他们把中国的文化带到遥远的异域。元朝时大量外国人到中国为官、经商、传教、游历，许多人在中国落地生根，带来了异域奇物和文明。高度发达的航海技术使中外贸易急速发展，元朝与220多个国家和地区进行丝绸、瓷器贸易（杜瑜，2000），这也是元朝区别于中国古代各朝的一个显著特征，即它构建的是一个世界帝国。宋元时期是海上丝绸之路的繁荣期，中外交往密切，诞生了一些记载中外交通的著作，如周去非的《岭外代答》、赵汝适的《诸蕃志》等。《岭外代答》中记载了海外多个国家的物产及交通贸易，《诸蕃志》记载了海外诸国的风俗及物产，反映了当时人们对于海外认识的深入。元朝时期中外交往空前发展，从多种海外志书中可见一斑，如《大德南海志》《岛夷志略》《真腊风土记》。著名使臣、航海家如杨枢、孛罗、杨庭璧、亦黑迷失、列班·扫马等多次出洋，在海上活动数十年，为中外文化交流做出了贡献。从元朝开始，越来越多的欧洲人来中国，一批闻名世界的旅行家如马可·波罗、鄂多立克、伊本·白图泰，写下了《马可·波罗游记》、《鄂多立克东游记》（郭栋臣译为《真福和德里传》）、《伊本·白图泰游记》，这些同传教士孟特·高维奴、帕烈格里诺和安德里亚斯致本国教友的书信，成为研究中外文化交流史的重要文献。

海上丝绸之路的繁盛是以造船业和导航技术的发展为基础的。明代中国航海在世界航海史上的领先地位，使中国成为当时海上丝绸之路的主角，大量外来文化涌入中国，与中国文化相融合，同时，中国的古代文明也远播海外。明代海上丝绸之路航线已扩展至全球，是元代航海的继续。郑和七下西洋，向西航行曾到达亚洲、非洲39个国家和地区，向东航行到达拉丁美洲，所到国家的使节再随同船队到中国访问，促进了中外文化交流；郑和下西洋是明朝政府组织的大规模航海活动，对后来达·伽马与麦哲伦的航海活动，都具有先导作用（徐潜，2014）。庞大的远洋舰队为郑和远洋航行提供了根本保证，包括先进的舰队指挥系统，航海分工明确，各司其职，后勤保障一应俱全，形成保障舰队安全的强大的武装力量（刘迎胜，1995）。明朝中国人的海外地理知识又向前跨进了一大步，《郑和航海图》，"过洋牵星术"，以及私家海图秘本，如《顺风相送》《指南正法》都是强有力的证明。为了便于与外国人交往，明政府特地在翰林院设立学习外国语的学校（四夷馆），成立专门接待政府宾客的涉外机构（会同馆）。明朝外来文化大量入华，促进了中西文化的融合。海上丝绸之路带动了商品性农业、货币经济和城市市镇的发展，东南沿海地区的汉人纷纷移居海外，充分发挥了华侨对居住国的作用，促进了中西文化交流。

郑和雕像

明清时期的传教士，在中西文化交流中发挥了重要作用。利玛窦等主动传播西学，带来天文学、数学、地理学等先进科学技术知识，这些西学知识为中国认识西方文明做出了重要贡献。汉学也通过传教士西传，最有代表性的是利玛窦（Matteo Ricci）所著的《中国札记》和理雅各（James Legge）译介的《中国经典》系列，这些著述使西方加深了对中国文化的了解。随着清代政府的海禁政策与民间走私之间的利益矛盾愈演愈烈，清朝不得不开放海禁，设广州为通商口岸，促进了中国与日本、中国与东南亚各国的贸易往来。此外，清代还开辟了俄罗斯航线、北美洲航线和大洋洲航线等，推动了中外贸易的进一步发展。1685年，康熙时期清政府在粤、闽、苏、浙设立海关，标志着清代海关制度的确立，促进了清代较为完备的外贸制度的形成。清代海上丝绸之路的发展，促进了中西方政治、经济、科技、宗教、文化的交流。

明清的海禁政策和西方国家的殖民掠夺是海上丝绸之路衰败的根本原因。从16世纪起，葡萄牙、西班牙、荷兰、英国、法国的海外贸易发展迅速，开辟了太平洋上的"丝绸之路"，海上丝绸之路由盛转衰。伴随着世界地理大发现，西方殖民者的海外扩张迅速，使许多亚洲国家沦为殖民地、半殖民地。1840年，英国发动鸦片战争，用坚船利炮打开了闭关锁国的中国的大门，垄断丝绸、陶瓷、茶叶等商品的出口贸易，大肆掠夺中国资源，中国沦为西方列强的半殖民地，中国重要的海港也随之半殖民地化，沿海港口成为西方倾销商品的市场，使海上丝绸之路在相当长的时间里充满殖民化色彩。

总之，大海在人类航海没有发展起来之前曾是各地人民交往的障碍，但随着人类航海技术的发展，大海由障碍变通途。由海上丝绸之路的发展演变来看，欧洲人东来以前，中国人在中外和东西方交往中长期扮演着主要角色，积极主动地参与中外政治、商贸、文化的交流，不管是"送去主义"还是"拿来主义"，都是中方自愿、主动地促成中西方在政治、经济、宗教、文化、艺术等各方面的交流与融合。地理大发现以后,殖民统治和压迫相随而来,中国人在东西方交流中的作用减弱了,但海上丝绸之路并没有中断。欧洲人"发现"了东方,东方的产品如丝绸、茶叶、瓷器等大量涌入世界市场,欧洲工业品也大量输出到东方,世界环球航线的开辟使东西方之间的交往以空前的速度发展起来。明清的海禁政策使中国步入闭关锁国的歧途,从鸦片战争开始,西方用坚船利炮打开了中国的大门,中西方贸易性质彻底改变,中国沦为半殖民地半封建社会,中西文化交流也已沦为殖民主义下的西方对中国的强制文化输入。直到晚清、民国时期,中国才又主动迈出开放的步伐,重现海丝文化的开放理念、开拓意识、开创精神和世界眼光,但海上丝绸之路一直处于衰败状态。改革开放后,中国再次向世界张开怀抱,在一次次文化大碰撞与磨合中加速现代化的进程,海上丝绸之路的战略地位日益凸显,并融汇于"一带一路"国家倡议。

二、海外题材与古代海丝文学

从某种意义上而言,海外题材见证了海上丝绸之路的悠久历史与兴衰起伏。《山海经》是我国古代第一部神话传说的大汇编,保留了很多的海洋神话传说,记载了大量海上奇闻和海外诡异之事,是距今最为久远的海外想象文本。《山海经》传世版本分十八卷,五卷"山经"(南、西、北、东、中山经),八卷"海经"(包括海外南、西、北、东经和海内南、西、北、东经),四卷"大荒经"(大荒东、南、西、北经),一卷"海内经",内容庞杂,涉及山水地理、风土物产、祭祀等。《山海经》也是一部海外异国志,讲述了少昊国、羲和国、

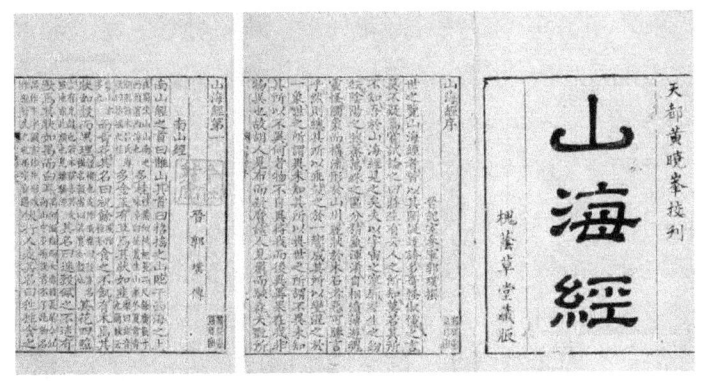

《山海经》

奢比尸国、青丘国、黑齿国、十日国等各国的地理位置及各国人物的特点。《山海经》中对海外异国神兽的离奇描绘，见证了以古代中国为世界中心的早期海外想象。

秦汉时期的方士及其活动刺激了神仙方术的发展，促成了道教的产生，神仙是道教的根本信仰。道教徒为了弘教，也自觉地加入海外题材的文学创作，使得这一阶段的海外题材小说呈现出浓厚的宗教性质，海外世界的想象也带有"神化"色彩，形成了一系列神仙方术小说，如《洞冥记》《十洲记》《汉武故事》等。这些神仙方术小说虚构了一个仙界，那里处处生长着仙草灵药，拥有珍禽异兽的十洲三岛，可以长生不老、寿与天齐，这一切都极大地迎合了人们对长生的渴望，于是，神仙方士和道教徒创作的海外题材受众广泛。

东晋高僧法显沿海上丝绸之路在南亚、东南亚诸国游历取经，其代表作《佛国记》生动地描绘了南亚、东南亚各国的风土人情。从南北朝起，印度的寓言、童话、小说故事大量涌入中国，诞生了一批有名的志怪小说，如干宝的《搜神记》、张华的《博物志》、嵇含的《南方草木状》、万震的《南州异物志》等。志怪小说在外来文化的刺激下，无论是艺术构思、人物描写还是叙述方式都得到很大发展，为唐传奇文学的出现打下了良好的基础（刘迎胜，1995）。此外，随着佛教的传入，东汉时期海外高僧的传奇故事成为此时海外题材小说的主要内容。

唐朝是海上丝绸之路的繁盛期，促成了第一个中外经济文化交流的高潮，海外题材的创作也走出了"神仙方术"的时代，文人、士大夫成为海外题材小说创作的主力军。唐代文人对于海外的关注与书写异彩纷呈，主要表现为海外题材的扩大，内容涵盖海外奇闻、奇花异草、奇珍异兽、奇人异事等，这使得唐代海外题材小说呈现出以"志怪传奇"为主的局面，如《酉阳杂俎》和《杜阳杂编》的风物记载。

受唐传奇的影响，随着宋代海上贸易的进一步发展，宋代海外题材小说集中于海外奇遇和海外奇人异事两大题材，《夷坚志》有大量描写遇仙、遇盗、遇鬼及海外奇物奇人的故事。元代李好古的《张生煮海》，在唐传奇《柳毅传》的基础上开创了新的海外传奇，讲述了潮州书生张生应试落榜后，慕名到三神山，落脚在沙门岛，因琴结缘龙王的三公主琼莲，两人山盟海誓却遭到龙王的阻挠的故事。张生在仙女的帮助下，在沙门岛的月亮湾畔，砌起九尺高的锅灶，点柴生火烧水，锅里的水每煮一分，大海便落下十丈。老龙王被迫同意二人拜堂成亲，成就一段爱情佳话。明末清初大戏剧家李渔在唐传奇《柳毅传》的基础上，融入了元杂剧张生煮海的情节，综合写成《蜃中楼》，谱写了柳毅、张生与两位龙女的爱情传奇。

明朝泛宗教化海外题材小说的兴起，标志着海外题材以特别的形式呈现出来，如宣传佛法精义的代表作品主要有《扫魅敦伦东度传》（又名《东游记》《续证道书》）《南海观世音菩萨出身修行传》《达摩出身传灯传》等；神魔小说的代表有吴元泰创作的《上洞八仙传》（又名《东游记》），记录了"八仙过海"的民间故事，还有许仲琳的《封神演义》，塑造了哪吒闹海的故事，这些都充满了浪漫主义气息，寄寓着知识分子对社会、政治乃至人性的多重思考，承载着他们的心灵思想和社会感悟。

作为最早接触西方文化的古代文人之一，汤显祖在《牡丹亭》中写柳梦梅到澳门见到了一些奇人异事，做生意的番商"不住田园不树桑"，葡萄牙少女衣裳喷着"蔷薇露水"，还有各种珠宝、象牙、香料、丝绸的拍卖会、交易会。这与作者的独特经历有关，汤显祖曾南下到过澳门，还留下反映当时澳门的风土人情及华夷贸易的诗作，如《听香山译者》《香山验香所采香口号》等，成为最早的澳门文学及记载澳门中西交往的重要历史文献（杨彦华，2015）。

明代郑和下西洋标志着中国古代海上丝绸之路达到鼎盛时期，郑和七下西洋的伟大壮举直接产生了一批以此为原型的文学创作。跟随郑和下西洋的很多船员回国后，记录了海上航行的所见所闻及所感，代表作如马欢的《瀛涯胜览》、费信的《星槎胜览》、巩珍的《西洋番国志》。罗懋登在此基础上，创作了具有神怪色彩的《三宝太监西洋记》（简称《西洋记》）。书中海上奇观与神魔故事，真实人物与怪异奇闻，历史事实与主观幻想交相杂陈，充满神异性和荒诞感，具有浓烈的浪漫主义色彩。

清代前期开放海禁，刺激了文学海外题材的发展。海外小说主要包括两种类型，一是海上奇遇和海外奇物，如纪晓岚的《阅微草堂笔记》卷十九，记载了孟鹭洲的海上遇险，颇有些奇遇的色彩。二是涉及中外战争的描写，如吕雄的长篇小说《女仙外史》，描写倭寇被隐娘、公孙大娘等女将施法歼灭的故事情节，充满浪漫主义色彩。清代海外题材小说最具代表性的要属李汝珍的《镜花缘》，鲁迅曾评价《镜花缘》，"其于社会制度，亦有不平，每设事端，以寓理想"（鲁迅，2005a：259）。《镜花缘》小说的前五十回写唐敖因不满武后遂出海游历，女儿唐小山海外寻父的故事。唐敖年过半百，功名无望，求仙问道，遂携多九公、林之洋到海外游览，历经君子国、女儿国、两面国、不死国、大人国、小人国、聂耳国等30多个国家，除毗骞国、两面国、智佳国外，其他海外异国皆取自于《山海经》。《镜花缘》多采用传奇手法，讲述海外奇闻生动形象，"妙解人颐，诙谐讥肆，顽世嘲人，揣摩毕肖，口吻如生，又足令阅者拍案称绝，此真未易才也"（阿英，1979：133），尽管某些观念相对保守，但其间流露出对"天朝习俗"的批判与反思，对理想社会的想象与期待，体现了对海外文化的包容与吸收的进步思想。蒲松龄的《聊斋志异》中既有关于海大鱼、凶残的"海公子"的海外奇闻，又有描写海上遇难、荒岛逃生的《罗刹海市》《夜叉国》，塑造了中国版的鲁滨孙形象，有浓郁的民间色彩。

中日甲午战争后，尤其是20世纪初，海外题材小说的数量和种类急剧增长，形成了中国海外题材小说创作的巅峰时期，其规模之宏大是唐代和明代的海外题材小说创作的繁荣期所难以比肩的。《黄绣球》《庚子国变弹词录》《痴人说梦记》《黄金世界》等，是其中艺术价值比较高的代表，标志着海外题材从传统的海外虚幻想象到渐趋真实、具体可感的海外形象，体现出集中西文化精华、救亡图存的泛政治化倾向，以其数量巨大、种类繁多、内容趋实，成为海外小说创作的一个巅峰，虽然其艺术价值无法和明清海外题材小说相媲美，但却以其深刻的思想意义在晚清这样一个特定的时代背景下焕发出独特的光彩，带给读者强烈的震动和深刻的思考，也成为现当代文学海外题材小说写作的一个新起点（王昊，2009）。

古代海外题材的演变见证了海上丝绸之路在中外文化交流中的重要作用。海上丝绸之路从最初的海洋媒介和地理概念，发展成为东西方文化交流的符号代言，体现了中西文化之间历时和共时的沟通、冲突与融合。海上丝绸之路不仅见证了亚非欧各国人民和东西方的友好交流，也将是今后世界各国人民交流的通途。曾任联合国教科文组织总干事的松浦晃一郎指出："海上丝绸之路的进一步研究和开发，将会让世界震惊。海上丝绸之路的灵魂，我认为包含着中华民族海洋文化的所有内容。它的开放性、包容性、亲和性品格，它的和平友好意识、合作交流意识、市场经济意识、公共关系意识，以及自强不息、拼搏前进的精神,是中华民族文化和民族精神的具体体现。"(转引自洪三泰,2014:544)尤其在当下的语境中,21世纪海上丝绸之路在"一带一路"中的重要地位不言而喻。

海上丝绸之路本质上是开放的理念、开拓的意识、创新的精神、包容的姿态、多元的形态和世界眼光的海丝文化的体现。通过梳理海丝历史,我们不难发现,海丝文化从物质走向精神,或者物质与精神彼此交融,丰富了中西方政治、经济、商贸、文化交流的方方面面。与此同时,丰富、厚重的海丝文化也从精神、主题、意象、风格等方面进一步涵养了海丝文学。

第二节 海丝文学的概念与范畴

何为海丝文学?是指以海上丝绸之路为题材或主题的文学,还是指海上丝绸之路广阔绵长的沿海地域范围内出现的文学?海丝文学应该是一个有自身特定内涵的概念,还是一个包容广泛的概念?海丝文学应有广义、狭义之分。狭义的海丝文学应专指以海上丝绸之路为题材或主题的文学。从广义上来讲,包括海上丝绸之路在内的丝绸之路已然成为中华民族历史文化的符号表征,在经济、军事、政治中发挥着重要作用,与之相关的丝路文化与文学也在其中酝酿与生成,故广义的海丝文学既包括海上丝绸之路为题材或主题的文学,也包括海上丝绸之路沿途主要地域范围内出现的与海上丝绸之路有关的文学,同时或涵盖以海上丝绸之路为媒介的中西方多种形式的文化交流。本书结合以上内容认为,海丝文学是指先秦以来,反映中国与其他国家和地区通过海上丝路进行物质、精神文化交往的中外文学作品和文学现象。换言之,海丝文学是与海上丝路的发生、演进、发展相关的文学性审美活动,包括通过海上丝路而进行的政治、经济、宗教、文化、艺术等各方面的交流与互动的文学书写。

从时间、空间上对海丝文学予以界定便于厘清海丝文学的研究范畴。其一,从时间上来说,海丝文学是指自先秦以来至今的表现人类与海上丝路相关的历史活动和社会实践的文学作品及文学现象。其二,就空间而言,海丝文学是指在从中国东部沿海港口(烟台港、宁波港、上海港等)出发到达日本、朝鲜半岛,或再由此经过太平洋到达美国西海岸;从东南沿海港口(徐闻港、合浦港、广州港、泉州港、宁波港、上海港等)出发经过东南亚和南亚诸国,或再由此穿过印度洋，进入红海，抵达东非和欧洲等出发、经过和抵达的广阔空间内，与海上丝绸之路相关的审美性活动及其成果。其三，海丝文学具有跨越古今中外、文体和题材多样等特点。无论是海商、僧侣笔下的异域风情，使臣、外交官的域外风俗考察，或少数民族、外国人的海丝书写，现代作家的海外留学、游记书写，还是当代作家创作的海丝题材……凡是涉及海上丝路题材的诗歌、传记、游记、散文、戏剧、小说、传奇、曲赋以及神话故事、民间传说等，都是海丝文学的研究对象。

本书虽采用"海丝文学"这一名称，但由于语言和资料的限制，主要集中探讨与海上丝绸之路相关的海洋、海外、留学、海港等文学作品及现象。空间上海上丝绸之路中国段包括辽宁沿海、天津、山东沿海、江苏沿海、上海、浙江沿海、福建沿海、广东沿海、香港、澳门、台湾、广西沿海及海南岛等，本书主要以山东沿海为例探讨海丝文学中的海洋信仰、海洋精神与海丝传奇。港口是海上丝绸之路的重要节点，登州（烟台）、徐闻、合浦、宁波、扬州、南京、杭州、泉州、广州都是古代海上丝绸之路重要的港口城市，上海、香港、天津是晚清、民国时期海上丝绸之路的重要海港城市，本书主要以上海为例，从文学地理学视域探讨海港城市。另外，海上丝绸之路空间上包括中国以外的更广阔的区域，东洋、西洋、南洋是主要地区，本书以留学作家中东洋、西洋、南洋书写为例进行探讨。海丝文学应包括先秦以来至今产生的文学作品与文学活动，本书论述的重点放在现当代海丝文学。

海上丝绸之路不仅是中外交通的海上大动脉，而且在政治经济交往等方面具有十分重要的地位，在不同的历史时期承担着各具特色的文化交流功能。秦汉时期海上丝绸之路是秦皇汉武的长生求仙之路，汉唐时期海上丝绸之路是一条商贸、宗教、文化的传播之路，宋元时期海上丝绸之路是文化交往和陶瓷等商品的贸易之路，明朝海上丝绸之路是郑和七下西洋的政治外交之路。近现代海上丝绸之路是一条远洋留学之路，也是殖民者对中国的侵略掠夺之路……因此，海上丝绸之路的历史演变深刻影响了海丝文学的题材构型。古代海上丝绸之路主要承载商品输送、外交往来的重要职责，因此古代海丝文学多指与海上丝绸之路密切相关的题材，涵盖海洋文化、海上交通等内容。近现代海上丝绸之路不仅承载商品输送（大多是西方对近现代中国的殖民掠夺）的任务，更担负着输送人才的重任。晚清、民国时代，大量留学生通过海路前往日本、欧美发达国家"师夷长技",大量的中国人通过海路迁移至东南亚或欧美地区,中外的文化交流以别样形式发展密切。因此,现代海丝文学除了涵盖古代海丝文学范畴外,还应包括留学、移民题材的文学作品和文学现象。又因为港口拥有海陆相交的特殊地缘地理条件,港口与海路相互依托,不仅在海上丝绸之路中承担着极其重要的功能,更助推着城市的经济发展与现代化进程,故而现代海丝文学还应涵盖与海上丝绸之路密切相关的海港城市部分作品,这也体现出海丝文学的地域色彩。改革开放后,海上丝绸之路重现繁荣,再次承担起运输大宗商品的重要职能,由于人才输出大多转为航空的交通方式,故当代海上丝绸之路的内涵再次发生变化。此外,与移民文化密切相关的海外华文也是当前"海丝"研究的热门话题。

一、古代海丝文学

海上丝绸之路以海洋为载体和媒介,因此提到海上丝绸之路就一定会关联与海上丝绸之路相关的海洋题材。"由于人类与海洋血缘亲情的关系,人类已将海洋作为审美对象,纳入到对历史与人生的思考之中。海洋是孕育一切生命的伟大母体,和爱情、死亡、战争等一样,海洋也是人类文学艺术所要表现的永恒题材。"(李松岳,2009:20)海洋文化具有开放性、包容性、亲和性的品格及自强不息、拼搏不止、奋发前进的海洋精神,这些都与海丝文化的精神内核相一致。

在古代汉语中,海的本义是晦黑与渺茫。华夏祖先很少真正与海打交道,在他们的心中,大海既神奇又诡异。大海的神异色彩和虚无缥缈,也可从现代汉语中窥得一二,如经常被人们使用的成语夸下海口、海外奇谈、海角天涯等。大海是古代帝王渴望长生的心灵寄托,传说三仙山蓬莱、瀛洲、方丈中都藏有仙药,食之可让人长生不老。齐威王派人寻三仙山,秦始皇派徐福东渡求仙药,汉武帝派方士到海上寻仙求药,虽然求仙确为荒谬行径,却促进了东方海上丝绸之路的形成和发展。山东沿海的海市蜃楼奇观,引起古人的无限遐思,故齐威王、秦始皇、汉武帝派人求仙,帝王的求仙更为海市蜃楼增添了神奇的色彩。海市蜃楼的壮美,也引得无数文豪挥毫泼墨,其中,苏轼的《登州海市》是描绘海市蜃楼奇幻美景的代表诗作。

东方云海空复空，群仙出没空明中。
荡摇浮世生万象，岂有贝阙藏珠宫？
心知所见皆幻影，敢以耳目烦神工。
岁寒水冷天地闭，为我起蛰鞭鱼龙：
重楼翠阜出霜晓，异事惊倒百岁翁。
人间所得容力取，世外无物谁为雄？
率然有请不我拒，信我人厄非天穷。
潮阳太守南迁归，喜见石廪堆祝融，
自言正直动山鬼，岂知造物哀龙钟。
伸眉一笑岂易得，神之报汝亦已丰。
斜阳万里孤鸟没，但见碧海磨青铜。
新诗绮语亦安用？相与变灭随东风。（苏轼，2014：176）

"东方云海空复空，群仙出没空明中。荡摇浮世生万象，岂有贝阙藏珠宫？心知所见皆幻影，敢以耳目烦神工。"前三句写作者对神奇梦幻的海市蜃楼的向往与想象，祈求海神让自己能亲眼见到海市奇观。"自言正直动山鬼，岂知造物哀龙钟。伸眉一笑岂易得，神之报汝亦已丰。"难道是自己的正直感动了天地，自己竟然在"岁寒水冷"时节，有幸目睹了海市蜃楼奇观。相传，《登州海市》是苏轼任登州知府时所作，他刚到任五天，便收到回京任礼部侍郎的旨意，匆匆告别登州之际，苏轼越发渴望见到海市奇观，遂向海神祈祷，结果第二天竟然真的见到了海市蜃楼，惊喜万分遂作《登州海市》。苏轼的《登州海市》引领了后世文人墨客对蓬莱海市的不断唱和。

从秦汉至明清两千多年的海上丝绸之路历史，留下了很多直接描写海上丝绸之路的诗文佳作。《中国古代海上丝绸之路诗选》（陈永正，2001，以下引用诗文皆出自此书）选录了从汉武帝时期徐闻开海到鸦片战争结束有关海上丝绸之路的诗歌 419 首，涵盖海上商品贸易、政治、军事、宗教、文化、科技等中外交流。海上丝绸之路发展的历史也是一部中华民族的精神成长史诗。"这部史诗既是一曲财富与文明的赞歌，也是一曲壮美与凶险的叹歌，又是一曲生离与死别的悲歌"（万静，2016：17）。

海上丝绸之路是一部中外经济、文化交流的史诗，为国家和人民带来了财富与文明。徐闻港作为海上丝绸之路的起点之一，自古就流传一句谚语"欲拔贫，诣徐闻"，要想脱贫致富就要去徐闻，可以想象当时徐闻港商贸的繁盛。六朝时期颜延之的《应诏宴曲水作诗》中"航琛越水，辇贶逾嶂"，写大船越海载宝而来，运宝的车子再逾岭北上；唐代韦应物的《送冯著受李广州署为录事》中"百国共臻奏，珍奇献京师"描绘了百国前往京都朝贡的盛况，宋代余靖的《题庾岭三亭诗·通越亭》中"舆琛辇贶无虚岁"和李光的《阜通阁》中"万货来从徼外舟"都写出了海上丝绸之路的繁盛为国家和人民带来巨大的财富。

海上航行既可以感受大海的壮阔豪迈，也会体验航海的危险与艰难。清代屈大均的《观海·其一》中"始知元气大，为水竟包天。一片洋船落，微茫在暮烟"，大海的壮阔无边、烟波浩渺、潮起潮落，给人无限的遐想和哲思。但大海茫茫，神秘莫测，瞬息万变，海上航行也是危险重重。张说《入海》中"乘桴入南海，海旷不可临。茫茫失方向，混混如凝阴。云山相出没，天地共浮沉。万里无涯际，云何测广深"，苏轼《伏波将军庙碑铭》中"至险莫测海与风"，描述了人们海上航行随时有葬身大海的危险。

即便海上随时会有危险，但沿海人民敢于冒险的精神在诗人笔下被屡屡称道。明代汤显祖曾贬官徐闻，汤显祖的《看番禺人入真腊》"槟榔船上问郎行，笑指贞蒲十日程。不用他乡起离思，总无莺燕杜鹃声"，热情歌颂了番禺人敢于冒险的乐观精神。清代曾望颜的《洋舶早发》"经旬烟雨锁江隈，尽力狂风扫不开。卷地波声惊海立，接天帆影压山来"，描写海上航行气候虽恶劣，却抵挡不住千帆竞发的热忱，"乘槎有客凌空去，鞭石何人拂斗回。笑煞秦皇徒向往，何曾一日到蓬莱"，航行者的乐观向上和勇于探险的精神被刻画得淋漓尽致。

外国商人来华，为中外商贸往来、文化交流做出了巨大的贡献，为后人所铭记。来华贸易的外国商人，也称番客，有的客死他乡，埋葬在中国，日积月累形成了番人冢。宋代方信孺《蕃人冢》云，"蕃人冢，在城西十里，累累数千，皆南首西向"，番人冢埋葬着死在中国的无数外国商人，"累累数千，皆南首西向"抒发了他们对故国亲人的茫茫思念，"鲸波仅免葬吞舟，狐死犹能效首邱。目断苍茫三万里，千金虽在此生休"，番客历经千难万险从事海上贸易，虽赚得盆满钵满，最终却客死他乡，给人以无限惆怅。

古代海上丝绸之路小说取得较高艺术成就的是《西洋记》《蜃楼志》《镜花缘》等。《西洋记》被鲁迅称为"神魔"小说的代表，是罗懋登在亲历者游记的基础上，加工想象创作而成的章回体小说。全书共一百回，前七回写碧峰长老从出生到出家，从出家到降魔的历程，第八至十四回讲述碧峰长老与张天师斗法，十五回至一百回讲述碧峰长老与张天师加入郑和挂印后的招兵西征，为其斩除妖孽，最后诸国入贡，郑和得以建祠。这部具有神怪色彩的历史小说，艺术地再现了郑和下西洋通使 30 余国的神奇经历，也表现了郑和下西洋对国内及南洋的经济刺激以及带给人们的巨大心理震动。《西洋记》模仿《西游记》的叙事手法，以志怪传奇形式再现了海上丝绸之路的艰难探险。

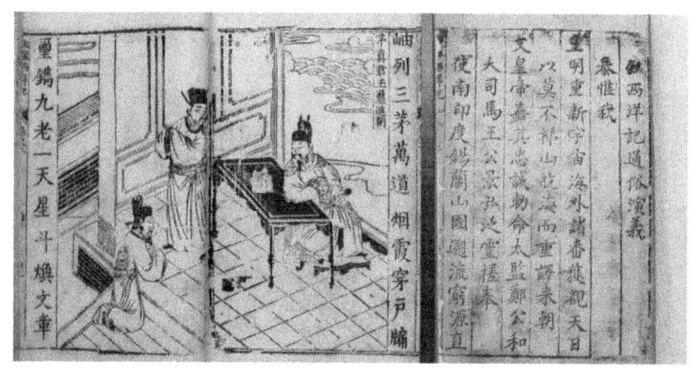

《西洋记》

清代小说《蜃楼志》是最早把目光投向海关、洋行的中国小说。全书共二十四回，描写十三洋行的商人如何遭受粤海关官员和粤地方官员的双重倾轧。清初海禁开放后，清政府设江、浙、闽、粤四海关，除粤外三海关皆归地方官监理，因为粤海关涉及关税巨大，所以特设"粤海关监督"，小说中的赫广大（谐音，讽刺其神通广大）任职粤海关监督，他贪污腐败，沉迷于声色犬马，"酒色财气"样样俱全，他纵容家丁包进财（谐音，保证财源广进），勒逼洋商，加二抽税，一次便讹诈洋行 30 万白银，着力塑造了粤海关监督的大贪官形象。此外，作者还刻画了一群卑鄙丑陋的粤地方官形象，如苟又新（谐音"狗有心"）、公羊生、牛藻（骂两人禽兽不如）、钱典史（谐音，讽刺其捞钱掠财之多）等。作者用激愤的语调描述海关官员的贪赃枉法、地方官员的徇私舞弊、海盗兵匪的杀人掠货，深深地控诉了粤海关祸国殃民、病商累民的行为，鞭挞了腐败黑暗、民不聊生的社会现实。

《镜花缘》是古代小说中将视野投向海外的代表作。全书共一百回，前五十回讲述了唐敖海外寻仙的故事，塑造了多九公、林之洋的海商形象，也刻画了骆红蕖、魏紫樱、薛蘅香、徐承志、姚芷馨等避难海外的华侨形象。避难海外的华侨生活都十分艰难，尹元只能打扮成土人，藏于土人之中，靠打鱼为生，却还是受到当地人的排挤；骆红蕖、魏紫樱从小就承担了照顾家人的重担；徐承志在海外漂流多年，以出卖体力为生，还要遭受刚愎多疑的驸马的精神折磨；姚芷馨、薛蘅香给海外带去了先进的养蚕和纺织技术，却引起当地种植户的不满，生命都受到威胁。纵然华侨生活艰难，但他们对故乡充满思念，落叶归根成为他们最大的心愿。

古代海丝文学取得了卓越的艺术成就，主要表现在以下几个方面。第一，对海洋文化的关注，体现了强烈的人文精神和鲜明的海洋文化特色，具有很强的包容性。海洋文化所表现出的新的主题、新的审美旨趣、新的艺术特征，是迥异于内陆文化（或农耕文化）为母题的新型文学的，代表作如海上丝绸之路历史题材和传奇。第二，海丝文学范式的积极建构与海丝文学主题的历史书写。当海上丝绸之路繁荣畅通时，海丝文学创作丰富，商路开拓、海上冒险、海外创业体现了开放的眼光、开拓者的胸怀、冒险者的胆略和追求财富的愿望，时代主题得以快速彰显。不同国家、地区、民族之间通过海上丝绸之路的密切交往，衍生出多元的丝路文艺，丰富了丝路文学的主题和样式。第三，海丝文学形象的精心塑造和海丝意象的奇异诡谲。郑和作为航海家的形象，七下西洋的壮举让人充满敬畏，具有浓烈的英雄主义色彩和人文情怀。作品中充斥的大量"神怪"人物，使早期的海丝文学充满神异色彩。第四，古代海丝文学传达出和平友好的文学理念。中华民族历来是内发型民族，注重自身内部发展，排斥、反对侵略。两千多年的海上丝绸之路的发展演变，见证了中华民族主张求同存异、共同发展的外交政策。

同时，古代海丝文学也存在着不少问题。其一，内向型文化突出的中华文化，其开放性远不及保守色彩，限制了海洋文化的有效开发，对海洋文化的关注不够，造成了海丝文学题材的偏颇和海丝文学主题的不够丰富。其二，由于政治等原因，海丝文化附属于时代政治，海丝文化缺乏独立和清醒的文化觉醒意识，海丝文学作品思想欠缺深度，文化延展性不够。

二、现代海丝文学

近代以来,伴随中国进入半殖民地半封建社会,海上商贸不得不沦为商品走私乃至列强对中国的殖民侵略,导致直接描写海上丝绸之路的作品鲜有,难道海丝文学就此结束了吗?答案显然是否定的。其实海丝文学的主题、题材、样式也随着海丝历史的发展演变而发生变化。梳理海丝历史,我们不难发现古代海丝文学主要涵盖了中西海上交通史和海洋文化两大范畴。关联海上丝绸之路与中国现代文学,是对海丝精神、海丝文化在现代文学中进行阐释,是从古代对海上商贸、政治外交和异域风情的文字书写上升到现代海丝文化情怀的历史呈现。

现代海丝文学大体包括以下几个方面:①海洋题材,主要包括以海上丝绸之路为主题的诗歌、散文、小说、戏剧等形式的文本,涵盖海上贸易、海上交通、海上战争等海洋文化。②留学等海外题材,指近现代留学作家或海外旅行者创作的体现中外文化交流、碰撞的文学作品。留学作家群经过海上丝绸之路前往日本、欧美等国家和地区留学,心怀"师夷长技以制夷"的留学抱负,审视中西文化的巨大差异,促进了中国文学和文化的转型。③海港城市题材是海上丝绸之路沿途海港城市的海丝文学创作。海港,是海上丝绸之路的起点,又是船舶中转的重要补给站,更是中外文化交流的前沿阵地,中外作家笔下的海港城市书写最能反映当时中外文化交流的样貌。在这三大范畴中,笔者认为海洋题材是现代海丝文学的直接代表,留学体验题材是现代海丝文学的最重要内核,近现代中外作家笔下的海港城市见证了海丝文学的多元性特点,且最集中地体现了近现代海丝文化的殖民性与都市性。

海上丝绸之路是以海洋为媒介的沟通东西方之要道。海洋题材是崇尚个性、自由、浪漫的文学,海上丝绸之路的文化具有开放型、外向型特征,二者内在的关联不言而喻,海洋开放、包容、自由的文化特性将二者紧密联系在一起。在郭沫若、冰心所处的"五四"文学时代,留学归来的作家都或有海洋题材的作品,包括诗歌、游记、散文、小说、剧本乃至文论,徐志摩的《地中海》《海韵》《巴黎的鳞爪》等,郁达夫的《沉沦》以及茅盾、蒋光慈等人的作品都与海洋密切相关,但郭沫若、冰心用更多的心血、笔力来集中展示大海的壮阔与宏大,以及作家自身丰富而细微的海洋感受。20 世纪 30 年代后不断的动荡、战争、运动，都要求文艺为政治服务，关注民族存亡，作家自主或不自主地选择"重大题材"，海洋题材无缘其中。中华人民共和国成立后，名家作品中都有海洋的点缀，如艾青、臧克家、邹荻帆、公刘、柯岩、蔡其矫、闻捷等人的诗歌，巴金、老舍、鲁彦、郑振铎等名家散文，都间或重新注意到海洋题材，然而接踵而至的政治运动使海洋题材几近中止。20世纪70年代末以来，孙静轩的海洋抒情诗、舒婷的《致大海》、王蒙的《海的梦》、邓刚的"迷人的海"系列、海子的《面朝大海，春暖花开》、水手宗良煜的海洋小说都是现当代海洋题材的代表作。我国台湾现代海洋诗文作家较有代表性的是覃子豪、余光中、郑愁予等。另外台湾作家有痖弦、洛夫、朱学恕、白先勇和黄春明等，他们在描绘海岛、海洲、海洋自然和人文风光方面都做出了相应的贡献。

不管是讴歌、描写海洋还是讲述海洋故事、表现与海洋密切相关的人际遭遇、思想感情，这些海洋题材都有鲜明的海洋生活特色与相当的文学表现。海洋题材在中国现代文学表现上，已成为一个有着鲜明特色的文学题材领域，有不少名家名作尤其"海归派"，多有题材涉及。当代的海洋题材经历了比较漫长的时期，终于迈开步伐"走向海洋"。但是相对于地中海国家的相关作品而言，我们的海洋题材能将影响范围扩展到世界的甚少，这与我们长期以江河、湖泊农业生态经济文明建设为主的"内陆心态"是分不开的（张放，2015：196）。

历史上的海上丝绸之路本质上是开放理念、开拓意识、开创精神的海上丝绸之路文化的体现。晚清、民国时期，政府公派留学生出国学习，派遣知识分子出国交流，不断介绍和引进西方的现代文化。中国社会开始迈上了漫长而艰难的现代化之旅，在中西文化的大交流、大碰撞中，中国文学开始了走向并汇入世界的进程。传统与现代两种文化之间的巨大差异和深层激荡带来的问题及生命体验贯穿了现代文学的发展历程，这在有过留学体验的现代作家群中体现最为明显。判断一部留学背景作家创作的文学作品是否体现了海丝文化、海丝精神，关键在于作家有没有具备比较开阔的视野，是否具有开放意识和世界眼光，运用比较视域书写中外文化交流、碰撞和融合的生命体验，包括诗歌、小说、散文和戏剧等文学样式。诗歌方面主要代表作家有徐志摩、郭沫若、闻一多、冯至等，散文方面以异域游记为主，代表作家有朱自清、徐志摩、巴金、郑振铎、李健吾等，小说方面代表作家有郁达夫、巴金、许地山、杨振声、钱锺书、老舍、冯沅君、徐訏等，戏剧方面的代表有胡适、田汉、夏衍及文艺团体春柳社等。

现代留学作家群迎头赶上了新文化运动的文化气候，亲身参与文学革命和运动，创造了光辉灿烂的海丝文化史。现代海丝文学在古代海丝文学的基础上，进一步开拓了海丝文学主题和题材，尤其是留学体验题材，留学作家发起文学革命，开创了中国现代新诗，变革小说成为最重要的文学样式，并且迎来了中国现代散文。现代留学作家群不仅从理论层面为新文学摇旗呐喊、鸣锣开道，而且创作了大量的示范性新作，更是亲身投入更广阔的文学实践中去，包括参与文学革命、翻译译介、编辑出版、组织社团、培育青年等文学活动和社会实践。留学背景作家的文学创作和文学运动直接推进了中国的现代性变革和向现代化的转变。

现代海丝文学与古代海丝文学相比地域性特色渐淡，文化的开放促成了知识分子的观念转变和知识更新，作品中的使命感和责任感的增强前所未有。文学意象的丰富是现代海丝文学的一大特色，由于现代留学作家群大都掌握多门语言，精通中西文化，而且古典文学功底深厚，文言文运用自如，同时他们又倡导白话文学，在进行文学创作时可以有更丰富的语言词汇，如民族、革命、世界、进化、新民、心力、个人、自我（李怡，2009）等外来词汇的引进；另外，他们也注意使用本土的方言口语，新鲜的词汇在文本中产生了极大的张力，使得作品中的意象得到前所未有的丰富。

中国是一个面向海洋的国家，中国的发展不能忽视海洋，海港城市之重要地位也是从重视海洋、利用海洋、发展海洋开始慢慢积累的。当航海活动日渐频繁，海港就必然适时地发展起来。无论多么强大的船队，都需要一个可以停泊、整修、补给甚至躲避风浪的港湾。海港城市大都是从小渔村发展为繁荣的大都市，历经了岁月的沉淀和财富的积累。海港城市的繁荣与海洋的开放、崇商性紧密相连，同时也深受政府对外开放政策的影响（包括被迫开放）。近代以来，随着西方殖民掠夺的扩张，他们用坚船利炮打开了中国东南沿海门户，与此同时民间走私猖獗，移民数量也以惊人的速度增长。也就是说，近代以来虽然官方贸易停滞，民间贸易（走私）却相对繁荣。海上交通线被殖民者控制，带来的后果是财富被殖民者疯狂掠夺，海港城市的殖民、移民色彩浓厚。中国的近现代史也是革命战争史，战争—沦陷，革命—抗战的历史状态决定了海港城市的革命文化与殖民文化共生，或殖民文化与都市文化交织的复杂多元风貌。海港城市是海上丝绸之路沿途的重要港口，是中外经贸、政治、文化的交流与融合的最早发生地。本书所指的海上丝绸之路沿途主要海港城市，既包括在历史上一直占据重要地位的大港口城市如广州、泉州等，又包括近现代重要的通商口岸。

作为海上丝绸之路的起点之一，泉州拥有悠久璀璨的海丝文化，它是世界宗教的博物馆，空灵的清真寺、肃穆的摩尼光佛、大气的老君岩、幽深的灵山圣墓、千年古刹开元寺和东西塔，"山中无石不刻字"的九日山祈风崖刻、"天下无桥长此桥"的安平桥、宋代修建的洛阳桥、绵延数里的崇武古城墙……都承载了泉州灿烂的海丝历史和海丝文化。从公元3世纪开始，广州港成为海上丝绸之路沿途最重要的港口，至今仍长盛不衰，而且在近现代史上，广州长期作为"一口通商"的中外文化交流的前沿阵地，经历了外来文化的冲击，留下了深厚的海丝文化（刘跃进，2017）。

上海位于中国的东海之滨，近现代曾以"十里洋场"闻名于世。20世纪30年代的海派文学光怪陆离，正是"十里洋场"的绝好象征。海派作家深受日本"新感觉派"的影响，代表作家有张资平、叶灵凤、刘呐鸥、穆时英、施蛰存等。其作品注重表现现代都市社会中人们紊乱、畸形的心理状态，描写人性与现代文明的冲突，具有意识流特征，充斥着殖民化都市的萎靡色彩。胶东半岛既是海上丝绸之路的起点之一，又是陆上丝绸之路的东端，在丝绸之路的起源和发展过程中都占有重要位置。胶东半岛大体相当于古代齐国疆域，西至黄河，南至泰山，北邻渤海，东至黄海，三面环海，坐拥平原海滨，兼得渔盐农牧之利。近代以来，胶东半岛是西方文化进入中国的最早通道之一，烟台是最早的开放口岸之一，青岛曾沦为德国和日本的租借地。由于山东是孔孟之乡，这里是最能代表中国传统文化的地方，因此中西文化在胶东半岛的交汇、碰撞就更为激烈，它是中西文化交流碰撞的一个特殊典型（王志民，2016）。

总之，"海丝文学"是一个动态的概念，随着历史的沧桑演变而发生变化。海丝文学作为一种学术研究的对象，其丰富性、独立性以及学术价值与意义，决定了海丝文学不仅是文学概念，更是学术概念。

第三节　多维视角下的海丝文学

海上丝绸之路不仅是一条丝绸、陶瓷、茶叶的海上商贸之路，也是一条丰富多彩的文化交往之路。海丝文学作为文化交流的重要载体，在海丝文化的交流和传播中发挥着重要作用。文化的发展呈现出多样性和不平衡性，不同地域、不同时期的海丝文化的发展变化，产生了一系列各具特色的海丝文学作品。"一时代有一时代之文学"（胡适，1918：4），以郑和下西洋为代表的旨在远播中华文化的海丝壮举，彰显大国实力的同时体现出明代对外文化交往的积极性与主动性，其开放、包容、自信的文化姿态，见证了古代中国在一定时期内处于海上丝绸之路的主要地位，这样的文化背景下所诞生的《西洋记》等作品气势磅礴，包罗万象，充满魔幻色彩。换言之，开放的海丝文化造就多彩的海丝文学，封闭的海丝文化限制海丝文学的想象。诚然，海丝文学与海丝文化之间构成一种相互影响、双向互动的关系：一方面，海丝文学作为海丝文化的载体，表征着海丝文化的内在精神，具体体现为一种开放性的文学观念、包容的文学思想和开拓创新的文学精神，以及海丝题材的多样审美书写；另一方面，作为海丝文学创作的重要依托，海丝文化的特性影响着海丝文学的表达方式，海丝文化是海丝文学的描绘对象，决定着海丝文学的内容和样式。大海的神秘莫测和海上航行的艰难险阻决定了海丝文学在内容上更专注于人类征服大海的探险精神和开拓生存空间的思考，展现了人类试图超越自我、征服大海的英雄主义精神，对异域风情和海外民俗的描写流露出对人与自然（海洋）、人与人的关系的深沉思考，由此形成了独特的美学风貌。值得注意的是，海丝文化是在文学地理和社会文化（尤其是政治文化）的多重影响下逐渐转变与生成的，这种生成是特殊时代和特定环境的产物。

一、文学地理学视角下的海丝文学

"文学与地理环境之间是一种相互影响、相互作用的状态。"（曾大兴，2012：2）"地理环境只能通过文学家这个中介来影响文学……通过文学家的创造完成空间组合，就构成了文学作品的形态各异的地理空间。这些形态各异的地理空间既有客观世界的投影，又包含了文学家的主观想象、联想和虚构……"（曾大兴，2017：2-3）通过文学地理学的视角解读海丝文学的发生及发展变化，就是要从文学地理和空间形态中感知海丝文学的生成，需要特别关注海上航线及空间位移所呈现的文化景观和生态美学，一方面这为作家提供了天然的叙事场所，另一方面海上丝绸之路上的冒险与新奇、海外求学的豪情与落寞、海港城市的繁荣发展，与当时空间转换的文学地理、西方的文化冲击、海外民俗风情相结合，构成了一个时代的海丝文学形态，而富有特色的时代话语、欧化语言与不同时期的社会文化的结合，在一定程度上促进了海丝文学的动态演变，使海丝文学在不同的时期和不同的地域呈现了各具特色的审美风貌。

自西方列强从东南沿海打开闭关锁国的中国的大门后，海洋不得不被重视起来，随着海洋权益日渐被重视，海洋诗文与海港城市也在文学作品中大放光彩。近代作家笔下的大海是其理想的投射，"五四"时期的海洋诗文是面向近代海洋的新构想，通过书写海洋，作家呈现出的是一个充满时代感受和世界意识的"大写的人"，自我的发现从根本上解构了中国古典诗歌中物我浑融的自然式海洋，取而代之的是肯定自我、高扬个体价值的新时代的大海。对海洋的重新发现与价值重估，还引发了近现代文学对海港城市题材的关注与书写。上海作为近现代最为重要的海港和都市之一，在近现代历史上的地位的重要性远超其他海港与都市，这从近现代文学对上海的丰富想象与书写中可见一斑。茅盾创作的系列作品是革命语境中的上海叙事，"新感觉派"笔下的上海是殖民语境中都市叙事的欲望与意识形态表征，这既是对海港城市的书写，又是文学中的海港城市想象。

20世纪30年代的上海，经济迅猛发展，随着文化中心从北京移至上海，大批作家寓居上海，并用文学的形式高度介入上海的城市生活。其中，茅盾的创作一直与上海社会生活有关，《子夜》开篇便用较多笔墨描述上海港的繁华与喧嚣，而面对大都市的上海，从乡下来上海避难的吴老太爷被刺激得头晕目眩，耳鸣气噎。坐云飞轮船令其头晕，二小姐身上的香水使他闭着的眼睛被刺激得睁开，一八八九号车子的马达声让他锐声尖叫《太上感应篇》，"汽车发疯似的向前飞跑"，吴老太爷看到"几百个亮着的灯光的窗洞像几百只怪眼睛，高耸碧霄的摩天建筑，排山倒海般地扑到吴老太爷眼前，忽地又没有了；光秃秃的平地拔立的路灯杆，无穷无尽地，一杆接一杆地，向吴老太爷脸前打来，忽地又没有了；长蛇阵似的一串黑怪物，头上都有一对大眼睛放射出叫人目眩的强光,啵——啵——地吼着,闪电似的冲将过来,准对着吴老太爷坐的小箱子冲将过来!近了!近了!吴老太爷闭了眼睛,全身都抖了。他觉得他的头颅仿佛是在颈脖子上旋转;他眼前是红的、黄的、绿的、黑的、发光的、立方体的、圆锥形的,——混杂的一团,在那里跳,在那里转;他耳朵里灌满了轰,轰,轰!轧,轧,轧!啵,啵,啵!"(茅盾,2004:9-10)作者通过吴老太爷的视角,从他的视觉、听觉、嗅觉所承受的超强感官刺激,描绘出灯红酒绿、纸醉金迷、喧哗热闹的大上海。上海的现代性与吴老太爷《太上感应篇》的保守僵化形成了鲜明的对比,因此吴老太爷这"古老的僵尸"在现代大都市上海的猛烈冲击下也就必然"风化"——突发脑出血,暴病身亡。繁华的都市大上海,直接导致了吴老太爷的死,这不得不引人深思。《子夜》显示出茅盾对社会现实和政治的强烈关注,通过民族资本家吴荪甫在半殖民地半封建社会的命运,作家展示了一幅战争、时代动荡等多重因素影响下的上海政治、经济剧烈动荡的画卷,同时歌颂民族工业的弄潮儿努力在动荡社会的夹缝中求生存,不畏艰难、勇于开拓的民族精神。茅盾把上海当作中国社会的聚焦点,热衷于表现上海的政治、经济的动态演变,运用现实主义的手法对上海进行近乎全景式的描写,其作品堪称"一部上海政治与经济的发展史"(张鸿声,2006:405)。

随着上海外滩一带欧式建筑现代主义风格转变的完成,作为上海城市文化的一部分,欧式休闲娱乐建筑也为中国作家"呈现了想象力"(白吉尔,2005:281)。咖啡馆、电影院、戏剧院、跑马场、舞厅等充满异国风情的城市文化,都在海派作家的笔下频频出现。无疑,上海成为文人消费生活方面的现代性想象的空间,他们通过杂志、报纸、文学作品将这一上海的空间想象延展开来,"基于这种日常消费性的世界主义国际化风格的想象"上海被塑造成带有"工业的、暴力的、男性的西方都市色彩"的城市(张鸿声,2007:138)。由于其叙事策略取决于物质与消费生活,因此"新感觉派"作家群笔下重在突出上海的国际性、西方性意义。亨利·列斐伏尔(Henri Lefebvre)指出,空间是日常生活的起点,更是社会生产过程。上海,作为一个海港城市,"空间"本身所呈现出来的文学地理特性与文化语境之间的微妙关联以及革命叙事话语与都市休闲娱乐文化,使作为政治、经济、文化中心的上海的形象具有文学审美的丰富性与复杂性,这在某种程度上刺激了知识分子的创作激情,使知识分子的创作与革命青年或市民阶层紧密联系在一起,或者说作家对上海作为新的文学地理环境和都市空间有了重新认知。

20世纪30年代的上海

　　作家的文学地理轨迹也是影响其创作的重要因素，刘勰在《文心雕龙》中说道："若乃山林皋壤，实文思之奥府……然则屈平所以能洞监《风》、《骚》之情者，抑亦江山之助乎？"（刘勰，2005：633）这正是说明了地理环境对文学的作用和影响。我们以往更关注作家籍贯地理带来的"原生思维"，而较少地关注到作家活动地理对其创作的影响。现代留学作家群文学地理轨迹的演变，造就了他们文学创作的丰富性和复杂性。地理空间的位移、跨海越洋的行旅活动，带来的是异国文化的冲击和体验，中外文化的碰撞、交融在他们的文学创作中被表现得淋漓尽致，留学作家的文学创作进一步拓展了现代海丝文学的题材和范畴，丰富了海丝文化的内涵和外延。

　　在研究海丝文学的过程中，我们不仅要重回历史现场和时代语境，也要回到当时的地理空间，时代固然造就了文学的特殊性，但大的文学地理环境和作家在创作过程中的地理位移、活动地理和接受地理也是影响其文学创作的重要因素。通过海上丝绸之路远洋求学的现代留学作家群，在文学地理与空间变迁之后，受中西文化的冲击影响才创作出带有自主转变与选择的文学作品，而且使他们重新发现自己、认识中国。在整个20世纪留学大潮的大环境下，在留学等出国作家的活动地理和海外地理空间的书写中，我们可以看到作为地理空间的海上丝绸之路在此起到的是一种纽带作用，它实际上把留学作家群与中西文化紧密联结在一起，而留学作家群也是在通过海上丝绸之路进行地理空间的位移中，实现了个体精神的新生与成长，在感知并触摸到的中西文化的巨大差异中汲取力量，这种文化差异与碰撞经过海丝作家的创作，最终成为体现海丝文化精神的海丝文学作品，并与其他海丝作品共同构成现当代文学史上的海丝文学。从文学接受地理的角度而言，以留学作家为代表的文学革命的领导者通过引进西方文化资源，重建新文学，通过兴办报刊和组织社团活动，大力培育青年学生，使新文化运动蔓延至全国各地。青年学生通过参与办报、编辑刊物、加入社团传播新文化思想，得以传承"五四"精神。这是互动的关系，也是双方结合的结果。而"五四"时期，知识青年是主体，是主要的接受对象，他们在现代留学作家群的引领下与其共同缔造出一个崭新的时代，才有了现代中国的"文艺复兴"。

二、"文化磨合"与海丝文学

毋庸置疑，海丝文学的形成与发展受多元文化的影响。海丝文学的生成是一个动态建构的过程，是受不同时空的影响而渐变发展的。也就是说海丝文学的范畴并非是固定不变的，而是在不同时期受多种文化的综合影响，正是这多元文化的合力即"文化磨合"（李继凯，2017），促成了海丝文学的生成与发展。中外的文化交流状况深受外交政策的影响，当对外政策开放时，中外文化交流密切频繁，当对外政策是闭关锁国时，中外文化交流也停滞不前。唐宋元时期我国国力强盛，对外实行开放的外交政策，鼓励外来使者来华学习考察，中国的文化得以快速传播，中外文化交流空前频繁，海丝文学创作出现繁荣局面。由此可见，政治文化对海丝文学的影响是巨大的。可以说，海丝文学深受政治的影响，其"荣辱兴衰"都与不同时代不同的外交政策密切相关。除政治文化外，其他文化对海丝文学的影响也是不容忽视的，例如我们可以从宗教文化、民俗文化等角度更好地阐释海丝文化的内在交流与互动，从而探寻海丝文学的超地域性及内在价值。因此，从此种意义上而言，海丝文学既是地域的，又是超越地域的。

首先，古代海丝文学与宗教文化关系密切，宗教传播者跨海越洋的求法记录是古代海丝文学的重要组成部分。魏晋南北朝、隋唐时期，佛教僧侣通过海路西行求法或东来传教，往返于中国与印度、朝鲜半岛、日本之间，既有通过海路从中国、朝鲜半岛前往印度求取佛经的大唐义净、新罗慧超、高丽义通等高僧，也有通过海路从印度东渡中国传法的天竺高僧拘那罗陀，还有从中国出发东渡日本传法的鉴真大师，以及从日本跨海入唐搜书习字的八大僧侣等，他们都留下了诸多取经旅途记述。其中，东晋法显的《佛国记》是现存最早的僧侣海外游记。公元 399 年，法显从长安出发，经由陆路前往天竺取经，沿海路在南亚、东南亚等诸国取经游历，最后搭乘外国商船沿海路回国，于 412 年抵达牢山（今山东崂山）南岸。法显归国后撰写的《佛国记》，以游历的先后顺序记录取经历程，前四部分讲述陆路取经及游历天竺、师子国的状况，最后部分记录了从师子国经海路归国的情形。《佛国记》详细记录了法显通过陆路到天竺求取经律及通过海路回国旅途中的所见所闻、所思所感。法显作为虔诚的佛教徒以超强的意志，不畏艰险亲往西天（天竺）求法，历经十三年，穿越沙漠、翻越雪山、跨海越洋，经过尸骨累累的无人区，遭遇风暴海浪的袭击、船只漏水在海上漂泊多日等困难。法显把途中的风险和艰难跋涉当成对自我的必备考验和历练，凸显了法显笃定求法的一面。当经历随行同伴的相继滞留或死亡时，法显顾影自怜、心有凄然、泪流满面；当在师子国见到晋朝的白绢扇时，他睹物思乡之情油然而生，有血有肉的朝圣者形象跃然纸上。此外，《佛国记》按照游记体的规范，注重纪实性，真实、详细、准确地记述了沿途地区和国家的地理状况，内容涉及三十多个国家的历史地理、政治经济、宗教风俗，详细记述了南亚、东南亚各地的建筑古迹、佛教流派、僧侣生活等，增进了人们对南亚和东南亚地理知识和民俗风情的了解。

唐代高僧鉴真沿海路前往日本宣扬佛法，六次东渡日本，留下了中日文化交往和海上丝绸之路的一段佳话。《唐大和尚东征传》较完整地记载了鉴真东渡日本的事迹，对鉴真六次东渡的艰难过程，东渡沿途经过的城市、名刹古寺及沿途见闻、海上交通状况、日本的佛教发展状况都做了较为详尽的记载。743 年，鉴真应日本僧人邀请，开始率领弟子东渡日本，数次失败，大都因为航海受难或官方阻挠。唐朝虽实行对外开放政策，允许外国人来唐学习、经商、旅行，但对私人出国行为严格限制，鉴真一行第一次和第四次东渡失败皆因被告发，第二、三、五次则是因为遭遇风浪，船只毁坏不得不放弃东渡。753 年，鉴真随日本使节从苏州出发再次东渡，终于成功抵达日本鹿儿岛秋目浦。鉴真东渡不仅传播了佛教戒律，而且深深影响了日本佛教艺术与佛教文化（李庆新，

2016)。隋唐时期，日本不断派遣隋使和遣唐使来中国，学习中国的典章制度和法制礼仪并进行贸易活动，这些内容在日本的社会变革中发挥了重要作用。

其次，海丝文学的海洋题材与沿海地区的民俗文化息息相关。以山东沿海为例，山东沿海居民自古以来，靠海吃海、以海为生，他们感激着大海孕育的渔业资源之富饶，他们又敬畏着大海的神秘莫测之危险，因为平静的海面随时会巨浪滔天，渔民是冒着生命危险在大海中求生存的。于是他们对富饶而又险恶的海洋充满感激和敬畏，复杂的感觉慢慢沉潜为神秘丰富的情感，这种情感逐渐积淀成一种信仰，即海神信仰，对海神的信仰和崇拜也通过民俗习惯保存下来。山东沿海渔民所信仰的神灵系统呈现多元色彩，海神信仰是沿海渔民最重要的信仰。渔民的海神信奉对象也涵盖广泛，主要包括龙王、海神娘娘、仙姑、海洋动物及英雄人物等。虽然山东沿海渔民供奉着不同的海神，但祭海目的都是相同的，即保佑出海的亲人平安归来（叶涛，2000）。龙王是中国北方渔民普遍崇信的海神，也是山东沿海渔民最主要的海神崇拜对象，是渔民最重要的神灵信仰。山东沿海供奉的龙王多为东海龙王敖广，各地都建有龙王庙，蓬莱阁中的龙王庙声名远播。龙王庙一般分前后殿和东西厢房，正殿中间是龙王塑像，左右站列龟丞相和巡海夜叉，庙前有戏楼，用来举行庆典和祭神仪式。通常来说，第一次出海前、龙王生日、春节等时日人们都会举行对龙王的祭祀仪式。

天后，是山东沿海渔民崇信的海神之一。天后，即妈祖，最初起源于南方，后来逐步传到北方，渔民普遍称妈祖为海神娘娘。渔民对海神娘娘的信仰十分虔诚：一是体现在主要航海码头、渔港，甚至较大的渔村都建有天后宫；二是渔民对妈祖显灵救助渔民的传说深信不疑，这从侧面反映了渔民海神信仰的神秘性。除了海神娘娘，渔民还崇信民间仙姑。民间仙姑传说中的主角是郭仙姑、刘仙姑或刘公、刘母，在渔民心目中，仙姑也可以救助海上危难，保佑渔民平安。除龙王、海神娘娘外，一些与海洋有关的历史人物，也是渔民的信仰对象，如曾多次东巡至山东东部沿海的秦始皇、清代率水军剿灭海贼的藤将军、中日甲午战争中殉国的邓世昌等，也被渔民当作实际上的海神来供奉。鲸鱼和海鳖也被渔民当作海神来祭祀，他们称鲸鱼为"赶鱼郎""老赵""老人家"。"赶鱼郎，黑又光，帮助我们找渔场"，"赶鱼郎，四面窜，当央撒网鱼满船"，这是长岛渔民中流行的歌谣里的句子；渔民把鲸鱼在海中捕食鱼群称为"龙兵过"或"过龙兵"。荣成的渔民最崇敬海鳖，在海上捕鱼时称海鳖为"老人家""老帅""老爷子"。为了不伤害到海鳖，渔船下锚时，渔民首先要高叫一声："给——锚——了！"喊过之后，稍停片刻，再将锚掀进海里（叶涛，2002）。

海神信仰作为重要的题材，在文学作品中被屡屡描述，如"龙兵过"的场景就在邓刚笔下被刻画得生动鲜活。

> 这是一片银亮的海，静得没有一丝波纹，仿佛一块刚刚熨过的厚蓝布，整齐地铺在那里，以一股不动声色的气势，清晰地划出地球的弧度。金灿灿的阳光漫空倾泻下来，注进万顷碧波，使单调而平静的海面变得有些色彩了。遥远的天际浮起一层朦胧、神秘的光晕，不禁让人想起远古时代奇妙的神话传说。
>
> 此刻，这奇妙的神话真的出现了——平静的海面突然开始轻微的骚动，一片细碎的浪花沸沸扬扬起来，渐渐转成激烈的涌动，腾起白花花的烟气。猛地，一群黑蓝色的大鱼腾跃而起，在半空里划出一道道黑闪电似的弧线，跌落下去，激起一束束白色的浪花；紧跟着，后面又一群大鱼腾跃而起，再后面，啊——一长串大鱼正在此起彼伏地飞跃，排成长长的队伍，从天际的那一端，朝天际的这一端行进。轰轰！轰轰！跃起，跌落；跌落，跃起。似乎有一个强劲的统一号令，在天穹上震响，指挥着这威武而雄壮的阵容。大海为此而激动了，推波掀浪，发出欢快的呐喊声。这长长的，无休无止地运动着的鱼群，排列如此整齐而有秩序，驾着飞扬的水花浪沫，朝着一个目标，从容不迫地挺进。轰轰！轰轰！一道道黑蓝色的光波，在白花花的浪尖上飞舞，终于，占领了整个海面。（邓刚，1985：18-19）

"龙兵过"的壮观景象，也经常作为一种神秘力量的象征，出现在文学作品中。对于出海作业的渔民来说，神秘力量意味着一种强大的心理暗示，这种心理暗示会在特定的时刻化成信念。卢万成的《男人的海》中老温第一次下海一无所获，饱受精神打击。《跑帮》中，渔民因为一锅蒸了15个馒头，便遇到海上滔天巨浪，马上要大难临头之时，有人悄悄加上了一个馒头，馒头数量变成了16个，海上的风浪渐渐变小，大家为之欢呼，船从无法掌舵到轻易调转船头，一群人化险为夷。这个戏剧性的场景,更加揭示了渔民对于神秘力量的忠实信仰。但即便有多元的海神信仰,也无法改变海上作业的危险,渔民随时会因风浪葬身大海。卢万成的《芝罘湾三题》中写赶海人沙蟹子在出海捕鱼时不幸葬身鱼腹,贤良愚昧的妻子在传统习俗"挽空"中灵魂备受煎熬。为了唤回丈夫的灵魂,她四次"挽空",三次失败,这时候"挽空"作为一种海洋民俗已不仅仅是表达对逝去亲人思念的方式,其成功与否更是用来证明已成为寡妇的女人是否贞洁。悲恸虔诚呼唤的寡妇,与对其指手画脚的冷漠旁观者形成了鲜明的对比。失去丈夫的渔寡妇类似鲁迅先生笔下的祥林嫂,她们饱受困扰,封建迷信的精神枷锁沉重。作者通过海洋民俗的书写,透视民族深层的心理文化积淀,发人深思。

另外,"由于对海神的信仰和崇拜渗透进山东沿海渔民的整个生产和生活过程中,因此渔民十分重视有关海神的祭祀活动,并且形成了固定的祭祀仪式,包括春季祭海、各种庙会和节日中的祭祀以及渔业生产中的祭祀"(吴雪凤,2013:45)。韩嘉川的《祭海》将渔民祭海前后的方方面面予以精雕细琢的刻画,为读者描绘了一幅海洋民俗的祭海工笔画。随着时代的发展,庄严肃穆的祭海仪式也被注入崭新的时代内涵,除平安祈福以外,还增加了保护海洋、追求人与海和谐共处的美好愿望。韩嘉川的《饥饿的海》,展示了在春夏秋冬的四季更迭中,不管是灾荒饥饿的年代,还是和平温饱的今天,人类对大海的疯狂索取与大海的慷慨奉献形成了鲜明的对比,于是作者发出呼吁,"人类饥饿,大海也饥饿"(丁玉柱,2011:77),显示了大海之子对保护大海的深情呼唤。祭海不仅在文学作品中屡屡出现,更是作为海洋民俗文化中的一种潜在精神力量生生不息。

山东省的渔业生产历史悠久,海洋民俗文化资源丰富,这些海洋民俗文化也成为海丝文学的书写对象,对海洋民俗的特色书写又反过来促进了海洋民俗文化的发展。山东沿海的海神信仰是最芜杂、丰富的,海神信仰和文学书写,使其成为山东海洋民俗文化中最浓墨重彩的画卷。

海丝文学的发展和转型离不开对外来文化话语的自觉学习和运用(李继凯,2003),如果没有持续的文化更新和文化创造,就不会产生新的海丝文学。随着时代的发展,人们意识到全球化并非意味着文化的同质化,而是和而不同,尊重不同文化之间的差异性。在全球化语境中,海丝文学作为中国文学乃至世界文学的一个有机组成部分，在 20 世纪初表现为西方文化对东方文化强有力的征服和渗透，留学知识分子远洋求学缔造的"拿来主义"的西学东渐就是强有力的证明。我们身处全球化时代，要想生存发展，就必须努力学习世界先进文化，与时俱进，用开放的姿态和世界眼光，努力融会贯通多种优质文化，如此，才能缔造真正的新的文化。留学知识分子学贯中西，在中国古典文学的基础上，通过"拿来主义"创造了中国新文学，这也造就了现代海丝文学的时代语境和生成机制。

与此同时，"一带一路"系列文化纪录片的成功制作和广泛传播，再一次证明了文化更新和文化创造的魅力。"一带一路"系列文化纪录片包括中央新影集团、广东广播电视台等制作的《丝路：沙与海的交响》，美国公共电视台、广东广播电视台合拍的《一个美国制片人眼中的海上丝绸之路》，广东省委宣传部、广东广播电视台制作的《海丝寻梦录》，上海广播电视台纪实频道（真实传媒有限公司）牵头摄制的《海上丝绸之路》，中央电视台（现中央广播电视总台）科教频道的《一带一路》，中央新影集团、中国国际电视总公司等制作的《穿越海上丝绸之路》等，它们用真实的镜头和鲜活的人物故事，从不同的角度重新诠释了丝路精神与丝路梦想。这些纪录片通过挖掘陆上丝绸之路和海上丝绸之路的历史宝库，展现了当今时代丝路沿途的多彩风貌，通过普通人的真实故事展示丝路精神，诠释了中国人的精神信念和中国梦，标志着中国寻求文化相互融通、推动构建人类命运共同体的决心和信心。

其中，由上海广播电视台纪实频道（真实传媒有限公司）牵头摄制，上海广播电视台、广东广播电视台、泉州广播电视台联合制作的以"海上丝绸之路"为主题的大型纪录片《海上丝绸之路》备受瞩目。摄制组跨越亚洲、非洲、欧洲、大洋洲，在近 20 个国家实地拍摄，其中，印度尼西亚、马来西亚、泰国、新加坡、菲律宾、缅甸、越南等东盟国家在历史与现实中都是与海上丝绸之路关系最为密切的地区。《海上丝绸之路》将"一带一路"的宏大主题置于 50 多个平凡生动的小故事之中，以小见大地展现丝路精神，用动人的故事和高清唯美的真实镜头，记录了海上丝绸之路的建设和发展对中国及沿线国家和地区的经济、文化所产生的深远影响（马黎，2017）。此纪录片分 7 集讲述了海上丝绸之路是一条商贸繁荣之路、文明共享之路、互惠互利之路、互利共赢之路、文化融合之路、睦邻友好之路，它必将是一条和平发展、充满梦想之路。纪录片《海上丝绸之路》以 2000 多年的海上丝绸之路的历史为背景，以海上丝绸之路沿途普通人的生活为主体，用生动鲜活的人物故事与案例分析，极富冲击力的高清视觉画面和富有感染力的语言旁白，大跨度、大视角、全方位展示了海上丝绸之路的壮美篇章，给观众带来一场古今交汇、中外交融的视听盛宴。

海丝文学路在何方？21 世纪是全球化的时代，在全球化语境中，不同文化的接触越来越多，全球各地不断爆发的文化冲突，说明了实现多元文化的共处是世界必然的前景和愿景。在中西文化不间断的碰撞、冲突中，如何寻找一个人类能够共存共荣、和谐共处的精神文化家园，成为一个重要的全球命题。从章太炎到陈寅恪、从王国维到饶宗颐、从吴宓到季羡林、从钱锺书到殷海光、从林语堂到钱谷融，众多先贤都在努力寻找能够有效解决文化冲突的途径；他们通过"追求各种文化之间的相互融通"，相信"人类各种文化能彼此相通和相得益彰"，人类能够通过文化和文艺方式找到"共同的但是又适宜于个人和个性需要的归宿"（殷国明，2017：410）。在中西间通过跨文化和有效对话，努力建构多元文化共存的人类命运共同体才是解决文化冲突的必由路径。《海上丝绸之路》等系列纪录片的成功制作，一定程度上为 21 世纪海丝文艺开创了新的叙事范式。

"一带一路"是国家倡议，更是一个平台、一面旗帜，它把中国的联通力和世界各国的力量聚合在一起，实现共同繁荣，成就共同命运。2015 年 3 月 28 日，习近平主席在博鳌亚洲论坛 2015 年年会上发表《迈向命运共同体 开创亚洲新未来》的主旨演讲，倡议"通过迈向亚洲命运共同体，推动建设人类命运共同体"（习近平，2015）。2017 年 1 月 18 日习近平主席在联合国日内瓦总部发表题为"共同构建人类命运共同体"的主旨演讲，提出并回答了"中国为何要推动构建人类命运共同体""要构建一个什么样的人类命运共同体"以及"怎样构建人类命运共同体"三大基本问题（习近平，2018）。这一演讲所贡献出的中国方案植根于公认的国际秩序原则之中，产生了广泛的世界影响。"构建人类命运共同体"已经作为一项中国倡议写入联合国决议、安理会决议，见证了国际社会的广泛共识，彰显了中国理念对全球治理的重要贡献。人类命运共同体思想为全球生态和谐、国际和平事业、变革全球治理体系、构建全球公平正义的新秩序贡献了中国智慧和中国方案。习近平"人类命运共同体"思想自提出以后，伴随着"一带一路"倡议等全球合作理念与实践而不断丰富，逐渐为国际社会所认同，成为推动全球治理体系变革、构建新型国际关系和国际新秩序的共同价值规范。

新时代的中国，给世界带来了新的历史性期待。新时代发展的巨大变化，作家和作品就是最好的见证，其同时以文学的方式反映着这个时代。构建人类命运共同体，需要建构世界文学共同体。海丝文学是属于"一带一路"的文学，更是属于世界的文学。这就需要从文化自觉的视野出发，包括海洋文化在内的海丝文化要遵循必要的价值取向调适，既要保持传统的延续性，在继承和发展新文学传统方面，要以开放的眼光、积极的拿来姿态共同建构一个有特殊价值和普遍意义的文化世界。

第六章　蓝色畅想：海洋题材与海丝文学

海上丝绸之路以海洋为载体和媒介，海洋题材是海丝文学的直接代表。中国古代海洋题材中保存了海上丝绸之路的信息密码。无论是《山海经》描述的精卫填海的故事，还是《史记》中记载的烟波浩渺的海上仙山传说，《淮南子》、汉魏六朝笔记和唐传奇的志怪小说；从唐宋时期的边海诗（与边塞诗相对，指文人流寓或被发配到海边所做的诗文），到《张生煮海》、李渔《蜃中楼》、"八仙过海"传说、《西洋记》《聊斋志异》等描写的人神相恋的戏曲、故事及小说，海洋题材的发展表明了人们逐渐关注人与海的关系，对"人"的生命价值和意义加深思考，展示了中华民族丰富而充盈的精神世界和内向型的文化心态。与西方海洋题材相比，中国的海洋题材相对理想化、诗意化，而西方的海洋世界大多描写猛烈的海洋风暴、残酷的海上战争以及人们对自由更加热烈的渴望。因为，从本质上讲，中国以内陆文化为主，注重内陆上的山川风物和河流湖泊，不太关注海洋文化，而西方由于与海洋有更亲近的地缘联系，故海洋既塑造了西方人的性格，又塑造了西方的外向型文化（朱自强，2012）。

晚清以降，随着西方殖民者打开了中国东南沿海门户，在东西方文明发生冲撞的隙缝中，中国海洋题材又萌生出新芽，但是新芽依旧是脆弱的。直到后来，梁启超、鲁迅等人对海洋理论的探索，才为现代海洋题材提供了理论依据，其影响一直延续至今。梁启超在其著作《地理与文明之关系》一文中指出，"海也者，能发人进取之雄心者也。陆居者以怀土之故，而种种之系累生焉。试一观海，忽觉超然万累之表，而行为思想，皆得无限自由……此古来濒海之民，所以比于陆居者活气较胜，进取较锐……亚洲面积殆五倍欧洲，而其海岸线之长不能倍之……其文明所以不克

梁启超

畅进者，实天然之缺陷使然也"（梁启超，1984：76-77）。鲁迅的《摩罗诗力说》可以看作是对梁启超这篇文章的补充和深化（张放，2015）。鲁迅推崇欧洲诗人雪莱、拜伦、济慈、席勒、裴多菲、普希金等人的诗文，"波谲云诡，世为之惊艳"（鲁迅，2005b：77），鲁迅赞赏康拉德和拜伦的海洋气息和浪漫主义作风。可以说，进一步开通海丝之路与凿通陆丝之路一样，是中国现代性发生的契机，是文明转型的方向，是现代意识建构的向度。具备现代意识的海洋诗文体现了海上丝绸之路的开放性和进取意识，也是海丝文学由古代意识向现代意识转型的表现。现代中国在建构和塑造海洋形象中形塑了新的自我，使之成为"充满现代感受和世界意识的主体"（彭松，2013b：92）。

第一节 海洋精神与大海赞歌

"海洋"作为一个承载着现代意识、世界想象和生命觉悟的特殊意象，大量涌入中国现代文学，深刻影响了现代中国人的文化想象和世界认识，持续生发出一种新的生命气质和文化精神，激活了海上丝绸之路的现代性密钥。在现代中国文学表达中，"海"经历了由已知向新知、由边缘向中心、由混沌向清晰的更新、变化，其中纠缠着理想与日常、异域与本土、自我与他者的冲突。这渐渐形成的现代海洋意识，正折射着现代中国在文明转型中的种种憧憬、热忱、尴尬和困惑，蕴含着现代中国的文化个性和精神症候（彭松，2013a）。改革开放以来，海洋书写在继承"五四"新文学传统的基础上，有了更深层次的拓展，走向个性化、个人化，追求人与海的和谐相处，海洋逐渐还原为本真的色彩，这种海洋的本真色彩体现了海丝文学由宏大主题叙事向回归自然、回归生命的转型。

正如张雨生所唱的《大海》，"如果大海能够，唤回曾经的爱，就让我用一生等待/如果深情往事，你已不再留恋，就让它随风飘远/如果大海能够带走我的哀愁，就像带走每条河流/所有受过的伤，所有流过的泪，我的爱……请全部带走"。大海是人类的倾诉对象，也是心灵的寄托。大海作为大自然的重要组成部分，是人类活动和文学书写的重要对象。钱谷融曾指出，由于情感活动优势，文学家极易把自己的主观感情寄托在对象上，每朵花、每株草、每座山、每阵风在他们心灵里都能获得特殊的灵气（钱谷融和鲁枢元，2003），因此在海丝诗文的海洋题材中,海洋便是作家寄托主观情感的重要载体,海洋书写也便是结合了作家生命体验的主客观一体的物质依赖和情感寄托。大海边痴情守望的海之子女歌咏大海、敬畏大海、隐喻大海,共同为大海母亲谱写壮美篇章。

一、动的海洋

"在这一时期等待进入'新文学'并接受价值重估的众多自然物象中,'海洋'无疑具有某种优先权。这固然因为它似乎标示着现代中国文明的走向,但更重要的原因则是在于它所挟带的现代西方文化资源。拜伦、普希金、海涅、雪莱等西方诗魂已在晚清传播了摩罗诗人的伟名,在'五四'一代人心中更是浪漫精神的化身,他们面向着大海的吟咏,塑造了理想的人格姿态。"(彭松,2013b:93)在"五四"文学的海洋书写中,海洋成为现代理想灌注的新自然,成为凝结着世界图景崭新体验的异时空,其中洋溢着自我生命的多元表达。

冰心的海洋诗话被学界认为是"五四"时期最具代表性的海洋题材。有一首歌《大海啊,故乡》:"小时候妈妈对我讲,大海就是我故乡/海边出生,海里成长/大海啊大海,是我生长的地方/海风吹海浪涌,随我漂流四方/大海啊大海,就像妈妈一样/走遍天涯海角,总在我的身旁。"这可以说是冰心与海的关系的最好诠释。冰心童年时跟随工作调动的父亲,在山东烟台的大海边度过了童年与少年时光,她的身心都受到了大海的浸染,一辈子与海结下了不解之缘。大海见证了她的成长,大海也像故乡般给予她心灵的慰藉和滋养。"五四"时期文学主题的最大特点就是重视人的价值,以人为本。冰心在大海中找到了灵感,获得了创作源泉,并寻觅到"以爱为本"的人生主题,如《往事(一)》:"海的西边,山的东边,我的生命树在那里萌芽生长,吸收着山峰海涛。每一根小草,每一粒沙砾,

冰心

第六章　蓝色畅想：海洋题材与海丝文学

都是我最初的恋慕，最初拥护我的安琪儿。"（冰心，1994a：245）《繁星·一三一》："大海呵！哪一颗星没有光？哪一朵花没有香？哪一次我的思潮里没有你波涛的清响？"（冰心，1994b：271）冰心在烟台辽阔的大海边度过了最重要的童年和少年时光，八年的海边生活，在她的作品中注入了大海的温柔与宽广的胸襟，冰心也创作了许多以海为题的诗文。

冰心笔下的海洋充满了"动"的色彩和博爱的象征，蕴含着浪漫主义色彩和理想主义精神。在冰心的笔下，海是动的，海是活泼的，海是美的，海是自我生命的浪漫表征。冰心一生没有放弃写海，直到中年和晚年时期，还创作了《海恋》《我的故乡》《我的童年》等作品，回忆海洋的优美风光。《致小读者》《繁星》《往事》《说几句爱海的孩子气的话》等构建了自然（大海）、童心、母爱三位一体的冰心式哲学。冰心喜欢描述温柔、活泼、动感、包容的海，大海也是博爱的象征，她正是用自己似海般博爱的品质，写出汩汩流淌的温暖明亮的文字，滋润读者的心田，"她幽静的天性，更能助她摒绝世扰，自强不息"（黄人影，1985：194）。

大海在郭沫若笔下更是充满了动感。《立在地球边上放号》中"我眼前来了滚滚的波涛"（郭沫若，2000：68），波涛滚滚毁坏旧的，创造新的，大海的"动"的精神是创世纪的最大动力，蕴含着无穷的力量。《凤凰更生歌》中"听潮涨了，听潮涨了""春潮涨了，春潮涨了"（郭沫若，2000：39），动的潮流意味着生命与宇宙的光明与再生。《新阳关三叠》中"汪洋的海水在我脚下舞蹈"（郭沫若，2000：97），《晨安》中"晨安！常动不息的大海呀！"（郭沫若，2000：60）《太阳礼赞》中"青沉沉的大海，波涛汹涌着，潮向东方/光芒万丈地，将要出现了哟——新生的太阳"（郭沫若，2000：94）。波涛汹涌的大海，跳着汪洋的舞蹈，大海的常动不息能够释放出无限的力量，带来新生的太阳。郭沫若笔下大海的动感是自我生命的热情表达，极具冲击力的大海，是以郭沫若为代表的新一代知识青年建构新世界的冲动释放，创世纪的豪迈激情不言而喻。

郭沫若把自己的爱恨情仇、理想希望都诉诸大海，他笔下的大海承载了浓烈的情感。《死的诱惑》是郭沫若较早的一首诗："窗外的青青海水不住声地也向我叫号。她向我叫道：沫若，你别用心焦！你快来入我的怀儿，我好替你除却许多烦恼。"（郭沫若，2000：130）这是死的诱惑，更是海的诱惑，海纳百川、包容一切的胸襟让人甚至不顾一切想投入海的怀抱，蹈海赴死。郭沫若的《女神》通体散发着海洋的气息，渗透着鲜明的海洋意识，淋漓尽致地描绘了诗人在海边抒发情怀的清新、雄壮与豪迈，如《海舟中望日出》中"好容易才盼见了你的容光！你请替我唱着凯旋歌哟！我今朝可算是战胜了海洋！"（郭沫若，2000：150）诗人在海上观日出的激动和心中的澎湃似乎要飞跃海洋、战胜海洋一般。《日暮的婚筵》中"新嫁娘最后涨红了她丰满的庞儿，被她最心爱的情郎拥抱着去了"（郭沫若，2000：146），描述清新动人、浪漫美好。其他海洋诗篇如《欲海》《光海》《沙上的脚印》《新阳关三叠》等，或即景抒情，或描写海边生活片段，从形式到内容建构了一个充满力与美的大海，奏响时代大潮的韵律。在这些诗里，自我与大海是彼此互动关系，"力比多"的大海是新生的自我的隐喻。郭沫若用热烈的语言，描述了孕育着无限生命和自由涌动的大海，充满创世纪的激情。

在鲁迅的《补天》中，这种创世纪式的激情体验也有所呈现。"伊在这肉红色的天地间走到海边，全身的曲线都消融在淡玫瑰似的光海里，直到身中央才浓成一段纯白。波涛都惊异，起伏得很有秩序了，然而浪花溅在伊身上。这纯白的影子在海水里动摇，仿佛全体都正在四面八方的迸散。"（鲁迅，2005c：358）大海在鲁迅的笔下幻化成一幅瑰丽奇绝的动感油画，似乎唯有大海才能展示创世纪的激情，才能召唤一个新的时代。大海正是"五四"时代精神的象征，是创世纪的力与美的承载，标志着海丝文学由古代向现代的转型。

二、美的海洋

我国古典诗学一向把情感作为艺术审美的核心，如陆机认为"诗缘情而绮靡"，刘勰认为"情者，文之经"，白居易认为"感人心者，莫先乎情"。而中国传统文化哲学中庸讲究"以理导情""情必依乎理"的有效制约。这些见证了我国诗歌理论史和创作实践上"诗言志"与"诗言情"的纷争。而西方浪漫派美学却不愿拘泥于情与理的和谐统一，认为情感本身是人赖以生存的全部基础，情感是"意识的精髓"，是诗学美学的出发点与归宿。事实上，一个时代的思维方式必然会影响诗歌的价值取向和诗歌的情感思维方式，人们从诗歌的情感基调、情感思维，从诗歌是否坚守自身独立品格，可以清晰地感受到时代话语对诗歌的脉冲。

1949年到1979年反映海洋生活的作品,表现出浓厚的时代色彩。杨朔的《雪浪花》展示了沿海渔民的崭新精神面貌,李瑛的《舟山群岛》以优美的诗句赞美了舟山群岛的礁滩、岛屿和舰船,讴歌了巡逻战士们的奉献精神和爱国爱疆的深情。这一阶段出现的戏剧和电影作品,海洋题材、岛屿生活题材的代表有现代京剧《海港》、芭蕾舞剧《红色娘子军》、小说《海岛女民兵》及改编的电影《海霞》等。其中《海港》通过描绘码头工人的劳动干劲,旨在歌颂主人公方海珍与阶级敌人的热情斗争精神,时代色彩浓郁。

来自烟台长岛的张歧,自幼生长于山东海边,从小便与大海结下了深厚情缘,其笔名都与大海密切相连——"海平线"。从20世纪50年代踏上文坛起,其创作就烙上了海洋的印记,因对浩瀚的海洋给予深情的书写,他被文坛称为"海岛作家",代表作有散文集和散文诗集《螺号》《渔火》《灯岛》《香炉礁》《潮音集》《彩色的贝》《蓝色的足迹》《蓝色摇篮曲》《张歧散文选》等,儿童中篇小说集《向阳屿》《神秘的小岛》等。正像歌曲《小螺号》中唱的那样,散文集《螺号》的每一篇章都充满诗情画意,它所渲染的欢乐气氛和生活气息感染了代代读者。作者诗情画意的笔墨中,不仅仅有碧波万顷的浪花朵朵、千年不息的涛声依旧,更有海边渔民绚丽多彩的美好生活和由歌声、笑声和螺号声交织而成的劳动交响乐和生活抒情曲。《螺号》是一个万花筒,让我们从中看到了海洋生活的丰富多彩;《螺号》是一只铜号,让我们从中听到了海洋生活的最强音。总之,《螺号》以浓郁的笔墨描摹了海洋生活的画面,精彩纷呈。

张歧以柔软温情的笔触,淋漓尽致地描绘了海岛独特的风情。日出是海上最壮美的景观,"开始,一抹银光喷出东方水天极处的海平线,渐渐地,银光变成了红光,红光变成了金光,金光里显出半个红彤彤的火球。这火球一抹一抹地向上升着,愈升愈高,愈显愈大,一眨巴眼工夫,就囫囵囵地跃出海面,飞上天际。随即,那金瀑般的光线,将天宇和大海涂得一片刺目耀眼的红……"(张歧,1977:1)潮声是世界上最雄浑、最美妙的音乐:"潮声,大海的呼吸,大海的语言,大海生命力的显示。潮声也是大海用它探索亿万年的深邃的哲理,对大自然万物的昭示。"(张歧,1983:1)诗人借对潮声的赞美,象征人类用理想、智慧和力量奏响生活的乐章。海上的灯塔是大海的眼睛、明亮的星,指引着船只前行的方向,"在这辽阔的海疆上,设有很多很多的灯塔。这些灯塔,每到晚上,就仿佛是从天上落下来的星星,刷地亮了,用那明晃晃的光柱,为来来往往的船只定位、导航、测速和校正罗经。当夜色消失、黎明到来时,它们又以不同的塔型和颜色,继续着夜里的工作"(张歧,1984:73)。金黄、温软的海滩上,不仅有"美丽的贝壳,精致的弧纹上印着奇妙的图案;壳内,珍珠层光泽灿烂得耀眼夺目……"(张歧,1984:54)"五光十色的贝壳,圆不溜溜的卵石蛋"(张歧,1983:12),还有各种海鸟的陪伴,有海鸥、鸬鹚和叫"海恋"的海鸟。大海激发诗人哲思,"每个人心里都荡漾着一个海。每个人都驾着心灵的小舟,在心的海上航行,那海域宽的,小舟就驶得远些;那海域狭的,小舟就原地回旋。有时还会搁浅……"(张歧,1983:13)"隐藏在海底的暗礁,擎着锋利的刀剑,时刻在等待着。航行在海上的船舟,瞪着警惕的眼睛,时刻在提防着。它们都在算计着对方,从不想和解,也不能和解。"(张歧,1983:16)"绿,是生命的颜色。绿,是青春的颜色。人都说大海是翡翠化成的,世界上没有比大海更绿的颜色。因此,大海是生命的象征,也是青春的象征。"(张歧,1983:21)张歧用自己温情的笔触和多彩的想象,勾勒出大海的象征意蕴,还有海岛上守护灯塔一辈子的爷爷、盼迎归帆的渔家妇孺、渔民出海时求乞"神灯"的风俗,以及关于"珍珠母"与"神庙"的美丽传说等。张歧通过一系列丰富的散文及散文诗的创作,生动地展现了渔民的生产生活方式以及与之并存的民间文化形态,寄托了人与自然和谐相处的愿景和渔民对美好生活的向往。这些都在海洋意象及其文本中自然流露,海洋精神也因此世代传承。

20世纪50年代,山东诗人孙静轩出版了两本诗集《沿着海岸,沿着峡谷》《海洋抒情诗》,抒发海洋情怀,被誉为"海洋诗人"。孙静轩的《海洋抒情诗》描写海洋的恬静、温柔、粗暴、狂野……展示了一个丰富的海洋世界。"望着这海之城迷人的姿色/大海被逗引得难以自制/她激情地喧嚷着几次想扑上海岸"(孙静轩,1985:4);"遥远的海面上有一只小小的木船/在惊涛骇浪的颠簸中,急急地驶向海岸/陡壁的浪许多次把它吞没/但每一次它都安然在浪头上重新出现"(孙静轩,1985:10)。粗犷和奔放磨砺了舵手,"安然"二字凸显了生命在惊涛骇浪中的沉着。"圆形的、棱形的如宝石雕刻的建筑/象是给这海的城戴上了一顶辉煌的桂冠/而那沿着海岸滚动着的雪白的浪花呵/象是在她的胸前挂上了一串串的银链"（孙静轩，1985：4）海与城相互依偎、相互装饰，构成了一道美丽的风景线。"那正是青春大好时光/我爱在岩石耸立的海岸游荡/看海面的白帆悠悠/看浪尖的海鸥翩翩飞翔/听那絮絮不休的海风/听那潮水拍岸的喧响/常常地，我坐在岩石上遐思/在朦胧的幻想中，从傍晚坐到天亮/早晨归去，总是拣几枚海贝/带回去一片透明的海的幻想……/呵！那惬意而又稚气的少年时代/天真的眼睛又怎能识出大海的形象"（孙静轩，1985：15）。青春年少时"我"不能充分认识大海，待到经受了大海的磨砺后才明白真正的海的模样，个体也便真正获得成长。"风呵，倦了，收起了它宽大的翅膀/浪呵，累了，停住了它豪迈的脚步/那生性不肯安静的大海呵/这会儿也已经睡熟/看，它仰卧在蓝天下，深深地呼吸/一任那嬉戏的海鸥用翅膀拍着它宽厚的胸脯"（孙静轩，1985：8）。这些抒情诗自然质朴，展示了神秘、恬静与浩瀚的大海，塑造了或明净或雄浑的大海意象，表达了诗人心灵的浪漫与无拘无束。

烟台诗人庄永春的诗，从不同的角度展示了海洋的壮美与多彩的海洋生活。如《驭海部落》组诗之《嫁》："山嫁给海/吹打声里漂成一座岛/笑也漂/梦也漂/漂，便是沉重/胭脂只搽红了一个早晨/蒙头巾不过是折起的黄昏/红烛点亮渔火/把歌从浅潮摇向老洋深处/生活比蓝围裙/缺了些蜡染的浪漫花/添了些咸乎乎的嗨呦嗨/漂也梦/漂也笑/越是沉重越要漂/倘若使开性子来/养出一群小礁奶大一群岛/海是开花的海/女人是帆也是锚。"（庄永春，1987：34）庄永春的抒情诗篇具有想象奇特、刚柔并济的艺术风格。海作为意象，是生命孕育的桥梁，是艰辛生活的隐喻。水兵的职业是神圣而辛苦的，是辛苦又甜蜜的，庄永春笔下的海是属于"水兵的海"，是赋予水兵独特性格的海，而诗人笔下的水兵也是一个拥有像海那样"蓝蓝的性格"的兵。庄永春将与水兵密切相关的导航台、扫雷舰、浮标灯、潜望镜等如数家珍般揉入诗篇之中，用细腻的情感和笔触描绘了水兵刚柔并济的性格，展现了水兵的多样情感和生命之姿。

张歧、孙静轩、庄永春的诗文，因其个人特殊的生命体验，坚守了诗歌的独立品格，他们之所以能创作出优秀的海洋诗文，源于海洋是他们生命中不可或缺的一部分，他们与海亲密的关系支撑起海洋诗文创作的脊梁，使它们游离于重大题材之外，持续探索神秘的海洋世界，为读者提供了蓝色的畅想与梦想。

三、多彩的海洋

改革开放以后的海洋文学表现内容更为广泛,或反映航海生活,或展现海洋美景,或记叙涉海事件,或反思生活呈现出的哲理,也有海洋科幻创作。其中海洋小说创作成果颇丰,标志着中国海洋题材小说创作取得了新进展,王蒙的《海的梦》(王蒙,1980)和邓刚的《迷人的海》(邓刚,1984)是其中的代表作。王蒙的《海的梦》谱写了一曲知识分子的精神之歌。小说里年届五旬的翻译家缪可言,经历了谬不可言的时代困顿,即使困顿的时代耽误了他的青春和事业,他仍然迫切渴望见到大海,"大海我终于见到了你!……经过了半个世纪的思恋,经过了许多磨难,你我都白了头发——浪花!"(王蒙,1980:5)缪可言对大海的执着,代表着大海已经作为一种精神的象征,化为个人理想和价值诉求的对象,是生命和信念的内心向度。《海的梦》语言单纯、含蓄而又凝练深厚,作者进行了细腻的心理描写,大篇幅的人物心理活动描写,呈现了缪可言复杂的内心世界,由此衍生出作者对历史人生的深沉反思。这种反思不是对历史往事的激烈批判,不是对个人苦痛的赤裸宣泄,而是用一种近乎平常的笔调,平静地回首往事的伤痛,超越了生活本身的痛苦,洋溢着乐观向上的时代精神(朱自强,2012)。

1983年邓刚发表了重塑男子汉气概的《迷人的海》。这篇题材特别、令人耳目一新的小说,刻画人物淋漓尽致,充分表现出对海洋生活的熟悉与经验,作品靠细节撑起故事结构,扎实的生活功底、不假粉饰的取舍和剪裁态度,也迥异于以往的创作,这篇海洋小说之题材新奇和风貌清新填补了长期以来海洋题材的匮乏和审美空白。作者邓刚做过很长时间的"海碰子",即以铁叉扎鱼并捕捞海参、海胆、鲍鱼等海鲜的泗海人。《迷人的海》受到海明威的《老人与海》中人物结构的启发,写一位老海碰子和小海碰子由相互生疏、轻视到相互理解、合作的温情故事。老海碰子和小海碰子最后意识到,生活需要并肩作战,需要在风浪中挣扎磨砺。一代代海碰子就是这样在充满风暴的大海上,与大海奋力拼搏,海碰子的精神得到了传承。

除小说外,大量海洋题材的诗歌佳作也涌现出来。美丽的鼓浪屿诗人——舒婷,用极其敏感而细腻的笔触,写下了《致大海》、《海滨晨曲》和《珠贝——大海的眼泪》。诗中的大海不仅仅是自然的大海,更是心灵的大海,它含蓄地表达了黎明的曙光来临前诗人的复杂情感及主体意识的觉醒。在艺术风格上,三首"大海组诗"体现为浪漫主义的基调兼具现代派诗的韵味，诗人把强烈的抒情性与表意的含蓄美融合在一起（陈婉娴，2007）。《致大海》这首诗共有六节，第一节用抒情的手法诉说往事如烟，"大海的日出""大海的夕阳"作为客观性意象启发诗人对往事的怀想，应和着诗人的惆怅心绪。曾经的赞叹与怀想，曾经的歌声与风帆，都被滔滔不绝的海水秘密埋葬，过去的理想似乎已然湮没；第二节直接描写诗人对过去与现实的感悟，用变幻莫测的大海对应复杂汹涌的生活，对仗工整，体现了诗歌的建筑美；第三节诗人与大海直接对话，哪怕大海涤荡一切，却也终究冲不走那些顽强的贝壳；第四节与第三节相承接，描写复杂的现实虽会毁灭很多人的理想，但真正的勇士会如暴风雨中奋飞的海燕，勇敢地与现实做斗争，捍

舒婷

卫自己的理想，表达了诗人对现实生活的含蓄控诉和坚守理想的决心；第五节写诗人面对"夜一样冷清""死一般严峻"的社会现实，纵然形单影只却有一颗让自己骄傲的心；最后一节是诗歌的高潮，写在复杂多变的社会现实中，虽有沉沦的痛苦，但更有苏醒的欢欣，"我"是醒着的，所以"我"拥有一颗令人骄傲的心。舒婷运用比喻、象征、对仗的艺术手法，以大海的变幻莫测象征复杂多变的社会现实，我们从中也可以感受到象征背后的精神探索与生命的诗意追求。诗歌韵律和谐，富含节奏美与音韵美，给人强烈的审美感受。

海子的《面朝大海，春暖花开》，全诗洋溢着对大海的热爱之情，充满暖色调的词汇频频出现，如"幸福"在三节诗中都有出现，第一节"幸福的人"，第二节中出现了两次，"我的幸福""幸福的闪电"，第三节中为陌生人祝福，并愿其获得"尘世的幸福"；"春暖花开""周游世界""关心粮食和蔬菜""温暖的名字""灿烂的前程"营造了一个色彩明丽、温暖感人的画面；"和每一个亲人通信""告诉每一个人""给每一条河，每一座山"，诗中四次出现"每一"，不管是山水树木还是亲朋陌路，每一个都不能少，每一个对象都被诗人的爱关照到，诗人的普世之爱被表现得明亮温暖，诗篇阳光清丽，赢得了无

数读者的青睐。

> 从明天起，做一个幸福的人
> 喂马、劈柴，周游世界
> 从明天起，关心粮食和蔬菜
> 我有一所房子，面朝大海，春暖花开
>
> 从明天起，和每一个亲人通信
> 告诉他们我的幸福
> 那幸福的闪电告诉我的
> 我将告诉每一个人
>
> 给每一条河每一座山取一个温暖的名字
> 陌生人，我也为你祝福
> 愿你有一个灿烂的前程
> 愿你有情人终成眷属
> 愿你在尘世获得幸福
> 我只愿面朝大海，春暖花开（海子，1995：236）

　　台湾现代海洋诗方面比较有代表性的诗人是覃子豪、余光中、郑愁予等。覃子豪被誉为台湾的"现代诗之父""海洋诗之父"，他的《海洋诗抄》纯净自然，文艺气息浓郁，洋溢着浪漫主义气息。《文心雕龙》所谓："夫情动而言形，理发而文见，盖沿隐以至显，因内而符外者也。"（刘勰，2005：410）覃子豪的海洋诗篇正是"因情而动"，表露了他的肺腑心声，他心向大海、讴歌大海、将大海看得十分博大圣洁，他曾经自述"第一次和海接触，我立刻心悦诚服地做了海洋的歌者"（覃子豪，1953：2）。

　　余光中在海边生活多年，观海后写下了《问海》："是骤生也是夭亡的典礼/刹那的惊叹，转瞬的繁华/风吹的一株水晶树/浪放的一千蓬烟花/为何偏向顽石上长呢？/为何偏向绝壁上开？/壮丽的高潮为什么/偏等死前的一霎才到来？/

问你啊，无情的海。"（余光中，2004：182）这首诗意象精工，寓情于景，启人深思。除了《临海》《望海》《缘海》《问海》外，余光中还写了《海劫》《海不枯，石不烂》《水母》《鹦鹉螺》等典型的海洋诗篇，洋溢着海洋气息（张放，2015）。余光中的乡愁文学浸润着海之梦，散发着对故乡的浓浓思念，《乡愁》中陆海的互为呼应，使得余光中的血脉亲情犹如感情的海潮，涌动在诗文韵律中，奔腾不息。

由此可见，海洋的书写呈现表意功能，而作为意象的海洋涵盖三层含义：空间的海洋、时间的海洋和精神的海洋。海洋的三层所指，都与生命精神息息相关，体现了现代海上丝绸之路的精神指向。大海作为空间的意象指其作为浩瀚的场域，为包括人类在内的生物提供了丰富的活动空间和获取海洋资源的场所，作家通过书写人类在海洋空间的活动，揭示大海对人的意志的磨砺，赞扬生命的阳刚之美；大海作为时间的意象指其随着时代的变化，会受到不同时代的影响而发生相对变化，过分地攫取海洋资源和过度地开发海洋以及为追求经济发展而导致的生态污染，都使近海区的海洋发生了质变；同时，大海更是精神指向，大海是社会现实的映照，大海是人的心灵和理想的寄托，海纳百川的气度、惊涛骇浪的险峻、孕育着未来无限的憧憬和畅想。海洋书写通过多元丰富的大海及其附属生物的意象色彩，对人与海洋的复杂关系进行不懈的探索，追求人与海、人与其他生命和谐共处的自然生态，展现承载着现代意识、世界想象和生命觉悟的海洋精神。

总之，海洋题材作为海丝文学的最直接代表，源于海洋的开放、拓展、交流、兼容的文化特性，体现了海上丝绸之路所追求的海洋精神。从《山海经》的海洋神话到曹操等魏晋时期的文人观海作品、唐宋诗人的临海涉海诗篇、明清的海洋小说，再到郭沫若的海洋狂歌，冰心的海洋书信，我国台湾作家覃子豪、余光中、郑愁予等的海洋乡愁，新时期舒婷、海子、王蒙、邓刚的海边畅想，中华民族文人骚客对海洋的认识由陌生、好奇、畏惧到亲近、穿越、试图驾驭再到追求人与海洋的和谐相处，发挥了海洋题材的弄潮儿的先锋性，他们在感受海洋的包容与险峻之中，见证了人类对海洋从恐惧到征服再到和谐相处的过程，对海洋态度的转变过程，也是人类不断开掘自己灵魂深度的过程。

第二节　大海儿女："海味"叙事与生命诗学

海上丝绸之路本质上也是个人的创业、立业之路，大海儿女在与海洋的朝夕相处中，历练出自强不息、敢于拼搏、勇于冒险的品格，淋漓尽致地展现了海丝精神。大海的邈远与神秘滋养了作家丰富的想象，大海的浩瀚无边激荡着作家博大的胸怀，大海的包容与宽广拓展了作家开阔的视野。大海丰富的海产蕴藏，给予作家丰富的艺术元素，多元的海洋意象可为文本营造鲜活可感的意境。海味叙事作家群关注丰富的海洋世界，不断探索"人与海""人与自然"的绿色、健康、和谐的关系，塑造了血肉丰满、各具特色的"大海儿女"形象，建构起蓝色的海洋生命诗学。"中国现代生命诗学是在20世纪的新文学运动中得以产生，并在20世纪中西文化的碰撞与交流中获得充实与发展。……生命诗学乃是以生命作为根基，从生命出发来思考和阐述诗的本质、作用乃至技术的一种诗歌理论。"（谭桂林，2004：94）中国现代生命诗学意识到生命与诗的同构性，"海味"叙事作家群在海洋书写中自觉融入生命体验，"海味"叙事作家群对海洋及其生命的独特观照，已是自我生命与理想的映照与投射，由此形成的生命诗学尤其值得探讨。

一、邓刚笔下的海碰子

蓝天碧海的大连，一步一景的海岸线美如画。自幼生长在大连海边的邓刚，创作了"迷人的海"系列作品，为生于斯长于斯的大海故乡做了最美的注解。大海是他的生命中非常重要的一部分，大海也是他创作的源头活水。邓刚作品的绝大部分篇幅是对大海的叙述，但写海不是他的初衷，"不论对山的描写还是对海的描写，归根结底都是写生命，我把我的人物和故事放在了海里"（转引自蒋蓝，2013：13）。

邓刚认为大海充满无限的生命力。邓刚和他笔下的人物一样，都对大海倾注以浓厚的深情。邓刚笔下的大海是"力"的象征，代表着大自然的宽厚和野蛮，潜藏着原始的、野性的生命张力。对大海生活的深切感受和体验，激发了他在文本中"力的宣泄"。从人物、画面到故事叙述，《迷人的海》一直在追寻"力"，表现生命之力与阳刚之美。在邓刚的笔下，大海是有着被注入力的生命的大海，山石是被注进力的色彩的山石，人物是被注进力的血液的人物，正因为如此，邓刚的小说总是"昂扬着乐观向上的激情和催人奋进的旋律"（王泉和代天善，2006：75）。邓刚在作品中塑造的一系列海碰子，都是拥有男子汉气概的硬汉形象，给久寂的文坛注入了新鲜的血液，赢得了评论界和读者的一致推崇。刘白羽说："《迷人的海》以其强大的思想性与艺术力，为我们展开了一个色彩斑斓的新的生活领域，因而在当代文坛中占有了独具一格的地位。"（刘白羽，1985：190）

邓刚在颂扬人与大海搏斗中表现出的"力"的挥洒和激发，其中力度便是力量的表现。力量离不开强健的体魄，不管是海碰子还是弄潮儿，他们健壮的筋骨，赋予这场力的搏击以雄浑的乐章。然而，力之乐章更来自挑战大海的搏击者们坚强的内心，他们坚毅、果敢、有谋略，在一次次与大海的搏击中历练身心，用自己的身心之力征服大海，征服生活，征服自己，成为"硬汉"形象。大海既无垠深邃，又神秘缥缈，谜一样的大海充满无穷的魅力。海碰子们在与大海的搏斗中，个人的情感和心灵得到大海的净化和洗礼，表面上好像是他们征服了大

邓刚

海，实际上是他们个人的性格与意志在大海中得到了磨砺。大海与人一样，都具有鲜活的生命。大海不仅是海碰子活动的背景和环境，更是海边人生存的依赖和生活的伴侣。因而，在"力"的象征化颂扬中，邓刚的作品既有对敢于同凶猛大海搏斗的老海碰子和老船长的赞许，又有对大海深深的敬畏。

海碰子身上散发的阳刚之美和生命之力，只是作者赞美生命之力、进行生命叙事的策略之一。值得注意的是，大海不仅赋予海碰子以男子汉气概，而且也将柔弱的女性历练成掌握自己命运的强者。《金色的海浪在跃动》中的渔家女翠珠所散发的泼辣热烈的生命力更值得推崇。翠珠虽没有文化，但却对文化人心向往之。她慧眼识珠发现了文弱青年金贵，用自己的坚忍鼓励金贵克服软弱，金贵在翠珠的鼓励下重新拿起画笔展现大海般丰富变幻的色彩，最终跳出了狭小的生活圈。翠珠"豁出命"般地征服海，也征服了生活，收获了物质财

富和精神财富,成为掌握自己命运的强者,其作为渔家女所具有的顽强与执拗,使人物性格色彩鲜明,充满魅力。《芦花虾》中柔弱天真的书琴,在海边捡拾蚬子和芦花虾,但在与大海的搏斗中,她经受住迷雾和激流的严酷考验,在大海的洗礼下,她重新认识了自己,仿佛获得新生。《黑皮花皮的大蚬子》中稚气未脱的青年女孩,原来对生活艰难、命运不幸几多感慨,但她在海滩上辛勤劳动、艰苦努力,在与大海进行搏斗的过程中,她尝遍了海水的苦涩、经受住了海浪的拍打,洗尽性格中的柔弱平庸。大海让她们由弱变强,使她们获得了精神上的升华。

海边的人常说:"生吃蟹子活吃虾,从嘴鲜到脚趾丫!"正如海鲜要吃活的才能品出"鲜"味,海边作家邓刚也尽力将作品写活,力求为读者写出带有"鲜味"的小说。在《黑皮花皮的大蚬子》中邓刚用幽默盎然的笔调,写出了蚬子的调皮与可爱,鲜活可感。

> 辽东半岛周边所有的海滩都有蚬子(蛤蜊——笔者注),有黑皮儿的,有花皮儿的。黑皮的蚬子壳厚肉肥,花皮儿的蚬子壳薄肉鲜。涨潮时,它们在水下张着嘴儿觅食,退潮时却像捉迷藏似的,成千上万地躲藏在沙滩下面、礁石根处和淤泥里。但埋藏在沙土下面的蚬子依然张着小嘴儿喘气,于是退潮后的沙滩上,布满成千上万个小圆眼儿,那就是这些海生物的呼吸孔。细心的人会发现,当你走近这些小孔时,会看到小孔"叽"的一声冒出一股水来。那是蚬子听到人的脚步声,感到危险,所以就最后吸一口气,赶紧关闭两扇硬壳,于是就形成压力,将海水喷出来,当然,也就暴露它的藏身之处了。(邓刚,2015:7-8)

邓刚坦言:"我总想使自己专门写海的小说,每篇都有不同的味道,就像海参、鲍鱼、扇贝、蛤蜊等海物,都是在海水里长的,各有其独特的鲜味儿一样。"他擅长捕捉适合文本的独特情调,并努力控制好情调的节奏感,"犹如一支乐队在演奏,不论是吹、打、弹、拉、总围着主旋律走"。邓刚运用"明净的天空,雪白的浪花"般的情调写《芦花虾》,却用"腥咸的风,涌动的浪块"的情调写《迷人的海》(邓刚,1983:72-74)。可见邓刚的各有特色的"海味"小说源于其自觉的艺术探索及其在生命体验上的自觉书写,这也造就了邓刚小说的"迷人的色彩"。

这些海味浓郁、鲜味十足的小说,描绘出绮丽壮阔、千姿百态的大海画卷。《迷人的海》表现了老海碰子和小海碰子两代人达成理解、延续以海为生的职业传承的故事,似乎散发出海参般的鲜味与珍贵。《龙兵过》中船长的父亲是老一代海碰子,他崇敬大海、信仰海神;船长是第二代海碰子,他坚毅果敢,拥有顽强的意志;船长的儿子则代表新一代的海碰子,他不屑于追随父辈的足迹,对大海有自己的想法。作品以人与海的关系为背景,通过三代人的冲突与联系表明了历史与现实、传统与现代的衔接和延续,把自然与人类历史、现实社会有机结合起来,延续了《迷人的海》的主题。《瘦龙岛》写一位有经验的海碰子在瘦龙岛发现了白海参,海碰子为得到珍贵的白海参,与急湍的海流、危险的礁丛、神秘的暗洞和恐惧的心理展开了英勇顽强的抗争,热情歌颂了海碰子不畏艰难、勇于追求理想的拼搏精神。《大鱼》里的水顺爷,抓住了一条大鱼,却将其重新送回海洋,让大鱼重归大海,作品塑造了水顺爷温暖的品格,寄托着作家对人与大海和谐相处的愿景。

邓刚不仅追求作品的"鲜味",而且在打造不同鲜味的同时,在作品中也融入了对人与自然关系的深深思索。《蛤蜊搬家》描写了一片孕育着千万只蛤蜊的大海滩,其产出的鲜嫩肥美的蛤蜊肉养活着世代渔村人。主人公老蛤头爱蛤蜊,用生命守护着海滩。为了保护蛤蜊、捍卫蛤蜊滩,老蛤头与自然界的各种禽兽斗智斗勇。他先后采用各种方法对付"小毛偷"海钻儿的散兵游勇,与侵略者"海猫子"(海鸥)大作战,与"野鸭子"大战五百个回合,赶走吃掉蛤蜊的蓝皮螺、肚皮螺。尽管有的对手聪敏机智,但是老蛤头技高一筹,不论作战多么艰难,都以老蛤头取胜为结局。其中与海猫子大作战描写精彩。

> 几乎就是擦着老蛤头的脑袋掠过去,一阵疾风和尖叫过后,噼噼啪啪的鸟粪冰雹一样狠狠地甩打过来,没等老蛤头遮挡,第二次打击又半空砸下,紧接着是第三次……又腥又臭还有着热乎乎温度的鸟粪,疾风暴雨般地向老蛤头倾泻。……上帝给人一个万能的大脑,却给海

猫子万能的屁眼，说拉就拉，粪便召之即来，从不便秘，而且要多少有多少。（邓刚，2007：118）

作者借老蛤头的遭遇，赞美了海猫子的团结战斗精神，场面滑稽可笑又耐人寻味。对蛤蜊滩产生真正威胁并最终导致其毁灭的并非自然界，而是"现代人"自身。他们用铁铲子、铁钩子、铁耙子等现代机器疯狂屠戮蛤蜊，这不是老蛤头一人所能遏止的，疯狂的欲望毁灭了蛤蜊的世界，显示出人的丑陋与卑鄙，导致即将毁灭人类自身的结局。于是开篇"蛤蜊搬家"的寓言终于在人类自我毁灭中得到验证，渗透着作者对人性及命运的深沉思考。《迷人的海》结尾乐观昂扬，《蛤蜊搬家》的结局悲哀绝望。这意味着邓刚对人与自然的关系进入深沉的思考和复杂的探寻。

总之，邓刚在海碰子的生命体验中运用艺术想象，自觉地探索出人与海的关系，为读者塑造了一系列感人至深的海碰子和与海碰子密切相关的形象，这些作品以诗的氛围和意象表现人与海的主题，如《白海参》中的"白海参"已经成为于老鬼和海狗子的精神信仰和命运寄托，象征着他们的精神诉求，梦想终未实现但精神永远屹立不倒，这种悲剧的效果和唯美的追求，让文本产生巨大的张力。邓刚的作品通过张扬生命之力、阳光之美，从对生命的赞美中敬畏大海，从敬畏大海中张扬生命，从中探讨生命诗学的别样韵味。

二、卢万成与张炜笔下的赶海人

生于烟台蓬莱的作家卢万成对书写大海保持着自觉的热情。他用自己的生命体验和海洋创作激情，细腻、温情、生动地刻画了大海及海边人的生活。通过《男人的海》《渔家傲》《落日奔仓皇》《木罗鱼之火》《豹子江之声》《观音》这些作品，卢万成刻画了一个个生动的人物形象——硬汉式的赶海人、诚实本分的守滩老渔民、苦苦挣扎的渔寡妇，铁骨铮铮的流浪汉……赶海人苦苦寻觅着象征精神追寻的天鹅蛋、白海参，赶海人葬身大海后亲人们的悲情喊魂，还有象征着神秘力量的"鱼跃"，暗夜里点燃的一堆堆篝火，在浓雾中日复一日被吹响的号角……卢万成描摹了一幅幅鲜活浓郁、生动可感的渔民生活画卷。

《男人的海》将赶海硬汉们置于残酷的自然环境和艰难的社会选择中，写出了他们面对自然、社会和人生选择时的内心较量与抉择，塑造了老万达、老温带领的两群不同性格的赶海硬汉。"蓝色芝罘湾用淡淡的海水营养着他。他离不开这个海湾,只有拱进波浪,让海水把骨头和心完全浸透的时候,才是他生命中最惬意、最轻松的享受。他已经把个人和海完全连(联)结在一起。完全吻合,严丝合缝。"(卢万成,1990:35)老万达对芝罘湾的热爱是所有赶海人对大海的深情表白。

> 据说,在八角湾的海底,有一个无底的黑鱼洞,里面全是一色的黑鱼。多少年来,多少勇敢的赶海人,扎进这个洞里有去无回,连个尸首也找不到了。传说这是个极神秘的海底洞穴,西边通向蓬莱的铜井,东边连着荣成天尽头的银湾,中间卡着威海卫的海口,是个甚是了得的洞穴。又传说这个洞里有一条很大很老的黑鱼精,海湾里的鱼虾之类已经吃够了,要尝一尝赶海人的味道。(卢万成,1990:69)

这些"传说""据说",都令海底笼罩了神秘的色彩,也映衬出赶海人(海碰子)生存的艰难和碰海的危险。老温从八角湾的黑鱼洞用尽浑身解数成功捕获一条腹中藏有金戒指的大黑鱼。随着老温所开辟的线索,人们终于在那一带海底发现了一条载有大量珠宝的古代沉船。为了奖励他的发现,老温被批准转成正式工人。而老温知道这个消息后,却不为所动,拂袖而去,"铁饭碗?玩去!"(卢万成,1990:71)这之后,老温照旧去赶海,去征服那个蔚蓝色的世界。寥寥几笔,赶海男人的率真与勇敢、粗犷与豪放,都得到了很好的诠释。

然而随着现代工业的入侵,海水被新建的码头和工厂的污水污染,古老的八角湾仿佛吃了毒药,那么多蛤蜊、海蟹、鱼都被药死,本来新鲜极了的黄鱼、黑鱼、贻贝却有一种柴油的味道,令人无法下咽。工业污染侵蚀了海洋的生态环境,毁掉了赶海人的生存场域,给赶海人带来的精神伤害更是不可估量。于是为了继续赶海,八角湾赶海人老温带领六斤狗和老麻袋只能到芝罘海湾老万达等人的地盘踩滩。小说用细腻的笔触描绘了农历正月十五的赶海情景。

> 不管在隆冬时节穿戴得有多么单薄,而头一次下水总是很困难的,

要肌肉、大脑、骨骼重新适应水中的生活，是在每年的春天里赶海人都要经受的一次意志和力量的考验。这时他们不但需要战胜这个海湾，更重要的是他们必须战胜自己。一个人要战胜他的对手大约不会很难，而要战胜自己就很不容易了。这道理似乎非常简单，人在对付自己的时候往往胆怯，往往不能知己知彼。……春天的海湾是很凉很凉的，它像是数不清的钢针，直往你的骨头缝里扎……初春海水虽然冷得刺骨，但是海参却要慢慢地从深海爬出来了，赶海人碰参扎猛，偏偏就是在这样的季节里。这样的日子，是赶海人发财的季节，同时也是赶海人玩命的季节。（卢万成，1990：168-170）

大海神秘莫测，拥有无尽的魅力，赶海人很愿意拱进波涛里去拼搏，去拼尽所有的气力，这种猎获的快乐像火一样炙热，吸引着赶海人，使他们苦中作乐，乐在其中。最后老温用自己的生命赤手空拳杀死了一条大鱼。老温的死触动了老万达的内心，他决定组建水产公司，告别传统的"单打独斗"。六斤狗放弃了自修考试，放弃了做一个有文凭的赶海人，大海给了他最好的文凭，作为新一代的赶海人他选择转变职业。《男人的海》塑造了一群坚定执着的赶海人形象，面对生活的困境，为了生存、为了信念，他们与海搏斗、征服海滩、征服大海，展示了惊人的毅力和潜能，体现了人在与海搏斗时虽渺小却不肯屈服的信念和勇气，展开了绚丽多彩的海洋生活画卷。

烟台龙口作家张炜，自幼与家人生活在海边，对大海充满深厚的感情。张炜曾自述：虽然我是一个山东作家，受齐鲁文化滋养，但我主要的还是受齐文化的影响比较大，我出生的地方古代的时候应该属于东夷，那是一个面向大海、民风开放的地方。相应地，我的文字如果有大海那种虚无缥缈的感觉，有许多幻想和浪漫的色彩，那才是正常的（张炜，2007）。短篇小说集《怀念黑潭中的黑鱼》内容取材于海边人的生活，因为对海边生活的熟稔、对半岛海边自然风光的热爱、对半岛海洋民俗风情的深入考察，张炜用细腻的情感笔墨，勾勒出独特的"赶海人"群像。

《海边的雪》中，老刚和"铺老"金豹身怀大义、不计前嫌，救助刚刚抢了他们圆木的两个年轻人——小蜂兄弟俩，也救下了老刚的儿子和同伴，为了快速温暖被救的年轻人的僵冷的身体,老渔民金豹划起了火柴,渔铺被烧掉了,金豹一生的积蓄也在大火中化为灰烬。救下这四个年轻人无疑让他们付出了很大代价,但事后两位老渔民都对此事轻描淡写:"这有什么,我们不过是到时候划了一根火柴!"(张炜,2016:172)这轻描淡写的背后是老渔民付出了一生的积蓄,作者借此歌颂了老渔民海一样博大的胸襟以及对生命的珍视。《冬景》中老渔民的三个儿子都死在大雪纷飞的冬天,"天哪,我已经损失了三个儿子,谁都会说那是三个好儿子。三个小伙子三个行当,他们是石匠、渔人、兵"(张炜,2016:216)。即便生命如此无常,老人还要坚强地生活下去,隐喻了生命之无常与人性之坚强。《黑鲨洋》中险恶的、令无数硬汉丧命的黑鲨洋,海域险恶却散发迷人的魅力,引发赶海硬汉们前赴后继地去征服。"这片神秘的海域!这片藏下了无数可怕的故事的海域!此刻它是碧蓝碧蓝的,没有一点波澜。它是透明的,像溶化了的、但仍然浓稠的绿色结晶。没有破碎的浪花,船是在柔软光润、丝绒般的质料上滑动。这里的气息也不像浅海那样腥咸,倒有一股特异的清香。"(张炜,2016:137)

《黑鲨洋》中的黑鲨洋因其富饶和凶险,吞噬了无数赶海人的生命,也正因为如此,黑鲨洋具有难以征服的魅力。黑鲨洋吸引着刚勇倔强、不愿认输的曹莽,纵然父亲命丧黑鲨洋的阴影如一座大山压迫着他,但因为从骨子里热爱大海,经过深思熟虑,他决定重新回到海上,去征服黑鲨洋,完成父亲的未竟之业,实现自己的价值。曹莽于是跟随老七叔的船重新回到海中。当闯到黑鲨洋时,他们在与大鱼的搏斗中收获颇丰。但海上天气瞬息万变,巨大的风浪马上袭来,他们准备收网快速撤回的时候,却发现网脚已被勒在乱礁中。曹莽不肯放弃渔网,他在乱礁中沉浮,与鲨鱼展开殊死搏斗,成为一名真正的硬汉。张炜用温暖的笔触,塑造了以老葛为代表的坚毅勇敢的老渔人和以曹莽为代表的顽强坚忍的"海之子",赶海硬汉的精神和梦想得到了传承。

张炜的理想是做一名大自然的歌者,面对日益恶化的生态环境,张炜用自己的笔墨对人类的过度消费和对自然的侵蚀破坏进行泣血式控诉。《怀念黑潭中的黑鱼》中,一个迁徙到黑潭的神秘水族向住在水潭边的一对老夫妻托梦,乞求他们让其在黑潭中安身,以此延续种族,黑鱼让老夫妻的生活富足宽裕,以回报他们的收留和保密。然而,后来这对老夫妻却利欲熏心出卖了黑鱼。黑鱼们在绝望和慌乱中连夜迁徙，老夫妻也在半年后衰弱死去。这个寓言故事说明了人类的贪婪和背信弃义导致了黑鱼的绝迹，人类也必然会遭到大自然的惩罚的道理。张炜的小说中反复强调人要敬畏自然、回到自然才能找到生命的本义。《鱼的故事》采用儿童的视角来展现人类对海洋资源的过度开发和捕捞。故事中的父亲全无节制地捕杀鱼类、伤害自然生命，无视小人鱼的苦苦哀求，致使最终出海的人全部葬身于大海，死于小人鱼们为保卫种族延续而掀起的滔天巨浪中。张炜认为，自然是有生命的，而生命是平等的，人类破坏自然的同时也会遭到自然的报复，甚至遭到大自然彻底的抛弃，破坏自然就是人类在自我毁灭。

卢万成和张炜，同为在海边长大的作家，他们用或悲壮或雄伟的笔调，着眼于一群海上英雄，而这些或老或小、或男或女的赶海人实际上是现实生活中普通的渔民，他们用自己的劳动和努力，在赶海中求生存，他们还用自己的执着与坚守，在赶海中传承梦想，实现自我的价值。作为海洋作家，卢万成和张炜用自己熟悉的海边生活，为赶海人描摹刻画塑像，表达对大海的敬畏憧憬。同时，张炜为温暖质朴的故乡渔民立传，又寄予着作家对人与大海和谐相处的美好愿景。

三、水手作家与海员书写

《大海啊，故乡》是电影《大海在呼唤》的主题曲，《大海在呼唤》是反映海员生活的电影。大海是海员的故乡，是他们生活、工作的地方，航海也激发了他们创作的灵感，于是诞生了一批水手或海员出身的作家，他们借助独特的生命体验，描绘了生动新奇、富含挑战的航海生活，他们笔下的海员形象也更加真实鲜活。在诗人庄永春的笔下，海是"水兵的海"，海员是"蓝蓝的兵"。在陆俊超的小说中，大海是海兵"幸福的港湾"，海员是"海洋的主人"。

陆俊超的《幸福的港湾》是描写海员生活的经典小说。小说题记为——献给为改变祖国"一穷二白"面貌的青年建设者，小说讲述了年轻海员叶华山到环境艰苦的"勤俭"号，与船长和其他海员一起为航海事业艰苦奋斗的故事。陆俊超用细腻的笔触，为读者展开一幅生动的海上画卷，塑造了一系列性格鲜明的人物形象：乘着大轮船，在浩瀚无际的大海上远洋，在甲板上弹奏着吉他的华侨小伙叶华山；航行中聆听老船长讲海洋故事的年轻水手；与心爱的水手谈一场缠绵悱恻的恋爱的女工程师;在险境中把生的希望留给年轻海员的天威师傅;战胜风暴,回到幸福的港湾,受到亲人拥抱的水手们。《幸福的港湾》曾影响着一代年轻人,将他们吸引到波澜壮阔的大海并使他们希望带着梦想去远洋漂泊,他们梦想去那遥远而陌生的海岛,享受蓝天、沙滩、椰林、海鸥和如画的风景。陆俊超特别擅长书写渔民、海员和水手生活,代表作还有《海洋的主人》《九级风暴》等。可以说,陆俊超独特的航海经历及其对大海的一往情深,使他笔下的海洋像万花筒般多彩新奇。

宗良煜曾在集美航校(今集美大学航海学院)学习,毕业后在青岛远洋运输公司做了五年海员,在大海上的航行生活以及跟随远航船去过多个国家的游历,使他拥有独特的海员身份和航海阅历,以此为蓝本他创作了大量的海航题材作品,用诗意靓丽的语言呈现出浪漫多彩的海上风光与异域风光。宗良煜的小说富含深刻的现代海洋意识,通过航海生活的喜怒哀乐透视人的心灵历程,他笔下的中国海员在中国文化与异域文化的冲突中,精神得以历练,民族灵魂得到召唤,人生与生命拥有新意。小说《海外孤星》源于作者的亲身经历,记录了一位爱国海员的赤子之心。从东非海岸到开普敦,从阿根廷到墨西哥,远洋海员有黄皮肤、白皮肤、黑皮肤,他们一起乘风破浪,在蓝色的海洋中漫长"行走"。但异域的生活却没有改变那位爱国海员的赤诚的中国心,他见到五星红旗就热泪盈眶,内心充满长久的感动和幸福。这也就不难理解宗良煜的小说是如何打动无数读者心灵的了。以宗良煜为代表的中国海员,他们深沉的爱国心和勤奋、勇敢、敬业的水手精神在世界航海中闪现熠熠光辉。

宗良煜

《驶过好望角》的开头,美丽的塞纳河面、静静行驶的巨轮、艳红的夕阳、炽热的云层、透迤的青山、五颜六色的别墅、飞来飞去的小游艇……(宗良煜和石锡波,1982:25-33)这些美好的异域风情深深地吸引着读者,小说发表后,很快被山东人民广播电台录制成配乐小说多次播放，足见其受欢迎的程度；《印度洋里的七天——一个水手的航海日记》中描写了墨绿色的印度洋、清晰而又遥远的海天一线、茫茫的银河、搅动了海里的繁星……（宗良煜，1983：29-35）在美好的异域风情中，作品讲述了中国海员与外国水手在印度洋的 7 天经历，新奇的航海题材让读者为之着迷；《水天线后面的风景》中安特卫普港、新加坡等地方的码头与水天线的别样风景，在宗良煜的笔下如诗如画；《与魔鬼同航》向人们展示了异域风情和多彩风韵的背后，是海员们航海生活的艰辛和惊险；《苏伊士之波》讲述中国籍的大副和法国籍的船长同时受雇于希腊船东，在远洋货轮遥远、漫长的航程中，围绕爱情和性的问题，东西方的传统文化心理发生了强烈的碰撞和尖锐的冲突；《船长的女儿》是宗良煜观看电影《泰坦尼克号》时记起了曾经相遇过的船长的女儿而创作的作品。影片中女主人公名叫露丝，船长的女儿也叫露丝，他们同样都是十七八岁的妙龄少女，作品借此探讨艇甲板和港湾独特迷人的生活方式。

小说《蓝色的行走》讲述了华人海员孔凡东的一段鲁滨孙式的经历。孔凡东因海上风暴坠海，飘到了南太平洋的孤岛，被土著救助后得以重获生命，并在岛上与美丽多情的女子组成了幸福温馨的家庭。这个波利尼西亚的约娜纳岛，是一个远离现代社会的世外桃源，岛上的土著过着遵循原始文明的宁静生活，他们坦诚、善良。孔凡东因为给岛上居民带去了现代文明而获得土著的尊重和敬爱。但是，美丽多情的妻子，温馨、和谐的家庭以及岛民对他的尊敬，并没有改变他那渴望"蓝色行走"的灵魂和魂牵梦绕的故国情怀，他一直在等待，终于在"神"的指引下，他放弃岛上的一切，跟随老船长"海王"波塞冬踏上了"WALK"号巨轮。小说结尾用第一人称的叙事方式表达没有谁能阻止"我"一直走下去的思想，给人留下深深的思考和长久的回味。《蓝色的行走》是"一部有关人类生存方式和生命意义的寓言，对生与死、原始和现代、存在与虚无、真实与荒诞、纯朴与贪婪、大自然的亲和与欲望世界的放纵等一系列问题予以哲学式思考，生活的经验借助文学的想象获得了一种诗意的提升，极大地丰富了作品的审美意蕴，带给读者深沉的思考和长久的感动"（田承良，2006：35）。

宗良煜用多彩的海洋画笔描摹丰富新奇的航海故事，为读者奉献了充满海味与鲜味的航海生活画卷，异域风情的婀娜多姿、跨国恋情的迷人风趣、航海冒险的惊心动魄、海上风光的静谧美好、寻找尊严的自尊自强，这些源于小说题材之新颖，构思之巧妙，还因为他那颗赤子之心和他对待海员生活与海员书写的真诚态度与深沉思考。正如张炜的《水手宗良煜》所言："他在思索，为我们的不幸感到屈辱，为我们的聪慧感到骄傲。更多的是焦灼不安，是一个好男儿的急切之情。这一切于是化为一层厚重的底色，铺展在他的全部作品之中。这才是他的海小说真正动人之处。"（张炜，1986：38）

总之，以宗良煜、张炜、卢万成、邓刚等为代表的海洋作家，用独具特色的"海味"叙事，或展现了海员的生命状态，或描述了赶海人的生存状态或生命哲学，他们通过探索丰富的海洋世界，努力书写丰富多彩的海洋生活，在自觉或不自觉中，共同建构蓝色的海洋生命诗学体系。"海味"叙事作家群在海洋书写中将赶海人的生命体验进行纵深发掘，其对大海与海边生活的独特观照与抒发的审美理想，蕴含着对生命内涵及其本质的深沉思考，体现出"海味"叙事创作的基本价值取向，由此也形成了独特的叙事特色，具有了浓厚的生命诗学意味。"海味"叙事作家群主要通过以下叙事策略，建构蓝色海洋的生命诗学。其一，通过力的张扬，弘扬生命的阳刚之美。以海碰子为代表的人物形象，在大海的磨砺中，身上越发散发出阳刚之美和生命之力，这正是作者赞美生命之壮美，进行生命叙事的有效策略之一。其二，通过温暖的笔触，赞扬生命的阴柔之美。作家通过一系列"大海儿女"对海洋的爱与呵护的故事，塑造了以"老蛤头"为代表的至真至情的爱海、护海的人物形象，借此表现生命之温情、人性之善良底色。其三，"万物平等"的生命意识。在探讨人与海洋及海洋生物的关系时，"海味"叙事作家群自觉或不自觉地表达了在海洋面前，对海洋资源的利用和享用时，人不应该享有特权，人应该与其他动物具有平等的权利的思想，这种生命自觉更体现了平等的生命哲学意识和温暖明亮的生命诗学景观。

第三节 海洋题材与海战叙事

海丝文学之海洋题材具有多元性和丰富性的特点，其表现之一在于不仅有"海味叙事"与"海洋赞歌"等题材，还有"海洋探险""海难""海战"等多元主题。其中，现当代文学中的海战书写，多采用浪漫主义手法，通过营造开阔的海战场景，设置生动曲折的情节，塑造性格鲜明的人物形象而受到大众的喜爱。海战叙事文体也呈现多样性，主要包括儿童文学、报告文学、科幻文学、革命战争小说等。

成人文学的艺术真实强调作家的主观认识和客观真实世界的一致性，儿童文学的艺术真实则注重作家的主观认识与儿童世界的一致性，强调作家所创造出来的具体人物的关系和行动是否与儿童的思维特征、心理图式相一致，追求一种儿童幻想世界的艺术真实。"以善为美"是儿童文学的基本美学特征（王泉根，2006）。儿童文学中的海战书写也不例外，写给儿童的海战读物，都是从儿童的思维特征和心理愿景出发的，强调作品的趣味性和可读性。

> 岩礁做碉堡，沙滩筑掩体，边界线划在湿漉漉的潮印上。对峙的两军：一部分驻守滩头，一部分埋伏水里。
> 哒哒哒——机关枪扫射。
> 隆隆隆——迫击炮轰炸。
> 的的嗒——冲锋号发起攻击……
> 不同的声响，都发自两军斗士的喉咙里。
> 水师攻上来，手推激溅的雪白浪花。
> 陆军迎上去，抛出一把把金黄色的细砂。
> 待进入"肉搏战"时，厮拼的两军，连人加浪花一起搂着摔跤……
> 这海战多么有趣？它在阳光炎炎的夏日海滩，时时都会发生。
> 这海战多么严峻！海边孩子酷爱着蓝色的摇篮，为使这神圣摇篮不被玷污、践踏，从小就锻炼着护卫它的本领。（张歧，1984：22）

张歧笔下的《海战》充满了童趣，两军喉咙里的"哒哒哒"、"隆隆隆"、"的的嗒"这些象声词的使用，能调动儿童的语言兴趣，活泼生动，引人入胜。两军交战没有枪炮利器的血腥，而是采用"肉搏战"，厮拼的两军在浪花里摔跤，原来故事的主人公是海边的孩子们，多么好看、有趣。从儿童的接受角度和审美情趣出发创作的海战故事，正契合"纯真、可爱、善良、美好"的儿童性格特点，是与儿童进行精神沟通和对话的有效方式，借充满纯真童趣的海战，表达了对儿童的愿景与期待——"海边孩子酷爱着蓝色的摇篮"，在孩子们的心里种下一颗爱海的种子,"从小就锻炼着护卫它的本领",传达出对孩子们的海防意识的期待。

  枪弹愈射愈稠,夹着叫不上名的小炮的轰击,擦着桅樯,发出一道道殷红的光。船头被打穿了,一个船员在舱里喊着:"水、水……"
  老艄公没有吱声,他依然默默地摇着橹。突然,他摇晃了一下,但又迅速地挺稳了身架。
  "打着了,老爹?"我惊急地问他,他没有吱声。机枪排长蓦地从我身旁跳起来说:"老爹,给我橹。"老艄公一把推开了他,发出可怕的声音:"闪开!"机枪排长没有闪开,他挺着胸,巍然地站立在船上,显然,他是在用自己的身体掩护着艄公。
  滩头逐渐靠近了,在船上清晰地听见冲滩的潮声。连长下达了命令:"打!"立即,船上响起了震耳的枪声。我们的枪声迅速地压住了敌人的枪声。这时,岛上枪声四起。从这些枪声中,可以听出我们的好多船已经靠近滩头。
  我们的船在愤怒地前进着。
  我们的战士在愤怒地射击着。
  这时船上每一个枪口都喷着火焰,每一个人的眼里都喷着火焰,整个大海都在喷着火焰,所有的火焰,一齐扑向滩头的敌人。(张岐,1986:71-72)

  《海火》中老艄公与机枪排长争相掩护的感人场景,一定程度上消减了战争的残酷和恐怖气氛。"船在愤怒地前进着""战士在愤怒地射击着",战斗的激烈场面和战士们的勇敢拼杀都在两个"愤怒"中被表现得淋漓尽致。"每一个枪口都喷着火焰,每一个人的眼里都喷着火焰,整个大海都在喷着火焰,所有的火焰,一齐扑向滩头的敌人",四个"火焰"的运用增强了我方的气势,宣告了"正义终将战胜邪恶"的美好结局。
  真正的战争,包括海战,从来都是血腥残酷的。战争与死亡相随相伴,战争让人国破家亡、妻离子散,给人们带来永恒的创伤和阴影。从鸦片战争开始,中华民族历经百余年的侵略创伤，西方的坚船利炮强行打开了中国的大门，中日甲午战争的炮声似乎还在耳畔回响，一次次的殖民侵略灼痛了华夏母亲的肌肤，这些战争创伤在现当代文学作品中不断被书写，这既是对战争历史的重新刻画、对特定历史环境中人性与情感的审视反思，又是带有个人情绪与情感的意象化书写，表达了作者独特的历史意识和家国情怀。峻青的《海啸》、姜树茂的《渔岛怒潮》、黎汝清的《海岛女民兵》、宗良煜的《红色舰队》、赛时礼的《陆军海战队》《智闯威海卫》、赵寰的话剧《南海长城》、陆柱国的电影剧本《南海风云》、李恍等的《甲午海战》等都是海战书写的代表作。

峻青的《海啸》小说分为上、下两部，上部主要写宫明山领导的运粮小分队找粮的故事，下部主要写运粮队返程时在海上的遭遇。小说描写了宫明山领导的运粮小分队运用智慧冲破了海匪、国民党和日本兵的重重封锁的故事，塑造了宫明山等性格鲜明的人物形象。小说语言生动，优美的自然风光带有浓郁的潍坊地方色彩，富有强烈的生活气息和乡野传奇味道，故事情节曲折、惊险、生动。

峻青

夜深时分，一场深秋豪雨降落到大草滩上。

一支小小的队伍在大雨中前进。

闪电不时地划破夜空，蓝色的闪光，照出了在大风雨中艰苦奋进的人影。那一张张流着雨水的脸，那一条条与狂风搏斗的身子，那一双双在泥泞的道路上吃力地迈着的脚，在瀑布似的白濛濛的雨幕中奋进……闪电消失了，一切又沉没在无边的黑夜中。紧接着，震耳欲聋的炸雷，带着一串火球，从半空中打了下来，前面的一棵枯树被雷击着火了，空气中弥漫着一股浓厚的焦糊气味，使人宛如置身于那炮火纷飞的战场。（峻青，1981：36）

大段的景物描写渲染和铺垫了故事情节的跌宕起伏，鲜明清晰的节奏感引人入胜。作者将海洋灾难与革命叙事紧紧联系在一起，塑造了革命者面对自然灾害和战争封锁时的英勇睿智形象和乐观向上的精神姿态。峻青的《海啸》把革命叙事置于自然灾害海啸的大背景之下，革命的艰难与环境的恶劣可见一斑。但作者在设计作品结构时却"忙里偷闲"用浓墨重彩描写了优美的自然风光、刻画了具有纯美人性的正面人物形象，二者对比强烈，对战争的"诗意书写"与激情想象，凸显了革命者乐观向上的精神姿态和昂扬的革命斗志。

姜树茂的"渔村三部曲"包括《渔岛怒潮》《渔港之春》《常乐岛》三部著作。《渔岛怒潮》描写了1947年国民党向山东解放区发动重点进攻，龙王岛上的渔民同渔霸与土匪、特务等各种反动势力展开一系列错综复杂的斗争，在凌厉跋扈、惊涛骇浪的"怒潮"之下，龙王岛最终获得解放的故事。小说塑造了众多鲜活的人物形象。《渔港之春》讲述的是中华人民共和国成立初期渔村的斗争生活，歌颂了在渔村沸腾的斗争生活中驾驭大海的渔家英雄。作品展现了广阔的社会生活，结构脉络分明，情节跌宕起伏，叙事疏密相间，塑造了以纪洪涛、林海英为代表的正面人物形象，以周云山、钱万利为代表的反面形象。作为次要人物的黄老斗虽着墨不多，却被刻画得栩栩如生。文中写他防备"无商不奸"而买布揣尺、打油别秤、籴米提升，让人对其忍俊不禁。这部小说几乎调动了作者全部的现实生活体验，尽管受时代局限，其时代烙印影响了文学审美力度，但艺术上却比《渔岛怒潮》更胜一筹。有别于《渔岛怒潮》《渔港之春》的"怒潮"风格，"渔村三部曲"中的《常乐岛》别具风情。《常乐岛》没有激昂惊险的故事情节，虽不是描写战争，却是对改革开放以后渔岛面临"变革之潮"的"挑战"做出的历史性反思与探讨。

黎汝清的《海岛女民兵》根据"洞头先锋女子民兵连"连长汪月霞（主人公汪海霞的原型）的真实经历改写而成，反映了主人公在旧社会的遭遇，以及民兵连后来的成长。民兵连与解放军驻岛部队实行军民联防，坚持同学习、同训练、同备战、同劳动，军民团结，齐心协力，彼此结下了深厚的鱼水情谊。女民兵自编自唱了一曲歌："树枝当笔地当纸，课堂安在山沟里；李中队长当老师，四十多岁当学生；鸭子上架全靠逼，笔杆更比枪杆重，学文化真是苦差事；我宁愿去砍三担柴，不愿啃这两个字……"这首歌也被黎汝清完整地搬进了小说，真实生动。具体来说，这部作品就是汪海霞在党（小说中主要是由方书记担任这个角色）的教育下逐步成长为一个优秀的革命接班人的故事，借此作家颂扬了女民兵们英勇无畏的精神，歌颂了那些"过去是牛马""今天成英雄"的人，以及培养造就这些英雄的党和时代。

赛时礼，作为胶东地区著名战斗英雄、特等伤残军人，参加和指挥大小战斗200余次，他的经历本身就是传奇。时任军委副主席、国防部部长迟浩田上将在为《赛时礼作品选》写的序言中说："赛时礼是一位多产的军队作家。和一般作家不同的是，他本人就是一位身经百战、九死一生的英雄，他亲身经历的那些可歌可泣的战斗生活，为他提供了取之不尽、用之不竭的创作源泉。""赛时礼在战场上是一个打不倒的英雄好汉，在文学创作上也是一个百折不挠的英雄好汉，可以说，他本人就是一个光彩夺目的典型艺术形象。"（赛时礼，1997：1）

赛时礼笔下的《三进山城》《陆军海战队》《智闯威海卫》等战争小说，是结合作家个人经历和生命体验建构战争的主要情节、主要人物和战争场景的，小说生动可感，充满鲜活力量。《智闯威海卫》中，机智勇敢的排长带领两个侦察员化装成阔少爷一行，"身穿海蓝色呢子学生服，头戴圆形大沿礼帽，外披古铜色毛料风衣，脚蹬米黄色火箭鞋，配上排长那年轻英俊的外表，活象某高级官员的阔少爷。我头戴三片瓦的'海龙'帽，身穿藏青色'仁丹'士林布大褂，足穿皮底礼服呢便鞋，一看就知道是这位少爷的随从人员；小李则一身短衣车夫打扮"（赛时礼，1977a：31），与诡计多端的汉奸赵德贵斗智斗勇，克服重重困难有勇有谋地活捉汉奸，叙事"柳暗花明""跌宕起伏"，节奏明朗，塑造了正义终将战胜邪恶的诗意结局。"这时，汹涌的大海托出一轮明亮的圆月，皎洁的月光照亮了我们凯旋的归程，排长高兴而轻松地笑了……"（赛时礼，1977a：38）

《陆军海战队》中第六章描写陆军海战队初次学习海上作战进行坐船、转圈等科目的训练，都配有自编自导的快板，读来鲜活可感。

> 江志海看见大家已经开始晕船，就叫刘海说一段快板，活跃一下空气，鼓动鼓动大家的情绪。于是，刘海从口袋里掏出竹板，站在船

头,一边"呱哒呱哒"地打着,一边大声说起来:

说坐船,道坐船,
坐船的道道不简单:
别低头,别闭眼,
坐稳身子随船倾。
要是觉得头发晕,
两眼赶快往前看,
若是想着往上呕,
咬口咸菜使劲咽。
为了消灭日本鬼,
下定决心来苦练,
练上三天并五日,
头不晕来目不眩。
坐船就象坐汽车,
又稳当来又舒坦。(赛时礼,1977b:84)

这些插曲,以民间说唱的艺术形式表现出来,既振奋人心又减缓了大家的舟船不适,在艰苦的环境中发挥了"精神胜利法"的有效作用,以民族化、大众化的艺术表现形式,实现文学与民众的真正结合。

海军作家李云良的《海之魂》,是结合作家 30 年的海军生涯而完成的创作。小说通过"三舰客"马驰、钟力波、固涛的故事,热情讴歌了以"三舰客"为代表的驱逐舰上的人民海军奋勇保卫国家海洋权益的爱国精神,作者借杨海文之语"有些东西是永恒不变的,就拿我们军舰来说吧,水手对船的感情,无论是远古时期的独木舟,还是郑和时期的木帆船、邓世昌时候的铁甲兵舰,以及我们的突击队员号,这种感情是不会变的"(李云良,1997:13),表达了海军对军舰的永恒热爱之情。

《海之魂》题材新颖独特,向人们展示了驱逐舰上海军的独特生活和理想追求。

靠码头是讲究技术的，就像飞机着陆一样，全凭眼睛目测距离和心算海流速度，一切均在片刻之间。如果距离测不准，角度对不好，或者水流计算不准确，都会招来麻烦。轻则重靠一次二次，重者擦掉军舰上的一片皮，或者伤筋动骨撞坏码头舰首之类。所以，每位舰长对靠码头都是慎之又慎，生怕靠出毛病来。再者每逢大家伙靠码头，总有很多人拥在岸上观看，这无形中使每位舰长造成一种心理压力，这是一种比赛，一种默默的但又充满张力的比赛，别看没有检查组考核组之类，但水兵们往往用眼睛用嘴筑起一座优劣的丰碑，因此每个舰长都大意不得。

固涛的靠码头技术在这个支队乃至全海军是出类拔萃的，从来都是一靠到位，而且不差分厘。去年在俄罗斯的海参崴，有十多个国家的军舰拥挤在那里参加欢庆二战胜利的庆典，轮到192舰靠码头了，美国第七舰队的导弹驱逐舰和俄罗斯、法国、英国等国的军舰早已在那里等候了，不知是安排不周还是有意习难，给192留的位置刚刚能塞下自己的舰体。这需要高超的技术和稳定的心理状态，它的难度不亚于在奥运会夺金牌。随舰出访的舰队司令也不由地为固涛捏着一把汗。固涛稳稳当当地将军舰靠上了码头。美舰的舰长也不得不冲着固涛说了一声"OK"。（李云良，1997：8-9）

当水兵的时候，他常常和马驰、钟力波在这儿聊天，一坐就是两三个小时。舰员们称他们是"三舰客"，而他们自己称为"三匹海上种马"。他们坐在防波堤上，共同编织许许多多辉煌烂漫的梦境，不止一次地发誓要在海上驰骋一生，做中国的"普鲁斯斯""奥尔登多夫"和"尼米兹"。他们要出任中国第一艘巡洋舰、战列舰、航空母舰舰长而且是核动力的，甚至还做了一个共同的梦——由"尼米兹"级航空母舰、"密苏里"战列舰和"里夫斯"巡洋舰组成的第77特混舰队由太平洋驶向印度洋……（李云良，1997：16）

《红色舰队》是宗良煜1995年出版的一部战争科幻小说，描写了2010年中美海军科技大战。全书共六章："不要向我祈祷""死亡的创造者""人类这是怎么了""战争绞刑架""职业：将军！""太阳的血"。在这场以科技为手段的海军大战中，作者是这样安排故事情节的。

中美海军在南太平洋上相遇了。

中国航母编队包括"新郑和"号核动力航母、"东方"号导弹巡洋舰和"天山"号导弹护卫舰。

美军特混舰队包括"海王"号核航母、"海狼"号核航母、"新世纪"号、"邦克山"号核动力巡洋舰、"新亚利桑那"号战列舰、"圣路易斯"号、"丹弗"号导弹驱逐舰、"天使"号导弹护卫舰、"迈阿密"号核潜艇。

经总统批准，美舰将以中国军舰擅闯美国军事禁区为由发动攻击。

12月7日零时30分，美舰队一架E-5Z预警机发现自己受到强烈光电干扰，遂向中国舰队发射了一枚反舰导弹。但由于受到中方反制导，导弹反将预警机击毁。

零时35分，美编队出动60架战斗机和攻击机，并用舰舰导弹袭击了中国舰队。

中国舰队启动"黄海"式电子对抗系统，并起飞25架战斗机和攻击机迎击。

在第一波攻击中，中国舰队成功地使美方导弹偏离目标，同时击落半数以上来袭美机。美"丹弗"号驱逐舰被己方导弹误中，葬身鱼腹。中方有五架飞机被击伤击落。

美方随即发起第二波攻击，数十架飞机腾空而起，同时，"鱼叉"式舰舰导弹也飞离了发射架。

然而，它们遭到了中国海军的反导弹动能系统和粒子束武器的拦截。中方发射的舰舰导弹也击中了美舰。

在这场"有限的低强度"军事冲突中，由于中国军队使用了更先进的科技，美军"海狼"号航母、"丹弗"号驱逐舰、"天使"号护卫舰被击沉，"海王"号航母、"新亚利桑那"号战列舰、"邦克山"号巡洋舰受重创。中方仅损失"天山"号护卫舰。（宗良煜，1999：210-211）

在科幻小说发展日新月异的今天，这部海战科幻小说《红色舰队》中描写的军事冲突实在是"有限的低强度"，而且书中的科技手段已无法与今天迅猛发展的高科技手段相提并论，但这部小说作为我国第一部描写未来战争的科幻小说，已经在海战文学中占据了其应有的历史地位，其题材的开创性、叙事视角的新颖性、想象的先锋性，都可圈可点。

以《海之魂》《红色舰队》等作品为代表的海战小说，其出现可喜地预示了新时代海洋意识的逐渐觉醒，正规化、规模化的海军建设与海军意识昭示着未来海洋战争小说的发展可能。当今时代，随着越来越多的国家对海洋权益进行争夺，中国也意识到加强海防建设、重视海防文化是捍卫国家海疆的要义所在。毋庸置疑，海防文化将是21世纪海洋文化的重要范畴，由此衍生创作的与海防文化密切相关的海战小说也令人期待。

综上所述，现当代文学（除报告文学）中关于"海战"的书写充满了"诗意化"的色彩，有浓郁的英雄主义情结和浪漫主义精神，作品中的"诗意书写"部分消解了战争的残酷和真实，所以与其他的"灾难书写"相比，其传奇性和趣味性增强，真实性和悲剧性得以削减，从某种程度上而言，这也是作家对历史英雄的致敬，其中也不乏对战争给人类带来灾难的反思。当然，我们也应看到这些"海战书写"的局限性，在灾难深重的时代，文学创作高扬爱国主义和英雄主义的主旋律是必要的，传达乐观主义精神有着积极意义，但文学是人学，文学不应该仅是社会政治生活的三棱镜，它还应是人的情感世界的审美烛照，海战书写也不例外。

第四节　海丝文学的新范式："徐福东渡"叙事

胶东半岛，位于东部大海和西部泰山之间，素有"海岱明珠"的美称，是中国海上丝绸之路东行航线的起点之一，也是陆上丝绸之路的最东端。因此，作为陆上丝绸之路和海上丝绸之路的重要连接处，胶东半岛在丝绸之路的起源和发展过程中都占有重要位置。作为中国优秀传统文化资源之一，胶东半岛所代表的齐文化具有鲜明的个性特色。在文化地理模式上，齐文化不是完全的海洋文化，而是兼具内陆与海洋文化的半岛文化；在经济结构上，齐文化并非完全的工商文化，而是工农商一体化的复合式经济文化；在政治思想方面，齐文化并非某单一的专制文化,而是以忠君爱民、礼法结合、义利并重为特色的兼容式的多元文化;从文化发展的角度审视,与先秦其他文化相比,齐文化博大精深、源远流长,集儒释道、海洋文化、民间文化于一体,齐文化具有崇商性、开放性和多元性的文化特色。总之,齐文化崇尚变革、兼容并包、务实创新、富含开放精神,也是一种爱幻想、爱自由、放浪形骸、亦仙亦幻的文化,与讲规范、守秩序的鲁文化即儒家文化互补,二者共同成就了中华民族传统文化宝库中光彩夺目的齐鲁文化瑰宝。

生于斯长于斯的半岛作家张炜,以胶东大地之子的赤诚之心,将40多年的文学创作持续关注于胶东半岛的历史书写与现实书写,他的创作题材涵盖丰富的半岛文化因子,从神仙文化到道教文化,从养生文化到海洋民俗,张炜用行走丈量半岛,用文学书写半岛,以他独特的齐地想象和抒情叙事,全方位立体化描写胶东半岛各个时期的社会、政治、经济、文化的发展变化,聚焦于反思不同时期的社会发展变化中人与生活的关系及人与历史的关系,从多维度塑造了半岛形象。

张炜

"海丝文学"即海上丝绸之路文学。海上丝绸之路东行航线(也称东方海上丝绸之路)在春秋时期已初步形成,徐福东渡是中国航海史上的大事件,拓展了东方海上丝绸之路的范围。特别值得一提的是,张炜对齐国历史与文化、秦始皇东巡与徐福东渡的文化考察及文学想象，成为胶东半岛百科全书中的一大亮点。从西周时期的东夷到春秋战国时的齐国，从秦始皇东巡到徐福东渡，张炜对胶东半岛周秦时期历史与文化的自觉书写，塑造了徐福、秦始皇、李斯、齐闵王、淳于林等一个个血肉丰满的历史人物，作者对徐福东渡的缘由探究和东渡前后的文学演绎，也在不自觉中开创了当代海丝文学书写的新范式。

徐福东渡究竟是历史传说还是历史事实？张炜笔下的徐福形象有哪些特点？徐福为什么会东渡？他是怎样把徐福塑造成文学形象的？他重构徐福形象的背后有怎样的精神寄托？通过回答这些问题，我们可以探究张炜作品背后的文化底蕴与知识分子的精神反思。

一、近乎深度重复的反复书写

张炜频频把秦始皇东巡、徐福东渡的历史事件与民间传说诉诸作品，小说《柏慧》《造船》《瀛洲思絮录》《东巡》《孤竹与纪》《海客谈瀛洲》和散文《芳心似火——兼论齐国的恣与累》、演讲稿《伟大的航海家徐福》、歌剧《徐福》都在反复描写徐福及其东渡。这些作品或直接叙述徐福及其东渡，或将其作为文化背景为小说主题服务，堪称文学版的"徐福文化集成"。张炜认为徐福研究是一项富有远见、具备超常意义的事业。张炜也曾在题为"大航海家徐福"的演讲中直言徐福研究的意义：这件事情的重要性无论怎么估计都不过分，如果连这样的事件都不能唤起我们的热情，那么人类的激情、一个民族的激情，还有热血到底有多大？而对徐福东渡这样一个大事件，一个无动于衷的民族才是不可思议的（张炜，2011）。

张炜的出生地龙口，传说是徐福的故乡，张炜对徐福文化具有浓烈兴趣和极大热忱。20世纪80年代末90年代初，张炜为了写作《你在高原》，对胶东半岛进行了地质工作者式的文化勘察，在参与齐国和莱子国的考察活动中，张炜特别注意搜集有关徐福的资料，这不仅是因为相传龙口是徐福东渡的起航地，或许还因为张炜对徐福这一历史人物发自内心的高度认同感。他参与了中国国际徐福文化交流协会的调查任务，编纂《徐福文化集成》，而它已成为徐福研究领域内容最全的著作。

张炜是一位学者型的作家，他的文学创作是建立在相应的学术研究基础之上的，"我个人的文学创作一直依赖学术。一些思想的积累、研究的基础，对文学创作是必不可少的，离开了这方面的支持，想象就走不远。一个作家失去了自己的文化母体，没有得到它的孕育，就不能茁壮成长"（张炜，2017：26）。张炜对徐福文化的持续学术研究和积累，也就自然孕育了他对徐福直接或间接书写的文学创作，如《柏慧》《造船》《瀛洲思絮录》《海客谈瀛洲》等。

《柏慧》开篇不久就对徐福东渡处——登州海角的地理位置和历史现状进行了介绍，文本中也不乏对徐福东渡缘由的直接议论。

> 来自于民间的传说都过于简单明了，好像徐巿①走得太容易了。……
> 你想过秦王是一个什么人吗？他能扫平六国，凭借的大概不仅仅是武力，他至少还有过人的智谋。他身边有著名的人物李斯，有一班在当时称得上优秀的文臣，即今天所谓的"智囊"。徐巿要在这样的人物面前遮遮掩掩，实现他那个庞大的计划，该是多么困难。
> 可是徐巿已经没有时间选择了。他生在一个极为特殊的血脉上，只好迎着那对逼人的"鹰眼"——秦王也长了一对鹰眼——走过去，把恐惧淹灭在激情的沸水中。他暗中注视了好久，也准备了好久，真称得上是卧薪尝胆。他对于秦王的历史就像对自己家族的历史一样，烂熟于心。（张炜，2014a：106-107）

作者显然并不认同将徐福东渡的复杂事件简单化的民间传说，在《柏慧》中，他对徐福东渡的缘由进行了新的探究，最大限度地还原与演绎了徐福对秦王暴政的忍受、为秦王求仙药的欺骗、带领能工巧匠出走的复杂心理，正是这种复杂性，衍生出徐福东渡的多义性。关于徐福为什么利用为秦始皇求仙药的机会逃走，文中多次提到徐福的东夷血脉是造就其出走的重要缘由。

> 徐巿的全部不幸都在于他不能选择自己的父亲。他的血脉决定了他与秦王不能相容。（张炜，2014a：106）
> 没有办法。他的全部不幸与有幸，都因为他是徐姓家族的人，他

---

① 巿通芾（读福），徐巿即徐福，张炜笔下的文本有的用徐市，有的用徐巿或徐福。

有东夷人的血脉。"父亲"是不可选择的,他一生下来就被决定了。(张炜,2014a:110)

张炜试图纠正正史对徐福东渡的"瞒"和"骗"的评价,他的有关作品同时又区别于民间对徐福东渡的简单传说,他追根溯源从"血脉"与"家族"使命上,对徐福东渡的缘由进行了深入思考和绵密分析,这不是一般意义上的"宿命论",而是作者基于民族大义的深沉的和厚重的思考,从根源上为徐福"辩护",将徐福东渡的原因提升到民族文化的层次。从"历史的家族渊源和精神文化"的批判反思,才得以实现张炜"形而上的文学跋涉",由此可见张炜一直在试图保持一以贯之的反思能力(李生滨,2004:52)。与此同时,不断穿插在《柏慧》中吟咏徐福东渡的古歌,特别容易让人想到《离骚》,古歌的插入使小说叙事特色鲜明,为文本增添了粗犷与历史的厚重感,古歌不仅为"小说的文本叙述服务",而且作为史诗的古歌的回响,其恰与小说现实形成互文或起到推进作用,使小说中的古今父辈的命途多舛互为映照,交相辉映着一脉相承的精神延续(王万顺,2015:140)。

在《柏慧》中古歌片段出现了五次,共五大段。第四大段的第二、三节中"巧匠汇兮贤人至,伐木锻造万民忙。黄水河头悬灯万盏兮,日夜打制龙骨赶做橹桨",能工巧匠群贤毕至,劳民劳心不舍昼夜造船,但"秦兵如虎似狼兮,苦役无边泪水长",暴虐的秦兵监工却如豺狼虎豹,让人苦不堪言,泪水涟涟。"徐芾委屈无辩语,咽下唇边之悲伤""白发掩住两鬓兮,忧思入心不声张",徐福极力掩饰内心的委屈和悲伤,深深的忧虑不能声张,古歌极尽渲染徐福之哀情不敢诉说之心殇,无奈时间飞逝,马上要与亲人生离死别,"东邻西舍泣哀哀,生死别离断肝肠",正在肝肠寸断之时,徐福却收到飞驰的骏马带来的圣旨"子不随父,妻不随夫,乘风顺水兮快快划桨!"统治者的无比阴毒、文臣武将的助纣为虐,愈加凸显了徐福东渡的无限悲壮,"泪水涨兮楼船浮,一去无声兮海茫茫",无尽的泪水背后是永不回头的决绝,一曲哀歌荡气回肠(张炜,2014a:241-243)。张炜是一位坚守诗意浪漫的诗人气质的作家,他曾经说过《柏慧》是他的"声音",而且"仅仅属于"他"个人的声音"(张炜,2006:85),这种说辞背后足见作者对《柏慧》的珍爱。在《柏慧》心灵倾诉的文本中，穿插以上英雄叙事诗式的古歌片段，使诗歌与小说混融，历史与现实交相呼应，实现了小说时空置换的跳跃性，多重线索并置发展的互文性，使小说文体呈现诗意抒情与文体多样性的开放性叙事，这种叙述的开放性带来的则是文本内容的极大丰富性，调动了读者的视觉、听觉等感官，比较成功地营造出古歌氤氲、诗意缱绻的氛围，读者得以发挥更多的想象，获得多向度的审美感受。

张炜曾从避秦祸、为齐国报仇、保存齐文化等三个方面总结徐福东渡缘由的研究现状，并从"心史"上探讨其研究的意义与价值。

> 日本人对徐福深感兴趣，他们在探索什么？他们探索自己的宗教文化与科技，从中窥见了历史隐约透露出的一些信息：徐福改造了他们的社会，提升了他们的文明。徐福及其所有东渡人成了日本民族的一部分，所以日本今天的许多地方都有纪念徐福的馆室，这里刻下了他们的心史，是不会泯灭的。（张炜，2017：30）

作者认为对徐福东渡缘由的争论，源自徐福作为研究对象给后人留下的巨大想象空间，这个空间恰是当代人的心灵印记和不同的精神寄托。正如一千个人眼中有一千个哈姆雷特，一千个研究者眼中同样有一千个徐福形象。每个研究者关于徐福的书写都是带有个人色彩的"自圆其说"的文化想象，这种想象与书写便成为每一个研究者个性精神的独立保存。不管是对徐福进行考古，还是查阅古代典籍，不同的考证工作其共通之处在于填充人物因年代久远而造成的抽象与虚空，使之鲜活可感。

二、用文学的方式讲述历史：徐福东渡故事的书写

张炜笔下的"徐福"从历史传奇人物到典型文学形象大致经历了以下生成过程：资料准备—文化考察—基于考察、加工想象的文学创作—文学的接受、批评与传播—文学的再生产。张炜跑遍大大小小各级图书馆搜寻史料，分古今、正史、野史、传说、文人杜撰等建立索引，前期的资料准备完成后，张炜开始进行"地质工作者"式的勘察与实证考察，参观博物馆、考古挖掘现场、搜集民间传说，这种文化考察与体验成为他文学创作的源泉。基于考察、加工想象的文学创作塑造了血肉丰满的徐福形象，研究者对徐福形象的考证与再造、海

内外徐福协会举办的多种活动、大众传媒的推波助澜、读者对于文学形象的接受，共同扩大了徐福文化的影响力。

从《史记》到《汉书》《后汉书》都记载了秦始皇东巡与徐福东渡的故事，因此史料的搜集和整理显得尤为重要，《海客谈瀛洲》中作者借宁伽的口吻谈及相关史料的分类整理。

> 在《史记》的条目下分别有《秦始皇本纪》《封禅书》《淮南衡山列传》；《汉书》《后汉书》下有《郊祀志》《伍被传》《东夷列传》《倭传》；其他条目有《义楚六贴》《海东诸国记》《皇明世法录》《刘氏鸿书》《秦汉史》《神皇正统考》《历代征倭文献考》《同文通考》《孝灵通鉴》《徐福碑》《风土记》《宽文杂记》《日本书纪》《太平广记》《广异记》《十洲记》《异称日本传》《日本史》《三齐记》《齐乘》……计有上百种之多！（张炜，2014b：10-11）

其实，张炜很早就开始研读一些晦涩的考古和历史文献，有很长的时间，他案头或手头不离的就有王献唐的《山东古国考》和李白凤的《东夷杂考》两部关于胶东半岛的考古资料。深厚的学术积淀和纵深的学术考察为他书写徐福积累了足够的写作资源，便于驾驭浩瀚广袤的齐文化。"可资料是一回事，实地考察又是一回事"，张炜不满足于书本上的史料整理与论证，他认为像地质工作者那样用脚步进行勘察式的文化考察更有说服力，就像《海客谈瀛洲》中宁伽心中时时泛起的浪漫念头一般，"花掉整个下半生的时间，像个行吟诗人那样走遍大地"（张炜，2014b：154-155）。

张炜一直行走在胶东半岛上，从奔跑的少年到游走的中年，可以说张炜用自己的双脚丈量半岛，用手中的笔书写半岛。从1972年开始，张炜在胶东半岛进行了四次文化行走。他中学毕业后，为了生活，在胶东半岛四处打工，长期在半岛游荡；1974年，为了研究渔民生活，去龙口北部的桑岛短期居住；1981年春天，为搜集创作素材，去胶东半岛海滨，搜集海滨民间资源；1988年3月，为写作《你在高原》，重回胶东半岛，开始长达22年的胶东半岛旅居生活（张炜和朱又可，2013）。因此，张炜的文学创作是在学术研究和文化考察中持续推进的，这也成为张炜保持创作高产的重要缘由。

持续的文化行走使张炜深谙齐文化的精髓，而齐文化的精髓在于对包括海洋在内的自然的神秘的探索和敬畏。齐文化对张炜的影响是深入骨髓、流淌在血液里的，其作品也打上了齐文化浸润的深深烙印。张炜反复强调他的作品是在"齐文化滋润下"产生的，"要理解我全部的作品，就要理解齐文化"（张炜和舒晋瑜，2014：332），张炜作品中那瑰丽浪漫的齐文化气质，就是张炜被齐文化的深度熏染而致，对徐福形象的塑造也同样如此。

对齐文化和徐福历史的走访考察，对张炜的文学创作影响极大，散文集《芳心似火》，就是完全建立在他对齐文化的深刻考察的基础上创作的。在《柏慧》和十卷本《你在高原》中，齐文化与徐福文化随处可见。徐福历史在张炜作品中的两个典型文本，莫过于《瀛洲思絮录》和《海客谈瀛洲》。通过探讨《瀛洲思絮录》和《海客谈瀛洲》的结构艺术，我们可以从某种程度上探悉张炜用文学讲述徐福东渡历史的叙事方式。

《瀛洲思絮录》用独语体的方式，以第一人称的叙事视角讲述徐福东渡的"前世今生"。开篇转载《史记·秦始皇本纪》、《史记·淮南衡山列传》和《齐乘·古迹卷》中的相关史料，证明秦皇派徐福东渡确有史料记载。在漫长无边的徘徊中，在经年累月的沉湎中，人会任梦成真，呓语不息，以至于手记自诵。分不清是我还是徐市，乘楼船登瀛洲，宽袍广袖。从此一别下姜，挥泪而去（张炜，2014c）。第一章开头作者就用含混的口吻，将故事置于似梦非梦的混沌之中，尤其"分不清是我还是徐市"，这里面的"我"是叙述者也是作者，这就奠定了作者叙事的立场和视角，即徐福是带有作者个人色彩的徐福形象。

"徐市为秦王采长生不老药一去不归，携走三千童男童女。斯人离去三千年，历史传奇或已渗入几代人的血脉。"叙述者认为，从大众传播的视角看，徐福东渡是历史传奇，"我们已渐渐不再满足于此岸的遥想，于是转而倾听彼岸的诉说"。"此岸的遥想"即现代人对徐福事件的口耳相传，"彼岸的诉说"即返回历史现场探究事件本源，而后作者采用第一人称的视角，让徐福这个人物形象将自己的故事娓娓道来，"我一度非常谦卑，以便遮掩内在的顽皮和狂妄。只有极少数人知道我的底细、我内心的隐秘与曲折。我常常在深夜，在一人独守时让思绪任意飞翔，放纵心猿于九霄"。此刻，张炜式的抒情又赫然登场了，

"让思绪任意飞翔"也是作者进行徐福叙事的重要策略，即作者插上想象的翅膀进行徐福东渡事件的推理演绎。"万般愁绪都连着一个'走'字和一个'逃'字"，作者以第一人称的视角揭露了徐福东渡是为了"逃亡"，而这种"逃亡"是"我在百无聊赖、无计可施、等待和观测之时，几近绝望"（张炜，2014c：151）中做出的无奈之举。通过绵密细致的心理分析，作者用"独白"的形式站在人物的立场，让人物自己诉说其内心的矛盾挣扎，容易使读者感同身受。

《瀛洲思絮录》以第一人称"我"来叙述，随着叙述者目光的不断回望、追溯与多次折射，人物不断在过去与现实间徘徊，现实—过去—现实的循环切换粉碎了传统小说"开端、发展、高潮、结局"的结构，打破了高潮、悬念等定式，呈现明显的"散文化"特征，故事情节虽缺少连续性，但以叙述者"我"的角度想到哪里就写到哪里，"随意着笔，甚至几无剪裁，想发议论便议论，想作抒情便抒情"（杨义，1986：542），这种有意打破小说"虚构世界"与散文"真实世界"分界的叙述方式，将阅读者带入"我"的直抒胸臆之中，缩短了读者与文本之间的距离，给读者以直接的阅读体验、审美感悟与情感共振。

《海客谈瀛洲》中徐福文化精神是全书的主干和灵魂。书中塑造的人物，以杂志社编辑宁伽和社会科学院古航海专家纪及为代表的新一代知识分子，在为"大人物"霍闻海立传和对徐福东渡的文化考察过程中，因触动学术权贵大佬们的隐秘历史而遭遇以霍闻海为首的"大人物"的迫害。文章通过几个"平行文本"展开，宁伽和纪及的文化考察、"学阀"王如一编纂的《徐福词典》、名不副实的"大人物"霍闻海的自传片段、宁伽笔下的"东巡"小说，以及纪及、王小雯、霍闻海、桑子的情爱纠葛。宁伽笔下的"东巡"小说、纪及的《海客谈瀛洲》、王如一的"词条"、霍闻海的"自传片段"，作为多个"平行文本"构成了小说的叙事结构。正是这些"平行文本"所具有的相对独立性，形成了张炜小说"文本叙述的复调结构"特征。这些"平行文本"大致围绕宁伽和纪及被掌权者排挤的主题进行叙述，这一明确的主题作为各"平行文本"的灵魂和联系纽带，体现了张炜既追求小说中"情结结构的并置性""不同场景和思维的并列和并置"，又注重"不同声音的内在交响，不同思想的并列呈现"，追求"多重并置而形成的空间感"而产生的"伟大感和博大感"（张炜，2012a：68）。

徐福传说作为故事原型深深影响了张炜小说的叙事结构。所谓原型即"原始意象","它总是自发地显现在神话、童话、民间故事、宗教冥想、艺术想象、幻想和精神失常状态中,也会出现在儿童思维和成年人的梦中"(叶舒宪,1988:53)。张炜对徐福传说的长期研究,使之自发长久沉浸于徐福文化之中,这对其文本的叙事结构也产生了不自觉的影响。张炜自觉追求"自我"型"故事内"叙事(刘绪才,2013),彰显了对小说叙事以及叙述的文化意义的探索。《海客谈瀛洲》容纳了一个历史大传奇,融汇了马蒂斯式的拼贴技巧、结构现实主义、"东方套盒艺术"——是一次高难度的艺术"四重奏"。《海客谈瀛洲》拥有高难度的复杂结构与娴熟的叙事技巧,堪称中国现当代文学的"结构主义的代表作"(王万顺,2015:142)。

三、徐福形象及其文化意蕴

张炜在占有大量史料资源的前提下,对徐福进行了详尽细致的文化考察,他在实地考察中挖掘民间资源及胶东沿海的传说等内容的基础上,获得了对研究对象存在与真实的高度认同感,然后通过他特有的抒情叙事和齐地想象,运用审美的语言艺术,通过近乎深度重复的反复书写,塑造了血肉丰满的徐福形象,概言之包括以下几种类型。

首先,张炜认为,徐福是秦汉方士的典型代表。《海客谈瀛洲》不是直接描写徐福的仙道之术有多高明,而是在"东巡"一章中采用欲扬先抑的手法,从仿造东海与蓬莱、瀛洲、方丈三仙山说起,通过秦始皇对齐国和求仙的兴趣而展开论述,秦始皇喜欢听齐国的大聊客老齐的奇谈怪论,喜欢齐女讲齐国的怪事和东海奇闻,喜欢齐姬及与齐姬所生的公子扶苏,听从齐国方士的建议仿造东海和三仙山,听从齐国异人的建议与不同少女同眠以"采阴补阳",听从齐国老者的建议决定亲自东巡求仙。总之,秦始皇对齐国的一切都充满了浓厚的兴趣,因为这些与神仙、长生不老都有密切的关系,而秦始皇"每况愈下"的身体也使求仙变得迫在眉睫。

> 在东方,特别是齐国人那里,好像做一个长生不死的人是如此的容易,如此地切实可行。而在西部秦国,却成了一件遥不可及的事情。不仅一般人连想都不敢想,就是他这个千古一帝,尽管费尽心机地描

摹和实验，也仍然不得要领。时间真是快极了，对他来说就尤其如此，每到了面对铜镜的时候，他就会听到内心深处有一个急躁的声音在沙哑地呼喊：快啊，再不就来不及了……（张炜，2014b：167）

作为最高统治者的秦始皇，在一统天下后最担心的是日薄西山，最希望的是长生不老。于是徐福投秦始皇之所好，鼓吹自己能够见到神仙，使其长生不老，遂得到秦始皇的支持。以秦始皇为代表的古代统治者，迷信于方士们的神仙方术玄谈，最想结交神仙，求得仙药。实际上，长生不老是人们生而具有的普遍愿望。延长寿命、延缓衰老仍是当今科研的重要尖端课题。从此角度而言，以徐福为代表的秦汉方士是最早关注长生文化的探索者之一。汉代刘歆将刘向所校书分为六大类：六艺、诸子、诗赋、兵书、数术、方技。其中数术和方技都为方士所著，数目之多与影响之大可见一斑。可见，以徐福为代表的秦汉方士，是中国传统文化诸多要素的创立者（王志民，2016）。方士文化也是中华早期文明的重要代表。

其次，徐福不仅是一个富含传奇色彩的伟大人物，而且是一位伟大的航海家，是海洋探索的先行者。张炜的一篇演讲稿的题目便是"伟大的航海家徐福"，在演讲时张炜指出徐福东渡之海洋探索的伟大意义，尤其是对日本的意义巨大，使日本在极短的时间内完成了从石器时代到铁器时代的过渡，中国人远渡重洋为日本带来了文明，本身就是了不起的大事情（张炜，2011）。

《海客谈瀛洲》中多次提到徐福的大航海家形象，文中古航海研究专家纪及说，徐福远航比哥伦布发现美洲要早1700多年，比唐代鉴真多次东渡日本早了好几百年，徐福率领的船队能东渡成功，徐福无疑是一个伟大的航海家（张炜，2014b）。文中还借秦始皇之语证明徐福航海之技声名远播，"听说你熟稔航海之术，不止一次抵达了三仙山"（张炜，2014b：186）；《柏慧》载"《史记》作为最为可靠的正史，也记载过齐人徐芾。这个人以及他的航海事迹看来是确凿无疑的。有人把他作为一个伟大的使者、航海家去看待，并将哥伦布与之相比。这并非牵强。但我觉得还决不仅仅如此"（张炜，2014a：45）。张炜在《瀛洲思絮录》中想象徐福到达日本后对当地土著的友好政策，帮助日本从旧石器时代很快过渡到铁器时代。徐福东渡是中国航海史上的大事件，徐福作为一个伟大的航海家,是海洋探索的先行者,更是中华文化海外传播的友好使者。

最后,徐福是有抱负的知识分子,他既是齐文化的保护者和捍卫者,又是拥有人本情怀的先师。《海客谈瀛洲》以王如一与纪及关于徐福东渡的对话为开端展开故事,宁伽笔下的"东巡"小说作为平行文本,着重讲述了秦始皇东巡及徐福东渡。作者借古航海专家纪及的话回答徐福东渡的目的,是"为了运送种子"(张炜,2014b:46)。这是六国思想文化之种,也是多元开放的精神传统之种。张炜通过反复书写,对徐福文化不断演绎渲染,对徐福东渡事件持续推理演绎,将徐福塑造成齐文化的捍卫者、民族文化和精神文明的传播者与拯救者。

"东巡"共十节,在徐福与秦始皇一次次的相见与想象中,刻画了急于求仙的秦始皇与为了保护齐文化而不得不逃亡的徐福形象。前三节叙述秦皇东巡前的故事,作者用大量笔墨描述秦始皇的心理变化,情节细致紧凑,秦始皇对求仙越渴望,他就会越容易相信徐福,越急迫派其东渡寻仙药。即便秦始皇有如此迫切求仙的心情,且已经东巡至琅琊,作者似乎并不顾读者与秦始皇心情的急迫,在秦始皇东巡召唤第一批贤达、方士和儒生时特意安排徐福缺席。徐福不是故意回避秦始皇,而是因为徐福是百花齐放之城——思琳城中人,"平日里只专心攻读,不闻窗外之事",这就凸显了徐福的儒生气质。徐福第一次见秦始皇,"进门后立刻叩拜",听闻秦始皇对自己航海之术赞赏时,"施一个礼",回答"并没有真的踏上三仙山,只是遥遥观望而已",秦始皇听闻后言:"朕命你走一趟何若?"徐福再次施礼:"陛下如此信任,在下万难不辞。不过可得给臣一段时间啊。我还要打造车船,征集海工。水道艰险,天有不测风云,这实在并非易事。"(张炜,2014b:186-187)徐福的巧妙应答和对秦始皇的毕恭毕敬,赢得了秦始皇的信任,二人晤谈相对轻松。

秦始皇第二次东巡,"百姓一片惊慌,许多人预感到厄运就要降临了""市民们都觉得凶多吉少",作者极力渲染思琳城的恐慌气氛。徐福与众方士商讨应对秦始皇的策略,面对老者的"忠义"之论,徐福据理力争:"人无非从天地万物中汲取精华……有何权力将其拱手交与暴君?"最后徐福决定"逃为目的;散为补救;智为手段——三者合用,是可行也。"(张炜,2014b:322-323)

由此可见，徐福绝不沦为政治的附庸和点缀，更不会甘当暴秦执政的时代牺牲品，他要凭借智慧保全齐文化的精华，表现出一代知识分子对理想自由的不懈追求。

《瀛洲思絮录》描述徐福到达瀛洲后如何处理与土著人的冲突，而后继续回顾东渡途中弃秦旗及排除异己的行动，回想昔日与秦王"游戏"的历险后又回到东渡的场景，对瀛洲的绘图勘察令徐福对生命、人事与山河之间的关系进行悟想——只有热爱山河才能让一个民族获得生命的伟力。第三章由炼铁匠师对水胖的奸淫及徐福对匠师的宽容式处理的对比，将徐福这个历史传说人物刻画为具有人本主义情怀的先师形象。第五章叙述者的思绪拉回到现实情节，"登临瀛洲已近四个年头"，淳于林将军急于撮合"我"与米米的婚事，让"我"再次回忆起太史阿莱与女通灵者的以死相逼，为文末"被迫称王"做铺垫。鲁迅先生曾说，"我真怕将来大家又大说一通日本人是徐福的子孙"，其实这是鲁迅评论"乾隆是陈阁老之子"的传说，"单靠生殖机关便革了命，真是绝顶便宜"（鲁迅，2005d：594），讽刺当时一些人的自欺欺人心理，并不是针对徐福而下的结论。张炜在《瀛洲思絮录》中想象徐福到达日本后可能称王，且作者认为徐福即便称王，也是一个不同于秦王、齐王的帝王，他是注重反思民族兴衰、富含忧患意识和人本情怀的帝王形象。

张炜设身处地站在先人徐福的立场上，与作品中的人物形象进行心灵对话和思想沟通，既是张炜对研究对象的体认与辩护，又是在辩护中对当下知识分子的精神困境进行观照和给予抚慰。因此，文中的那个"徐福"不是艺术化了的人物符号，而是一个血肉丰满、在理想与现实激荡中的"真实的自我"。正如作者自己坦言：

> 一千个徐福研究者心里也有一千个徐福。我们实际上正在进行的，是每个人对当代、对个人心灵的一种界定和想象，是我们用以表达生活的诉求和希望，赋予我们个人的精神与思想的向度。我们借助徐福，表达自己。（张炜，2017：30）

那么作者借助徐福表达了一个怎样的自己呢？徐福作为一位有抱负的知识

分子的多情敏感与理性担当，其间流露出深刻的忧患反思意识，彰显其不同于其他知识分子的理想及自由追求方式。这种忧患反思意识表征着以张炜为代表的一代知识分子的精神反思，徐福努力守护的独立自主的精神品性，正是知识分子所应坚守的灵魂所在。张炜通过徐福形象传达出一代知识分子对自由的追求和对故土家园的热爱，流露出对理想社会的深情期待。

张炜对胶东半岛的山水草木爱得深沉，"我觉得身上有一种责任，就是向世人解说我所知道的故地的优越，它的不亚于任何一个地方的奥妙"（张炜，2012b：139），张炜对故乡发自内心的热爱使他成为徐福文化、齐文化的歌者。"歌者"不是一味唱赞歌而是为齐文化谱一曲挽歌，《芳心似火》用大量的笔墨探寻齐文化中导致齐国灭亡的悲剧因素，进而对齐文化中缺乏信仰和理想的娱乐至上的行为进行猛烈的批判并感到深深的痛惜，以此观照当下物欲横流和享乐主义对人类生存的巨大威胁，富含深沉的历史与现实反思。正如张炜《芳心似火》中所言，只有人类时刻保持坚忍和宽容之心，对物质主义警惕和反思，才能确保思想文化的积累（张炜，2014d）。

以张炜为代表的一批知识分子作家，他们的作品具有深厚的文化底蕴，体现出强烈的现实关怀和独特的历史观反思，以文化守成的姿态，坚守道德理性和人文理想，在"退却"中保持"坚守与超越"，将道德与自然、理想相融合，在更为复杂的理想道德主义中保持知识分子的反思精神（贺仲明，2016）。可以说，思想之自由、人格之独立、国家之抱负，是张炜笔下以徐福为代表的知识分子的理想追求，他正努力用实际行动和文学书写来诠释这种追求。

第七章 海丝寻梦：留学体验与海丝成就

从某种程度上说，近现代海上丝绸之路是一条留学之路。因此，现代海丝文学除了涵盖海洋文化、中西海上交通题材外，还应包括留学生题材以及现代留学作家群创作的体现中西文化交流的作品。在陆耀东、孙党伯、唐达晖主编的《中国现代文学大辞典》（陆耀东等，1998）收录的693位作家中，留学生作家有205位。郑春的《留学背景与中国现代文学》（郑春，2002）中统计的现代文学300余位作家中，具有留学背景的作家就有150余位，几乎占了一半。也就是说，每两位作家中，就有一个人是有留学背景的（郑春，2002）。这种独特的文化风景折射出留学知识分子朝气蓬勃的热情和满腔救国之心的理想，可以说，现代留学作家群以最大的热情和努力亲身参与并实践了"留学报国，振兴中华"的民族梦，正是以留学作家群为代表的现代留学生群体引领了中国社会的现代性转变，创造了中国的"文艺复兴"时期。

近代"睁眼看世界"的留学体验，使现代留学作家群深切感受到中西文化在文化内涵和文化精神方面的巨大差异，这积淀为现代留学作家从事文学活动的文化情结与精神指向，直接或间接构成其海丝文学创作的情感动力的精神支援与背景因素，留学作家群所取得的卓越的海丝文学成就，极大地促进了中国传统文化从传统性向现代性的转变。从19世纪末到20世纪30年代，留学作家群笔下的异域书写见证了中国社会走向现代化的艰难起步，中国文化开始了向现代化转型的痛苦蜕变。20世纪80年代至今，现代留学作家群渐变为海外华文作家群，表现之一是以严歌苓等人为代表的"离散"与"回归"的中西文化双重体验书写，表现之二是在全球化与世界化的趋势下，在倡导民族性与世界性文学的舞台转换中，移民文学由边缘和离散状态，日渐演变为构建人类命运共同体的重要组成部分。留学生文化在整个20世纪中国文化中始终发挥着重要作用，因此，正如有学者所言，中国20世纪文化可以概括为留学生文化（王富仁，1999）。

第七章 海丝寻梦：留学体验与海丝成就

第一节 留学体验与域外镜像

"留学生"最早可追溯到盛唐时期，当时长安是世界其他国家特别是亚洲各国学习、考察的圣地。由于大唐的强盛对其他国家具有强大的文化吸引力，日本派"遣唐使"和"留学生"前往长安学习。这里所谓的"留学生"是指日本遣唐使回国后仍然留在中国学习的学生，这些留学生学成归国后就成了日本的"海归"。从某种程度上而言，《西游记》记载的玄奘西游取经，算是古老的留学生文学。中国近代留学史上第一个著名的奠基者，是被誉为"中国留学之父"的容闳，他于1847年赴美求学，他因自己的著作《西学东渐记》（又译《我在中国和美国的生活》）而被誉为"留学生文学"的鼻祖。容闳回国后直接促成了1872年中国第一批官派留美幼童出国学习，使留学由民间行为上升到官方行为，留学大幕渐次拉开。

根据舒新城的《近代中国留学史》（舒新城，1933）和王辉耀的《百年海归 创新中国》（王辉耀，2014），近现代中国的留学去向及留学时期大抵分为以下几个方面。第一，留学美国。1872~1875年，在容闳的努力下，清政府分4次选派青年前往美国官费留学，首开留洋风气。第一次世界大战后的庚款留美生招考和第二次世界大战后的赴美留学热潮是留学美国的第二阶段和第三阶段。第二，留学日本。1896年，在张之洞的努力下，清政府派出第一批赴日留学生。晚清时期，日本是政府派遣留学生学习的最主要国家，1896~1905年是留学日本的黄金十年。第二次赴日高潮从1914年一直延续到20世纪20年代。第三，留学欧洲，留学国家包括英国、法国、德国、苏联等发达国家。清朝后期，李鸿章上奏朝廷组建北洋海军，清政府于1875年到19世纪80年代末共派出88名海军留欧生；第一次世界大战后，中国掀起了各种留学欧洲热，如1915年开始的共4次、长达20多年的留法勤工俭学热，从第一次世界大战结束至1924年的近千人的赴德国留学热，以及被誉为"革命家摇篮"的留苏热。总之，中华民国建立后，中国留学美国和留学欧洲的人数已远多于留学日本的人数。1927~1937年这十年是留学欧美的黄金十年，留学美国、英国、法国的官费生、自费生构成了留学大军。全面抗日战争时期，留学事业接近中止。

沈光明认为，以辛亥革命为分界线，可以把辛亥革命前的留学群体称为近代第一代留学生，他们在"师夷长技以制夷"的思想支配下，侧重于"师习各艺"，回国后成为中国最早的一批海军将领以及铁路、煤矿、电讯等领域的专门人才。而辛亥革命前后出国的第二代留学生（本书所指的现代留学作家群大多属于此类，即从辛亥革命前后至1937年"别求新声于异邦"的留学作家群），经历了中日甲午战争的惨痛教训和戊戌变法的失败阴影，有了明显的变化，他们既致力于专业学习"救亡图存"，又广泛涉及政治、经济、文化以及社会科学等各种门类，为全面推进中国的现代化进程打下了坚实的人才储备基础。第二代留学群体回国后，大多保持了知识分子的某种独立性，可以更自由、更理性地思考中国现代化的路径、特征与发展方向（沈光明，2002）。其中，最受瞩目的是在中西文化交流方面做出突出贡献的现代留学作家群。

关于留学作家群的研究，学界最早是由史学领域扩展到文学领域的。从舒新城的《近代中国留学史》（舒新城，1933）到日本学者实藤惠秀的《中国人留学日本史》（实藤惠秀，1983），都从史学的领域对留学群体做了专门研究，间有涉及文学。周棉的《留学生与近代以来的中国文学》（周棉，1990a）首次从文学视域全面论述了留学生与近代文学的关系问题。贾植芳的《中国留日学生与中国现代文学》（贾植芳，1991）系统阐释了留日作家群体与中国现代文学的关系，而且区分了留学欧美与留学日本的区别，并论述了不同时期的留学生对文学的态度及贡献。21世纪以来，学界对留学生文学的研究思路与方法都有所创新。郑春的《留学背景与中国现代文学》（郑春，2002）中提出了"留学背景"的概念，并以此为视角梳理了现代文学的开创、建设与开放的历史，探讨了具有留学背景的现代作家对中国现代文学构建的意义。李怡的《日本体验与中国现代文学的发生》（李怡，2009）则认为研究留学生与中国现代文学的关系，卓有成就并渐趋成熟的一种阐释模式是中外文化交流，但同时基于"文学创作这一精神现象的复杂性"，他采用了"体验"这个概念，因为"在体验中所表现的东西就是生命"。确然，"留学体验"这一词足以概括留学作家群体独特的情感态度、审美趣味、文学选择等诸种复杂的精神性要素，正是这种特殊的生命体验促成留学作家群创作出大量体现中西文化交流的文学作品。

现代留学体验与海丝文学二者之间有怎样的关系？"海丝文学"是指以海上丝绸之路为主题或题材的文学。近现代的海上丝绸之路，毫无疑问，也是一条留学之路。现代留学体验书写最能体现海丝文学的精神内核，其开放的姿态、开创的精神、世界的眼光在中西文化的传播交流方面都发挥了不可替代的作用，淋漓尽致地体现了海丝文化和海丝精神。本书所称的长期求学的作家，是指在日本、欧美等国家和地区游学超过一年的留学作家群，也包括少量在异域工作超过一年的作家，如老舍、郑振铎等。曾在西方长期求学的现代留学作家群，全方位亲历西方、目击西方、体验西方，较之于以往的出国公务人员有极其不同的生命体验和心路历程，也区别于近代第一批"师习各艺"成为"专门人才"的留学群体，现代留学作家群全面、深刻地感受并参与到中西文化的大冲突、大碰撞中。需要注意的是，留学体验作家创作的所有作品并非都属于海丝文学，只有那些具有开放理念、开拓意识、开创精神和世界眼光的中西文化交流的文学书写，体现海丝文化和海丝精神的文学作品才是海丝文学。现代留学体验作家创作的能够体现中西"文化磨合"（李继凯，2017：147）的作品，构成了现代海丝文学的重要范畴，其中留学作家群的异域书写是最直接反映中西文化碰撞的生命体验。

一、东洋游记与日本书写

鲁迅从1902年至1909年在日本留学达七年之久，度过了21岁至28岁的青春年华，鲁迅在《藤野先生》中开篇写道："东京也无非是这样，上野的樱花烂熳的时节，望去确也像绯红的轻云，但花下也缺不了成群结队的'清国留学生'的速成班，头顶上盘着大辫子，顶得学生制帽的顶上高高耸起，形成一座富士山。也有解散辫子，盘得平的，除下帽来，油光可鉴，宛如小姑娘的发髻一般，还要将脖子扭几扭。实在标致极了。"（鲁迅，2005c：313）寥寥几笔既呈现了鲁迅留学的漂泊心态，又令留学日本的"清国留学生"的滑稽可笑形象呼之欲出。鲁迅作为晚清留学生，在日本求学期间受到诸多歧视和不公，这段创伤体验使他极少对日本有温情回忆。

郭沫若是先乘坐火车到朝鲜，而后从朝鲜渡海到日本的。郭沫若对日本的态度是复杂的，既心怀"愤慨"又有"艳羡"之情。他在《今津纪游》中描写日本街道"除去几条繁华的街面，受了些西洋文明的洗礼外，所有的侧街陋巷，其不洁净不整饬之点也还是不愧为东洋第一的模范国家"。尔后他又说"坐在站中，望着外面杂踏喧阗的街市，无端地发起了这段敌忾心来，中日两国互相轻蔑的心理，好像成了慢性的疾患，真是无法医治呢"（郭沫若，1992：331）。虽然作者自我反省对于日本的"敌忾"有些"无端"，但其实则是因为长期受到日本人的歧视和轻蔑而不自觉就有"相互轻蔑"的腔调罢了。作者为什么要去游今津，恐怕也是出于相似的目的。

留日知识分子在日本受尽欺侮与凌辱，留日作家心中的愤懑与屈辱只能诉诸笔端。郁达夫从1913年至1922年在日留学，度过了17岁至26岁的青春岁月。1913年郁达夫从上海坐船去日本，海上航行的日子让他耳目一新，初到日本时，当地的绮丽景色给他留下了美好印象，可是在近十年的日本求学结束之时，他发出了愤怒的吼声："啊啊，日本呀！世界一等强国的日本呀！国民比我们矮小，野心比我们强烈的日本呀！我去之后，你的海岸大约依旧是风光明媚，你的儿女大约依旧是荒淫无忌地过去的。天色的苍茫，海洋的浩荡，大约总不至因我之去而稍生变更的。我的同胞的青年，大约仍旧要上你这里来，继续了我的运命，受你的欺辱的……"（郁达夫，2007a：3）"日本呀日本，我去了。我死了也不再回到你这里来了。"（郁达夫，2007a：8）在这篇《归航》中郁达夫称日本为"强暴的小国"，并称"受你的欺辱""我死了也再不回到你这里来了"，流露出深深的忧愤、颓废和感伤之情。

留学日本时的郁达夫

周作人的《访日本新村记》与以上留日作家描绘对日本之"愤懑"心态的作品不同。这篇文章记载了他在日本与武者小路实笃会面，亲身体验新村生活的所见所闻。周作人借此号召向日本先进文化取经，学习日本新村的发展模式。他认为新村是一种切实可行的理想，"深信那新村的精神决无错误……对于新村运动，为中国的一部分人类计，更是全心赞成"（周作人，2009：307）。他关于新村的一系列文章引起了巨大反响，通过"人的文学""平民的文学"等理论，新村精神融入了中国新文学的创作中。

现代留学作家群在日本饱受屈辱，行旅体验充满了愤慨与感伤，正是这份愤慨与感伤才得以激发留日作家群体的满腔爱国心和革命热情，使他们忍辱负重地进行文学创作、译介及参与创办各种文学活动，为中国现代文学做出令世人瞩目的贡献。同时，在留日作家群的笔下，现代中国与日本的关系，是弱势的"自我"与强权的"他者"之间的二元对立关系。被叙述的日本的风土人情和社会文化，是留日作家群在日本真实情感的复制，在一定程度上也就难免会遮蔽日本文化的丰富性与复杂性。

二、留学欧美与西洋书写

20世纪初，从中国沿海出发，循着海上丝绸之路到欧洲求学大约需要三四十天甚至更长时间的海上航行，在春随的《留西外史》中，主人公从上海坐船经红海至巴黎行程36日。1923年8月17日冰心乘"约克逊号"邮船从上海出发赴美留学，途经日本横滨，于9月1日在美国西雅图登岸（卓如，2003）。如果绕行欧洲，那就需要更长的时间了。海天一色的风光也由起初的新鲜变得极为熟稔，漫长的海上旅途对留学作家也是身心的考验，游学经历让他们写下了很多游记名篇。被誉为"留学之父"的容闳，他的《西学东渐记》记载了其留学美国的见闻，开创了域外撷趣的新纪元。现代留学作家群的异域书写一方面展现了留学生眷恋故土的思乡之情，另一方面又着眼于"师夷长技"，大力吸取西方先进文化资源，如徐志摩的《翡冷翠山居闲话》《巴黎的鳞爪》《我所知道的康桥》，朱自清的《欧游杂记》，巴金的《海行杂记》，李健吾的《意大利游简》，冯至的《山水》等作品都抒发了留学者对异域美好风光的赞美和向往。

徐志摩在《巴黎的鳞爪》中对巴黎的美、巴黎的文化大加赞赏，惊叹了巴黎的现代文明，尤其推崇巴黎的"近人情，不势力""爱慕的自由是永远容许的……只要你的步骤对，文明的巴黎人决不让你难堪"（徐志摩，2004：7）。《我所知道的康桥》以及诗歌《再别康桥》，用热情洋溢的语言赞美康桥，寄托诗人的留恋、惜别和感伤之情，全诗充满了音乐的美、绘画的美和建筑之美。徐志摩曾在《猛虎集·序文》中自述："在二十四岁以前，诗，不论新旧，于我是完全没有相干……诗人也是一种痴鸟，他把他的柔软的心窝紧抵着蔷薇的花刺，口里不住地唱着星月的光辉与人类的希望非到他的心血滴出来把白花染成大红他不住口。他的痛苦与快乐是浑成的一片。"（徐志摩，2014a：157）他后来在《吸烟与文化》一文中曾满怀深情地说："我的眼是康桥教我睁的，我的求知欲是康桥给我拨动的，我的自我意识是康桥给我胚胎的。"（徐志摩，2016：142）诗人用诗一般的语言力证康桥开启了自己的心灵，成就了他作为诗人的天命。

留学时的徐志摩

徐志摩的《翡冷翠山居闲话》是一篇"诗化"小品散文，富有田园牧歌情调。全文始终紧扣"自然是最伟大的一部书"的中心主题，从个体内心感受的角度，以闲谈的口吻和叙述方式展开写景和抒情，着意展现身处翡冷翠（即意大利佛罗伦萨）山中的美妙与愉悦的心境。作者调动一切感官因素，不遗余力赞美大自然的杰作。我国古代文论家刘勰的《文心雕龙》中"夫玄黄色杂，方圆体分，日月叠璧，以垂丽天之象；山川焕绮，以铺理地之形：此盖道之文也"同样以精彩的华章描绘大自然这部"奇书"，描写"道"（宇宙，包括大自然）本身的文采；《文心雕龙》中"傍及万品，动植皆文：龙凤以藻绘呈瑞，虎豹以炳蔚凝姿；云霞雕色，有逾画工之妙；草木贲华，无待锦匠之奇"（刘勰，2005：54）或许就是徐志摩所说的，"他们的意义是永远明显的，只要你自己性灵上不长疮瘢，眼不盲，耳不塞，这无形迹的最高等教育便永远是你的名分，这不取费的最珍贵的补剂便永远供你的受用；只要你认识了这一部书，你在这世界上寂寞时便不寂寞，穷困时不穷困，苦恼时有安慰，挫折时有鼓励，软弱时有督责，迷失时有南针"（徐志摩，2014b：90）。

现代留学作家群远洋求学，异域的美好风光只会让其留恋一时，内心更多的还是身处异国他乡对祖国的那份眷恋与深情。冰心离开黄浦江岸，在太平洋中看到青天碧海，"独往独来之间"，便想起"海水直下万里深，谁人不言此离苦"两句诗，因为不经意间看到"同舟众人""眉宇间似乎都含着轻微的凄恻的意绪"（冰心，1994a：146）。冰心感慨"去国以前，文字多于情绪。去国以后，情绪多于文字"，辛弃疾的"少年不识愁滋味，爱上层楼，爱上层楼，为赋新词强说愁。而今识得愁滋味，欲说还休，欲说还休，却道天凉好个秋"

让她"寂然心死"（冰心，1994a：149）。庐隐在《异国秋思》中感慨："北海的风光不能粉饰你的寒伧……雨轩的灯红酒绿不能安慰忧患的人生，深深眷念着祖国的我们，这一颗因热望而颤抖的心，最后被秋风吹冷了。"（庐隐，1932：3）现代留学作家群身处异国他乡却心系祖国母亲，国破山河在，救国心最迫切。

中国近代史也是一部被帝国主义蹂躏、掠夺的屈辱史和抗争史。留学作家感时伤怀，将心中无限愤慨诉诸笔端，代表作如闻一多的《七子之歌》。1925年3月，闻一多在美国留学时创作了《七子之歌》，七节诗描写了中国被侵占的七处疆土，包括澳门、香港、台湾、威海卫、广州湾、九龙、旅大（旅顺-大连）。《七子之歌》蕴含了诗人极其热烈、深厚的爱国思想以及深沉的忧患意识、激昂的斗争精神和对祖国统一的强烈渴望，意象隐喻丰富、结构严谨均齐、节奏抑扬顿挫，诗虽有七节，但每节都同以"母亲！我要回来，母亲！"作结，主题突出，直抵人心。闻一多的赤子之心、爱国之情纯洁而深沉，可以说是现代留学作家群的代表和典范。

三、异域风情与南洋书写

现代留学作家群通过海上丝绸之路前往欧美各国，途经东南亚、南亚等国家，或从欧洲返回中国时途经东南亚等国，他们在途中也留下了一些异域风情的文字，因为大多时候是为船只停泊、补给、修整而短暂停留，故作品中印象式感悟或"南洋想象"较多，如徐志摩、巴金、郑振铎关于南洋的文字。还有一部分作家，他们迫于生计或因为战争在此停留以避难求生，在东南亚流寓了较长时间，在此期间他们创作的文字远比前一种要深刻复杂得多，如老舍、郁达夫、许地山的南洋书写。

现代留学作家群大多是在熟稔西方现代文明后再有的下南洋的经历，当他们面对文明程度远逊于西方的南洋时，其书写呈现出复杂的样貌。新加坡作为"社会集体想象物"的南洋形象，显然带有创作者主观想象的特征，老舍在英国有五年的流寓经历，其间一直遭受着西方文化对弱国子民歧视的强烈屈辱，旅英期间创作的《二马》寄托了他强烈的爱国情怀。老舍旅英五年滞留新加坡不回国，既是因为迫于生计（他的钱只能到新加坡），也是因为受康拉德的小说影响，特别想去南洋看看，并由此创作了《小坡的生日》；南洋是郁达夫人生的最后栖所，郁达夫的南洋书写彰显了他强烈的民族意识与革命情怀；许地山的南洋书写与其他作家的异域书写风格截然不同，呈现一种"故地"情结的审美风貌（陈桃霞，2013）。

老舍

《小坡的生日》是老舍先生创作的一部童话故事，作品以生活在南洋的华人男孩小坡和他的妹妹为主人公，讲述了南洋生活中的有趣故事，故事后半段以小坡的梦隐含了作者对南洋种种问题的思考。作品文笔简洁，格调活泼，充满想象与幻想，同时老舍运用象征与比喻的手法，反映的时代精神展示了作者的民族主义、爱国主义精神。正如老舍的《我怎样写〈小坡的生日〉》文中所说，"我想写南洋，写中国人的伟大；即使仅能写成个罗曼司，南洋的颜色也正是艳丽无匹的"（老舍，1999：202）。南洋华侨的实干精神和冒险进取给予老舍以丰沛的写作信心。事实证明，老舍确实写得很成功，他本人对这部作品也非常满意。他说："在新加坡住了半年，始终没见过一回白人的小孩与东方小孩在一块玩耍。这给我很大的刺激，所以我愿把东方小孩全拉到一处去玩，将来也许立在同一战线上去争战!同时，我也很明白广东与福建人中间的冲突与不合作，马来与印度人间的愚昧与散漫。这些实际上的缺欠，我都在小孩们一块玩耍时随手儿讽刺出。可是，写着写着我又似乎把这个忘掉，而沉醉在小孩的世界里，大概此书中最可喜的一些地方就是这当我忘了我是成人的时候。现在看来，我后悔那时候我是那么拿不定主意；可是我对这本小书仍然最满意，不是因为别的，是因为我深喜自己还未全失赤子之心——那时我已经三十多岁了。"（老舍，1999：204）因此，《小坡的生日》寄寓了老舍对民族与文化的深沉思考，淋漓尽致地抒发了自己的赤子之心。

郁达夫为了宣传抗战、挽救婚姻于1938年底只身赴南洋寻求新的事业。由于带着复杂的心情孤身赴南洋，又生逢乱世，他的南洋书写也呈现出一种驳杂的色彩，不仅内容广泛，文体也呈现出多样性。郁达夫将大量精力投入抗战中，扶持南洋文艺的发展，他的政论慷慨激昂、壮怀激烈、针砭时弊。郁达夫的南洋风情代表作品有《覆车小记》《槟城三宿记》《马六甲游记》。《覆车小记》以纪事为主,《槟城三宿记》在纪游中掺入作者深深的家国之思,而《马六甲游记》则是含有作者政治思考的文化散文,充满了怀旧、启蒙与革命特性,因为心怀家国故土,故一切景语皆情语,南洋的风景都带有家乡的色彩。面对市政厅望楼、旧圣保罗教堂,作者忧国忧民,发出深思,"我想起了三宝公到此地时的这周围的景象,我又想起了我们大陆国民不善经营海外殖民事业的缺憾;到现在被强敌压境,弄得半壁江山,尽染上了腥污,大半原因,也就在这一点国民太无冒险心,国家太无深谋远虑的弱点之上"(郁达夫,2007b:249)。郁达夫在南洋度过了生命中最后的时光,他在抗战动乱中饱经忧患、忧国忧民,其文凝重深沉,对历史传说的叙述体现了作者浓厚的家国情怀。

许地山的南洋书写与上述现代留学作家群的南洋书写呈现不同的审美风貌。许地山童年时代跟随父亲在广东、福建等地漂泊,父亲许南英更是几度前往南洋,最终客死苏门答腊岛,许地山青年时代又前往缅甸华侨学校谋职。许地山作品中出现的南洋地名有缅甸仰光、新加坡丹让巴葛、马来半岛西海岸、槟榔屿、婆罗洲。作品中也时常出现南洋风景,如《缀网劳蛛》中故事的发生地是地方虽然不大风景倒还幽致的马来半岛西海岸,《命命鸟》中湖边满是热带植物。那些树木的颜色、形态都很美丽,但描写都是寥寥几笔,而《商人妇》《枯杨生花》则根本没有南洋风景的描写。可见,许地山从来都不是刻意表现南国风情

许地山

和异域元素。可以说,许地山对南洋的风景风俗着墨不多,他之所以时常选择南洋作为背景,可能只是因为一种"故地"情结,是他及家族多年南国漂泊的境遇折射。

许地山的风景书写方式比较接近于"写意",他常从南洋的景观印象中提炼出自然意象,如其作品中的椰子、棕枣、树胶林、绿荫、阳光已组成写意性和象征性的南洋风景画。许地山作品中以椰子、棕枣和树胶林为标志的热带丛林印象,正是"五四"以来中国作家对南洋风景类型化的想象之一。因为"风

景风俗"作为自然风光、地理环境及社会习俗等内容的综合,常常比流动的事件和人物更具有稳定性,常常成为作家笔下"异域空间"的首要层面,且特定区域的"风景民俗"经过反复书写,就会凝固成人们有关异域的符号化想象。

许地山的浪漫式自然书写相较于其他作家的南洋书写有其独特性。杨义就曾指出:"许地山小说确确实实地写出了自然本身的光彩,但这种光彩又是与人物的深挚的感情交融在一起的……使浪漫主义皈依自然的倾向在一定程度上带上了执着于人世的因素。"(杨义,2007:273-274)在许地山的笔下,南洋是演绎悲欢离合人生的生活空间和背景语境,是南国人挣扎奋斗的现实空间,是布满苦难、漂泊失根的生存隐喻,南洋作为一个游移不定的故事发生背景,是许地山笔下的故土与异乡之间游移的含混空间(颜敏,2013:99)。许地山以同情的目光正视南洋人的喜怒哀乐和挣扎奋斗,不同于其他作家的南洋叙事。许地山的南洋叙事整合了中国传统文化和西方文化资源中突出自我经验的主体性,使之区别于行旅体验的写实方式,以带有体验性和想象性的写意形式,形成了新的异域话语言说方式。

除许地山笔下的南洋叙事,其他作家的东洋游记、西洋游记或南洋游记,多为"自我"与"他者"二元对立的文化冲突模式。在"自我"视角下,域外形象的"他者"建构也是一种审视"自我"文化的镜像观照。许地山的宗教情怀和故地情节使他总是以同情的目光来换位思考和审视南洋的人物风情。正是这种叙事者的姿态的变化,勾勒了"你中有我,我中有你"的共存策略,展现了对话精神、共存意识下跨文化叙事的可能路径。

总之,现代留学作家群的行旅体验与域外书写勾勒的异域和真实世界的情境,改变了长期以来"天朝大国"对域外的"凭空"想象。由于留学生数量庞大且涉及世界众多国家,因此大大拓展了丝路文学中行走文学的地域范围。事实上,从《山海经》到唐代僧侣游记再到近现代留学(游学)作家的异域游记散文,域外镜像由模糊渐趋真实,由志怪传奇到平易真实。现代留学作家群则经历了以"弱国子民"身份见证强势西方文化的真实,其间被排挤、被鄙视、被压抑,使他们在留学生活中备受煎熬,只能反复咀嚼苦涩滋味。但让人欣慰的是,以现代留学作家群为代表的留学知识分子,经过漫长而又艰难的卧薪尝胆,终于创造了中国的"文艺复兴"时代。

第二节　海丝成就之"中学西传"

在对留学作家群的现有研究中，学界往往关注留学群体通过中西文化的整合对中国现代文学的贡献，考察现代留学作家群对于西方文化和西方文学的自觉译介与学习造就的"五四"新文学及"五四"知识分子的特殊性。正如鲁迅对浅草社描述的那样，"向外，在摄取异域的营养，向内，在挖掘自己的魂灵，要发见心里的眼睛和喉舌，来凝视这世界，将真和美歌唱给寂寞的人们"（鲁迅，2005e：250-251）。这也是现代留学作家群与西方文学的关系阐释。的确，以鲁迅为代表的现代留学作家群在译介西方资源上所付出的努力和心血是令世人瞩目的，正是他们的努力得以让中国了解世界。

现代留学作家群的主要贡献有以下几点。第一，发动文学革命。留学体验激发了他们的开放理念和现代意识，他们率先革新语言，提倡白话文，建构人的文学、平民的文学，从内容、形式上对中国传统文学进行革新，组织了无数文学社团和活动，利用报刊媒介宣传文学革命，扛起新文化运动的大旗。第二，开拓文学样式。文体的革新使小说的地位空前提高，开创了不同于以往的白话新诗，散文方面成就了小品文也称"美文"，戏剧方面有了中国话剧，使中国新文学在小说、诗歌、散文、戏剧方面都取得了巨大的新成就。第三，丰富文学主题和题材。他们用开拓的意识和创新的精神，丰富了传统文学的主题，开辟了乡土、抒情题材小说，自我抒情的新诗歌，打破文以载道的新散文，结合西洋话剧改编中国新戏，使小说、诗歌、散文、戏剧等文体样式的主题和题材全面丰富。第四，完成学科建构。他们用世界的眼光和反思的精神，在中国传统文化的基础上，建构了中国新文学，使中国现代文学具备了完整、科学的学科体系，也促进了教育、卫生、文化等各个部门的建构，使中国的社会文化发生了极大的转变，加速了中国社会的现代化进程。

此外，现代留学作家群还通过掌握多种外语，获得了打开西方先进文化大门的钥匙。他们在吸取西方先进文化的过程中开辟了中国文学的新路，开创了新诗、新散文、新小说、新戏剧。他们还通过兴办新报刊、成立各种社团、参与高等教育、大量翻译西方文学，培养了一批又一批新青年。他们从本土需要出发，经由留学体验激发返回到本土，在本土现实和已有的中西文化积淀中筛选、过滤甚至改装，力求发挥包括文学在内的新文化的最大功效。尽管有些激进和"急就章"的意味，但启蒙话语的星星之火可以成就全民觉醒的燎原之势。

现代留学作家群的海丝成就集中表现于他们在中西文化的交流、传播中所发挥的重要作用，即在译介西方资源、向西方传播中国文化方面做出的重要努力。正因为留学作家化生命为"中间物"的努力，大力译介西方文化资源，中国人才得以"睁眼看世界""师夷长技"，正是留学作家用外语书写中国故事、用外语翻译中国传统经典，不遗余力地向西方传播中国文化，才得以让世界了解中国。现代留学作家群发挥着重要的媒介作用，他们搭建起连接中国与世界的桥梁，中西文化才得以更好地沟通与交流，中国文学也最终融汇于世界文学之中。

毋庸置疑，中西文化的交流是双向的。现代留学作家群在中西文化的交流中起着桥梁和纽带作用，他们既汲取西方资源建构中国现代文学，又不遗余力向西方传播中国文化。但相较于"西学东渐"即译介西方文化、利用西方资源，包括现代留学群体在内的近现代知识分子在中西文化交流中是如何向西方传播中国文化的问题，却鲜被学界关注。从陈季同的《黄衫客传奇》到林语堂的《京华烟云》，这些用外语书写的中国故事，让更多的西方人了解中国，打开了西方人开启中华文化认知的一扇大门。同时，将中国古典文学翻译成外文、传播中国文化的学人所做的贡献也是不容忽视的。

一、"中学西传"的先行者

事实上，鸦片战争以降，中国兴起"西学东渐"热潮之时，有识之士也意识到"中学西传"的重要性和必要性，以王韬、陈季同、辜鸿铭为代表的有游学经历的近现代学人做了大量的著述、译介工作，他们不仅在"西学东渐"中取得了卓越的成绩，也充当了"中学西传"的先行者角色，为中西文化的交流与传播做出了巨大的贡献。

传统文化造诣深厚的王韬，曾有"人中之龙，文中之虎"的美誉，在中英互译、著书办报等方面成就卓越，为中西文化的交流做出了重要贡献。墨海书馆是英国伦敦教会在中国开办的一家出版机构，是西方人在中国创办的最早的出版机构,也是晚清最重要的翻译机构之一。王韬曾在此馆担任"秉笔华士"13年,与英国传教士伟烈亚力(Alexander Wylie)、艾约瑟(Joseph Edkins)等合作,翻译出版了第一批介绍西方科技的书籍,涵盖天文学、力学、光学等方面,为西学东渐做出了贡献。此外,他还是中学西传的先行者,在中国古代典籍的英译工作中起到了极其重要的作用。理雅各、王韬合译的《中国经典》相较于先前对中国古代典籍的译介本,内容更全、翻译水平更高,成为欧洲汉学界长期青睐的一个标准译本(史革新,2010)。

除了译介中国传统经典外,王韬还是近代报刊的奠基人。王韬是中国近代第一位报刊政论家,他的著作《弢园文录外编》是我国最早的一部报刊政论文集,奠定了近代报刊理论的基石。王韬还是中国第一位职业报人,1874年他创办的《循环日报》,是第一家华人投资兴办的中文日报。王韬游历欧洲期间,受邀前往英国名校做学术演讲,他在牛津大学、爱丁堡大学讲授孔子的仁学。根据现有的记载,这是有史以来第一位中国文人在牛津大学做演讲。他在日记中写到演讲的情形:

> 英之北土曰哈斯佛,有一大书院,素著名望……监院者特邀余往,以华言讲学。余备论中外相通之始,言:……三百年前,英人无至中国者;三十年前,中国人无至英土者。今者,越重瀛若江河,视中原如堂奥,无他,以两国相和,故得至此……是时,一堂听者,无不鼓掌蹈足,同声称赞,墙壁为震。
>
> 其中肄业生之年长者……特来问余中国孔子之道与泰西(编者注:泛指西方国家)所传天道若何?余应之曰:"孔子之道,人道也。有人此有道。人类一日不灭,则其道一日不变。泰西人士论道必溯原于天,然传之者,必归本于人。非先尽乎人事,亦不能求天降福,是则仍系乎人而已。(王韬,1982:98-100)

由此可见,海外漫游经历不仅为王韬提供了小说和游记的重要素材,中西文化的巨大差异也引发其进行深入的思考。继王韬之后,陈季同、辜鸿铭等后来人也为中学西传做出了重要贡献。中国驻法外交官陈季同,是最早用外文讲

《黄衫客传奇》

述中国故事的文学家。出身书香门第的陈季同，十几岁进入福州船政学堂接受新式教育，在此之前他已经积淀了良好的中国文化与文学的传统教育。当时福州船政学堂，所聘老师及所用教材多为法国人和法语教材，使其拥有较好的法语水平，其后在法国长达16年的外交官生涯，使其成为一个地道的"法国通"。中学、西学皆造诣深厚的陈季同出版了8部作品，包括小说、剧本、随笔、译著等，大力向西方传播中国文化与文学（桑兵，1999）。长篇小说《黄衫客传奇》是陈季同以唐传奇《霍小玉传》为蓝本创作的小说，讲述李益与霍小玉的爱情悲剧。这是第一部中国人用西方语言（法文）创作的长篇小说。在晚清时期，书中所体现的观念是超前的，具有重要的研究价值。此书中译本的出版，受到了研究中国近现代文学史和文化史学者的关注。严家炎主编的《二十世纪中国文学史》中，将陈季同与他的法文小说《黄衫客传奇》作为中国现代文学史的起点向前推十年（即19世纪80年代末90年代初）的三个重要依据之一，"陈季同用西式叙事风格，创作了篇幅达三百多页的长篇小说《黄衫客传奇》，成为由中国作家写的第一部现代意义上的小说作品"（严家炎，2010：10），从文学史角度力证了陈季同及他的法文小说的重要价值。

陈季同的法文书写是为了让西方真正了解中国文化、中国人，消除对中国人和中国文化的误解。1898年，他对弟子曾朴说："我们现在要勉力的，第一不要局于一国的文学，嚣然自足，该推扩而参加世界的文学。既要参加世界的文学，入手方法，先要去隔膜，免误会。要去隔膜，非提倡大规模的翻译不可，不但他们的名作要多译进来，我们的重要作品，也须全译出去。要免误会，非把我们文学上相传的习惯改革不可，不但成见要破除，连方式都要变换，以求一致。然要实现这两种主意的总关键，却全在乎多读他们的书。"（严家炎，2010：11）长期的西方生活让陈季同既熟悉法国文化也熟知法国人对中国文化的误读，遗憾于法国人对中国人的误解，他用清醒的意识和世界眼光，用持久的努力和务实的态度，一方面用中文翻译了大量的法国名著和法国律法，一方面用法文推介中国文化、著译中国故事,他坚持不懈的双语写作与译述,使他能在文化输入与文化输出上保持齐头并进。

除了直接用法文写作小说《黄衫客传奇》外,陈季同还是最早用法文介绍、传播中国文化的学者之一。19世纪末20世纪初,陈季同先后用法文发表、出版了《中国人自画像》《中国人的戏剧》《中国人的快乐》《我的祖国》(又译《吾国》)《中国人笔下的巴黎》《英勇的爱》等著作。陈季同还向欧洲译介中国古典文学,他用法文翻译了蒲松龄的《聊斋志异》中的26篇故事,将其重新命名为《中国故事》,这部作品先在法国出版,后又由英国、荷兰等汉学家转译为英语、荷兰语等,为欧洲人了解中国故事、中国文化提供了优秀的范本。陈季同用法文著译的作品,采用法文的叙事风格,语言通畅优美,文风幽默清丽,内容通透豁达,富含民族尊严,受到法国人的普遍欢迎,赢得法国文坛的赞誉。因陈季同在法国文学界的巨大声誉,中国文化和文学在法国得到广泛传播,同时也引起了欧洲其他国家对中国文化和文学的兴趣,欧洲其他国家的汉学家纷纷将作品从法文本译介为其他语种,推动了中国文化和文学在欧洲的传播,一定程度上纠正了西方人对中国文化和中国人的偏见。

陈季同既是西学东渐的使者,将法国现代政治、法律、文学引入中国,促进了晚清文学观念的更新和西方现代政治思想的传播,又是中学西传中传播中国文化的重要角色。因此,陈季同堪称中西文化双向传播的文化大使(刘红,2012)。陈季同开启了国人独立从事中外文化交流活动的先河,为辜鸿铭、林语堂等人树立了中西双向文化交流的典范。

辜鸿铭一生勤于写作,英文著述颇丰,在沟通中西文化上做出了卓越的贡献。辜鸿铭精通9种语言,熟谙中西文化,一生曾获得13个外国博士学位,他不遗余力向西方推介中国文化,宣传只有中国文化才能拯救西方,他的渊博学识、奇谈阔论以及特别的长相和装束,引来无数外国政客、名流、文人的慕名拜访。当时流行着这样一句话,"到北京可以不看三大殿,不可不看辜鸿铭"(毛书征,1994:19)。周作人在《北大感旧录》中描写辜鸿铭"小辫、长袍、马褂、瓜皮小帽"的奇怪装扮。

生得一副深眼睛高鼻子的洋人相貌,头上一撮黄头毛,却编了一条小辫子，冬天穿枣红宁绸的大袖方马褂，上戴瓜皮小帽；不要说在民国十年前后的北京，就是在前清时代，马路上遇见这样一位小城市里的华装教士似的人物，大家也不免要张大了眼睛看得出神的吧。尤其妙的是那包车的车夫，不知是从哪里乡下去特地找了来的，或者是徐州辫子兵的余留亦未可知，也是一个背拖大辫子的汉子，正同课堂上的主人是好一对，他在红楼的大门外坐在车兜上等着，也不失为车夫队中一个特出的人物。（周作人，1998：105-106）

辜鸿铭

辜鸿铭生于南洋的槟榔屿，父亲是中国福建人，母亲是葡萄牙人。作为一个中西混血儿，辜鸿铭在南洋感受最多的却是白人对华人的欺侮。华人地位的低下与华人所受的屈辱，深深刺痛了他作为一个中国人的尊严。辜鸿铭学在西洋，十岁时跟随布朗夫妇前往英国，在英国爱丁堡大学学习文学，后到德国莱比锡大学攻读土木工程、文史哲学，到法国巴黎大学学习法国文化与文学，在此过程中，辜鸿铭逐渐成为精通英语、法语、德语、拉丁语、希腊语等多门语言的语言天才。在欧洲游学14年的经历，造就了辜鸿铭对西方文化的精通，他深知西方文化的优与劣，这为后来他以中国文化拯救西方的宏图伟业打下了坚实的基础。

辜鸿铭的学问是先西后中、由西而中的，辜鸿铭不满足只是精通西学，他要研究并充分掌握中国传统文化的精髓，于是他又用大量的时间和精力啃噬中国古代经史子集，做到了对中西文化的"知己知彼"。他认为美国文化伟大朴素但不深奥，英国文化深奥朴素但不伟大，德国文化伟大深奥但不朴素，只有中国文化深奥朴素而又伟大精深。他认为只有儒家的仁爱之学，才能拯救野蛮的西方人，只有让西方人了解中国的孔孟思想，才会赢得他们对中国文化的尊重。所以，他自觉担当起用中国文化教化欧美、向欧美输出中国文化的重任，出版了 The Story of a Chinese Oxford Movement（《中国的牛津运动》），The Spirit of the Chinese People（《春秋大义》，又名《中国人的精神》）等一系列英文著作，他还系统、完整、准确地用英文译介中国传统典籍，包括《论语》《中庸》《大学》等，这些英文著述都在西方国家引起极大反响。

1915 年，辜鸿铭的《春秋大义》在北京出版。不久，《春秋大义》即被译成德语、法语、日语等多国语言，在德国掀起持续了十多年的"辜鸿铭热"。《春秋大义》由辜鸿铭 1914 年在英文报纸《中国评论》发表的系列论文结集而成，全书以"中国人的精神"为核心，是辜鸿铭最具代表性和最有影响力的英文著作。辜鸿铭认为，要评价一种文明，必须看它能够生产什么样的人，什么样的男人和女人。他批评那些西方传教士和汉学家，因为他们不是中国人，就不可能真正懂得中国语言和中国文化。他四处宣扬中国人和中国文明的深沉、博大、淳朴与灵敏（邹雨青，2016），正因为这些特征，才有了中国人的"温良恭俭让"。他还把中国的儒学与欧洲的宗教相比较，得出孔子的"爱之以礼"远高尚于基督教的"爱人"，他认为只有中国的儒家文化才能拯救西方日益堕落的文明（苏明明，2001）。毋庸置疑，辜鸿铭所阐发的"中国人的精神"和他以中救西的"春秋大义"，在中学西传事业中留下了独特而醒目的光彩。

二、"中学西传"的现代留学作家群

现代留学作家群为了让世界真正了解中国，他们掌握外语、利用外语、努力用外语书写中国故事。以鲁迅、林语堂、老舍为代表的现代留学作家群，他们在前辈王韬、陈季同、辜鸿铭的基础上，为了让世界认识、了解中国，继续着自己的努力，将中华文化的对外传播事业又向前推进了一步。

如何让中国文化走向世界，也是现代留学作家群苦苦思索并试图寻觅有效解决途径的问题。胡适为此提出"充分世界化"的主张，意思是用尽全力、尽量多地用外文译介中国经典、写作中国故事，竭尽所能让世界真正了解中国。

在日本留学时的鲁迅

在《〈草鞋脚〉小引》中，鲁迅曾说："至今为止，西洋人讲中国的著作，大概比中国人民讲自己的还要多。不过这些总不免只是西洋人的看法。"（鲁迅，2005e：21）因此鲁迅认为仅有"拿来主义"远远不够，让中国走向世界，"拿来"只是手段，应该在"拿来"的基础上创造中国新文化、新文学，自己向世界"发声"，这可以算鲁迅主张的"拿去主义"。鲁迅还指出，"拿去主义"不等同于简单将国粹送到国外的"送去主义"，真正的拿去是在拿来的基础上，学习和借鉴西方人对"我"的"描写"，真诚而主动地描写中国人。可见，鲁迅的"拿去主义"是针对中国现代文学的对外译介，为此他身体力行，为英译现代中国短篇小说集《草鞋脚》作"小引"。

"中国人，在这类文学家的作品里，是要和各种所谓'土人'一同登场的。"（鲁迅，2005d：444）面对西方人笔下描写的被歪曲的中国人，他在《未来的光荣》一文中，呼吁青年要"觉悟"，"我们要觉悟着被描写，还要觉悟着被描写的光荣还要多起来，还要觉悟着将来会有人以有这样的事为有趣"（鲁迅，2005d：444）。在《无声的中国》中，他希望"青年们先可以将中国变成一个有声的中国。大胆地说话，勇敢地进行，忘掉了一切利害，推开了古人，将自己的真心话表达出来"，只有这样"才能和世界上的人同在世界上生活"（鲁迅，2005f：15），才能彻底改变中国人被扭曲的屈辱。此

林语堂

外，鲁迅认为应提高外语写作的能力，争取用外语在外国人面前发言，与他们用外语熟练沟通，也是让世界了解中国的重要手段。因此，鲁迅一再劝说人们

努力学好外语，以鲁迅为代表的现代留学作家也努力用外文书写中国故事（郑春，2002）。

在现代留学作家群中，林语堂是外语书写最出色、成就最卓著、在西方世界影响最大的作家之一。其高超的英文水平，令包括鲁迅在内的同时代作家艳羡不已。1940年，纽约艾迈拉大学因林语堂独特的英文创作成就，特授予其荣誉文学博士学位，艾迈拉大学校长在致辞中对其高度评价。

> 林语堂——哲学家，作家，才子——是爱国者，也是世界公民；您以深具艺术技巧的笔锋向英语世界阐释伟大中华民族的精神，获致前人未能取得的效果。您的英文极其美妙，使以英文为母语的人既羡慕钦佩又深自惭愧。
>
> 我们祷盼您不断以中英文表达人类高尚的精神、标准，那是人类共同的愿望。（林太乙，1994：178-179）

鲁迅曾经致信林语堂，劝其不必为办《人世间》杂志多费力气，多翻译西洋名著，对于当下和未来的中国都大有裨益。林语堂的回答是："我的翻译工作要在老年才做，因为我在中年时有意思把中文作品译成英文。孔子说，四十不惑，五十而知天命，现在我说四十译中文，五十译英文。"（林太乙，1994：88）林语堂高超的英语水平和深厚的国学造诣，造就了他驾驭语言的强大能力和游刃有余的双语写作水平。

作为双语作家，林语堂常以两脚踏中西文化，一心评宇宙文章（林语堂，1995）自诩。可以说，林语堂一生都致力于中西文化的比较，他乐于向中国人讲西方文化，对西方人讲中国文化（林语堂，1991）。1933年，林语堂受美国作家赛珍珠的邀请，写一本能够反映中国人和中国文化的书，不要迎合西方而妄自菲薄，而是要真实客观地对其书写，以纠正西方人对中国人和中国文化的误读与偏见。于是，林语堂开始了 *My Country and My Life*（《吾国与吾民》）的创作，全书分为两部——"中华民族之素质"和"中国人民的生活"，从种族、性格、心理、思想等方面论述中国人的素质，从妇女、政治、社会、文学、艺术等方面介绍中国人的生活。1935年书稿完成后由美国 John Day 公司出版和销售，赛珍珠为其作序，并称 My Country and My Life 一书为"横空出世"的"伟大著作"，"满足了我们的一切需求"，"是有关中国的著作中最真实、最深刻、最完全、最重要的作品"（王珏，2016：38）。由于赛珍珠在美国的名气大，她的大力推介使得美国一些著名评论家也加入对此书的宣传中，促进了 My Country and My Life 在美国的畅销。

此后，林语堂用英文书写的 The Importance of Living（《生活的艺术》），从人生态度、人生观念到日常生活，从闲适幽默到宗教文化，从人生哲学到中国文学，全方位向外国读者介绍了自己的思想和生活经验。1937 年，The Importance of Living 一书仍由美国 John Day 公司出版发行，在美国再次成为畅销书。林语堂的 My Country and My Life 和 The Importance of Living 在美国的广泛传播，纠正了此前传教士对中国文化及中国人的误读，林语堂从个人兴趣和视角出发，试图以文化多元主义的姿态介绍中国文化，使外国人对中国文化有了更全面、更深入的理解。

1939 年，林语堂的 The Moment in Peking（《京华烟云》）在美国纽约的 John Day 公司发行，随后在加拿大多伦多和英国伦敦等地的多家出版公司出版销售，成为 20 世纪 40 年代欧美等国的畅销书，颇受英语世界读者的欢迎和好评。小说分为"道家的女儿"、"庭园的悲剧"和"秋之歌"三个部分，小说通过姚家女儿木兰的命运起伏串联起北平曾、姚两大家族的兴衰，展示了 20 世纪前半叶中国社会的血雨腥风，从义和团运动到日本侵华，时间跨度 30 余年，人物众多但线索分明，事件纷繁但情节曲折动人，全书洋洋洒洒 70 万字，是一部结构宏大、文化丰富、思想复杂的史诗性巨著。它的文化意蕴表现在对人物命运的渐次深度洞察和个体不断获得精神成长的心灵历程中，作者还将对人物命运的洞察同庄子的哲学思想联系在一起，为小说增添了神秘文化的色彩，使小说呈现出文化的丰富性和思想的复杂性。这部小说是一部书写中国人精神成长的史诗，在西方文化世界引起了强烈反响。虽然小说采用全知全能的视角使得叙述常常枝蔓丛生，但从跨文化叙事的角度看，《京华烟云》以小说的形式向外国人传递中国人的文化生活，在传播中国文化方面取得了积极的效果。华裔作家赵淑侠认为林语堂是 20 世纪 40 年代唯一能够真正像西方作家那样，被英语世界的读者大众普遍接受和喜欢的中国作家，他在西方文名之响在近代中国无人能比(赵淑侠,1994)。诚然,林语堂的英文书写为中国现代文学增添了多元色彩,他英文书写的中国故事在英语世界的成功,扩大了中国现代文学在世界上的影响,因此林语堂的英语书写必彰显其特殊的价值和意义,可以说林语堂为中国现代文学走向世界做出了独特的贡献。

纵观现代文学史,以鲁迅、林语堂、老舍、钱锺书等人为代表的现代留学作家群,在中西文化的交流中发挥了不可替代的作用。作为"西学东渐"和"中学西传"的理论倡导者和实践者,他们做出了坚持不懈的努力,并取得了巨大的成就。现代留学作家群丰富的作品支撑,造就了海丝文学研究及其学术价值的丰富性,现代留学作家群在历史中的重要地位和其在中外文化交流中做出的突出贡献,又使其具有了学术价值的必要性与独特性。

第三节 海外寻梦:从现代留学作家群到当代海外华文

20世纪留学生文化与移民文化的交织形成了海丝文学的独特文化景观,其创作主体经历了从现代留学作家群到海外华文作家群的嬗变。当代海丝文学的海外华文书写形态,一方面表现为对现代留学生题材小说的延续书写,传承了现代留学作家群的留学体验与异域书写,另一方面表现为海外华文作家群从展现中西文化的冲突到走向跨文化书写的自觉。

一、现代留学作家群笔下的留学生形象

留学体验激发现代留学作家群创作了大量体现中西文化交流和碰撞的文学作品。现代留学作家群力图通过改良文艺实现国民性的改造。虽然诗歌和散文便于情感的抒发,但小说侧重讲故事的独特叙事性质使留学的经验或体验更容易直接传达。从梁启超的"小说界革命"开始,小说和现实的关系极为密切,留学生小说也就最能传达拥有留学背景作家异域体验的最重要的情绪和情感。

梁启超的《新中国未来记》中主张激进革命的李去病,是拥有留学背景的革命人士,他借鉴西方革命的成功经验,无时无刻不在思考中国的革命道路。汤颐琐的《黄绣球》中的毕去柔是从外国医学院毕业的留学生,她不仅医术高超、热心医治病人,而且积极传播西方文化,将西方先进医术传给国人,同时,她还积极参与兴办新式学堂,推行新法教育。此外,在阿英(钱杏邨)编著的

《晚清小说史》和上海文艺出版社出版的"中国留学生文学大系"丛书中，晚清的留学生小说有岭南羽衣女的《东欧女豪杰》、张肇桐的《自由结婚》、李伯元的《文明小史》、陈天华的《狮子吼》、苏曼殊的《断鸿零雁记》、叔夏的《女学生》、老林的《学堂现形记》、履冰的《东京梦》等。这些作品既塑造了先进文化传播者式的留学生形象，又塑造了揭露"假学者"式或堕落腐化的晚清留学生形象，作者褒扬先进文化的传播者，批判了堕落腐败者的丑行丑态。

而现代留学作家群长时间亲历西方、目击西方、体验西方，中西文化的巨大冲突使现代留学作家群较之于以往有极大不同的生命体验和心路历程。现代留学作家群大多具有较深的传统古典文学底蕴，后来又接受新式教育有了留洋经历，新旧文化之间的矛盾冲突、中西文化的剧烈碰撞显得尤为尖锐和深刻。中西方、新旧文化的矛盾和冲突的生命体验经过他们个体特殊的气质和感悟，转化为体现中西文化激烈碰撞与融合的文学作品。

现代留学作家群塑造的留学生形象与留学生活及其思想更值得反思。郁达夫的《沉沦》是他孤独无助的日本留学生活的自传，作品中的"我"延续了苏曼殊《断鸿零雁记》中作为"零余者"与"异乡人"的留学生形象。但《沉沦》中的"我"更加病态敏感，动不动就流下"两行热泪"，《沉沦》展示了作为弱国子民的留学生在日本所遭遇的精神和生理的双重苦闷。郁达夫在《沉沦》自序中阐释了小说的主题即灵与肉的冲突，反映了一代青年的精神苦闷和抑郁心理。主人公在结尾处痛彻心扉的呐喊，既是对弱国子民的警觉鞭策，又是一代知识分子所处悲凉环境的时代哭诉。

鲁迅在《阿Q正传》中用一段独白式语言淋漓尽致地揭露了钱大少爷等假洋鬼子的傲慢与肤浅。"我是性急的，所以我们见面，我总是说：洪哥！我们动手罢！他却总说道 NO！——这是洋话，你们不懂的。否则早已成功了。然而这正是他做事小心的地方。他再三再四的请我上湖北，我还没有肯。谁愿意在这小县城里做事情。"（鲁迅，2005b：545）寥寥数语便把假洋鬼子极度膨胀的优越感和浅薄刻画得入木三分。假洋鬼子式的留学生形象，代表了一部分归国留学生的精神顽疾。对于为何厌恶西崽，鲁迅认为"西崽之可厌不在他的职业，而在他的'西崽相'"（鲁迅，2005e：366）。所谓的西崽相，是指那些恃才傲物、欺软怕硬、因自己懂几句洋文就看不起其他同胞的中国人，他们不仅堕落迂腐，还经常为虎作伥、欺压底层民众。鲁迅对西崽相的批判对于今天的中国社会，无疑仍具有重要启示。

老舍是较早关注留学生这一类比较特殊的社会群体的，并描写了以"毛博士""文博士"为代表的"优越肤浅"的知识分子在腐败社会中的卑劣行径。《牺牲》中的毛博士，毕业于哈佛大学，他信奉美国是极乐世界而古老的中国则一无是处的理念，归国后一切按"洋规矩"办事。毛博士"像个半生不熟的什么东西——他既不是上海的小流氓，也不是美国华侨的子孙：不像中国人，也不像外国人。他好像是没有根儿"（老舍，2004：186-187）。老舍将毛博士列为"无根的一代"，但毛博士的"无根"并非是文化乡愁的归属问题，而是在于他的洋派外在追逐与封建精神内里的巨大反差。他打扮得洋派十足，"全份武装"地穿着洋服，总是把"牺牲"二字挂在嘴上。毛博士虽言必称美国的精神、美国人的眼光，但这所谓的美国精神具体所指竟是钢丝床、澡盆和沙发，这真是绝妙的讽刺。毛博士骨子里更是充满"三纲五常""夫为妻纲"的腐朽没落观念，把女人当成泄欲的工具，逼得新婚妻子逃走，最后毛博士因为精神分裂进了精神病医院。《文博士》深入剖析以文博士为代表的知识分子，描写他学成归国后如何迅速堕落于黑暗社会并周旋自如，直指一些知识分子的卑污灵魂，给人以凝重深沉的思考。许地山的《三博士》中的留学博士们，他们都是在西洋"兜售"中国传统文化，回国后再讲授西方文化的，他们加深了中西文化的误读，宣告了现代知识分子精英神话的破灭。

苏雪林的《棘心》，描写女留学生在旧礼教与新学问之间内心的痛苦挣扎和在中西文化冲突中的艰难精神追求。值得注意的是，"棘心"二字也是留学生内心的真实隐喻，反映留学生出国求学的心路历程及精神状态。钱锺书在《围城》中塑造的女留学生相比于《棘心》中的女留学生形象更深刻复杂，留法女博士苏文纨虽然出身书香门第，也在国外学有所成，但回国后却将精力用在情场上的钩心斗角。作者用反讽的手法，深深地刺痛了以苏文纨为代表的留学生，他们虽在国外长期埋首学术，然而归国后却傲慢守旧，

《围城》

将所有心思置于情爱心机中，使其知识分子的文雅端庄气质丧失殆尽。《围城》还告诉我们众多留学回国的知识分子都荒谬无能，例如，对中西文化只会讲鸦片、梅毒，游学多年却学无所成的方鸿渐，伪造学历、内心龌龊、善于招摇撞骗的假洋博士韩学愈，还有优越肤浅、自抬身价的褚慎明……他们只吸收接纳了中西方的文化糟粕。因此，他们归国后要么迅速堕落腐败，忙于钩心斗角，要么尸位素餐、不务正业，辗转于人生的各种围城中身陷牢笼。

《围城》序言写道："写这类人，我没忘记他们是人类，只是人类，具有无毛两足动物的基本根性。"（钱锺书，1997：441）钱锺书用幽默辛辣的语言描绘了一群精神贫乏、不学无术、精神畸形、灵魂卑微的留学群体，进行了深深的讽刺和无情的揭露。《围城》似乎在向人们展示留学人群归国无用论。然而归国无用又能怎么办呢？《去国》中的留学生英士留美 8 年，满腔热血回国欲报效祖国干出一份成绩，却因"国内无事"，回国 1 年后不得不带着失望和绝望同妹妹芳士再次赴美。1919 年《晨报》发表鹃魂的《读冰心〈去国〉有感》，用了第 7、8 版（通常第 8 版是广告）两个版面，表达对"去国"这一现象的震惊与难过。然而去国后无疑还要面对西方文化对弱国子民的轻蔑态度，这似乎成了一个进退两难的困境，的确引人深思。

除留学生形象的塑造外，我们还可以从现代留学题材来关注总结知识分子的留学轨迹困境。从苏雪林的《棘心》到钱锺书的《围城》以及冰心的《去国》，留学知识分子的"出国—归国—去国"的留学轨迹也从侧面反映了知识分子中西文化双向受挫的心路历程。不管是出国、归国还是去国，留学知识分子都似乎无路可走。王德威在《出国·归国·去国——五四与三、四〇年代的留学生小说》一文中指出，留学生出国、归国与去国的行迹，不只显现留学生个人的价值抉择，也暗指了整个社会、政治环境的变迁。归与不归的问题，在以后的数十年仍将是海外学生挥之不去的心结，作家将其付诸文字，也成为中国小说"感时忧国"症候群的特例。也就是说，作为家国想象的象征和隐喻，留学群体的塑造蕴藏着知识分子巨大的乌托邦想象，借助对这一群体形象的观照，作家对特殊时代背景下的中西文化进行了双重反思，暴露了中西方文化冲突下知识分子个体的生存困境。

对留学生的群体批判,源于作家自身的域外留学体验。正如鲁迅对留学日本的"清国留学生"的不屑一般,留学群体在异域留学的不学无术,深深地刺激着现代留学作家的灵魂。季羡林用难以掩饰的气愤语调,在日记中这样写道:"在柏林看到不知道有多少中国学生,每天手里提着照相机,一脸满不在乎的神气。谈话,不是怎样去跳舞,就是国内某某人做了科长了,某某做了司长了。不客气地说,我简直还没有看到一个像样的'人'。到今天我才真知道了留学生的真面目!"(季羡林,1992:38)留学生群体的官僚之气和萎靡享受之风,深深地刺激了季羡林,使之言辞激烈,以至于发出愤慨,批判留学生中没有一个像样的"人"。后来,季羡林在自传《留德十年》中,又将日记中的大段文字"一个字也没有改"地照搬引述,紧接着他还用调侃的口吻说,"我曾动念头,写一本《新留西外史》。如果这一本书真能写成的话,我相信,它一定会是一部杰作,洛阳纸贵,不卜可知。可惜我在柏林待的时间太短,只有一个多月,致使这一部杰作没能写出来,真要为中国文坛惋惜……"文末又补上一句:"我不喜欢柏林,也不喜欢这里那些成群结队的中国留学生。"(季羡林,2015:42-43)足见,当时在德留学群体的言行举止及精神面貌着实糟糕透顶。

实际上,以现代留学作家群为代表的走向世界的中国作家,他们用自强、勤奋的努力奋发著书,克服经济拮据、情感压抑、身体疾病等问题,在文学革命、学科建设,新观念、新方法的引进,新媒介与青年培育,报刊与文学社团创办中,在中国古典文化向现代文化转型中,在中西文化交流方面都发挥了独一无二的巨大作用。"世界上不同国家民族的自我想象与自我认同,总是在与特定他者形成的镜像关系中完成的。"(周宁,2007:1)现代留学群体及其异域体验,对留学生形象的塑造与多重书写都是在"自我"与"他者"的相互对照中建构的,他者视角下的留学生也是群体自身的映射,对作品中的"自我群体"的

季羡林《留德十年》

批判和讽刺,也是督促鞭策自己的一剂猛药。对留学生形象的批判与反思,正是现代留学作家群以个人遭际和体验的形式迅速而直接地表现当时积弱贫瘠的中国走向世界的民族境遇和心态隐喻。实际上,像鲁迅、陈寅恪、傅斯年、钱

锺书、季羡林这样的留学精英，即便在庞大的留学群体中远非大多数，但依然像一束光照亮了现代中国。

二、当代海峡两岸的留学生文学

现代留学作家群在文学史上留下了现代中国社会转型期中重要的精神记录。他们笔下的以留学生活为题材的创作，尽管在描写留学生活、思想、情感等方面各具特色，但作品中的留学生多是被鄙夷批判的对象。可以说，近现代的中国留学生形象，是在文化碰撞与地理位移所交织的时代语境中被留学、游学作家的海外书写共同塑造的。近现代留学作家群"别求新声于异邦"，是为了"师夷长技以制夷"，这就决定了出国只是暂时的羁留域外。短暂羁留的过客心态与留学报国的民族梦想，使现代留学作家群笔下的海外叙述呈现出突出的共性特点，即对中国留学生的群体批判，这种批判意识和反思精神具有思想启蒙和超越时空的现实意义。然而，对留学生的群体批判是基于从民族、国家意识出发忽略了留学生个体情感的复杂性与多元性，造成了对留学生形象的扁平化叙述，从某种程度上遮蔽了留学生文学本身所应具备的复杂性和丰富性，限制了留学生文学的发展。

20世纪60年代后，我国台湾地区出现了去欧美学习的大潮，涌现了一批相关的文学创作。於梨华是此类文学的开山鼻祖。她的小说《又见棕榈，又见棕榈》成功地塑造了牟天磊、佳利、邱尚峰、意珊等人物形象，尤以博士牟天磊的形象最为突出。牟天磊在去美国之前，勇敢鲁莽而又富有朝气，到美国六七年后才拿到一个博士学位，这是他透支全部青春才换来的。他内心寂寞、痛苦又迷惘。牟天磊曾经的勇气在这种寂寞与苦闷中被层层剥落，这种无形的苦闷便是一种感觉——"我是一个岛，岛上都是沙，每颗沙都是寂寞"（於梨华，1984：92）。他回台湾后接触到的亲朋好友都普遍存在与他相似的寂寞与苦闷，当他看到深深扎根的棕榈树时，幡然醒悟："Gertrude Stein（格特鲁德·斯坦）对海明威说你们是失落的一代，我们呢？我们这一代呢，应该是没有根的一代了吧？"（於梨华，1984：113）牟天磊意识到原来失根的痛苦是一切寂寞和苦恼的总根源。

於梨华借鉴欧美近现代小说技巧，运用"断碎的时间顺序""元小说""意识流""象征主义"等方法，对故事展开的时间和空间做了精心的安排，真切地写出了一代人只能回忆过去却无法享受当下，空茫地面对未来的苦闷寂寞心态。牟天磊"无根"的失落心理，是新一代留居海外的学子普遍迷惘和孤寂的心理。这种无根的苦恼和思乡怀乡之情，曾紧紧地裹着於梨华的心，令她无法释怀："别问我为什么回去。为什么回去与为什么出来，是我们这个时代的迷惑。"（於梨华，1980：1）《又见棕榈，又见棕榈》便染上了这种无根之痛的色调，弥漫着这种时代的苦闷。於梨华敏感地捕捉到了时代心理，通过牟天磊这个艺术形象，率先反映了一代人的普遍心理。"失根"的苦闷心理也为"寻根"和"归根"埋下了伏笔。於梨华后来写的《屏风后的女人》《一个天使的沉沦》更多地表现出她对在美国落地生根的现实生活和中西文化的切实思考，既关注女性生存境遇，又着重描写"第一代移民"与他们的父母及儿女对中西文化的不同抉

《又见棕榈，又见棕榈》

择。《在离去与道别之间》讲述发生在美国高等学府里的男男女女之间的爱恨情仇，故事被作者展现得淋漓尽致：同事间的冲突、家庭的纠纷、爱情的纠葛、友情的考验、人性的揭示等，这一切令故事丰富耐看，情节高潮迭起。

对于20世纪60年代从我国台湾到美国学习的学生的异域体验，白先勇也感同身受。他曾写道："别人出国留学，大概不免满怀兴奋，我却没有。我只感到心慌意乱，四顾茫然。头一年在美国，心境是苍凉的，我到美国后，第一次深深感到国破家亡的彷徨。"（白先勇，2015：314）这些思想情绪都是相当消极的，可见白先勇这一时期的悲凉心境，一方面他对西方文化极不适应，另一方面他也承受着漂泊无根的痛苦。白先勇创作的《芝加哥之死》中的留美博士吴汉魂的留学生活，是作者个人在美国生活的写照。吴汉魂憧憬着西方文化，大学毕业后辞别年迈的母亲和深爱的恋人，只身一人到美国追求梦想，在芝加哥大学攻读外国文学硕士及博士学位，他苦读六年经受了极度贫乏艰苦的物质生活，女友与他分手、母亲病逝使他精神上的支柱也完全倒塌。当一个灵魂没

有了精神依靠，失去了精神支柱，必定会导致无法排遣的苦闷。后来他终于等到毕业，"六年来的求知狂热，像漏壶中的水，涓涓汩汩"，"流尽最后一滴"，进而他联想到莎士比亚的悲剧，"生命是痴人编成的故事，充满了声音与愤怒，里面却是虚无一片"，他走投无路，只能选择一死了之（白先勇，2015：245-246）。

正如有学者所言，"这一代留学生们的漂泊感和被放逐感，不仅是指国度，更是指精神；不仅是指种族，更是指文化"（尉天骢，2003：39）。白先勇创作的"纽约客"系列中的人物，包括《谪仙记》中的留美女学生李彤、《芝加哥之死》中的吴汉魂，他们去美国之前都憧憬着西方文化，对留学生活满怀希望，但到了美国后他们才发现，留美华人遭遇的种族歧视、文化冲突，使他们无法进入美国的主流社会，只能游离于美国社会的边缘，中西文化的巨大冲击使他们在矛盾冲突中既排斥着西方文化，又无法认同母体文化。这一代人既无法融入美国文化，又与中国文化疏离，这种疏离感仿佛成为失根的一代人无法逃避的宿命。

查建英（小查）、曹桂林、周励等，都是我国留学生文学创作的中坚力量，他们创作的《冰河下的丛林》《北京人在纽约》《曼哈顿的中国女人》等作品，着意表现我国留学生为了生存和发展而做出的努力抗争，这些抗争者既有王启明、朱利亚等扬眉吐气的成功者，也有李怀冰等落寞的失败者，在留学生群体中引起了不同程度的共鸣，显示了民族意识和理性精神的强烈觉醒。1987年由留学作家、留美学者组成的"晨边社"，在美国纽约举行了一场讨论会。他们在讨论会上不仅专门提出了"留学生文学"这一概念，还对"留学生文学"做了回顾和比较。他们认为，留学生作品不管在现代中国文学中，还是海外华文中，都占有相当大的数量，"留学生文学"的兴衰折射着中国文学世界化与现代化的历程，有着不同于其他文学的特殊意义（江曾培，2014）。这个座谈会与上海座谈会在关于留学生与留学生文学的问题上达成共识，为留学生文学及其研究带来新的契机和活力。

与"五四"时期的留学作家相比，20世纪60年代至80年代的留学生，其负笈远游呈现了明显的时代印记和精神风貌，他们自求生存的困难更多，他们所面临的中西文化的冲突更猛烈，生活境遇的差异更为悬殊。以鲁迅、胡适、郭沫若、郁达夫为代表的现代留学作家群，他们多为公费留学生（如庚子赔款的官费留学生），在国外留学只是"师夷长技"或他者眼中的"镀金"，他们在国外只是过客，官费留学使其在基本生活费用上有起码的保障，即使经历种族歧视、文化轻视，他们依然能学成归国受人仰慕。而20世纪60年代至80年代的留学生，他们不可能像胡适、徐志摩、鲁迅、季羡林、陈寅恪那样充满文化自信，他们也不可能奢望像胡适那样成为大学教授。可见，"异域过客"式的留学心态与"欲落地生根"式的留学心态二者在求学的出发点上有根本分歧，滋生了国家输出与个人输出在身份建构与文化认同上的不同本质的内心冲突。

20世纪60年代至80年代的留学生，出国留学面临的生存状态十分窘迫。作为自费留学生出国费用基本靠借贷，而出国后又面临学费缴纳、婚恋养家等诸方面的生存困境。20世纪80年代留学生作品所反映的曲折传奇的留学生活都是作家留学现实的真实写照。他们与西方生活、观念及文化上的隔阂使他们在人类、社会、人性诸方面寻求融汇、沟通却无法找到质的突破，这成为作家笔下代表留学生形象痛苦的症结所在。另外，留学群体经济基础的薄弱使他们第一要务是求生存，一定程度上束缚了他们文学创作上的持续健康发展。

三、当代新移民作家群的跨文化书写

现代留学作家群的文化姿态是"师夷长技以制夷"，留学欧美、日本是为了学习西方先进的文化和技术，是为了"开民智"，他们以"振兴中华，报效祖国"为己任。因此，他们大多以启蒙者的姿态对国民的劣根性予以猛烈的批判，唤起国民的觉醒，故他们的探索是自觉的，也是上升到利国利民的决心和抱负的。而当代留学作家群，他们的求学本身是"个体化""私人化"的意愿，他们的第一要务是解决生存的难题，之后才能有发展的可能，这就决定了他们不可能站在国家或集体的角度去创作，只能是以边缘化的文化姿态发声，不得不先在"小我"的圈子中忙碌。在文化认同上，现代留学作家群大多采用"拿来主义"策略，对西方文化认同感极强，他们要借鉴利用一切先进的西方文化资源来建构新文化、新文学，甚至不惜一切"照搬西方"。而当代留学群体，不管是已经定居海外的外籍华人作家，还是依然海外漂泊的中国籍公民，他们的精神之根仿佛很难扎根于异国文化的土壤中。他们仍然会陷于种种困境中，如寻梦的失落、无根的幻灭、生根的艰难、扎根的矛盾、情感的纠葛等都会萦

绕在他们的心头，文化归宿问题、生活民俗的融合问题都困扰着他们，似乎不管做出什么选择，他们都是"精神的流浪者"，短暂的思乡似乎只能蜕变为"永久的怀乡"。

随着时间的推移，越来越多的留学生结束求学生涯，他们中的不少人从"留学生"的身份转换到"学留人"。相比留学生，学留人已有一定的经济基础，异域生活和环境得到较好适应，人际关系和语言都比较圆熟。长期的中西文化的浸润，开阔了他们的文化视野，落地生根的精神诉求使得他们以更包容的文化姿态，在文化冲突中自觉寻求文化融通的可能，将文学创作的过程转化为建构文化身份认同和重建文化自信的过程。新移民作家具备比较开放、平和的文化心态，这种文化心理的调适造成了相应的文学形象的变化。于是，20世纪90年代的海外华文文学出现了题材多元化、风格多样化及网络媒体多重化的新趋向。

严歌苓在20世纪90年代也创作了一批留学生、移民题材的作品，她笔下的留学生叙事不同于於梨华和白先勇笔下主人公"无根"痛苦的情绪叙事，也不同于查建英等作家笔下主人公作为"边缘人"努力挣扎的"冷静叙事"，而是体现出对多元文化的包容和对人性探寻的洒脱叙事（刘俊，2000）。《少女小渔》中的主人公小渔为了绿卡与意大利老头假结婚，在假结婚期间小渔基于人性的关怀，对意大利老头的生活多有照顾。原本"渗透贫穷的骨肉中不存在慷慨"、只知道醉酒等死的无赖老头，被小渔的善良打动，在小渔的感化下悄然发生了一些变化，而男友江伟却无法理解女友小渔对无赖意大利老头的关心（严歌苓，2011：15）；《抢劫犯查理和我》中的"我"为了逃避留学生活面临的经济压力，甘愿与没有感情的男友结婚，希望通过嫁人来改变艰苦的现实生活，哪怕需要忍受麻木的婚姻，然而故事最后竟然是男友查理对"我"的抢劫，这种欧亨利式的结尾再次让人反思人性的飘忽不定与难以捉摸；《无出路咖啡馆》中的白人外交官安德烈对留学生"我"一见钟情，为了生计"我"可以与他结婚，过上让人艳羡的生活，但因为遭遇种族歧视，"我"毅然与其分手，重新回到孤苦的境遇。其他如《也是亚当也是夏娃》中的伊娃、《女房东》中的老柴、《阿曼达》中的杨志斌等都是这样一群努力适应西方文化却终因文化隔膜或矛盾复杂的心理而选择逃离触手可及的新生活的人。严歌苓在塑造这些人物形象时，经常将他们置于社会、家庭、个体精神的多重困境中，让他们接受人性的拷问，极力阐释人性的隐秘和复杂。正是因为人性的隐秘、复杂与不确定性，她笔下的留学生、移民的性格具有多样性，人物形象呈现极大的张力，由此作品触摸到的人性也更具深刻性。

严歌苓及其作品《扶桑》

严歌苓笔下的《扶桑》是从第五代移民"我"的角度，穿越百年的历史时空，聚焦19世纪末的旧金山的唐人街，审视描写漂洋过海的第一代移民在异域的悲惨生活，塑造了地母式的扶桑形象。不论经历怎样的磨难与不幸，扶桑总是以谜一样的微笑对待生活的苦难。作者用细腻的笔触、独特的女性视角和观照方式，塑造了一个温顺驯良、逆来顺受，甚至有些麻木愚昧的复杂的女性形象。扶桑的受难身体象征着当时被侮辱与被损害的中国，以白人克里斯为代表的西方基督徒欲拯救扶桑所代表的东方受难女性，而扶桑最后却选择了嫁给即将上绞刑架的大勇，拒绝了白人克里斯，因为扶桑需要的是爱与尊重，并非同情与怜悯。作者力图通过扶桑形象的塑造，努力摆脱东方化的俗套，然而由于所用材料皆为西方对早期移民的史料记载，所以其结果却不可避免地陷入了"自我东方化"的怪圈。

张翎笔下的《金山》是一部反映移民生活的力作，取材于19世纪下半叶，讲述广东开平村村民方得法及其后代跨洋过海去加拿大追寻黄金梦的故事，展现了在海外的中国人艰难创业的血泪史，是一部史诗型巨著。男主人公方得法

张翎及其作品《金山》

及其后代在加拿大所遭遇的悲惨人生,展现了方家四代人因遭受种族歧视而导致在文化身份认同上的焦虑及对个体身份的价值追寻,真实地再现了近代以来中国及中国人走向世界的艰难历程。小说传奇般的故事穿插着中、加两国各自的社会重大事件,包括两次世界大战、排华排日事件、征收人头税、百日维新、辛亥革命、中日之战、土地改革,以及经济全球化等。小说开头,艾米作为方家第五代人,为了完成母亲方延龄的嘱托,来到了祖先居住过的开平,开启了自己身世和家族的那扇历史之门,最后的结局是艾米终于找回了一个属于她却几乎被她丢弃了的世界。作者由此建构了一种新的文化想象,回归本族文化并引进异族文化,使多种文化身份属性并存,实现文化身份的世界性(徐榛,2018)。作者注重个体生命意识多向度的书写,力求从宏大历史的褶皱中发掘个体的情感体验,在超越种族、国别和时空的界限中搭建起中西文化沟通的桥梁,凸显人类共通的心灵经验和情感认同。

20 世纪 90 年代以来的新移民作家群与现代留学作家、20 世纪 60 年代至 80 年代的海峡两岸留学作家相比,同样需要面对解决中西文化的巨大差异的难题,他们在时空的位移和身份的转换中接受、理解并吸收异质文化,用细腻的笔触将对文化与人性的深入思考诉诸文字。他们笔下的留学生和移民书写一方面表现了对异质文化的理解包容和努力适应,另一方面也表现了在异质文化的碰撞中对人性复杂幽深的探微。以严歌苓、张翎为代表的新移民作家,在出国前就已经是知名作家,移民之后及时学习、借鉴西方新的叙事技巧,大胆进行各种叙事实验,以新移民的眼光重审中西文化,在东西方多元文化的碰撞中不断吸收营养,在异质文化的差异中以理解、包容的姿态涵纳多元文化,从而开拓了东西方文化之间的深层对话,以广阔的文化视野和开放的文化心态,关注移民生活,回望故园历史,在历史与现实、现实与理想中书写中国故事,从而开辟了一条充满希望的文学探索之路(张栋辉,2011)。

当代海外华文文学处于东西方文化的交汇点上，东西方文化的交汇对新移民作家来说是一把双刃剑。於梨华、白先勇、严歌苓等众多华文作家笔下的中国故事见证了从留学生文化到移民文化的转变轨迹，从离散到回归体现了文化认同的自觉性与渐变性，以及从文化怀乡到文化返乡的心路历程。他们在较大程度上依然认同中国传统文化，出国后由想用英文写作变为还是用中文进行创作。这种"文化返乡"现象，是经历了"文化移乡"后的"文化返乡"，他们对西方文化的认同经历了动态演变的过程，乡愁也一直在以不同的形式续写。正如陈瑞琳所说，留学生文学（新移民文学）有其意义，但要变成很伟大的作品，确实也很难：就像一颗石头扔进水里，只能激起些浪花，却不能掀起汹涌的波涛（陈瑞琳，2014）。期待新移民文学经过一代代新移民的艰苦奋斗和不断探索，用丰富的生活素材和深刻的生命体验，以历史的使命感与责任感，书写新移民的新生活，挖掘新移民的深层文化心理，建构独树一帜的新移民文化园地，从而奠定其独特的历史地位。

结　　语

　　类似于当年"敦煌学"的崛起，如今"丝路学"也是呼之欲出，研究"丝路文学与丝路文化"应当是其题中应有之义。而这方面的研究还处于刚刚起步阶段，因此，本书实为初探性质的成果，带有探路和尝试的性质。

　　众所周知，古代陆上丝绸之路是一条横贯亚欧大陆的贸易和文化通道，在这个特定的地理文化空间产生的文学艺术是人类重要的精神文化遗产。在当今时代背景及文化语境中深入讨论"丝路文学与丝路文化"这一话题可谓恰逢其时，二者的关联及意义确实耐人寻味。本书是在"一带一路"文化构想的背景之下，主要以中国境内现代以来以丝路为题材或丝路沿途及周边的文学作品为研究对象，包括陆上丝路文学（简称"陆丝文学"）和海上丝绸之路文学（简称"海丝文学"）来进行研究探讨的。本书在努力界定一些相关概念的基础上，尽量理清研究思路，建构好一个研究框架。其研究思路是：既要回到历史文化语境对丝路文学进行历史分析或纵向考察，又要具有强烈的当代意识，对古今丝路文学进行现实分析或横向考察。比如进入经济"新常态"，跨进"新时代"，我们仍然难忘自古以来曾长期经历的艰难探索，这就需要适当地回顾历史：历史上的"丝绸之路"，本质上也是"创业之路"，而当代"丝路文学"也继承了这个优良传统，相应地体现了这种在开拓探索中艰苦创业的丝路精神。本书既注重丝路文学研究体系的建构，又试图通过文本分析深入其内部多元共生的文学形态。

　　本书把研究对象从古代丝路文学拓展到现当代丝路文学创作，并主要研究的是文化视域中的中国现代文学，在客观上扩大了丝路文学研究的边界和范围，有利于完善丝路文学的研究体系，由此也体现了学术研究的现代意识。丝路既是一个实体的空间存在，又是一个具有延展性的文化符号，现代以来丝路沿途的文学创作也必然会打上丝路文化的历史烙印，并成为建构丝路文化的重要组成部分。本书一方面对丝路文学进行纵向历史脉络的梳理，另一方面通过横向比较，提炼归纳现当代丝路文学的时代特征和精神品格，弥补了目前丝路文学研究现当代部分的缺失。

本书从丝路文化的角度研究丝路文学，重点分析丝路文化与丝路文学所呈现的开放性和多元性特征。目前从地域角度对丝路文学的研究，多呈现出局部性和碎片化的特征，即多是针对丝绸之路上某一特定地域文学异质性的研究，而缺乏一种宏观整体的研究视野。本书把广义的丝路沿途的文学创作看作一个整体的文学现象，既考察丝路文学的共性，又通过文本分析指认其内部所呈现的多元性，纠正了当前地域文学研究在思路上封闭性的偏狭。

本书在"一带一路"倡议不断推进的时代背景上，着重对现当代中国丝绸之路的文化与文学书写进行比较系统的梳理，挖掘和激活丝路文化、丝路文学遗产，为推进传统文化与文学的传承与创新、提升中国文化软实力和国际影响力奉献绵薄之力。本书涉论了陆丝文学和海丝文学的诸多方面，采取点面结合、问题导向的论述方式，努力将相关话题逐渐引向深入，倘能为那些关注丝路文化、文学现象的人们提供一些线索和思路，尤其是对相关现象有探索兴趣的学人有所启发，那也就有了抛砖引玉的可能。

笔者真诚期望"一带一路"伟业更加兴旺发达，丝路文化和文学不断发展，相关的各类研究也能取得更多新的成果。由此也希望能为现代"新国学"大格局中的"丝路学"建构增砖添瓦。

参考文献

阿不都哈力克·维吾尔. 1980. 阿不都哈力克·维吾尔诗集. 乌鲁木齐：新疆人民出版社.
阿英. 1979. 小说三谈. 上海：上海古籍出版社.
艾斐. 1989. 论陕北题材文学. 延安大学学报（社会科学版）（01）：36-40.
爱德华·W·萨义德. 2003. 文化与帝国主义. 李琨译. 北京：生活·读书·新知三联书店.
白海珍，汪帆. 1989. 文化精神与小说观念. 石家庄：河北人民出版社.
白吉尔. 2005. 上海史：走向现代之路. 王菊，等译. 上海：上海社会科学院出版社.
白居易. 1992. 白居易集. 长沙：岳麓书社.
白先勇. 2015. 寂寞的十七岁. 2版. 桂林：广西师范大学出版社.
白振声. 1984. 周穆王西游. 中国民族（11）：40-41.
班固. 2006. 汉书. 西安：太白文艺出版社.
包亚明. 2003. 现代性与空间的生产. 上海：上海教育出版社.
冰心. 1994a. 冰心全集（第2卷）. 福州：海峡文艺出版社.
冰心. 1994b. 冰心全集（第1卷）. 福州：海峡文艺出版社.
冰心. 1994c. 冰心全集（第3卷）. 福州：海峡文艺出版社.
曹道衡，沈玉成. 1991. 南北朝文学史. 北京：人民文学出版社.
岑参. 1981. 岑参集校注. 陈铁民，侯忠义校注. 上海：上海古籍出版社.
《辞海》. 1980. 上海：上海辞书出版社.
昌耀. 2000. 昌耀诗文总集. 西宁：青海人民出版社.
陈诚. 1991. 西域行程记 西域番国志. 周连宽校注. 北京：中华书局。
陈定家. 2004. 全球化与身份危机. 郑州：河南大学出版社.
陈高华，吴泰，郭松义. 1991. 海上丝绸之路. 北京：海洋出版社.
陈赓雅，黄海阔. 2004. 略论近年乡村小说乡土意识的变化与矛盾. 当代文坛（04）：17.
陈赓雅. 2002. 西北视察记. 兰州：甘肃人民出版社.
陈平原，王德威. 2005. 北京：都市想象与文化记忆. 北京：北京大学出版社.
陈瑞琳. 2014. 海外星星数不清：陈瑞琳文学评论选. 北京：九州出版社.
陈寿. 2014. 三国志. 北京：北京时代华文书局.
陈思和. 2000. 试论90年代台湾文学中的海洋题材创作. 学术月刊（11）：91-98.
陈桃霞. 2013. 20世纪以来中国文学中的南洋书写. 武汉：武汉大学博士学位论文.
陈婉娴. 2007. 舒婷大海组诗的思想艺术特色. 广西社会科学（03）：113-116.
陈万灵，何传添. 2014. 海上丝绸之路的各方博弈及其经贸定位. 改革（03）：74-83.
陈炎. 1982. 略论海上"丝绸之路". 历史研究（03）：161-177.
陈炎. 1996. 海上丝绸之路与中外文化交流. 北京：北京大学出版社.
陈寅恪. 1997. 唐代政治史论稿. 上海：上海古籍出版社.
陈永正. 2001. 中国古代海上丝绸之路诗选. 广州：广东旅游出版社.

陈支平. 2016. 关于"海丝"研究的若干问题. 文史哲（06）：92-98，164.
陈忠实. 1990. 灞桥区民间文学集成·序//程瑛主编. 灞桥区民间文学集成. 西安：灞桥区民间文学编委会.
陈忠实. 1993. 关于《白鹿原》的答问. 小说评论（03）：7.
陈忠实. 2001. 走出白鹿原. 西安：陕西旅游出版社.
陈忠实. 2006-06-18. 陈忠实熊召政畅谈"文人书画". 三秦都市报.
陈忠实. 2008. 白鹿原. 北京：文化艺术出版社.
池田大作. 1996. 佛法·西与东. 成都：四川人民出版社.
《穿越海上丝绸之路》节目组. 2017. 穿越海上丝绸之路. 北京：中国财政经济出版社.
春随. 2000. 留西外史//《中国留学生文学大系》编委会编. 中国留学生文学大系·近现代小说卷. 上海：上海文艺出版社：261-326.
崔磊. 2015. 旅行与爱国：抗战时期国族观下的旅行书写与甘宁青少数族群的国家认同//黄贤全，邹芙都主编. 中国史全国博士生论坛论文集. 重庆：重庆出版社：404-426.
德·斯太尔夫人. 1981. 德国的文学与艺术. 丁世中译. 北京：人民文学出版社.
邓刚. 1983. 尽力写出"鲜味"来. 小说选刊（12）：72-74.
邓刚. 1984. 迷人的海：邓刚中短篇小说选. 沈阳：春风文艺出版社.
邓刚. 1985. 龙兵过. 北京：中国文联出版公司.
邓刚. 2007. 蛤蜊搬家. 上海：上海人民出版社.
邓刚. 2015. 海的味道. 天津：百花文艺出版社.
丁帆. 1997. 二十世纪中国地域文化小说简论. 学术月刊（09）：44.
丁宏，张国杰. 2002. 百年中国穆斯林. 银川：宁夏人民出版社.
丁玉柱. 2011. 海洋文学知多少. 北京：中国时代经济出版社.
杜秀华. 1985. 碧野研究专集. 武汉：长江文艺出版社.
杜瑜. 2000. 海上丝路史话. 北京：中国大百科全书出版社.
段汉武. 2009.《暴风雨》后的沉思：海洋文学概念探究. 宁波大学学报（人文科学版），22（01）：15-19，139.
法显. 1995. 佛国记注译. 郭鹏注译. 长春：长春出版社.
范耀华. 2007a. 走向城市：乡村小说的一种叙述主题. 文艺争鸣（02）：137-141.
范耀华. 2007b. 论新时期以来"由乡入城"的文学叙事. 上海：华东师范大学博士学位论文.
范晔. 2006. 后汉书. 北京：中华书局.
方铭. 1984. 茅盾散文选集. 天津：百花文艺出版社.
方汝浩. 1988. 东游记. 杭州：浙江古籍出版社.
方艳. 2016.《穆天子传》的创作意图与文本性质. 文学评论（01）：40-41.
房玄龄注. 刘绩补注. 刘晓芝校点. 2015. 管子. 上海：上海古籍出版社.
冯建华，沙敏林. 2015. 形势与政策. 南京：南京大学出版社.
冯天瑜. 2013. 中国文化生成史（上册）. 武汉：武汉大学出版社.
冯玉雷，冯雅颂. 2018. 新时期敦煌文学的建构与发展. 兰州大学学报（03）：192.
傅德岷，卢晋. 2008. 中华诗词名句鉴赏辞典. 上海：上海科学技术文献出版社.
伽达默尔. 1987. 真理与方法. 王才勇译. 沈阳：辽宁人民出版社.

高建群. 2003. 胡马北风大漠传. 上海：东方出版中心.
高良佐. 2003. 西北随轺记. 兰州：甘肃人民出版社.
巩珍. 1982. 西洋番国志. 向达校注. 北京：中华书局.
姑丽娜尔·吾甫力. 2010-2-5. 鲁迅与20世纪维吾尔族知识分子的文化认同. 中国民族报，7.
顾宏义，李文整理标校. 2013. 宋代日记丛编（三）. 上海：上海书店出版社.
顾惠根，梁富伟. 2007. 著名海洋作家陆俊超船长. 航海（01）：1.
关里爷. 1993. 热什哈尔. 杨万宝等译. 北京：生活·读书·新知三联书店.
郭茂倩编撰. 1998. 乐府诗集. 上海：上海古籍出版社.
郭沫若. 1925. 文艺论集. 上海：上海光华书局.
郭沫若. 1992. 郭沫若全集（文学编第十二卷）. 北京：人民文学出版社.
郭沫若. 2000. 女神. 北京：人民文学出版社.
郭璞注. 1989. 山海经. 上海：上海古籍出版社.
郭璞注. 郝懿行笺疏. 沈海波校点. 2015. 山海经. 上海：上海古籍出版社.
郭少棠. 2005. 旅行：跨文化想象. 北京：北京大学出版社.
国家文物局. 2014. 海上丝绸之路. 北京：文物出版社.
海子. 1995. 海子的诗. 北京：人民文学出版社.
韩高年. 2016-2-29. 丝路文学研究的时空维度. 中国社会科学报.
贺敬之. 2016. 史铸创业艰//董颖夫，邢小利，仵埂编. 柳青纪念文集. 西安：西安出版社.
贺仲明. 2016. 退却中的坚守与超越：论张炜的近期小说创作. 文学评论（02）：204-211.
蘅塘退士编选. 2014. 唐诗三百首. 马东瑶译注. 陶文鹏审读. 北京：北京师范大学出版社.
红柯，杨梦瑶. 2014. 西域给我换了一双内在的眼. 时代文学（05）：96-97.
红柯. 2001a. 金色的阿尔泰. 石家庄：花山文艺出版社.
红柯. 2001b. 跃马天山. 武汉：长江文艺出版社.
红柯. 2002a. 敬畏苍天. 上海：上海人民出版社.
红柯. 2002b. 西去的骑手. 昆明：云南人民出版社.
红柯. 2013. 喀拉布风暴. 重庆：重庆出版社.
红柯. 2015. 少女萨吾尔登. 北京：北京十月文艺出版社.
红柯. 2016. 狼嗥红柯中短篇小说集. 西安：陕西师范大学出版社.
红柯. 2017-8-17. 红柯：西北之北——《绚烂与宁静》绪论. http://www.sohu.com/a/231169466335965[2019-10-25]
红柯. 2018a-5-10. 追寻西去的骑手，发现丝路的红柯. https://www.sohu.com/a/231169466_335965 [2018-12-23]
红柯. 2018b. 太阳深处的火焰. 北京：北京十月文艺出版社.
洪迈. 1996. 夷坚志. 重庆：重庆出版社.
洪三泰. 2014. 诗文梦影. 广州：广东人民出版社.
胡河清. 1994. 灵地的缅想. 上海：学林出版社.
胡适. 1918-10-15. 文学进化观念与戏剧改良. 新青年（05）：4.
黄伯樵. 1936. 导游与爱国. 旅行杂志（10）：18.
黄平. 2014. 为天地立心. 广州：广东人民出版社.

黄启臣. 2003. 广东海上丝绸之路史. 广州：广东经济出版社.
黄人影. 1985. 当代中国女作家论. 上海：上海书店.
黄维樑. 2015. 观沧海激起浪花：《中国海洋文学史话》序//张放. 海洋文学简史：从内陆心态出发. 成都：巴蜀书社：1-6.
黄勇. 2007. 唐诗宋词全集（第 2 册）. 北京：北京燕山出版社.
黄震. 1986.《黄氏日钞》卷四七《史感》//中国大百科全书·中国文学. 北京：中国大百科全书出版社.
黄子平，陈平原，钱理群. 2003. 论"二十世纪中国文学"//王晓明主编. 二十世纪中国文学史论. 上海：东方出版中心.
慧立和彦悰. 2000. 大慈恩寺三藏法师传. 北京：中华书局.
纪晓岚著，郝浚，等注. 1991. 乌鲁木齐杂诗注. 乌鲁木齐：新疆人民出版社.
纪昀. 2014. 阅微草堂笔记译注. 上海：上海三联书店.
纪宗安. 1994. 丝绸之路与中西经济文化交流. 暨南学报（哲学社会科学版）（03）：67-75
季羡林. 1955. 中国蚕丝输入印度问题的初步研究. 历史研究（4）：51-94.
季羡林. 1987. 中印智慧的汇流//周一良主编. 中外文化交流史. 郑州：河南人民出版社:138-189.
季羡林. 1992. 留德十年. 北京：东方出版社.
季羡林. 2005. 校注《大唐西域记》前言//林洁选编. 季羡林名篇佳作. 北京：东方出版社：300.
季羡林. 2010. 季羡林全集（第 17 卷）. 北京：外语教学与研究出版社.
季羡林. 2014. 季羡林日记：留德岁月（第 1 卷）. 南昌：江西人民出版社.
季羡林. 2015. 留德十年. 上海：华东师范大学出版社.
贾鸿雁. 2006. 民国时期游记图书的出版. 广西社会科学（01）：106-108.
贾平凹. 1985. 平凹文论集. 西宁：青海人民出版社.
贾平凹. 1993. 废都. 北京：北京出版社.
贾平凹. 1998a. 封面人语. 小说月刊（07）：12.
贾平凹. 1998b. 贾平凹文集（第 12 卷）. 西安：陕西人民出版社.
贾平凹. 2006. 白夜. 沈阳：春风文艺出版社.
贾平凹. 2008a. 丑石. 北京：人民文学出版社.
贾平凹. 2008b. 怀念狼. 北京：人民文学出版社
贾谊. 1937. 新书. 上海：商务印书馆.
贾植芳. 1991. 中国留日学生与中国现代文学. 山西师大学报（社会科学版）（04）：38-47.
江曾培. 2014. 回眸出版岁月. 小说界（03）：38-68.
江西师院中文系选注. 1979. 历代散文选注. 南昌：江西人民出版社.
蒋蓝. 2013-08-26. 邓刚：海是我的血，也是我的墨. 成都日报，13.
蒋翔鹏. 2017. 管子. 杭州：浙江大学出版社.
鞠熙. 2013. 圣地之"圣"何来. 世界宗教研究（05）：186.
峻青. 1978. 海啸：第二章 封锁线上. 山东文学（06）：36-47.
峻青. 1981. 海啸. 北京：中国青年出版社.
柯岩，王永乐. 2012. 古今中外文学名篇拔萃：中国短篇小说卷（下）. 青岛：青岛出版社.
孔子及其弟子. 崇贤书院注释. 2017. 论语. 北京：北京联合出版公司.

老舍. 2004. 老舍小说全集（第10卷）. 武汉：长江文艺出版社.
老舍. 1999. 老舍文艺论集. 张桂兴编注. 济南：山东大学出版社.
雷达. 2002. 思潮与文体：20世纪末小说观察. 北京：人民文学出版社.
李东芳. 2006. 从东方到西方 20世纪中国大陆留学生小说研究. 北京：中国文联出版社.
李继凯, 李国栋. 2016. 茅盾与中国大西北的结缘. 社会科学辑刊（05）：172-176.
李继凯. 1996. 大师茅公与秦地文学. 陕西师范大学学报（哲学社会科学版）（3）：74-80.
李继凯. 1997. 秦地小说与"三秦文化". 长沙：湖南教育出版社.
李继凯. 2003. 文化习语与西部文学. 唐都学刊（01）：48-51.
李继凯. 2013. 秦地小说与"三秦文化". 北京：商务印书馆.
李继凯. 2014-02-21. 柳青的"创业文学". 文艺报.
李继凯. 2015. 彰显生命"正能量". 东亚汉学研究（年刊，日本）.
李继凯. 2016. 论当代创业文学与丝路文学. 湖南师范大学社会科学学报（01）：120-125.
李继凯. 2017. "文化磨合思潮"与"大现代"中国文学. 中国高校社会科学（05）：147-154，159.
李建彪. 2006. 绝域产生大美：访著名作家红柯. 回族文学（03）：71-75.
李建军. 1993. 一部令人震撼的民族秘史. 小说评论（04）：34-38.
李军. 1992. 序——沉痛悼念路遥同志//路遥. 早晨从中午开始. 西安：西北大学出版社：3-8.
李明伟. 1997. 丝绸之路贸易史. 兰州：甘肃人民出版社.
李欧梵. 2005. 未完成的现代性. 北京：北京大学出版社.
李庆新. 2016. 海上丝绸之路. 合肥：黄山书社.
李汝珍. 2017. 镜花缘. 北京：人民教育出版社.
李生滨. 2004. 展现生命诗意和大地浪漫的文学：关于张炜创作的回眸与述评. 当代文坛，（04）：50-52.
李松岳. 2009. 观念更新与海洋文学创作. 宁波大学学报（人文科学版）（01）：20-24.
李怡. 2009. 日本体验与中国现代文学的发生. 北京：北京大学出版社.
李勇, 红柯. 2009. 完美生活, 不完美的写作：红柯访谈录. 小说评论（06）：27-30.
李云良. 1997. 海之魂. 北京：中国青年出版社.
李振坤. 1994. 鲁迅与少数民族文化. 乌鲁木齐：新疆美术摄影出版社.
李震. 2001. "陕军"没有"冲A"实力//惠西平主编. 突发的思想交锋：博士直谏陕西文坛及其他. 西安：太白文艺出版社：89-91.
李志常. 党宝海译. 2001. 长春真人西游记. 石家庄：河北人民出版社.
李志斐. 2014. 国际河流河口：地缘政治与中国权益思考. 海洋出版社.
李智军. 2004. 诗性空间：唐代西北边塞诗意象地理研究. 宁夏社会科学（06）：106-109.
历代西域诗选注编写组. 1981. 历代西域诗选注. 乌鲁木齐：新疆人民出版社.
梁二平, 郭湘玮. 2012. 古代中国的海洋观中国古代海洋文献导读. 北京：海洋出版社.
梁二平. 2016. 海上丝绸之路2000年. 上海：上海交通大学出版社.
梁启超. 1984. 梁启超哲学思想论文选. 北京：北京大学出版社.
梁启超. 2014. 新史学. 北京：商务印书馆.
梁启雄. 1983. 荀子简释. 北京：中华书局.

列斐伏尔. 2015. 空间与政治. 2 版. 李春译. 上海：上海人民出版社.
林建法，徐连原. 2004. 中国当代作家面面观：灵魂与灵魂的对话. 杭州：浙江文艺出版社.
林太乙. 1994. 林语堂传. 太原：北岳文艺出版社.
林为进. 1990. 从"力"的追寻到人的确定：谈邓刚的小说世界. 当代作家评论（04）：4-9.
林语堂. 1991. 八十自叙. 北京：中国戏剧出版社.
林语堂. 1994. 我的话·上册：行素集. 石家庄：河北教育出版社.
林则徐全集编辑委员会. 2002. 林则徐全集（第七册信札卷）. 福州：海峡文艺出版社.
临春. 1995. 长篇创作的新收获：文兰长篇小说《丝路摇滚》研讨会纪要. 小说评论（02）：87-89.
刘白羽. 1985. 白羽论稿. 北京：解放军文艺出版社.
刘红. 2012. 陈季同与中法文化交流. 法国研究（03）：38-43.
刘俊. 2000. 论美国华文文学中的留学生题材小说：以於梨华、查建英、严歌苓为例. 南京大学学报（哲学·人文科学·社会科学版）（06）：30-38.
刘维钧. 1987. 振兴丝绸之路艺术论纲. 新疆艺术（01）（9-13）.
刘向. 向宗鲁校证. 1987. 说苑校证. 北京：中华书局.
刘勰. 周振甫译注. 2005. 文心雕龙. 《文心雕龙》译注（修订本）. 南京：江苏教育出版社.
刘昫. 1975. 旧唐书. 北京：中华书局.
刘绪才. 2013. 张炜小说叙事嬗变及其文化探求. 小说评论（02）：173-177.
刘艳. 2018. 严歌苓论. 北京：作家出版社.
刘阳. 1987. 大海与陆地间的徜徉：邓刚近年创作揽掠. 当代作家评论（06）：69-74.
刘易斯·芒福德. 2005. 城市发展史：起源、演变和前景. 宋俊岭，等译. 北京：中国建筑工业出版社.
刘迎胜. 1995. 丝路文化（海上卷）. 杭州：浙江人民出版社.
刘迎胜. 2017. 话说丝绸之路. 合肥：安徽人民出版社.
刘跃进. 2017-09-08. 走上丝绸之路的中国文学. 中国纪检监察报.
柳青. 1979. 柳青小说散文集. 北京：中国青年出版社.
卢万成. 1990. 男人的海. 济南：山东文艺出版社.
芦苇. 1996. 中外关系史. 兰州：兰州大学出版社.
庐隐. 1932. 异国秋思. 海潮（上海）（02）：2-3.
鲁迅. 1981. 鲁迅全集（第 3 卷）. 北京：人民文学出版社.
鲁迅. 2005a. 鲁迅全集（第 9 卷）. 北京：人民文学出版社.
鲁迅. 2005b. 鲁迅全集（第 1 卷）. 北京：人民文学出版社.
鲁迅. 2005c. 鲁迅全集（第 2 卷）. 北京：人民文学出版社.
鲁迅. 2005d. 鲁迅全集（第 5 卷）. 北京：人民文学出版社.
鲁迅. 2005e. 鲁迅全集（第 6 卷）. 北京：人民文学出版社.
鲁迅. 2005f. 鲁迅全集（第 4 卷）. 北京：人民文学出版社.
陆维天. 1986. 茅盾在新疆. 乌鲁木齐：新疆人民出版社.
陆耀东，等. 1998. 中国现代文学大辞典. 北京：高等教育出版社.
路遥. 1992. 早晨从中午开始. 西安：西北大学出版社.

路遥. 2005. 路遥文集（第5卷）. 北京：人民文学出版社.
路遥. 2012. 平凡的世界. 北京：北京十月文艺出版社.
路遥. 2013. 路遥全集·早晨从中午开始. 北京：北京十月文艺出版社.
罗懋登. 1995. 三宝太监西洋记. 北京：华夏出版社.
吕熊. 1991. 女仙外史. 上海：上海古籍出版社.
马赫木提·翟一丁. 1991. 鲁迅精神对维吾尔现代文学的影响. 刘建义译. 新疆师范大学学报（哲学社会科学版）（04）：23.
马可·波罗. 2009. 马可·波罗游记. 徐海燕编译. 北京：大众文艺出版社.
马可·波罗口述. 鲁思梯谦笔录. 陈开俊，等译. 1981. 马可·波罗游记. 福州：福建人民出版社.
马克·奥利尔·斯坦因. 2009. 斯坦因西域盗宝记. 海涛编译. 北京：西苑出版社.
马黎. 2017. 展现丝路精神的力作——评大型纪录片《海上丝绸之路》. 求是（12）：58.
马泰·卡林内斯库. 2002. 现代性的五副面孔. 顾爱彬，等译. 北京：商务印书馆.
毛书征. 1994. 辜鸿铭·走极端与东西方文化. 学习月刊（08）：19-20.
茅盾. 1988. 致柳尚彭//孙中田，周明编. 茅盾书信集. 北京：文化艺术出版社：343.
茅盾. 2004. 子夜. 北京：人民文学出版社.
茅盾. 2012. 风景谈. 北京：中国青年出版社.
梅新林，俞樟华. 2004. 中国游记文学史. 上海：学林出版社.
梅新林. 2006-6-1. 中国文学地理学导论. 文艺报.
孟邻，刘治业. 1997. 茅盾小说研究二题. 南都学坛（05）：61-64.
米尔恰·伊利亚德. 2004. 宗教思想史. 晏可佳，等译. 上海：上海社会科学院出版社.
蜜德蕊·凯伯，法兰西丝卡·法兰屈. 2002. 黄梅峰，麦慧芬译. 戈壁沙漠. 北京：中国青年出版社.
莫伸. 2012. 一号文件. 西安：太白文艺出版社.
南帆. 2005. 文化的尴尬——重读《白鹿原》. 文艺理论研究（02）：66.
欧阳修，宋祁. 1975. 新唐书. 北京：中华书局.
彭定求，等. 2008. 全唐诗. 郑州：中州古籍出版社.
彭松. 2013a. 中国现代文学中的海洋意识. 贵州社会科学（01）：40-45.
彭松. 2013b. 略论"五四"文学中的海洋书写. 复旦学报（社会科学版）55（03）：92-98，168.
蒲松龄. 2016. 聊斋志异. 北京：中国文联出版社.
普尔热瓦尔斯基. 2000. 荒原的召唤. 乌鲁木齐：新疆人民出版社.
钱谷融，鲁枢元. 2003. 文学心理学. 上海：华东师范大学出版社.
钱锺书. 1979. 管锥编. 北京：中华书局.
钱锺书. 1997. 钱锺书散文. 杭州：浙江文艺出版社.
强万康. 1994. 试谈关中风味小吃及其传说//甄亮选编. 陕西民间文艺论集. 西安：陕西旅游出版社：168.
乔志霞. 2015. 中国古代航海. 北京：中国商业出版社.
秦伯益. 2011-10-27. 海防不固，江山不稳. 中国海洋大学报.
秦川. 2011. 郭沫若新论. 北京：社会科学文献出版社.
丘处机. 赵卫东辑校. 2005. 丘处机集. 济南：齐鲁书社.
丘琼荪. 1999. 历代乐志律志校释·第2分册. 北京：人民音乐出版社.

曲金良，赵成国. 2013. 中国海洋文化史长编（宋元卷）. 青岛：中国海洋大学出版社.
曲金良. 2014. 中国海洋文化基础理论研究. 北京：海洋出版社.
权海帆，孟长勇. 1998. 丝路之父. 北京：文化艺术出版社.
饶芃子，杨匡汉. 2009. 海外华文文学教程. 广州：暨南大学出版社.
人民画报社. 1989. 陆上与海上丝绸之路. 北京：中国画报出版公司.
容闳. 1981. 西学东渐记. 徐凤石，恽铁憔译. 长沙：湖南人民出版社.
阮忆，梅新林. 1989. "海洋母题"与中国文学. 浙江师范大学学报（02）：62-68.
单演义. 1981. 鲁迅在西安. 西安：陕西人民出版社.
赛时礼. 1977a. 智闯威海卫. 山东文学（07）：30-38.
赛时礼. 1977b. 陆军海战队. 上海：上海人民出版社.
赛时礼. 1997. 赛时礼作品选. 济南：黄河出版社.
三杉隆敏. 1967. 探索海上丝绸之路. 东京：创文社.
桑兵. 1999. 国学与汉学：近代中外学界交往录. 杭州：浙江人民出版社.
沙阿代提古丽·库尔班. 2015. 鲁迅对买买提明·吾守尔的影响. 鲁迅研究月刊（6）：56-58.
沙畹. 1958. 西突厥史料. 冯承钧译. 北京：中华书局.
沙畹. 1932. 西突厥史料. 冯承钧译. 上海：商务印书馆.
沈大力. 2011-11-22. 一位震惊法国的中国人. 光明日报.
沈光明. 2002. 留学生与中国现代化路向的选择. 荆州师范学院学报（04）：37-39.
沈光明. 2011. 留学生与中国文学的现代化. 武汉：华中师范大学出版社.
沈括. 1985. 沈括诗词辑存. 上海：上海书店.
沈乐平. 1997. 穿越文明、探索人生的"行走"——评《蓝色的行走》. 泰山学院学报（1）：35-37.
沈社荣. 1995. 九一八事变后"开发西北"思潮的兴起. 宁夏大学学报（04）：9-15.
沈文. 2008-12-18. 文学湘军三十年：崛起 辉煌 奋进. 湖南日报.
沈约注. 洪颐煊校. 1937. 竹书纪年. 上海：商务印书馆.
石一宁. 2015-10-27. 丝路文学：少数民族文学新的发展机遇. 人民日报（海外版）.
实藤惠秀. 1983. 中国人留学日本史. 谭汝谦，林启彦译. 北京：生活·读书·新知三联书店.
史黛西·比勒. 2010. 中国留美学生史. 张艳译. 北京：生活·读书·新知三联书店.
史革新. 2010-04-06. 东学西渐的先行者. 中国文化报.
史玉凤，赵新生. 2010. 《山海经》的海洋小说"母题原型"及其海洋文化特质. 淮海学院学报（社会科学版）（01）：59-62.
舒晋瑜. 2014. 说吧，从头说起. 北京：作家出版社.
舒晋瑜. 2017-8-7a. 红柯：从关中到天山，从诗歌到小说——作家迁徙记. http://www.chinawriter.com.cn/n1/2017/0807/c403994-29452877.html[2018-2-15].
舒晋瑜. 2017-9-6b. 红柯：太阳深处的火焰访谈. http://www.chinawriter.com.cn/n1/2017/0906/c405057-29517571.html[2018-2-15].
舒婷. 1982. 双桅船. 上海：上海文艺出版社.
舒新城. 1933. 近代中国留学史. 上海：中华书局.

司马迁. 2006. 史记. 北京：线装书局.
司徒尚纪，许桂灵. 2015. 中国海上丝绸之路的历史演变. 热带地理（05）：628-636.
司徒尚纪. 2015. 海上丝绸之路概念、内涵、性质和时限之我见. 新东方（03）：50-54.
司徒尚纪. 2016. 21世纪海上丝绸之路 广东再出发. 广州：广东旅游出版社.
丝路. 1985. 无数铃声遥过碛. 新疆师范大学学报（哲学社会科学版）（01）：83.
斯文·赫定. 2000. 失踪雪域750天. 包菁萍译. 乌鲁木齐：新疆人民出版社.
苏明明. 2001-02-07. 辜鸿铭的"春秋大义". 中华读书报.
苏轼. 王水照选注. 2014. 苏轼选集. 上海：上海古籍出版社：176.
孙伏园. 1991. 长安道上 // 商金林编. 孙伏园散文选集. 天津：百花文艺出版社：49-70.
孙见喜. 2001. 贾平凹前传 第三卷 神游人间. 广州：花城出版社.
孙静轩. 1985. 孙静轩抒情诗集. 北京：中国文联出版社.
孙绍先. 2000. 英雄之死与美人迟暮. 北京：社会科学文献出版社.
孙书文. 2013. 想象是一种深度：关于当代中国作家文学想象力的对谈. 百家评论（04）：64-77.
孙逊，杨剑龙. 2007. 阅读城市：作为一种生活方式的都是生活. 上海：上海三联书店.
孙中山. 1990. 序一 // 谢彬. 新疆游记. 乌鲁木齐：新疆人民出版社：1.
覃子豪. 1953. 海洋诗抄. 台北：新诗周刊社.
谭桂林. 2004. 现代中国生命诗学的理论内涵与当代发展. 文学评论（06）：94-102.
谭桂林. 2008. 本土语境与西方资源——中西诗学关系研究. 北京：人民文学出版社.
汤显祖. 邹自振，董瑞兰评注. 2015. 牡丹亭. 南昌：百花洲文艺出版社.
陶红亮. 2017. 海洋传奇 海上丝绸之路. 北京：海洋出版社.
陶凯，刘燕. 1994. 中外名城. 郑州：海燕出版社.
田承良. 2006. 蓝色的生存寓言：读宗良煜的长篇小说《蓝色的行走》. 泰山学院学报（02）：32-35.
涂裕春，等. 2001. 中国西部的对外开放. 北京：民族出版社.
瓦尔特·本雅明. 发达资本主义时代的抒情诗人，王才勇译. 南京：江苏人民出版社.
万静. 2016. 论中国古代海上丝绸之路诗歌. 文学教育（下）（02）：17-19.
万鹏. 2018-01-26. 习近平提出"人类命运共同体"重大意义之三：中国贡献繁荣全世界. 人民网–中国共产党新闻网 http://cpc.people.com.cn/xuexi/n1/2018/0126/c385474-29787976.html[2017-10-10].
万平近. 1987. 林语堂论. 西安：陕西人民出版社.
王大华. 1987. 崛起与衰落. 西安：陕西人民出版社.
王德威. 1993. 出国·归国·去国——五四与三、四〇年代的留学生小说//王德威. 小说中国：晚清到当代的中文小说. 台北：麦田出版有限公司.
王富仁. 1999. 王富仁自选集. 桂林：广西师范大学出版社.
王国维. 1983. 王国维遗书（十三）. 上海：上海古籍书店.
王昊. 2009. 中国域外题材小说研究. 苏州：苏州大学博士学位论文.
王辉耀. 2014. 百年海归 创新中国. 北京：人民出版社.
王继光校注. 2012. 陈诚西域资料校注. 乌鲁木齐：新疆人民出版社.
王剑冰. 2002. 中国散文年度排行榜 2000—2001. 武汉：长江文艺出版社.

王珏. 2016. 林语堂英文译创研究. 上海：华东师范大学博士学位论文.
王立新，王旭峰. 2007. 传统叙事与文学治疗. 长江学术（02）：69-74.
王蒙. 1980. 海的梦. 上海文学（6）：4-10.
王钦若，等. 2006. 册府元龟·外臣部. 南京：凤凰出版社.
王泉，代天善. 2006. 二十世纪中外小说的海洋书写——以海明威、劳伦斯、邓刚、无名氏、徐小斌、张炜为例. 名作欣赏（02）：74-76，87.
王泉根. 2006. 论儿童文学的基本美学特征. 北京师范大学学报（社会科学版）（02）：44-54.
王韬. 1982. 伦敦小憩//王韬. 漫游随录·扶桑游记. 长沙：湖南人民出版社：98-100.
王万顺. 2015. 张炜诗学研究，北京：中国社会科学出版社.
王汶石. 2004. 王汶石文集. 西安：陕西人民出版社.
王先谦集解. 方勇导读整理. 2009. 庄子. 上海：上海古籍出版社.
王晓新. 1993-3-18. 关于《白鹿原》——致陈忠实. 陕西日报.
王志民. 2016. 秦汉方士——胶东半岛的文化使者//鲁东大学胶东文化研究院编. 胶东文化与海上丝绸之路论文集. 济南：山东人民出版社：20-29.
尉天骢. 2003. 台港文学名家名作鉴赏. 北京：北京大学出版社.
魏收. 1995. 魏书. 长春：吉林人民出版社.
魏永理. 1993. 中国西北近代开发史. 兰州：甘肃人民出版社.
魏征. 1973. 隋书. 北京：中华书局.
文兰. 1994. 丝路摇滚. 北京：作家出版社.
翁经方. 1981.《山海经》中的丝绸之路初探. 上海师范大学学报（哲学社会科学版）（02）：63-69.
吴承恩. 2013. 西游记. 北京：人民文学出版社.
吴芳吉. 1923. 再论吾人眼中之新旧文学观. 学衡（21）.
吴兢. 2014. 贞观政要. 长沙：岳麓书院.
吴亮. 1983. 两代人的延续——读"迷人的海". 读书（12）.
吴宓. 1998. 吴宓日记（Ⅰ）. 北京：生活·读书·新知三联书店.
吴宓. 2005. 吴宓诗话. 北京：商务印书馆.
吴世常辑注. 1984. 论诗绝句二十种辑注. 西安：陕西人民出版社.
吴思芳. 2008. 丝绸之路 2000 年. 赵学工译. 济南：山东画报出版社.
吴学昭. 1992. 吴宓与陈寅恪. 北京：清华大学出版社.
吴雪凤. 2013."寻找在路上"：山东海洋文学母题研究. 济南：山东大学硕士学位论文.
吴玉贵. 2015. 唐代长安与丝绸之路. 西北大学学报（哲学社会科学版）（01）：30-32.
西安市文物保护考古研究院. 2013. 西安西郊唐突骑施奉德可汗王子墓发掘简报. 文物（08）：4-19.
习近平. 2015-3-28. 习近平：迈向命运共同体 开创亚洲新未来. http：//www. xinhuanet. com// politics/2015-03/28/c_1114794507. htm[2017-10-10]
习近平. 2017-05-14. 习近平出席"一带一路"高峰论坛开幕式并发表主旨演讲. http：//www. xinhuanet. com/world/2017-05/14/c_1120969571. htm[2017-10-10]
习近平. 2018-1-19. 共同构建人类命运共同体——在联合国日内瓦总部的演讲. http://world. people.com.cn/n1/2018/0119/c416882-29775965.html[2018-2-10]

夏冠洲, 阿扎提·苏里坦, 艾光辉. 1996. 新疆当代多民族文学史. 乌鲁木齐：新疆人民出版社.
向达. 1957. 唐代长安与西域文明. 北京：生活·读书·新知三联书店.
肖云儒. 1993. 路遥的意识世界. 延安文学（01）：73.
谢彬. 2013. 新疆游记. 乌鲁木齐：新疆人民出版社.
辛向阳. 1996. 人文中国. 北京：中国社会出版社.
徐杰. 2012. 海上丝绸之路. 长春：吉林出版集团有限责任公司.
徐潜. 2014. 中国古代水路交通. 长春：吉林文史出版社.
徐勤. 1987. 试论丝绸之路的地理基础. 兰州学刊（01）：90-91.
徐兆寿. 2012. 学习什么？坚持什么？：由张炜作品与世界文学的关系说开去. 小说评论(01):60-66.
徐榛. 2018. "金山"与"碉楼"的文化想象：论张翎《金山》中族裔文学书写的两种面向. 世界华文文学论坛（03）：61-67.
徐志摩. 2004. 巴黎的鳞爪. 天津：百花文艺出版社.
徐志摩. 2014a. 猛虎集//梁实秋, 蒋复璁编. 徐志摩全集（第2卷）. 北京：中央编译出版社.
徐志摩. 2014b. 翡冷翠山居闲话//梁实秋, 蒋复璁编. 徐志摩全集（第3卷）. 北京：中央编译出版社.
徐志摩. 2016. 再别康桥. 北京：中国工人出版社.
许仲琳. 2015. 封神演义. 郑州：郑州大学出版社.
玄奘撰. 1977. 大唐西域记（卷十）. 章撰点校. 上海：上海人民出版社.
严歌苓. 1998. 扶桑. 沈阳：春风文艺出版社.
严歌苓. 2001. 波西米亚楼. 北京：当代世界出版社.
严歌苓. 2011. 少女小渔. 西安：陕西师范大学出版社.
严海蓉. 2005. 虚空的农村和空虚的主体. 读书（07）：74.
严家炎. 2010. 二十世纪中国文学史（上册）. 北京：高等教育出版社.
严绍璗. 2000. "文化语境"与"变异体"以及文学的发生学. 中国比较文学（03）：1-14.
颜敏. 2013. 异域话语的重新建构：许地山的南洋叙事及其意义. 中国比较文学（03）：96-107.
晏婴. 2014. 晏子春秋. 北京：中国书店.
杨东晨, 杨建国. 1991. 秦人秘史. 西安：陕西人民出版社.
杨建新, 马曼丽. 1990. 西北民族关系史. 北京：民族出版社.
杨炯. 1980. 杨炯集. 北京：中华书局.
杨俊国, 张韶梅. 2002. 从回纥改称回鹘看维吾尔族的鹰崇拜. 昌吉学院学报（01）：37-38.
杨衒之. 1991. 洛阳伽蓝记. 北京：中华书局.
杨晓霭. 1997. 唐代陇籍诗人诗作与关陇文化渊源. 中国典籍与文化（3）：46-51.
杨晓霭, 高震. 2014. 岑参的西域行旅与"丝路"之作. 宁夏师范学院学报（社会科学版），（05）：10-22.
杨晓霭, 胡大浚. 1997. 陇右地域文化与唐代边塞诗. 文史知识（06）：13-19.
杨彦华. 2015-07-13. 文学让我们重返丝绸之路. 中山日报, 3.
杨义. 1986. 中国现代小说史（卷一）. 北京：人民文学出版社.
杨义. 2007. 中国现代小说史. 北京：中国社会科学出版社.
杨志玖. 1999. 马可·波罗在中国. 天津：南开大学出版社.

杨钟健. 2003. 西北的剖面. 兰州：甘肃人民出版社.
姚思廉. 1973. 梁书·龟兹国传. 北京：中华书局.
耶律楚材. 1939. 湛然居士文集. 上海：商务印书馆.
耶律楚材. 向达校注. 1981. 西游录. 北京：中华书局.
叶舒宪. 1988. 探索非理性的世界. 成都：四川人民出版社.
叶涛. 2000. 山东沿海渔民的海神信仰与祭祀仪式//曲金良，朱建群编. 海洋文化研究. 北京：海洋出版社：174-179.
叶涛. 2002. 海神、海神信仰与祭祀仪式：山东沿海渔民的海神信仰与祭祀仪式调查. 民俗研究（03）：65-80.
伊鸣·阿布拉. 1997. 维吾尔族与鲁迅作品. 鲁迅研究月刊（07）：60-63.
佚名. 2015-09-24. 丝绸之路国际艺术节："文化陕西"宣言. http://www.sxxc.gov.cn/content/2015-09/24/content_13173264.htm[2017-3-26]
殷国明. 2017. 未来性：关于文学前景和魅力的思考：兼谈文学之与人类命运共同体愿景的建构//"中华文化与丝路文明"暨第三届饶宗颐与华学国际学术研讨会 会议论文集. 泉州：华侨大学，402-410.
於梨华. 1980. 白驹集. 香港：天地图书有限公司.
於梨华. 1984. 又见棕榈，又见棕榈. 北京：中国友谊出版公司.
於梨华. 2000. 人在旅途：於梨华自传. 南京：江苏文艺出版社.
于格（Huyghe, F.-B.），于格（Huyghe, E.）. 2013. 海市蜃楼中的帝国：丝绸之路上的人，神与神话. 耿昇译. 北京：中国藏学出版社.
于右任. 1984. 于右任诗词集. 长沙：湖南人民出版社.
于右任. 杨中洲选注. 2011. 于右任诗词选. 郑州：河南人民出版社.
于右任. 2015. 右任文存. 北京：海豚出版社.
余光中. 2004. 余光中集（第三卷），天津：百花文艺出版社.
庾岭劳人. 1994. 蜃楼志. 秦克，巩军标点. 上海：上海古籍出版社.
郁达夫. 2007a. 归航//吴秀明主编. 郁达夫全集（3）. 杭州：浙江大学出版社：1-9.
郁达夫. 2007b. 马六甲游记//吴秀明主编. 郁达夫全集（4）. 杭州：浙江大学出版社：246-254.
元稹. 1994. 元氏长庆集. 上海：上海古籍出版社.
元稹. 2002. 元稹集编年笺注. 西安：三秦出版社.
袁康，吴平. 2013. 越绝书. 杭州：浙江古籍出版社.
曾大兴. 2012. 文学地理学研究. 北京：商务印书馆.
曾大兴. 2017. 文学地理学概论. 北京：商务印书馆.
张宝裕，杨美君，关继廉. 1987. 杜重远. 乌鲁木齐：新疆大学出版社.
张栋辉. 2011. 论严歌苓新移民小说的跨域书写. 济南：山东大学博士学位论文.
张放. 2015. 海洋文学简史 从内陆心态出发. 成都：巴蜀书社.
张恨水. 2002. 西游小记//朱鸿主编. 中国西部人文地图. 成都：四川文艺出版社:1-12.
张鸿声. 2006. 上海：作为国家意义的体现//汕头大学文学院新国学研究中心主编. 中国左翼文学国际学术研讨会论文集. 汕头：汕头大学出版社：405.
张鸿声. 2007. 新感觉派小说的乡土想象——兼论上海文学中乡土性叙述的几种现象. 学术论

坛（12）：138-142.
张鸿雁. 2003. 城市·空间·人际——中外城市社会发展比较研究. 南京：东南大学出版社.
张积玉，王钜春. 1991. 马克思主义理论家翻译家张仲实. 西安：陕西人民教育出版社.
张籍著. 李冬生注. 1989. 张籍集注. 合肥：黄山书社.
张杰. 2018-3-25. 追寻西去的骑手，发现丝路的红柯. 华西都市报.
张克非，王劲. 2008. 西北近代社会研究. 北京：民族出版社.
张翎. 2009. 金山. 北京：北京十月文艺出版社.
张歧. 1977. 向阳屿. 上海：上海人民出版社.
张歧. 1983. 潮音集. 长沙：湖南人民出版社.
张歧. 1984. 彩色的贝. 济南：山东少年儿童出版社.
张歧. 1986. 蓝色的足迹. 天津：百花文艺出版社.
张廷玉，等撰. 1997. 明史. 北京：中华书局.
张婷. 2013. 严歌苓笔下留学生形象探勘. 现代语文（学术综合版）（02）：35-36.
张炜，舒晋瑜. 2014. 张炜：杰作不一定为文学史所写//舒晋瑜. 说吧，从头说起. 北京：作家出版社.
张炜，朱又可. 2013. 行者的迷宫. 北京：东方出版社.
张炜. 1986. 水手宗良煜. 山东文学（01）：37-38.
张炜. 1992. 读《徐巿传说》. 瞭望周刊（51）：33.
张炜. 2006. 诗性的源流. 上海：文汇出版社.
张炜. 2007-3-26. 张炜：好的文学不用悲观. http：//www.chinawriter.com.cn/2007/2007-03-26/22563.html[2017-11-11].
张炜. 2009. 在半岛上游走. 北京：作家出版社.
张炜. 2011-10-27. 伟大的航海家徐福. 中国海洋大学报.
张炜. 2012a. 告诉我书的消息. 北京：新华出版社.
张炜. 2012b. 游走：从少年到青年. 桂林：广西师范大学出版社.
张炜. 2014a. 柏慧. 北京：作家出版社.
张炜. 2014b. 海客谈瀛洲 你在高原（第三部）. 北京：人民文学出版社.
张炜. 2014c. 海边的风. 北京：作家出版社.
张炜. 2014d. 芳心似火. 北京：作家出版社.
张炜. 2016. 冬景：张炜短篇小说选. 上海：华东师范大学出版社.
张炜. 2017. 那根命运的手指——关于半岛文化. 长江文艺评论（03）：26-32.
张星烺. 朱杰勤校订. 1978. 中西交通史料汇编（第五册）. 北京：中华书局.
张宗慧. 2010. 试论我国现代海洋小说的创作与局限. 济南：山东大学硕士学位论文.
章巽. 1985. 法显传校注. 上海：上海古籍出版社.
长泽和俊. 1990. 丝绸之路史研究·代序. 钟美珠译. 天津：天津古籍出版社.
赵春晨. 2002. 关于"海上丝绸之路"概念及其历史下限的思考. 学术研究（07）：88-91.
赵君豪. 1938. 岁首献词. 旅行杂志（12）：1
赵君尧. 2009. 天问·惊世——中国古代海洋文学. 北京：海洋出版社.
赵汝适. 1985. 诸蕃志. 北京：中华书局.

赵淑侠. 1994. 天涯常青. 台北：三民书局.
赵文. 2006. 空间的生产. 国外理论动态（01）：57-58.
郑春. 2002. 留学背景与中国现代文学. 济南：山东教育出版社.
郑春. 2005. "最愉快的梦想"——具有留学背景的现代作家与外语. 山东大学学报（哲学社会科学版）（01）：115-120.
职茵. 2016-4-29. 作家陈忠实谈手稿. 西安晚报.
中国人民政治协商会议陕西省委员会文史资料研究委员会. 1984. 陕西文史资料选辑（第16辑）. 西安：陕西人民出版社.
中国社会科学院考古研究所. 1980. 殷墟妇好墓. 北京：文物出版社.
钟桂松. 2013. 茅盾评传. 南京：南京大学出版社.
周棉. 1990a. 留学生与近代以来的中国文学. 徐州师范学院学报（01）：57-64，123.
周棉. 1990b. 留学生与近代以来的中国文学（续）. 徐州师范学院学报（02）：21-28.
周宁. 2007. 世界之中国：域外中国形象研究. 南京：南京大学出版社.
周去非. 屠友祥校注. 1996. 岭外代答. 上海：上海远东出版社.
周泽雄. 1998. 英雄与反英雄. 读书（09）：75.
周作人. 1998. 北大感旧录//王世儒，闻笛编. 我与北大. 北京：北京大学出版社：105-139.
周作人. 2009. 访日本新村记.//北京鲁迅博物馆编. 苦雨斋文丛 周作人卷. 沈阳：辽宁人民出版社.
朱鸿召. 2010. 延河边的文人们. 上海：东方出版中心.
朱一玄，刘毓忱. 2002. 西游记资料汇编. 天津：南开大学出版社.
朱自强. 2012. 海洋文学. 青岛：中国海洋大学出版社.
朱自清. 1980. 新文学大系·诗集导言. 上海：上海文艺出版社.
庄永春. 1987. 驭海部落（组诗）. 诗刊（11）：34-36.
卓如. 2003. 20世纪文学泰斗 冰心. 成都：四川人民出版社.
宗良煜，石锡波. 1982. 驶过好望角. 山东文学（04）：25-33.
宗良煜. 1983. 印度洋里的七天——一个水手的航海日记. 山东文学（05）：29-35.
宗良煜. 1986. 重归苏莲托. 山东文学（01）：28-37.
宗良煜. 1987. 苏伊士之波. 山东文学（02）：9-18，1.
宗良煜. 1996. 蓝色的行走. 天津：百花文艺出版社.
宗良煜. 1998. 帕特丽丝娅. 雨花（04）：74-80.
宗良煜. 1999. 2010年中美海军决战//小寒，小阳编. Yes，克林顿. No，航空母舰：美国有多远. 哈尔滨：黑龙江人民出版社：209-210.
宗良煜. 2002. 船长的女儿. 山东文学（12）：38-45.
宗元. 2000. 魂断人生——路遥论. 上海：上海文艺出版社.
邹雨青. 2016. 民国时期的留洋文人. 北京：中国文史出版社.
Lehan, Richard. 1998. *The City in Literature*. Oakland, CA: University of California Press.
Lin, Yutang. 1935. *My Country and My People*. New York: Reynal & Hitchcock, Inc.（A John Day book）.

附录 现代中国丝路文学部分作家作品表

附录一 陆丝文学

作者	篇名/书名	体裁/类型	出版社/发行刊物	出版/发行时间
张恨水	燕归来	长篇小说	《申报》副刊《春秋》	1934年8月21日~1936年3月25日
	小西天	长篇小说	《申报》副刊《春秋》	1934年8月21日~1936年3月25日
碧野	阳光灿烂照天山	长篇小说	中国青年出版社	1959年
王蒙	在伊犁——浅灰色的眼珠	中短篇小说集	作家出版社	1984年
	这边风景	长篇小说	花城出版社	2013年
张贤亮	绿化树	中篇小说	《十月》	1984年第2期
	男人的一半是女人	中篇小说	《收获》	1985年第5期
史铁生	我的遥远的清平湾	短篇小说	《青年文学》	1983年第1期
陈忠实	白鹿原	长篇小说	《当代》	1992年6月~1993年1月
路遥	人生	中篇小说	《收获》	1982年第3期
	平凡的世界	长篇小说	中国文联出版公司	1986~1989年
红柯	美丽奴羊	短篇小说集	百花文艺出版社	1998年
	黄金草原	中篇小说集	浙江文艺出版社	2002年
	咳嗽的石头	长篇小说	漓江出版社	2003年
	野啤酒花	短篇小说集	太白文艺出版社	2004年
	大河	长篇小说	云南人民出版社	2004年
	莫合烟	中篇小说集	春风文艺出版社	2004年
	百鸟朝凤	长篇小说	上海文艺出版社	2013年

续表

作者	篇名/书名	体裁/类型	出版社/发行刊物	出版/发行时间
红柯	西去的骑手	长篇小说	上海文艺出版社	2013 年
	喀拉布风暴	长篇小说	重庆出版社	2013 年
	乌尔禾	长篇小说	上海文艺出版社	2013 年
	少女萨吾尔登	长篇小说	北京十月文艺出版社	2015 年
	狼嗥	中短篇小说集	陕西师范大学出版社	2016 年
	太阳深处的火焰	长篇小说	北京十月文艺出版社	2018 年
冯玉雷	敦煌百年祭 莫高窟藏经洞传奇	长篇小说	甘肃文化出版社	1998 年
	敦煌 六千大地或者更远	长篇小说	作家出版社	2006 年
	敦煌遗书	长篇小说	作家出版社	2009 年
	禹王书（缩写）	长篇小说	《大家》	2018 年第 5 期
雪漠	深夜的蚕豆声——丝绸之路上的神秘采访	长篇小说	人民文学出版社	2016 年
杨志军	藏獒	长篇小说	人民文学出版社	2005 年
	环湖崩溃	长篇小说	人民文学出版社	2007 年
	无人区	长篇小说	江苏文艺出版社	2010 年
	骆驼	长篇小说	明天出版社	2012 年
张承志	骑手为什么歌唱母亲	长篇小说	人民文学	1978 年第 10 期
	黑骏马	长篇小说	《十月》	1982 年第 6 期
	金牧场	长篇小说	《昆仑》	1987 年第 2 期
	回民的黄土高原	中短篇小说集	青海人民出版社	1993 年
	北方的河	长篇小说	人民文学出版社	2006 年
高建群	遥远的白房子	中篇小说	《中国作家》	1987 年第 5 期
	最后一个匈奴	长篇小说	作家出版社	1993 年
	伊犁马	中篇小说集	四川文艺出版社	2007 年
	最后一个匈奴	长篇小说	北京十月文艺出版社	2010 年
赵光鸣	解忧与冯嫽	长篇小说	新疆青少年出版社	2001 年

续表

作者	篇名/书名	体裁/类型	出版社/发行刊物	出版/发行时间
赵光鸣	莎车	长篇小说	中国国际广播出版社	2013 年
	郎库山那个鬼地方	中短篇小说集	新疆人民出版社	2009 年
郭文斌	大年	短篇小说集	宁夏人民出版社	2005 年
	农历	长篇小说	长江文艺出版社	2016 年
陆天明	桑那高地的太阳	长篇小说	《当代》	1986 年第 4 期
权海帆、孟长勇	丝路之父	长篇历史小说	文化艺术出版社	1998 年
于右任	班超	于右任诗词选注	诗词	陕西人民出版社	1984 年
	马援				
	露宿外蒙兵营				
	临河道中				
	露宿二之店沙漠				
	磴口中秋				
	固原道中				
	邠县道中				
	敦煌纪事诗八首				
	骑登鸣沙山				
	万佛峡纪行诗（四首）				
	嘉峪关前长城尽处远望				
	河西道中				
	望博克达山不能上也				
	与张文白、马文彦、麦思武德、鲍尔汉、阿合卖提诸公庙儿沟野餐				
	早晴新大楼上远望				

续表

作者	篇名/书名		体裁/类型	出版社/发行刊物	出版/发行时间
于右任	来往哈密始成一诗	于右任诗词选注	诗词	陕西人民出版社	1984年
吴宓	西征杂诗	吴宓诗集	诗词	上海中华书局	1935年
张大千	敦煌组诗	张大千诗词集	诗词	花城出版社	1998年
罗家伦	西北行吟		诗词	商务印书馆	1936年
昌耀	太息[拟古人]	昌耀诗文总集	诗歌	作家出版社	2010年
	所思：在西部高原				
	河西走廊古意				
	在玉门：一个意念				
	在敦煌名胜地听驼铃寻唐梦				
	戈壁纪事				
	青峰				
	草原				
	天籁				
	旷原之野——西疆描述				
	河床——《青藏高原的形体》之一				
	圣迹——《青藏高原的形体》之二				
	她站在剧院临街的前庭——《青藏高原的形体》之三				
	阳光下的路——《青藏高原的形体》之四				

续表

作者	篇名/书名	体裁/类型	出版社/发行刊物	出版/发行时间
昌耀	古本尖乔——鲁沙尔镇的民间节日——《青藏高原的形体》之五	昌耀诗文总集	诗歌	作家出版社	2010 年
	寻找黄河正源卡日曲：铜色河——《青藏高原的形体》之六				
	去格尔木之路				
	巨灵				
	思[古意]				
	西行吊古				
	邂逅——赠南海G君				
	秦始皇兵马俑馆古原野				
	某夜唐城				
	忘形之美：霍去病墓西汉古石刻				
	意绪				
	和鸣之象				
	午间热风				
闻捷	天山牧歌	诗集	作家出版社	1956 年
	河西走廊行	诗集	作家出版社	1957 年
李季	玉门诗抄	诗集	作家出版社	1955 年
唐祈	敦煌组诗	诗歌	《飞天》	1982 年第 5 期
	西北十四行组诗	诗歌	《星星》	1984 年第 1 期
周涛	神山	诗集	解放军文艺出版社	1984 年
	野马群	诗集	上海文艺出版社	1985 年
	鹰笛	诗集	重庆出版社	1985 年
	牧人集	诗集	湖南人民出版社	1988 年

续表

作者	篇名/书名	体裁/类型	出版社/发行刊物	出版/发行时间
杨牧	绿色的星	诗集	新疆人民出版社	1980 年
	西部变奏曲	诗集	中国文联出版公司	1997 年
章德益	绿色的塔里木	诗集	人民文学出版社	1980 年
	大漠和我	诗集	湖南人民出版社	1983 年
	生命	诗集	新疆人民出版社	1985 年
	黑色戈壁石	诗集	花城出版社	1986 年
林染	斑头雁向敦煌飞来	诗集	甘肃文化出版社	2015 年
叶舟	边疆诗	诗集	甘肃人民美术出版社	2007 年
	敦煌诗经	诗集	甘肃文化出版社	2015 年
黄嘉玲	了无痕	诗集	长江文艺出版社	2018 年
孙伏园	长安道上	散文	《晨报副刊》	1924 年 8 月 16~18 日
王桐龄	陕西旅行记	游记	北平文化学社	1928 年
张恨水	西游小记	游记	《旅行杂志》	1934 年 9 月~1935 年 7 月
茅盾	白杨礼赞	散文	《文艺阵地》	1941 年 3 月 10 日
	新疆风土杂忆	游记	《旅行杂志》	1942 年 9 月~1942 年 10 月
斯坦因	斯坦因西域考古记	考古游记	中华书局	1936 年
斯文·赫定	亚洲腹地旅行记	游记	开明书店	1948 年
伯希和	伯希和西域探险记	游记	云南人民出版社	2001 年
埃德加·斯诺	西行漫记	报告文学	复社	1938 年
范长江	中国的西北角	报告文学	天津大公报馆出版部	1936 年
碧野	天山景物记	散文	《人民文学》	1956 年 12 月
	在哈萨克牧场	散文集	作家出版社	1957 年
	遥远的问候	散文集	北京出版社	1958 年
	边疆风貌	散文集	作家出版社	1961 年
张仲实	由兰到哈——赴新途中	张仲实文集（第 3 卷）	散文	中央编译出版社	2016 年
	由哈到迪——赴新途中				
	伊犁行记				

附录　现代中国丝路文学部分作家作品表 | 325

续表

作者	篇名/书名	体裁/类型	出版社/发行刊物	出版/发行时间
李若冰	柴达木手记	散文集	作家出版社	1959 年
	山·湖·草原	散文集	中国青年出版社	1964 年
	旅途集	散文集	中国青年出版社	1984 年
	塔里木书简	散文集	作家出版社	1992 年
	西部风景	散文集	贵州教育出版社	2002 年
袁鹰	天山路	报告文学	新疆人民出版社	1965 年
	戈壁水长流	散文	新疆人民出版社	1965 年
张承志	大西北	散文集	中国青年出版社	2007 年
	相约来世 心的新疆	散文集	作家出版社	2013 年
	把黑夜点燃	散文集	中国华侨出版社	2013 年
	草原边疆	散文集	东方出版社	2015 年
陈忠实	毛乌素沙漠的月亮	散文	《文学教育》	2010 年第 11 期
周涛	游牧长城	散文集	作家出版社	1992 年
	深夜倾听海	散文集	安徽文艺出版社	1994 年
	高榻	散文集	长江文艺出版社	1996 年
	西部的文脉	散文集	敦煌文艺出版社	1996 年
	逃跑的火焰	散文集	华艺出版社	2002 年
	阳光容器	散文集	作家出版社	2009 年
李敬泽	看来看去或秘密交流	散文集	中国青年出版社	2000 年
	河边的日子	散文集	中国青年出版社	2001 年
高建群	穿越绝地 罗布泊腹地神秘探险之旅	散文集	湖南文艺出版社	2000 年
	西地平线	散文集	上海人民出版社	2002 年
	胡马北风大漠传	散文集	东方出版中心	2003 年
朱鸿	关中：长安文化的沉积	散文集	商务印书馆	2011 年
	长安：丝绸之路的起点	散文集	生活·读书·新知三联书店	2017 年
杨志军	藏獒的精神	散文集	北京联合出版公司	2012 年
马步升	鸠摩罗什的法种与舌头	散文	《北京文学》	2014 年第 8 期

续表

作者	篇名/书名	体裁/类型	出版社/发行刊物	出版/发行时间
马步升	陇上行——多彩的甘肃民俗文化	散文集	甘肃人民美术出版社	2015 年
漠月	随意的溪流	散文集	宁夏人民出版社	2012 年
郭文斌	文学固原：以笔为渡	散文集	宁夏人民教育出版社	2015 年
	写意宁夏	散文集	华文出版社	2017 年
杨牧	昨日以前的星光	散文集	花城出版社	1989 年
	西域流浪记	散文集	文化艺术出版社	1990 年
	巴蜀儿女遍天山	散文集	四川文艺出版社	1994 年
陈自仁	陵谷沧桑 八千年陇文化	散文集	甘肃人民美术出版社	2014 年
叶舟	西北纪	散文集	华文出版社	2017 年
	漫唱	散文集	甘肃人民美术出版社	2016 年
刘亮程	驴车上的龟兹	散文集	春风文艺出版社	2007 年
	杏花龟兹	散文集	新疆人民出版社	2007 年
	在新疆	散文集	浙江文艺出版社	2013 年
张子选	执命向西	散文集	敦煌文艺出版社	2000 年
雷达	皋兰夜语	皋兰夜语	散文集	东方出版中心	2014 年
	乘沙漠车记				
	走宁夏				
	凉州曲				
管卫中	大山河	散文集	甘肃文化出版社	2008 年
李学辉	大凉州	散文	《飞天》	2003 年第 4 期
补丁	水边的佛陀	散文	《飞天》	2003 年第 11 期
	把自己当成麦子种到地里	散文随笔	《文艺报》	2012 年 7 月 11 日

附录二 海丝文学

作者	篇名/书名	体裁/类型	出版社/发行刊物	出版/发行时间
郭沫若	海舟中望日出	诗集	上海泰东图书局	1921 年
	欲海			
	光海			
	黄浦江口			
	沙上的脚印			
	死的诱惑			
	新阳关三叠			
	凤凰更生歌			
	立在地球边上放号			
	断鸿零雁记	小说	上海创造社	1932 年
	行路难	小说	商务印书馆	1933 年
徐志摩	翡冷翠的一夜	诗集	上海书店	1931 年
	再别康桥/志摩诗集	诗集	商务印书馆	1948 年
	巴黎的鳞爪	散文	大众书局	1972 年
郁达夫	达夫全集	作品集	北新书局	1931 年
	沉沦	小说	上海泰东图书局	1932 年
	达夫短篇小说集	小说集	北新书局	1935 年
	南洋散文集	散文	求实出版社	1951 年
冰心	冰心诗集	诗歌	北新书局	1932 年
	冰心散文集	散文	北新书局	1932 年
	寄小读者	散文	开明书店	1933 年
	去国	小说	北新书局	1933 年
	冰心游记	散文	北新书局	1935 年
	归来以后	散文	作家出版社	1958 年
	我的故乡	散文	福建人民出版社	1983 年
庐隐	异国秋思	散文	海潮（上海）	1932 年第 2 期
	东京小品	文集	北新书局	1936 年
景憙	环球周游记	散文	中华书局	1917 年

续表

作者	篇名/书名	体裁/类型	出版社/发行刊物	出版/发行时间
乡下人	欧战中世界旅行记	散文	《清真月刊》	1920年
钱文选	环球日记	散文	商务印书馆	1920年
晨报社	游记第一集	文集	晨报社	1923年
姚祝萱	国外游记汇刊	文集	中华书局	1924年
侯鸿鉴	环球旅行记	散文	竞志女学校	1925年
世界书局	世界都市游历记	散文	世界书局	1926年
江伯训	中外新游记	文集	商务印书馆	1928年
罗云炎	环球游记	散文	协和书局	1928年
邹鲁	环球二十九国游记	散文	世界书局	1929年
赵君豪	二十名人旅行记	文集	中国旅行社	1930年
曾仲鸣	三湖游记	文集	开明书店	1931年
吉鸿昌	环球视察记	散文	东方学社	1932年
孟宪章	三万里海程见闻录	散文	东方学社	1932年
解人	归心（从巴黎至广东的印象与感想）	散文	大学出版社	1932年
新绿文学社	异邦情调/名家游记	散文	文艺书局	1933年
胡石青	三十八国游记	散文	中华书局	1933年
孙季叔	世界游记选	文集	亚细亚书局	1934年
姜亮夫	现代游记选	文集	北新书局	1934年
巴金	旅途随笔	散文集	生活书店	1934年
中学生社	我的旅行记	文集	开明书店	1935年
艾芜	漂泊杂记	文集	生活书店	1935年
王礼锡	海外杂笔	散文	中华书局	1935年
黄九如	外国十大名城游记	散文	中华书局	1935年
叶夏声	西行逐日记	日记	广州永兴印务局	1935年
蔡廷锴	海外印象记	散文	东雅印务公司	1935年
吴仲伯	外国游记选	文集	中华书局	1936年
李丽	世界之旅	散文	改造社	1937年
西风社	欧美印象	文集	西风社	1941年

续表

作者	篇名/书名	体裁/类型	出版社/发行刊物	出版/发行时间
赵君豪	卧游集	文集	五洲书报社	1941 年
邹鲁	旧游新感	散文	国民图书出版社	1942 年
舒新城	漫游日记	日记	中华书局	1945 年
王统照	欧游散记	散文	开明书店	1933 年
胡适	胡适日记	散文	文化研究社	1933 年
生活书店编译所	海外的感受	文集	生活书店	1933 年
朱楔	行云流水	散文	钟山书局	1933 年
朱自清	欧游杂记	散文	开明书店	1933 年
胡石青	三十八国游记	散文	开封开明印书局	1933 年
胡蝶	欧游杂记	散文	上海良友图书公司	1935 年
刘海粟	欧游随笔	散文	中华书局	1935 年
梁启超	欧游心影录节录	散文	中华书局	1936 年
萧乾	人生采访	报告文学	文化生活出版社	1938 年
	南德的暮秋	散文	文化生活出版社	1946 年
	海外行踪	散文	湖南人民出版社	1983 年
	萧乾西欧战场特写选	报告文学	新华出版社	1986 年
	负笈剑桥	散文	生活·读书·新知三联书店	1987 年
	欧战杂忆/北京城杂忆	散文	人民日报出版社	1987 年
陶亢德	欧风美雨	散文	宇宙风社	1937 年
林语堂	Chinatown Family（唐人街）	长篇小说	The John Day Company	1948 年
李汉魂	欧游散记	散文	力行出版社	1949 年
田间	欧游札记	散文	作家出版社	1956 年
陈学昭	欧游杂记/野花与蔓草	散文	浙江人民出版社	1983 年
钟叔河	走向世界丛书	文集	岳麓书社	1985 年
郑子健	虎窟余生记	散文	佚名	1931 年
许翰	南洋丛谈	报告文学	杭州现代书局	1937 年
李剑白	海洋的征服者	小说	长风出版社	1948 年

续表

作者	篇名/书名	体裁/类型	出版社/发行刊物	出版/发行时间
萧群	海洋、土地、生命	小说	春秋出版社	1949 年
罗孝建	中国海员大西洋漂流记	长篇小说	环球出版社	1949 年
西虹	穿过海洋	小说	上海杂志公司	1950 年
全国工农兵劳动模范代表会议秘书处	红榜上的海员	报告文学	全国工农兵劳动模范代表会议秘书处	1950 年
朱泽甫	红榜上的海员 王长英的故事	传记	上海广益书局	1951 年
李荣琛	海战	短篇小说	南方通俗出版社	1954 年
雷辛	海员朱宝庭	中篇小说	工人出版社	1955 年
蔡再生	东矶列岛海战	短篇小说	通俗读物出版社	1955 年
戴煌	海岸线上	报告文学	新文艺出版社	1956 年
代琇,庄辛	女海员	儿童文学	少年儿童出版社	1957 年
上海文艺出版社编辑	炮舰 绞索 毁灭——反对美帝军事挑衅杂文选集	杂文	上海文艺出版社	1958 年
梁信	碧海丹心	小说	上海文艺出版社	1959 年
韩希梁	黄海散记	散文	作家出版社	1959 年
代琇	祖国的东大门 上海港	儿童文学	上海少年儿童出版社	1959 年
张书瀛	海港上的友谊	儿童文学	上海少年儿童出版社	1959 年
葛容昌	海港风云	报告文学	少年儿童出版社	1962 年
中国人民解放军海军政治文工团话剧团	甲午海战	话剧	中国戏剧出版社	1962 年
李晓民	海港的早晨	戏剧	上海文化出版社	1964 年
上海文化出版社	歌唱"八六海战"	曲艺	上海文化出版社	1966 年
黎汝清	海岛女民兵	长篇小说	人民文学出版社	1966 年
陈港	上海港码头的变迁	报告文学	上海人民出版社	1966 年
陆俊超	惊涛骇浪万里行	报告文学	上海文艺出版社	1959 年
	姊妹船	短篇小说集	作家出版社	1959 年
	国际友谊号	小说集	人民文学出版社	1959 年

续表

作者	篇名/书名	体裁/类型	出版社/发行刊物	出版/发行时间
陆俊超	"劳动号"油轮 特写	报告文学	作家出版社	1959 年
	惊涛骇浪里的英雄	儿童文学	中国少年儿童出版社	1959 年
陆俊超	九级风暴	长篇小说	作家出版社	1959 年
	幸福的港湾	长篇小说	上海文艺出版社	1964 年
	相逢在安特卫普	小说	黑龙江人民出版社	1984 年
	凯旋号起义	长篇小说	上海人民美术出版社	2005 年
姜岱东	碧空雄鹰	长篇小说	山东人民出版社	1974 年
	桅上星	长篇小说	山东人民出版社	1980 年
宗良煜	海外孤星	短篇小说	《山东文学》	1982 年第 3 期
	驶过好望角	短篇小说	《山东文学》	1982 年第 4 期
	天涯路	中篇小说	《柳泉》	1983 年第 2 期
	蓝色的行走	长篇小说	百花文艺出版社	1996 年
	与魔鬼同航	长篇小说	山东文艺出版社	1986 年
	格林威治子午线上的歌手	短篇小说	《小说月报》	1986 年第 6 期
	蓝色的心	短篇小说	《小说月报》	1986 年第 9 期
	海蕴	小说	《山东文学》	1989 年第 2 期
	白海	中篇小说	《中国作家》	1990 年第 4 期
	红色舰队	长篇小说	农村读物出版社	1995 年
	赤道	长篇小说	山东文艺出版社	1998 年
	郑和下西洋辑录	长篇小说	湖北沙市地方志办	1993 年
朱翰昆	海盗与美人鱼	科幻小说	黑龙江人民出版社	1981 年
唐志凯	暴风雨中的海盗	雪峰文集	寓言	人民文学出版社
雷宗友	海盗	长篇小说	黑龙江人民出版社	1982 年
胡正言	过海日记	散文	中国文艺联合会出版公司	1983 年
饶忠华	中国科幻小说年鉴 科学神话	科幻小说	海洋出版社	1983 年
布罗根	海盗十三号	中篇小说	花山文艺出版社	1984 年
中原农民出版社	海盗的恋情	传奇小说	中原农民出版社	1985 年

续表

作者	篇名/书名	体裁/类型	出版社/发行刊物	出版/发行时间
田遨	宝船与神灯	长篇小说	上海文艺出版社	1986 年
陈所巨	玫瑰海	诗歌	安徽文艺出版社	1986 年
李嘉	蓬莱谈古说今	报告文学	吉林文史出版社	1986 年
井绍云	魂系海峡	小说	中国文联出版公司	1987 年
檀林	海盗鲨鬼	长篇小说	时代文艺出版社	1987 年
田木，靳柯	郑和	长篇小说	云南人民出版社	1987 年
郑秉谦	海市奇观	长篇小说	人民文学出版社	1987 年
罗秋敏	女海盗	长篇小说	中国文联出版公司	1988 年
郑柯	海盗与黄金	长篇小说	中国文联出版公司	1988 年
张祖荣	东游记	长篇小说	中国文联出版公司	1988 年
吴梦起	海盗岛	童话	少年儿童出版社	1989 年
袁秀君	海盗与小姐	长篇小说	安徽文艺出版社	1990 年
刘光杰	海盗黑帆船	长篇小说	中国青年出版社	1990 年
郑孝时，康明芬	太平洋大海战（上 下）	长篇小说	上海文艺出版社	1990 年
李连庆	海盗与部长	长篇小说	人民文学出版社	1991 年
龙莆尧	神奇的海	散文集	广东旅游出版社	1991 年
乔台山	人豚大海战	科幻小说	明天出版社	1992 年
张健	南洋女谍	长篇小说	北岳文艺出版社	1992 年
梁泊	海洋历险记	儿童文学	海洋出版社	1992 年
杨尊田	航海家郑和的故事	儿童文学	明天出版社	1992 年
中府河	蓝色大震荡	报告文学	湖南文艺出版社	1992 年
雷华建，王冀城	新中国海战内幕	报告文学	中国对外翻译出版公司	1993 年
顾城	海盗/顾城新诗自选集 海蓝	诗歌	百花文艺出版社	1993 年
蓝田	古今海盗奇闻录	故事	中国国际广播出版社	1993 年
宋宜昌	太平洋大海战	纪实小说	北岳文艺出版社	1993 年
丁炜	全球海盗	纪实文学	花城出版社	1994 年
公伯侯	魔鬼蓝三角	长篇小说	长江文艺出版社	1994 年
恩猛	镖外镖 裸侠梦娜	长篇小说	时代文艺出版社	1994 年

附录　现代中国丝路文学部分作家作品表 | 333

续表

作者	篇名/书名	体裁/类型	出版社/发行刊物	出版/发行时间
田长尧	蜃楼梦——徐福韶光传奇	长篇小说	山东友谊出版社	1994年
张积强	徐福	剧本	山东歌舞剧院	1994年
朱孟良	海盗演义	长篇小说	沈阳出版社	1995年
吴海民	审判海盗	报告文学	华艺出版社	1995年
姚江滨	山海雄城 吴越游踪	散文	中国华侨出版社	1996年
金波	徐福演义	长篇小说	中国戏剧出版社	1996年
谭元亨	海外中国孩子三部曲	长篇小说	河北少年儿童出版社	1997年
饶忠华	魔海寻踪	科幻小说	科学普及出版社	1997年
饶忠华	峡谷幽灵	科幻小说	科学普及出版社	1997年
汪志	古洲追踪	科幻小说	天津教育出版社	1997年
孙幼忱	老歪和海盗船长	童话	希望出版社	1997年
孙夜晓，韩晓玲	海盗的故乡	散文	复旦大学出版社	1998年
杨柳	海盗暴力兽行录	小说	内蒙古人民出版社	1998年
施鹤群	铁血战舰覆灭记 著名海战故事	儿童文学	少年儿童出版社	1998年
施鹤群	对马海峡的厮杀	儿童文学	少年儿童出版社	1998年
刘星	世界海战	小说	蓝天出版社	1998年
沉石	黑色马六甲	长篇小说	海潮出版社	1998年
黄集伟	孤岛访谈录	访谈	作家出版社	1998年
胡领太	纵横四海 航海家的足迹	儿童文学	四川少年儿童出版社	1998年
赵淑侠	欧罗巴的"编钟"协奏	散文	中国华侨出版社	1998年
曹保健	叩醒中国海	报告文学	河北人民出版社	1999年
杨军，杨明	郑和大传	长篇小说	长春出版社	1999年
韩世纪	露梁大海战	长篇小说	远方出版社	1999年
王国梁	沧海英雄 "八·六"海战著名钢铁战士麦贤得人生纪实	报告文学	长征出版社	1999年
特拉文著，张载扬译	死人船 一个美国海员的奇遇	小说	上海译文出版社	1999年

续表

作者	篇名/书名	体裁/类型	出版社/发行刊物	出版/发行时间
王俊彦	澳门的故事	长篇小说	世界知识出版社	1999 年
温美平	澳门历史演义	长篇小说	浙江人民出版社	1999 年
李虹	大海的女儿 梨花姑娘传奇	长篇小说	华文出版社	1999 年
李杰	未来的海洋	儿童文学	山东教育出版社	1999 年
赵洁	浦江女海盗/饮食男女	散文	广东人民出版社	1999 年
李铁铮	环球航行 60 天	报告文学	北京出版社	2000 年
唐世贵	妈祖传奇	民间文学	巴蜀书社	2000 年
舟欲行	天朝之门	报告文学	学苑出版社	2000 年
黄振亚	万山海战日记	报告文学	海潮出版社	2000 年
江曾培主编	中国留学生文学大系	文集	上海文艺出版社	2000 年
杨朔	海市	散文	作家出版社	1960 年
李瑛	致舟山群岛	诗歌	《新港》	1957 年第 10 期
李瑛	寄自海防前线的诗	诗歌	解放军文艺出版社	1959 年
李瑛	南海	诗歌	上海文艺出版社	1982 年
李瑛	海防晨号/李瑛抒情诗选	诗歌	人民文学出版社	1983 年
张歧	螺号	散文	山东人民出版社	1961 年
张歧	渔火	散文	少年儿童出版社	1963 年
张歧	灯岛	散文	人民文学出版社	1975 年
张歧	向阳屿	散文	上海人民出版社	1977 年
张歧	香炉礁	散文	山东人民出版社	1982 年
张歧	潮音集	散文诗	湖南人民出版社	1983 年
张歧	彩色的贝	散文	山东少年儿童出版社	1984 年
张歧	蓝色的足迹	散文	百花文艺出版社	1986 年
张歧	神秘的小岛	中篇小说	人民文学出版社	1984 年
张歧	蓝色摇篮曲	散文诗	少年儿童出版社	1990 年
张歧	张歧散文选	散文	山东文艺出版社	1990 年
孙静轩	沿着海岸，沿着峡谷	诗歌	长江文艺出版社	1957 年
孙静轩	海洋抒情诗	诗歌	新文艺出版社	1958 年

续表

作者	篇名/书名	体裁/类型	出版社/发行刊物	出版/发行时间
庄永春	庄永春抒情诗	诗歌	光明日报出版社	1987 年
覃子豪	海洋诗抄	诗歌	台湾新诗周刊社	1953 年
梦影	海韵诗歌集	诗歌	台北海阳诗社	1959 年
朱学恕	海嫁	诗歌	台湾读者书局	1971 年
朱学恕	海之组曲	诗歌	台湾山水诗社	1975 年
邓刚	迷人的海	小说	《上海文学》	1983 年第 5 期
邓刚	金色的海浪在涌动/无雪的冬天	短篇小说	花城出版社	1983 年
邓刚	黑皮儿花皮儿大蚬子哟/迷人的海 邓刚中短篇小说选	小说集	春风文艺出版社	1984 年
邓刚	龙兵过	短篇小说集	中国文联出版社	1985 年
邓刚	蛤蜊滩	短篇小说集	上海文艺出版社	1986 年
邓刚	白海参	小说	人民文学出版社	1987 年
邓刚	蛤蜊搬家	小说集	上海人民出版社	2007 年
邓刚	海的味道	小说集	百花文艺出版社	2015 年
卢万成	蓝蓝的芝罘湾	小说	《山东文学》	1984 年第 10 期
卢万成	北海潮	小说	《山东文学》	1985 年第 4 期
卢万成	海边的小屋	小说	《当代小说》	1985 年第 7 期
卢万成	落日奔仓皇	小说	《萌芽》	1985 年第 10 期
卢万成	芝罘旧夕阳	小说	华艺出版社	1986 年第 2 期
卢万成	秋天的河	小说	《山东文学》	1985 年第 7 期
卢万成	芝罘湾三题	小说	《萌芽》	1987 年第 10 期
卢万成	蟹灯	小说	《当代小说》	1988 年第 11 期
卢万成	男人的海	长篇小说	山东文艺出版社	1990 年
卢万成	渔家傲	小说	《时代文学》	1990 年第 5 期
张炜	造船	小说	《当代人》	1995 年
张炜	瀛洲思絮录	中篇小说	《钟山》	1996 年

续表

作者	篇名/书名	体裁/类型	出版社/发行刊物	出版/发行时间
张炜	东巡（公元前219—前210）	短篇小说集	山东友谊出版社	1996年
	怀念黑潭中的黑鱼	小说集	北岳文艺出版社	2001年
	鱼的故事	小说	时代文艺出版社	2001年
	黑鲨洋	短篇小说集	春风文艺出版社	2005年
	海边的雪	短篇小说集	人民文学出版社	2010年
	海边的风	中篇小说	作家出版社	2014年
	海客谈瀛洲	长篇小说	人民文学出版社	2014年
峻青	海啸	长篇小说	中国青年出版社	1981年
姜树茂	渔岛怒潮	长篇小说	人民文学出版社	1965年
	渔港之春	长篇小说	人民文学出版社	1979年
	常乐岛	长篇小说	人民文学出版社	1991年
赛时礼	智闯威海卫/三进山城	小说	山东人民出版社	1964年
	陆军海战队	儿童文学	上海人民出版社	1977年
艾青	黑鳗	诗歌	作家出版社	1955年
张永枚	海边的诗	诗歌	湖北人民出版社	1955年
	南海渔歌	诗歌	长江文艺出版社	1957年
赵寰	南海长城	话剧	中国戏剧出版社	1964年
闫明国	海难	中篇小说	花山文艺出版社	1990年
蒋子敬	南国雄关	报告文学	海天出版社	1994年
李云良	海之魂	小说	中国青年出版社	1997年
吴民民	冰海沉船	小说	中国音像评价出版社	2005年
鄂华	在黛色的波涛下	小说	群众出版社	1982年
郑秉谦	碧海缘	小说	黑龙江人民出版社	1984年
	海市奇观	长篇小说	人民文学出版社	1987年
王家斌	大海落叶	长篇小说	群众出版社	1983年
	南海鬼船	中篇小说	群众出版社	1986年

附录　现代中国丝路文学部分作家作品表

续表

作者	篇名/书名	体裁/类型	出版社/发行刊物	出版/发行时间
王家斌	死海惊奇	长篇小说	百花文艺出版社	1987 年
	百年海狼	小说	作家出版社	1996 年
	狼死绝地	长篇小说	西苑出版社	2001 年
张继国，刘萍	飘与纵	报告文学	学苑出版社	2001 年
洪三泰	开海：湛江与海上丝绸之路 2000 年	报告文学	广东旅游出版社	2001 年
刘峰	金色的航迹　长江海员新闻集锦	报告文学	武汉出版社	2001 年
刘铁生	蓝色诱惑　刘铁生远洋航行拍摄记	散文	江西美术出版社	2002 年
林庭语译	东海海战	小说	大展出版社有限公司	2002 年
袁华智	世纪远航	报告文学	海潮出版社	2002 年
彭兆荣	停泊法兰西	游记	鹭江出版社	2002 年
王巍	血波怒涛	报告文学	长江文艺出版社	2003 年
陈明福	海疆英魂：记甲午海战中的邓世昌和致远舰	报告文学	人民文学出版社	2003 年
鞠盛	鉴真大和尚传奇	戏剧	宗教文化出版社	2003 年
吴悠	海盗王黑鹰	中篇小说	时代文艺出版社	2003 年
刘宁生	我的环球航海之梦	游记	上海古籍出版社	2003 年
寄秋	女海盗传奇	中篇小说	远方出版社	2003 年
曲兰	海盗泪：一个死囚的灵魂忏悔	报告文学	华文出版社	2003 年
郭守仁	中国海军环球行	报告文学	作家出版社	2003 年
卢国贤，梁沛好	碧海环游：一位海员远洋之见闻实录	游记	中国文史出版社	2003 年
洪三泰	女海盗	长篇小说	花城出版社	2004 年
丁炜	大西洋飓风 48 小时　航海鱼皮书	报告文学	新世纪出版社	2004 年
马中毅	谍之战	长篇小说	接力出版社	2004 年
周桥	海盗船 14 班	长篇小说	少年儿童出版社	2005 年

续表

作者	篇名/书名	体裁/类型	出版社/发行刊物	出版/发行时间
刘少才	驶进台风眼 中国远洋船队海洋历险长镜头	随笔	内蒙古人民出版社	2005 年
马莉	十年环球情满 66 国	游记	云南人民出版社	2005 年
赵志华，靳卫平	中华帝国大航海 郑和下西洋	传记	云南人民出版社	2005 年
柳文扬	蓝色铁骑	长篇小说	新世界出版社	2005 年
孙雄	红海黑流	长篇小说	珠海出版社	2005 年
元小锡	海盗	中篇小说	内蒙古人民出版社	2005 年
范春歌	被遗忘的航行 追寻郑和下西洋	游记	东方出版社	2005 年
时平	郑和下西洋	电视解说词	华艺出版社	2005 年
李艳祥	徐福东渡	长篇小说	中国广播电视出版社	2005 年
刘登阁，李正鑫	海殇：郑和航海六百年祭	历史	吉林文史出版社	2005 年
唐涛	海战经典	小说	远方出版社	2005 年
巴金	海外行记 1979—1984 年出访日记及随想	随笔	上海社会科学院出版社	2005 年
余光中	高楼对海	诗歌	九歌出版社有限公司	2006 年
孔书贤	台海战事纪实	报告文学	敦煌文艺出版社	2006 年
张锡昌	四十年法国缘	报告文学	四川人民出版社	2006 年
汪弥，余其敏	"外交官看世界"系列丛书	报告文学	四川人民出版社	2006 年
王林，姜鸣	甲午中日大海战	电视解说词	中国民主法制出版社	2006 年
张秋生	海盗船的桅杆上	儿童文学	海燕出版社	2007 年
汪应果	海殇	长篇小说	东方出版中心	2007 年
王义桅	海殇 欧洲文明启示录	历史	上海人民出版社	2007 年
崔京生	新中国海战档案	报告文学	中国青年出版社	2007 年
肥丁	海盗王系列之黄金航道	长篇小说	新世界出版社	2008 年
戴之昂	海上丝绸之路历险记	传记	复旦大学出版社	2008 年
林红梅	百年中远	报告文学	中国财政经济出版社	2008 年

续表

作者	篇名/书名	体裁/类型	出版社/发行刊物	出版/发行时间
梁斌	海上那群男子汉	散文	江西人民出版社	2008年
彤群旺	和平友谊的蓝色航迹 一名海军军官的出访日记	散文	海南出版社	2008年
虞章才	亲历首批亚丁湾护航 一名海军记者的随舰日记	散文	世界知识出版社	2009年
祝勇	帝国创伤	散文	中国文联出版社	2009年
廖志敏	走过海岸线	报告文学	华文出版社	2009年
沉石	国际海盗	长篇小说	中国法制出版社	2009年
刘琳	中国长乐海军世家	报告文学	海潮摄影艺术出版社	2009年
蔡桂林	大航海时代 中国远洋航运60年纪实	报告文学	河北大学出版社	2009年
曹硕伟	月亮升起的地方没有夜 首批80后南极科考队员曹硕伟的远征日记	散文	东南大学出版社	2009年
毕淑敏，卢森	毕淑敏母子航海环球旅行记	散文	作家出版社	2009年
何宴欣	走向海涯 一个海员的29国游记	游记	中国戏剧出版社	2009年
胡月祥	海盗在前家在后 一位远洋船长的日记	散文	上海交通大学出版社	2010年
郭富文	中国海军亚丁湾护航大扫描	报告文学	鹭江出版社	2010年
贝松	我们纵横四海 中国人首次帆船环球航行	报告文学	文化艺术出版社	2010年
王佩云	激荡中国海 最后的海洋与迟到的觉醒	报告文学	作家出版社	2010年
野兵	让子弹飞翔	长篇小说	国际文化出版公司	2010年
莫争	入侵者	长篇小说	新世界出版社	2010年
钱晓虎	护航亚丁湾 一名随舰军事记者的护航手记	散文	解放军出版社	2010年
高密	寻访深蓝	散文	学苑出版社	2010年
陆儒德	海殇——遭封建王朝湮灭的中国海商	历史	海洋出版社	2011年

续表

作者	篇名/书名	体裁/类型	出版社/发行刊物	出版/发行时间
邹元辉	雄镇海战	小说	作家出版社	2011年
吕建民	索马里真相	报告文学	河北人民出版社	2011年
老海	砣矶岛	长篇小说	中国工人出版社	2011年
《南方周末》	行走发现		北京工业大学出版社	2011年
谈义良	走近亚马逊	散文	江苏人民出版社	2011年
倾雨	北部湾海上丝绸之路史诗	诗歌	广西人民出版社	2011年
杨海涛	郑和与海	传记	云南教育出版社	2012年
南帆	马江半小时	散文	海峡书局	2012年
丁小炜	在那遥远的亚丁湾	纪实文学	上海文艺出版社	2012年
傅广典	大洋听涛	长篇小说	大众文艺出版社	2012年
李靖岩	中国最狠的商人	长篇小说	江苏人民出版社	2012年
徐锁荣	海神	长篇小说	作家出版社	2012年
张旗	向南向蓝 亚丁湾护航日记	散文	上海文艺出版社	2012年
钱晓虎	护航亚丁湾（英文）	散文	中国画报出版社	2012年
严歌苓	海那边	小说集	江苏文艺出版社	2013年
陈新	探海蛟龙	报告文学	浙江少年儿童出版社	2013年
宋胜利	老海员日记	小说	花山文艺出版社	2013年
卢森	航海环球百日记	散文	二十一世纪出版社	2010年
靳航	护航亚丁湾沉思录	纪实文学	华艺出版社	2013年
秦文君	小香咕和亲爱的海员爸爸	儿童文学	同心出版社	2013年
郑渊洁	舒克贝塔和孤岛海战	儿童文学	二十一世纪出版社	2013年
赖尔	少年同盟2 海战玄鲛	儿童文学	江苏文艺出版社	2014年
周定邦	岛屿叙事 台湾唸歌	民间文学	台湾文学馆	2014年
茫尔	逃出百慕大荒岛	儿童文学	中国少年儿童出版社	2014年
哇卡卡	空海战纪	儿童文学	重庆出版社	2014年
韩大伟，林育生	南洋漂流记	长篇小说	暨南大学出版社	2014年
谭琼辉	盗海狙击	长篇小说	同心出版社	2014年
杨国宇	中国海军走向深蓝 1980—2010	报告文学	解放军出版社	2014年

附录　现代中国丝路文学部分作家作品表

续表

作者	篇名/书名	体裁/类型	出版社/发行刊物	出版/发行时间
下南洋摄制组	下南洋	报告文学	江苏文艺出版社	2014年
余秋雨	空岛	长篇小说	作家出版社	2015年
袁越	像蜗牛一样旅行	散文	电子工业出版社	2015年
菊花刀	大风中的行李箱	散文	中国致公出版社	2015年
朱小平	清朝被遗忘的那些事 听雨楼杂札	散文集	作家出版社	2015年
杨洪文	甲午海战120年祭/燕山情诗丛 穿越时光的诗韵	诗歌	中国文联出版社	2015年
汪卫兴	勿忘国耻	小说	作家出版社	2015年
刘干才，李奎	铁血鏖兵大海战	纪实小说	团结出版社	2015年
刘干才，李奎	大西洋血腥海战	纪实小说	团结出版社	2015年
刘干才，李奎	美日激战太平洋	纪实小说	团结出版社	2015年
杨维成	南中国海海战纪实/走过	散文	百花文艺出版社	2015年
雾满拦江	甲午海战：蠢死不是反思/中国人 群居的食草族	散文	中国工人出版社	2015年
吴长荣	上海船长	传记	上海交通大学出版社	2016年
西西	海战/传声筒	散文	广西师范大学出版社	2016年
田永昌	老照片里的海上诗坛	诗歌	上海远东出版社	2016年
冯德根	崖门海战/诗词三百首《诗词》报2012—2014年精选本	诗歌	花城出版社	2016年
李学茂	重读甲午海战颂邓世昌将军/诗词三百首《诗词》报2012—2014年精选本	诗歌	花城出版社	2016年
八路	少年特战队 海战（共3部）	儿童文学	春风文艺出版社	2016年
郭国松	太平洋大劫杀	长篇小说	东方出版社	2016年
周俊驰	跳上游轮看世界 最好的时光在海上	散文	中国纺织出版社	2016年
张恩东	红黑衫 追击加勒比海盗	小说	机械工业出版社	2016年
福建省民间文艺家协会	海上丝绸之路的民间故事	民间故事	海峡文艺出版社	2016年
林筱聆	茶王	长篇小说	海峡文艺出版社	2016年

续表

作者	篇名/书名	体裁/类型	出版社/发行刊物	出版/发行时间
姚雅丽	心旅海丝/香水与爱情	散文集	中国文联出版社	2016 年
管柏华	茉莉海丝	长篇小说	海峡文艺出版社	2017 年
黄宁	旦后	长篇小说	海峡文艺出版社	2017 年
丹增	海上丝绸之路与郑和	散文	华文出版社	2017 年
汤荻	古巴印象	散文	北京十月文艺出版社	2017 年
八路	特种兵学校 12 海豚奇兵	儿童文学	河北少年儿童出版社	2017 年
七微	南风喃	长篇小说	湖南文艺出版社	2017 年
曾涛	仗舰走天涯	报告文学	新华出版社	2017 年
陈新	蛟龙逐梦	报告文学	四川科学技术出版社	2017 年
中国海上搜救中心	生的希望 海上搜救回访录	报告文学	人民交通出版社	2017 年
林小染	逐浪计划	长篇小说	长江文艺出版社	2017 年
王棵	营门望	短篇小说集	北岳文艺出版社	2017 年
问海小刀	海藏	长篇小说	贵州人民出版社	2017 年
天堂放逐者	海怪联盟	科幻小说	百花洲文艺出版社	2017 年
唐家三少	斗罗大陆 第 3 部 龙王传说 12	科幻小说	湖南少年儿童出版社	2017 年
王军	海上丝绸之路大冒险（共 6 部）	儿童文学	哈尔滨工业大学出版社	2017 年
朱大可	麒麟	中篇小说	《天涯》	2017 年第 6 期
朱秀海	波涛汹涌	长篇小说	中国工人出版社	2018 年

索 引

B

彼岸世界　122
边疆精神　95, 133
边塞诗　7, 9, 26, 29, 42, 45, 46, 47, 48, 49, 55, 56, 60, 62, 86, 96, 101, 107, 109, 110, 113, 114, 133, 138, 142, 222, 309, 315, 349

C

草原文明　109
陈诚　55, 305, 313
陈忠实　4, 61, 64, 65, 66, 67, 69, 70, 71, 72, 98, 102, 113, 120, 131, 142, 152, 154, 155, 162, 165, 166, 167, 173, 306, 314, 318, 319, 325
创业文学　1, 2, 3, 4, 5, 9, 10, 11, 105, 106, 309

D

敦煌变文　7, 50
敦煌遗书　50, 63, 320

F

发生学　17, 21, 96, 190, 315
法显　34, 43, 44, 113, 191, 196, 215, 306, 317
冯玉雷　8, 9, 62, 63, 76, 306, 320
佛教　27, 34, 35, 36, 43, 44, 50, 62, 74, 192, 196, 214, 215

G

概念与范畴　13, 17, 199
赶海硬汉　238, 239, 241
辜鸿铭　280, 281, 283, 284, 285, 311, 313
古代海丝文学　195, 200, 201, 205, 206, 208, 214
关中文化　64, 65, 67, 69, 71, 72, 122, 130, 131, 132, 133

H

海军作家　251
海碰子　230, 234, 235, 237, 238,

239, 245

海上丝绸之路　1, 6, 10, 12, 13, 26, 100, 101, 187, 188, 189, 190, 191, 192, 193, 194, 195, 196, 197, 198, 199, 200, 201, 202, 204, 205, 206, 207, 209, 210, 211, 213, 214, 215, 219, 220, 222, 223, 233, 234, 254, 255, 268, 273, 275, 302, 305, 306, 307, 308, 309, 311, 312, 313, 314, 315, 336, 337, 338, 340, 341, 342

海神信仰　216, 217, 218, 316

海丝　1, 12, 13, 55, 101, 185, 187, 188, 195, 199, 200, 201, 205, 206, 207, 208, 209, 210, 211, 213, 214, 218, 219, 220, 221, 222, 223, 224, 226, 233, 234, 254, 255, 256, 268, 269, 271, 279, 280, 289, 302, 303, 306, 327, 342, 349

海丝文学　1, 12, 13, 185, 187, 188, 199, 200, 201, 205, 206, 208, 209, 210, 211, 213, 214, 216, 218, 220, 221, 222, 223, 226, 233, 245, 254, 255, 268, 271, 289, 302, 303, 327, 349

海洋精神　13, 200, 201, 223, 228, 233

海洋诗话　224

海洋意象　228, 234

海员　242, 243, 244, 245, 330, 333,

337, 339, 340

海战书写　245, 246, 248, 254

汉武帝　21, 22, 23, 25, 28, 29, 30, 32, 182, 201, 202

和亲　31, 32, 33, 34, 68, 107, 132, 340

红柯　62, 76, 95, 102, 104, 105, 118, 119, 120, 121, 122, 123, 124, 125, 126, 127, 128, 129, 130, 131, 132, 133, 134, 135, 136, 137, 138, 145, 160, 307, 309, 312, 317, 319, 320

胡化　29, 97

J

胶东半岛　209, 254, 255, 256, 260, 267, 314

解忧公主　32

经济新常态　1, 2

精神家园　122, 138

K

开拓创新　1, 12, 37, 210

苦行僧　34, 108, 110, 112, 118

苦难意象　113

L

浪漫主义　11, 49, 84, 104, 118, 122, 124, 197, 223, 225, 231, 232, 245, 254, 278

李希霍芬　19, 27, 75

林语堂　220, 280, 283, 285, 286, 287, 288, 289, 310, 313, 314, 329

留学生形象　289, 290, 291, 292, 293, 294, 297, 317

留学体验　13, 206, 207, 208, 268, 269, 270, 271, 279, 280, 289, 293

留学作家群　13, 206, 208, 213, 214, 268, 270, 271, 273, 274, 275, 277, 278, 279, 280, 284, 288, 289, 292, 293, 296

路遥　4, 8, 61, 71, 98, 102, 108, 110, 111, 112, 113, 114, 115, 116, 117, 118, 120, 122, 142, 152, 154, 155, 156, 157, 165, 177, 309, 310, 311, 315, 318, 319

M

美学　36, 37, 71, 114, 135, 158, 210, 211, 226, 246, 294, 296, 312, 314

民间文化　117, 123, 175, 228, 255

民俗文化　62, 180, 214, 216, 218, 326

民族迁徙　26, 28, 29, 30

民族史诗　27, 60, 67

民族文学　90, 94, 96, 97, 104, 106, 107, 312, 315

莫高窟　8, 24, 35, 36, 63, 85, 86, 320

N

农耕文化　95, 109, 110, 118, 121, 123, 128, 130, 131, 205

Q

齐文化　240, 254, 255, 259, 260, 261, 265, 266, 267

迁徙　28, 29, 30, 31, 36, 61, 62, 68, 118, 119, 122, 241, 242, 312

求实求变　103, 104

S

上海　2, 49, 58, 75, 79, 88, 150, 162, 164, 173, 179, 199, 200, 209, 211, 212, 213, 219, 228, 251, 272, 273, 290, 291, 296, 305, 306, 307, 308, 309, 310, 311, 312, 313, 314, 315, 316, 317, 318, 319, 320, 322, 323, 325, 327, 329, 330, 331, 332, 333,

334, 335, 336, 337, 338, 339, 340, 341

神话原型　123, 125, 126

神性之美　122, 123

审美体验　84, 85, 153

生命精神　140, 233

生命诗学　13, 234, 238, 245, 313

生命意象　104

诗意生存　137

史诗　2, 4, 7, 27, 46, 60, 66, 67, 69, 70, 101, 104, 117, 123, 134, 136, 166, 181, 202, 258, 288, 299

受难情结　113

说唱文学　60, 101

丝绸之路　1, 2, 6, 7, 9, 10, 12, 13, 17, 19, 20, 21, 22, 23, 24, 25, 26, 27, 28, 30, 31, 33, 34, 35, 36, 37, 38, 39, 41, 42, 43, 45, 46, 47, 48, 49, 50, 51, 53, 54, 55, 58, 62, 63, 67, 73, 81, 86, 96, 97, 98, 99, 100, 101, 102, 103, 105, 107, 108, 110, 146, 161, 176, 181, 187, 188, 189, 190, 191, 192, 193, 194, 195, 196, 197, 198, 199, 200, 201, 202, 203, 204, 205, 206, 207, 209, 210, 211, 213, 214, 215, 219, 220, 222, 223, 233, 234, 254, 255, 268, 271, 273, 275, 302, 303, 305, 306, 307, 308, 309, 310, 311, 312, 313, 314, 315, 316, 317, 320,

325, 337, 338, 340, 341, 342, 349

丝路精神　1, 2, 6, 7, 9, 12, 13, 27, 63, 103, 106, 187, 219, 302, 311

丝路文化　1, 2, 7, 12, 13, 17, 27, 34, 37, 50, 54, 57, 62, 63, 73, 78, 81, 86, 95, 96, 98, 100, 101, 102, 103, 104, 105, 106, 107, 108, 109, 113, 118, 161, 189, 199, 302, 303, 310, 349

丝路文学　1, 2, 6, 7, 8, 9, 10, 11, 12, 13, 17, 26, 27, 37, 38, 39, 41, 50, 54, 55, 57, 59, 61, 62, 63, 64, 81, 84, 95, 96, 97, 98, 99, 100, 101, 102, 103, 104, 105, 106, 107, 108, 113, 114, 140, 142, 161, 187, 188, 205, 278, 302, 303, 307, 309, 312, 319, 349, 350

丝路文艺　2, 6, 27, 86, 205

丝路学　1, 2, 13, 100, 302, 303, 350

丝路游记　54, 73, 74, 76, 77, 78, 83, 85

斯文·赫定　27, 73, 74, 76, 313, 324

T

颓废　135, 154, 157, 158, 159, 160, 161, 169, 170, 171, 172, 272

W

文化创造　64, 140, 141, 144, 145, 146, 166, 218, 219

文化返乡　301

文化符号　44, 99, 117, 161, 302

文化景观　8, 46, 56, 72, 159, 211, 289

文化磨合　12, 140, 214, 271, 309

文化习语　140, 141, 142, 143, 144, 145, 309

文化心态　99, 104, 154, 155, 157, 159, 160, 161, 222, 298, 300

文化寻根　122

文化原型　138

文学地理学　152, 200, 210, 211, 311, 316

文学范式　2, 4, 105, 205

文学想象　98, 119, 125, 162, 166, 170, 174, 256, 313

吴宓　59, 60, 82, 172, 220, 314, 322

X

西行记　26, 41, 42, 43, 45, 80

西行文学　41, 57, 72, 78, 81, 84

西学东渐　87, 219, 269, 273, 280, 281, 283, 289, 312, 349

西域　7, 17, 18, 19, 21, 22, 23, 24, 25, 26, 28, 29, 30, 31, 32, 33, 34, 35, 36, 37, 38, 39, 41, 42, 43, 44, 45, 46, 47, 48, 50, 51, 52, 53, 54, 55, 56, 62, 63, 64, 73, 78, 86, 87, 95, 96, 97, 99, 104, 105, 109, 110, 117, 118, 119, 122, 128, 131, 132, 134, 135, 181, 182, 192, 305, 307, 308, 309, 311, 313, 315, 324, 326

细君公主　32

现代海丝文学　201, 206, 208, 213, 219, 268, 271

现代留学作家群　13, 208, 213, 214, 268, 270, 271, 273, 274, 275, 277, 278, 279, 280, 285, 287, 289, 290, 293, 294, 296, 297, 349

现代性反思　171

谢彬　77, 78, 79, 80, 313, 315

徐福文化　256, 257, 260, 261, 262, 263, 265, 267

徐福形象　256, 259, 261, 263, 265, 267

玄奘　28, 34, 35, 43, 44, 45, 62, 110, 117, 122, 269, 315

行旅体验　273, 278

Y

耶律楚材　51, 52, 53, 54, 55, 107, 316

一带一路　1, 2, 6, 9, 10, 12, 94, 97, 106, 107, 108, 187, 190, 195, 199, 219, 220, 221, 302, 303, 314

伊斯兰教　27, 34, 54, 133

伊斯兰文化　121, 133, 134, 136, 138

异域书写　268, 271, 273, 276, 289

易俗社　61, 82, 83, 163

英雄崇拜　119, 125, 126, 160, 166, 174

英雄主义　10, 48, 103, 106, 117, 205, 210, 254

游牧文化　95, 98, 109, 110, 118, 122, 123, 128, 131, 134

于右任　8, 58, 59, 60, 102, 316, 321, 322

Z

张骞　17, 19, 22, 24, 25, 29, 30, 31, 53, 55, 62, 117, 122, 181, 182, 183

张炜　238, 240, 241, 242, 245, 255, 256, 257, 258, 259, 260, 261, 262, 263, 264, 265, 267, 307, 309, 310, 314, 315, 317, 335, 336

质子　31

中学西传　13, 279, 280, 281, 283, 285, 289

终极关怀　34

自然景观　8, 46, 120, 137

后　　记

　　中国历史上延绵2000多年的丝绸之路，不仅是创业、贸易之路，也是文化、文学之路。当大漠驼铃、商队驿站被逐渐尘封在历史的深处，当千帆竞发的古代船队被当今现代化远洋航海取代之时，文学却依然笃定地在这条堪称伟大的道路上前行，千百年来绵延不绝。从《穆天子传》《山海经》中对异域的神话想象，到创造了中国诗歌艺术的辉煌的汉唐边塞诗，从明清域外小说到近现代留学作家群的"西学东渐记"，从现代文人抗战时期的丝路行记到当代文人的丝路叙事，无不表征着"感时思报国，拔剑起蒿莱"的家国情怀。诞生于丝绸之路上的文学构成了中国文学的一个精神高地，也是其重要的组成部分。

　　从丝路文化的视域系统梳理丝路文学的发展脉络，彰显丝路文学的存在价值，重建中国文学的文化自信，是笔者撰写此书的初衷。从最初提出探索丝路文学的构想到实际写作的完成，确有"筚路蓝缕"之感，以我们几人之力在短时间内对丝路作品的阅读难以穷尽，更为重要的是丝路文学概念的提出在学界尚属少见，没有系统的理论可以借鉴，这无疑也增加了写作和论证的难度。本书的写作仅是初步的，但也是具有开拓性的，"诚望杰构于来哲也"。

　　本书前期的构思、写作大纲的拟定、项目申报、撰写分工等工作均由李继凯教授负责。全书30余万字，上篇主要由西安外国语大学副教授荀羽琨负责撰写，下篇主要由潍坊学院教师王爱红负责撰写。李继凯教授撰写了绪论，并与其博士、硕士研究生合作完成了第二章第二节、第二章第四节、第三章第二节以及第四章的撰写，合计约12万字，合作者有张雪艳、李春燕、刘宁、凯丽比努尔、潘磊、肖易寒等；荀羽琨承担了第一章、第二章第一节和第三节、第三章第一节、第三节、第四节的撰写，共计约12万字；王爱红承担了下篇"海丝文化与海丝文学"包括第五章、第六章、第七章的撰写，共计13万字。最后，李继凯、荀羽琨、王爱红进行了全书的统稿。附录由荀、王二位负责。

　　本书获得"西安市社会科学规划基金项目"和"陕西师范大学优秀著作出

版基金"的资助,并被纳入陕西师范大学人文社会科学高等研究院研究专项,相关项目提供的经费基本保证了本书的顺利完成,为此,对西安市社会科学院的领导和相关专家以及陕西师范大学校内各级领导、专家给予的支持表示诚挚的感谢!本书经朋友介绍由科学出版社审定并纳入出版计划,科学出版社的编辑杨英同志为本书的出版付出了许多心血,在此表示衷心感谢!同时也感谢那些在写作过程中帮助和鼓励我们的同事、朋友!总之,笔者在此郑重表示:对那些帮助过我们的朋友、启发过我们的同道,阅读和编校过我们文字的有缘者(读者和编者)都表示由衷的感谢!愿我们友谊长存,携手共勉!

丝路文学的边界迄今确有模糊之处,对丝路及外缘(周边)的作家作品的选择也存在一定难度。附录仅系笔者对所涉猎的相关作家、作品的不完全统计,仅供参考,其中较多作品在本书中有或多或少的相关论述;对无意中遗漏的作家则深表歉意,并希望今后加强联系(邮箱:xunyukun@163.com),待本书有机会修订时再加以补充。文中所使用图片已与作者联系并获授权,如有疏漏,烦请作者与本书著者联系。

愿丝路文学健康发展,愿"丝路学"更加坚实和成熟!

李继凯　荀羽琨　王爱红
2018 年 12 月 9 日
从西安到泉州